KW

ROBERT DARNTON

GLÄNZENDE GESCHÄFTE

DIE VERBREITUNG VON DIDEROTS *ENCYCLOPEDIE*

Oder: Wie verkauft man Wissen mit Gewinn?

Verlag Klaus Wagenbach Berlin

Aus dem Englischen und
Französischen von
Horst Günther

Inhalt

Dieses Buch ist ein Buch über Bücher und über *ein* Buch insbesondere. Sein Autor vertritt die These: »In jedem dicken Buch steckt ein dünnes, das heraus will.«

Daher haben Verlag und Übersetzer das Buch im Einvernehmen mit dem Autor gekürzt. Das Original sollte akademisch unangreifbar sein, mit Dokumenten und Belegen, und es ist ein Buch in zwei Sprachen, englisch geschrieben, mit allen, oft ausführlichen Zitaten in französischer Sprache. Das bleibt als Forschungsinstrument unersetzbar, aber hier bekommt der Leser ein Buch in einer Sprache.

Das Buch handelt von Druck und Papier, dem Geld, das so etwas kostet, und dem Geld, das man damit verdienen kann. Daher kommen bestimmte Maßeinheiten immer wieder vor: *Geld* wird in *Livres* gerechnet: 1 Livre = 20 Sous, 1 Sous = 12 Deniers. 3 Livre sind ein Taler (Ecu), 24 ein Louis-d'Or. Ein Drucker verdiente 2 Livres am Tag, ein Vorarbeiter 3, ebensoviel ein Kopist/Sekretär, während man einem gelehrten Redakteur 4 pro Tag bezahlte. Ein Band der Enzyklopädie in der preiswerten Ausgabe kostete 10 Livres, wovon fast ein Viertel auf die Papierkosten entfiel. Ein Pferd für einen Handelsreisenden kostete knapp 100 Livres, eine Druckerpresse neu 300, gebraucht 250 Livres.

Buch- und Papierformate. Das Geschäft drehte sich darum, statt der großen und teuren Enzyklopädie im Folioformat (zu 980 Livres für 17 Text- und 11 Tafel- und 2 Registerbände) eine preiswertere im kleineren Quartformat in großer Auflage zu vertreiben.

Die Druckformate

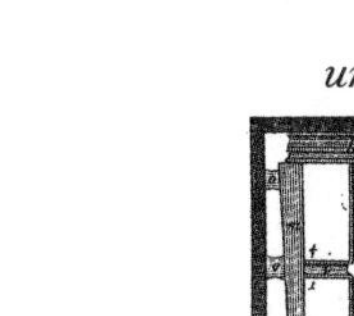

Folio,

Quart

und Oktav

Das *Papier*, aus dem man Bücher herstellte, wurde aus einem Brei textiler Masse (Leinen- und Baumwollreste, Lumpen) auf einen mit feinem Draht bespannten Rahmen geschöpft: das ergab einen Bogen Papier, so groß wie unser DIN A 2, also 43 x 60 cm, den man in vier normale Briefbogen (DIN A 4) zerschneiden kann. Beim Drucken entspricht die gesetzte Form, die unter die Handpresse paßt, einem solchen Bogen. Auf jede seiner beiden Seiten kann man nun entweder 2 Seiten folio, 4 Seiten quart oder 8 Seiten oktav drucken, und auf die Rückseite noch einmal das gleiche. Gefaltet und geheftet ergibt das 4 Seiten folio, 8 Seiten quart oder 16 Seiten oktav, unseren normalen Druckbogen. Beim Papierhersteller in der Papiermühle kaufte man in größeren Mengen: 1 Ries (frz. rame) = 20 Lagen (oder Bücher, 1 Lage = 25 Bogen, also 1 Ries = 500 Bogen, die etwa 18 Pfund wiegen und 9 Livres kosten.)

Die Drucker rechneten nicht in Buchexemplaren bei der Auflage, sondern in der Zahl der Druckbogen pro Auflage, nach der man die Papieranschaffung und die Druckarbeit bemaß. Druckte man in Neuchâtel einen Band der Quartausgabe erst einmal in 4000 Exemplaren, so brauchte man 1000 Ries Papier. Druckte man aber alle 36 Textbände der Quartausgabe in der Gesamtauflage von ca. 8500 Exemplaren, so brauchte man in Lyon, Genf und Neuchâtel allein dafür 72.000 Ries oder 36 Millionen Bogen Papier einer bestimmten Qualität, das sind allein 13.000 Zentner Papier aus textilen Rohstoffen.

Die gedruckten Bogen wurden zusammengelegt und geheftet und so zum Kunden geliefert, der sie binden ließ. Die Bücher transportierte man in Deutschland in Fässern, damit sie keine Feuchtigkeitsschäden bekommen konnten. In Frankreich hingegen wurden die fertigen Bücher mit mehreren Lagen aus Altpapier umlegt und zu großen Paketen verschnürt. Unnötig zu sagen, daß bei diesem Verfahren die Anzahl der durch Feuchtigkeit beschädigten oder unbrauchbar gewordenen Bücher beträchtlich war, und das gab Ärger und bedeutete Unkosten.

[1]

EINLEITUNG: DIE BIOGRAPHIE EINES BUCHES

Kupferstich mit den Porträts von Diderot (unten), d'Alembert (oben) und den bekanntesten Mitarbeitern der Enzyklopädie, als Huldigung des Verlegers und als Werbegeschenk für die Subskribenten (vgl. S. 62 u. 203).

Wenn dieses Buch die Lebensgeschichte der großen *Enzyklopädie* erzählt, so soll es auch ein wenig von dem Dunkel lichten, das über der Buchgeschichte im allgemeinen verbreitet ist. Ein Buch über ein Buch: das scheint geheimnisvoll zu sein und, wie ein Spiegel im Spiegel, aufs Unendliche zu rekurrieren. Wenn es richtig gemacht wird, sollte es aber das Verständnis vieler Aspekte der neueren Geschichte erweitern, denn die Buchgeschichte führt zu den allgemeinsten Fragen historischer Forschung. Wie verbreiteten sich große intellektuelle Bewegungen wie die Aufklärung in der Gesellschaft? Wie weit erstreckten sie sich, wie tief sind sie gedrungen? Welche Form nahm das Denken der Philosophen an, wenn es sich in Büchern konkretisierte, und was gibt dieser Prozeß über die Verbreitung von Ideen zu erkennen? Hat die materielle Basis der Literatur und die Technologie ihrer Herstellung etwas mit ihrem Wesen zu tun und mit ihrer Verbreitung? Wie funktionierte der literarische Markt, und welche Rolle spielten dabei Verleger, Buchhändler, reisende Buchhandelsvertreter und andere Vermittler kultureller Kommunikation? Wie funktionierte das Verlegen als Geschäft, und wie fügte es sich in die politischen und wirtschaftlichen Systeme des vorrevolutionären Europa? Diese Fragen ließen sich endlos vervielfachen, denn Bücher betreffen einen so weiten Bereich menschlicher Tätigkeit – alles vom Lumpensammeln bis zur Verkündigung des Wortes Gottes. Sie waren Erzeugnisse handwerklicher Arbeit, Objekte ökonomischen Tauschs, Vehikel von Ideen und Elemente in der politischen und religiösen Auseinandersetzung.

Aber dieses einladende Thema, das an den Kreuzungen so vieler Forschungsrichtungen liegt, gibt es kaum, und in Amerika weniger als in Europa. Man überläßt es bei uns den Bibliotheksschulen und den Reservata-Sammlungen. Dort findet man leidenschaftliche Liebhaber von Bucheinbänden, Bewunderer von Wasserzeichen, Gelehrte, die eine kritische Ausgabe von Jane Austen vorbereiten, aber man wird keinem ordentlichen normalen Historiker über den Weg laufen, der versuchte, das Buch als eine geschichtliche Macht zu verstehen.

Das ist schade, denn der allgemeine Historiker könnte sehr viel von den Fachleuten in den Schatzhäusern der Bücher lernen. Sie könnten ihn lehren, ihre Reichtümer zu prüfen und die Informationsader zu finden, die durch ihre Fachzeitschriften läuft: *The Library, Studies in Bibliography, Papers of the Bibliographical Society of America, Revue Française d'histoire du livre, Den Gulden passer*, das *Gutenberg Jahrbuch,*

Philobiblon und viele andere. Zugestanden, diese Veröffentlichungen scheinen von Bibliographen für Bibliographen geschrieben, und es mag schwer sein, unter der esoterischen Sprache und antiquarischen Gelehrsamkeit etwas Gehaltvolles zu erkennen. Aber Bücherkunde muß nicht auf Probleme beschränkt sein, wie konsequent der Schriftsetzer von Shakespeares *Kaufmann von Venedig* Fehler machte oder ob die Muster für Werksatz Regelmäßigkeit in der Schriftsetzerpraxis anzeigen. Buchgeschichte führt mitten in das volle Leben der arbeitenden Klasse: sie liefert eines der seltenen Mittel zur Analyse der Arbeitsgewohnheiten gelernter Handwerker vor der Industriellen Revolution.

Seltsamerweise hat sie in Frankreich nicht viel Aufmerksamkeit gefunden, wo man doch das meiste dafür getan hat, die Geschichte der Bücher aus dem Bereich bloßer Gelehrsamkeit auf die breiten Heerstraßen der »Histoire totale« zu bringen. Die französische Forschung ist statistisch und soziologisch orientiert. Sie nimmt gewöhnlich die Form umfassender Überblicke über die Buchproduktion oder mikroskopischer Analysen individueller Bibliotheken an, vernachlässigt aber die Prozesse der Herstellung und Verbreitung von Büchern. Diese Bereiche wurden am besten in Großbritannien untersucht, wo die Forscher die Rechnungsbücher der Verleger und die Hauptbücher der Buchhändler durchsahen, und nicht nur, wie in Frankreich, Staats- und Notariatsarchive. Eine vernünftige Buchgeschichte muß man entwickeln, indem man den britischen Empirismus mit dem französischen Interesse für breit angelegte Sozialgeschichte mischt.[1]

Natürlich ist es leichter zu verkünden, wie Geschichte geschrieben werden sollte, als sie zu schreiben; und wenn der Buchhistoriker sich erst einmal mit Vorbemerkungen und Methodologien wohl versehen hat und zur Feldforschung aufbricht, so hat er Aussicht, über die größte aller Schwierigkeiten zu straucheln: unzureichendes Quellenmaterial. So kann er in einer Bibliothek arbeiten, die von alten Bänden überquillt, ohne zu wissen, wo sie zirkulierten, ehe er sie las, und ob sie wirklich die Lesegewohnheiten der Vergangenheit repräsentieren. Staatsarchive zeigen, wie Bücher den Aufsichts- und Zensurbehörden erschienen. Auktions- und Nachlaßkataloge werfen ein Licht auf Privatbibliotheken. Die öffentlichen Quellen sagen aber nicht viel über die lebendige Erfahrung der Literatur bei gewöhnlichen Lesern. Tatsächlich mußten Kataloge ebenso wie Bücher in Frankreich im 18. Jahrhundert die Zensur passieren, so daß es gar nicht überraschend ist, daß die Aufklärung in einer Forschung, die auf Katalogen und Privileg-Anträgen, einer Art königlichem Copyright, beruht, nicht auftritt. Die Aufklärung lebte anderswo, zuerst in den Spekulationen der Philosophen und dann in den Spekulationen der Verleger, die in den Markt der Ideen jenseits der Grenzen des französischen Rechts investierten.

Wie diese Spekulationen in Büchern zusammenfanden und wie diese Bücher Leser erreichten, war ein Geheimnis geblieben, weil die Unterlagen der Verleger fast vollständig verschwanden. Aber die Papiere der *Société typographique de Neuchâtel,* einem der bedeutendsten Verlage französischer Bücher im 18. Jahrhundert, haben in Neuchâtel (Neuenburg) in der Schweiz überlebt, und sie enthalten Informationen über jeden Aspekt der Buchgeschichte. Sie zeigen, wie überall in Europa zwischen 1769 und 1789 mit den Autoren umgegangen, Papier hergestellt, Manuskripte eingerichtet, gesetzt, gedruckt, versandt, Behörden hofiert, Ordnungshüter umgangen, Buchhändler beliefert und Leser beglückt wurden. Das Ausmaß an Information ist derart, daß es den Forscher überwältigt. Ein paar Briefe eines Buchhändlers können mehr sagen als eine ganze Studie über den Buchhandel, aber die Papiere in Neuchâtel umfassen 50.000 Briefe von allen Arten von Personen, die in irgendeiner Weise vom Buchhandel lebten. Es wäre unmöglich, dem ganzen Material in einem einzigen Buch gerecht werden und die Welt des Buches im 18. Jahrhundert darin rekonstruieren zu wollen. Deshalb beschloß ich nach einigem Rekognoszieren im Jahre 1963, das ganze Archiv in Neuchâtel durchzuarbeiten, es durch Studien in anderen Archiven zu ergänzen und eine Reihe von Untersuchungen über Intellektuelle, Bücher und die öffentliche Meinung im Zeitalter der Aufklärung zu schreiben.

Dieses Buch ist eine Abschlagszahlung. Es will die Wege des Verlagswesens der Aufklärung erkunden, indem es den Lebenszyklus eines Buches nachzeichnet – nicht eines einzelnen Buches allerdings, sondern des höchsten Werkes der Aufklärung, Diderots *Enzyklopädie.* Bei dem Reichtum der Quellen und der Komplexität des Gegenstandes schien es besser, die Gesamtgeschichte einer Veröffentlichung zu versuchen als die des Verlagswesens. Wenn man einem einzelnen Thema folgt, wohin es auch führt, kann man in viele Richtungen abzweigen und unbekanntes Territorium anschneiden. Dieses Verfahren hat den Vorzug, spezifisch zu bleiben: Es ist in einem vorläufigen Zustand des Umhertastens besser, genau herauszufinden, wie bei einem Buch die Verleger Verträge aufsetzten, die Lektoren mit dem Manuskript umgingen, die Druckherren Arbeiter anwarben und die Buchhändler Verkaufsgespräche führten, um es herzustellen und zu verkaufen, als sich in verschwommene Aussagen über Bücher im allgemeinen zu versteigen. Und dann lockt das Neue: Nie zuvor war es möglich, die Herstellung und Verbreitung eines Buches aus dem 18. Jahrhundert zu verfolgen. Und schließlich verdient die Verlagsgeschichte der *Enzyklopädie* es, erzählt zu werden, denn sie ist eine gute Geschichte.

Man kann die Geschichte aus den Briefen der Verleger zusammenstückeln – nicht sehr geschäftsmäßige Briefe in der Mehrzahl. Sie quellen über von Anklagen wegen Verschwörung und von Bezeichnungen wie »Pirat«, »Korsar« und »Räuber«, die den Geruch des Buchhandels im Ancien Régime vermitteln. Von einem unersättlichen Verlangen nach Gewinn getrieben, unbehindert durch Gewissensbisse wegen rücklings gemeuchelter Partner oder vor die Haie geworfener Konkurrenten, verkörpern die Verleger der *Enzyklopädie* sinnig die als »Beute-Kapitalismus« bekannte Phase der Wirtschaftsgeschichte. Vielleicht hatten sie mehr mit den Abenteurer-Kaufleuten der Renaissance gemein als mit modernen Geschäftsleuten, aber was weiß man denn über die innere Geschichte von Geschäften zu irgendeiner Zeit? Welches andere Unternehmen kann so genau wie die *Enzyklopädie* untersucht werden, nicht nur von der Geschäftskorrespondenz her, sondern auch über die Rechnungsbücher, die geheimen Notizen der Unternehmer, die Tagebücher der reisenden Vertreter, die Beschwerden der Zöllner und die Berichte der Industriespione – einer ganzen Reihe von Spionen, die die Verleger gegen Verbündete und Feinde gleicherweise einsetzten? Die *Enzyklopädie* ließ so viele Bündnisse und Fronten entstehen, daß ihre Verträge und Klauseln – »traités« nannten sie die Verleger – es verdienen, wie diplomatische Dokumente studiert zu werden. Und ihre Verleger schrieben so viele Briefe, daß man ihre Denkweise ebenso wie ihr Verhalten daraus ablesen kann. Sieht man, wie sie zu Entscheidungen kamen, wie sie Strategien berechneten und worum sie sich kümmerten, so tritt man in die geistige Welt der frühen Unternehmer. Die Geschichte der *Enzyklopädie* deutet die Möglichkeit einer »intellectual history« der Geschäftsleute ebenso an wie die einer diplomatischen Geschichte des Geschäfts. Aber es ist schwierig, gleichzeitig eine Geschichte zu erzählen und die Verhaltensmuster zu analysieren. Dieses Buch wird deshalb von der Erzählung zur Analyse wechseln, wenn es angemessen scheint, und der Leser, der eines der beiden Verfahren bevorzugt, kann im Text springen und dabei die Kapitelüberschriften und die Zwischentitel als Wegmarken benutzen.

Die Geschichte beginnt ungefähr zu der Zeit, als Diderot seine Verbindung mit der *Enzyklopädie* beendet – das ist 1772, mit dem Erscheinen des letzten Tafelbandes. Es mag seltsam erscheinen, eine Geschichte der *Enzyklopädie* gerade dann zu beginnen, als Diderot sie sicher in den Hafen gesteuert hat, aber dieses Vorgehen ist durch zwei Erwägungen gerechtfertigt. Einmal gibt es schon eine umfangreiche Literatur über Diderot und die ursprüngliche *Enzyklopädie*. Der Text wurde dutzendemal untersucht und in Anthologien zusammengefaßt. Die Arbeiten über ihren geistigen Gehalt zusammenzufassen, wäre überflüssig, selbst wenn es für die Absicht der Verlagsgeschichte wichtig wäre.[2] Und dann ist sehr wenig über die Herstellung und Verbreitung der ersten Auflage in Erfahrung zu bringen. Ein paar Bruchstücke von den Rechnungsbüchern der Originalverleger wurden gefunden, und einige der geschäftlichen Aktivitäten können aus dem Material erschlossen werden, das Luneau de Boisjermain gesammelt hatte, ein aufgebrachter Subskribent, der sie erfolglos wegen Betrugs verklagte. Obwohl mehrere Wissenschaftler dieses Material sehr sorgfältig durchkämmt haben, gelang es ihnen nicht herauszufinden, wie die erste Auflage hergestellt wurde, wo sie verkauft wurde und wer sie gekauft hat. Die Geschichte der zweiten Auflage bleibt fast ebenso dunkel, obwohl George B. Watts und John Lough Archivmaterialien in Genf ausgegraben haben. Und obwohl italienische Gelehrte etwas von der Politik im Umkreis der Ausgaben von Lucca und Livorno aufdeckten, fanden sie nicht heraus, wieviel die in Italien hergestellten Nachdrucke kosteten und wie viele Exemplare sie umfaßten.

Was jedoch die Verbreitung der *Enzyklopädie* betrifft, so waren die ersten vier Auflagen vergleichsweise unbedeutend. Es waren luxuriöse Publikationen in Großformat (Folio), die sich gewöhnliche Leser nicht leisten konnten, und die, zusammen, nur etwa 40 Prozent der vor 1789 gedruckten *Enzyklopädien* ausmachen. Die große Menge der *Enzyklopädien* im vorrevolutionären Europa stammte von den zwischen 1777 und 1782 gedruckten kleinformatigen Quart- und Oktavausgaben. Zwischen 50 und 65 Prozent der Exemplare in Frankreich waren Quartausgaben, und alle können dank der Papiere der *Société typographique de Neuchâtel* (STN) verfolgt werden. Die Archive in Neuchâtel ermöglichen es ebenfalls, die Geschichte der Oktavausgabe und die

Ursprünge der *Encyclopédie méthodique,* der letzten Enzyklopädie der Aufklärung, zu erklären, deren Schicksal durch die Revolution hindurch aus anderen Quellen verfolgt werden kann. Darüber hinaus enthüllen die Papiere in Neuchâtel die Verbindungsglieder zwischen allen *Enzyklopädie*-Spekulationen, einschließlich der zwischen 1750 und 1800 nicht verwirklichten. Sie zeigen, wie das Buch seine Form veränderte, als die Verleger es einem immer größeren Publikum anpaßten und wie die Verlagsgesellschaften sich ablösten, als die Spekulanten sich darum rissen, den größten Bestseller des Jahrhunderts auszubeuten. Vom Gesichtspunkt der Buchgeschichte aus ist deshalb die Geschichte der *Enzyklopädie* in den 1770er Jahren am wichtigsten. Dann erst gelangte sie in eine Phase, die Verbreitung von Aufklärung in großem Maßstab bedeutet. Wenn die Quellenlage kein genaues Studium der früheren Verkörperungen des Buches erlaubt, so ist sie doch reich genug, um zu zeigen, daß Diderots Werk die große Mehrzahl seiner Leser erreichte, als er schon damit abgeschlossen hatte.

Bevor wir versuchen, die späteren Wanderungen des Textes zu verfolgen, müssen wir eine grundlegende Tatsache in Rechnung stellen, die für die französischen Behörden offenkundig wurde, sobald der erste Band der ersten Auflage die Subskribenten erreichte: Dieses Buch war gefährlich. Es lieferte nicht lediglich Wissen über Alles von A bis Z; es zeichnete die Kenntnisse nach philosophischen Prinzipien auf, die d'Alembert in der »Einleitenden Abhandlung« dargelegt hatte. Obwohl er formell die Autorität der Kirche anerkannte, machte d'Alembert deutlich, daß Erkenntnis durch die Sinne gewonnen wird und nicht aus Rom oder der Offenbarung. Der große strukturierende Faktor war die Vernunft, die gemeinsam mit der Erinnerung und der Einbildungskraft als ihren Schwesterfähigkeiten die Sinnesdaten in Zusammenhang brachte. So stammte alles, was der Mensch wußte, aus der Welt, die ihn umgibt und aus den Tätigkeiten seines eigenen Geistes. Die *Enzyklopädie* veranschaulichte das graphisch mit einem Kupferstich vom Baum der Erkenntnis, bei dem alle Künste und Wissenschaften aus den drei geistigen Fähigkeiten hervorsprießen. Die Philosophie bildet den Stamm des Baumes, während die Theologie ein entfernter Ast in der Nähe der schwarzen Magie ist. Diderot und d'Alembert hatten die alte Königin der Wissenschaften entthront. Sie hatten die erkennbare Welt neu geordnet und den Menschen darin neu orientiert, während sie Gott hinausdrängten.

Sie wußten, daß es ein gefährliches Geschäft ist, sich in Weltansichten einzumischen, und so versteckten sie das hinter Ausflüchten, Ironie und falschen Beteuerungen der Rechtgläubigkeit. Aber sie verbargen nicht die erkenntnistheoretische Grundlage ihres Angriffs auf die alte Kosmologie. Die »Einleitende Abhandlung« zeigt sie ausdrücklich in einer kurzen Geschichte der Philosophie, die die geistige Herkunft der Philosophen bestimmte und den orthodoxen Thomismus auf der einen Seite und den neo-orthodoxen Cartesianismus auf der anderen Seite niedermachte und nur Locke und Newton stehen ließ. So präsentierten Diderot und d'Alembert ihr Werk zugleich als Kompilation des Wissens und als Manifest der *Philosophie*. Es war ihre Absicht, beide Aspekte des Buches zu verbinden und sie als zwei Seiten derselben Münze erscheinen zu lassen: Enzyklopädismus. Diese Strategie diente als ein Weg zur Legitimierung der Aufklärung, denn die Enzyklopädisten identifizierten ihre Philosophie mit dem Wissen selbst – d.h. mit gültigem Wissen von der Art, wie es die Sinne und die geistigen Fähigkeiten liefern, im Gegensatz zu dem, das Kirche und Staat verbreiten. Das überlieferte Lernen, sagten sie damit, führt zu nichts als Vorurteil und Aberglauben. Unter der Masse der achtundzwanzig Foliobände der *Enzyklopädie* mit ihren 71.818 Artikeln und 2885 Tafeln liegt ein erkenntnistheoretischer Richtungswechsel, der die Topographie allen menschlichen Wissens verwandelte.

Dieser Bruch mit den etablierten Begriffen von Wissen und geistiger Autorität machte die *Enzyklopädie* so ketzerisch. Hatten die Leser einmal diesen Bruch vollzogen und auf die Welt des Wissens vom Standpunkt der »Einleitenden Abhandlung« zu blicken gelernt, so konnten sie durch das Werk verbreitet kleinere Ketzereien wahrnehmen. Es wurde ein Spiel, sie zu finden. Dazu schaute man nicht auf die offensichtlichsten Plätze, wo sich die Enzyklopädisten am sorgfältigsten um die Zensoren bemüht hatten, obwohl sie sogar in den Artikel »Christentum« ein wenig Gottlosigkeit einschmuggelten (»Christianisme«). Erfolgreicher war, bei abseitigen Artikeln mit absurden Überschriften wie »Aschariouns« und »Epidélius« nach Bemerkungen über die Absurdität des Christentums zu suchen. Natürlich mußten die Bemerkungen verschleiert werden. Die Enzyklopädisten verkleideten den Papst in japanische Gewänder, bevor sie sich über ihn unter dem Titel »Siako« mokierten, sie vermummten die Eucharistie zu einem ausschweifenden heidnischen Ritual unter »Ypaini«; sie verkleideten den Heiligen Geist als lächerlichen Vogel in »Aigle« (Adler).

Und die Inkarnation sah so töricht aus wie der Aberglaube von einer magischen Pflanze in »Agnus scythicus«. Gleichzeitig stellten sie eine Parade edelgesonnener, gesetzestreuer Hindus, Konfuzianer, Hottentotten, Stoiker, Sozinianer, Deisten und Atheisten auf, die gewöhnlich mit ihren Argumenten den Orthodoxen überlegen waren, obwohl am Ende die Orthodoxie immer triumphierte, dank der Trugschlüsse oder Interventionen kirchlicher Autoritäten wie in »Unitaires«. So stimulierten die Enzyklopädisten ihre Leser, die Bedeutung zwischen den Zeilen zu suchen und auf den Doppelsinn zu hören.

Hatte ein Leser einmal gelernt, seine Vernunft so zu gebrauchen, so würde er in allen Lebensbereichen, Gesellschaft und Politik eingeschlossen, die Unvernunft entdecken. Die *Enzyklopädie* behandelte den Staat mit mehr Achtung als die Kirche und bestritt nicht die höhere Gewalt der privilegierten Stände. Aber untermischt mit den konventionellen und manchmal widersprüchlichen Artikeln, konnte der aufmerksame Leser eine ganze Menge Respektlosigkeiten gegen die Herren der irdischen Welt finden. Nicht nur schien Diderot die Herrschaft des Königs in »Autorité politique« an die Zustimmung des Volkes zu binden, sondern Holbach plädierte in »Représentants« für eine Art bürgerlich-konstitutionelle Monarchie; Rousseau nahm die radikalen Argumente seines *Gesellschaftsvertrags* in »Economie (Morale et Politique)« vorweg, und Jaucourt schließlich popularisierte die Naturrechtstheorie in Dutzenden von Artikeln, die implizit die Ideologie des Bourbonischen Absolutismus herausforderten. Einige Artikel verspotteten den Prunk und die Prätentionen des Adels. Obwohl die Steuerbefreiung der beiden privilegierten Stände in manchen Stellen verteidigt wurden (»Exemptions« und »Privilège«), wurden sie an anderen angegriffen (»Vingtième« und »Impôt«). Und die Würde gewöhnlicher Menschen wurde an vielen Stellen bestätigt, nicht nur in Artikeln über bürgerliche Tätigkeit (»Négoce«), sondern auch in leidenschaftlich engagierten Beschreibungen des harten Lebens der Arbeiter (»Peuple«).

Es wäre falsch, aus solchen Bemerkungen einen Aufruf zur Revolution zu konstruieren. Die *Enzyklopädie* war ein Produkt ihrer Zeit, Frankreich um die Mitte des 18. Jahrhunderts, als die Schriftsteller soziale und politische Fragen nicht offen erörtern konnten, im Gegensatz zur vorrevolutionären Zeit, als eine schwankende Regierung eine ganze Menge freier Diskussion erlaubte. Die *Enzyklopädie* begünstigte nicht einmal eine fortgeschrittene Form des Kapitalismus. Trotz des

Gewichts, das sie auf technologisches und physiokratisches Wissen legte, riet sie von der Konzentration von Menschen und Maschinen in Fabriken ab und bot eher in Artikeln wie »Industrie« und »Manufactures« ein archaisches Bild der Manufakturen als einen Vorblick auf die industrielle Revolution. Das radikale Element in der Enzyklopädie stammte nicht aus irgendeiner prophetischen Vision der fernen Französischen oder industriellen Revolution, sondern aus ihrem Versuch, die Welt des Wissens gemäß neuer, durch die Vernunft und die Vernunft allein bestimmter Grenzen zu zeichnen. Wie ihr Titelblatt verkündete, beanspruchte sie, ein »Dictionnaire *raisonné*«, ein theoretisches, durchdachtes Wörterbuch der Wissenschaften, Künste und Gewerbe zu sein – das heißt, alle menschliche Tätigkeit am Maßstab der Vernunft zu messen und so eine Grundlage zu schaffen, um die Welt neu zu denken.

Zeitgenossen hatten keine Schwierigkeit dabei, die Absicht des Werkes zu entdecken, die ihre Verfasser offen in Schlüsselartikeln wie Diderots »Art«, »Encyclopédie« und d'Alemberts Vorrede zum dritten Band zugestanden. Vom Erscheinen des Ersten Bandes an im Jahre 1751 bis zur großen Krise 1759 wurde die *Enzyklopädie* von Verteidigern der alten Orthodoxie und des Ancien Régime, von Jesuiten, Jansenisten, der allgemeinen Versammlung des Klerus, dem Parlement (Gerichtshof) von Paris, dem königlichen Rat und dem Papst verdammt. Die Denunziationen kamen so dicht und schnell in Aufsätzen, Streitschriften und Büchern ebenso wie in offiziellen Erlassen, daß der Untergang der *Enzyklopädie* besiegelt schien. Aber die Verleger hatten ein Vermögen in sie investiert, und sie hatten mächtige Beschützer, vor allem Malesherbes (Chrétien-Guillaume de Lamoignon de Malesherbes), den liberalen Aufseher des Buchwesens (*Directeur de la librairie*), der dem Buchhandel in den entscheidenden Jahren zwischen 1750 und 1763 vorstand.

Malesherbes rettete die *Enzyklopädie* mehrmals, zuerst 1752, als sie in die Affäre des Abbé de Prades geriet. Einer von Diderots Mitarbeitern, der Abbé Jean-Martin de Prades, hatte eine Dissertation für ein Lizenziat in Theologie an der Sorbonne eingereicht, die geradewegs aus der »Einleitenden Abhandlung«, wenn nicht gar aus der Hölle selbst stammte, wie Prades' Bischof bemerkte. Im Verlauf des folgenden Skandals floh Prades nach Berlin, wo ihn Friedrich II. als Vorleser anstellte; in Paris wurde die *Enzyklopädie* dem König gegenüber als Beweis für schleichenden Atheismus angeschwärzt. Diderot, der gerade zwei Jahre zuvor wegen des »Briefs über die Blinden« vier qualvolle Monate in Vincennes verbracht hatte, sollte noch einmal eingekerkert werden, und das Gerücht lief um, die Jesuiten wollten die *Enzyklopädie* übernehmen, als Belohnung für ihre Mühe im Observieren der Konspiration zur Zerstörung der Religion. Dank Malesherbes endete die Krise lediglich in einer Ratsverfügung, welche die ersten beiden Bände wegen »mehrerer Maximen« verdammte, »die darauf abzielen, die königliche Autorität zu zerstören, den Geist der Unabhängigkeit und der Revolte zu befestigen und, mit dunklen und zweideutigen Begriffen, die Grundlagen des Irrtums, der Sittenverderbnis, der Irreligion und des Unglaubens zu errichten.«[3] Das klang schrecklich genug, hatte aber nur geringe Wirkung, da die Bände den Subskribenten schon ausgeliefert worden waren und die Regierung die Fortführung des Werks gestattete, ohne das Privileg zurückzunehmen.

Aber der Skandal schwelte weiter und breitete sich in den kommenden sieben Jahren aus, als die Bände 3 bis 7 erschienen und als geschickte Polemiker wie Charles Palissot und Jacob-Nicolas Moreau von der Seite der Priester in die Flammen bliesen. Auf der anderen Seite ließ Voltaire seine Feder und sein Ansehen der Sache, und Diderot und d'Alembert sahen die Ränge ihrer Mitarbeiter sich mit weiteren illustren Autoren füllen, einschließlich der meisten derer, die mit der Zeit als die »Philosophen« identifiziert wurden: Duclos, Toussaint, Rousseau, Turgot, Saint-Lambert, d'Holbach, Daubenton, Marmontel, Boulanger, Morellet, Quesnay, Damilaville, Naigeon, Jaucourt und Melchior Grimm. Sie beanspruchten für sich auch Montesquieu und Buffon, deren Werke sie beständig zitierten, obwohl anscheinend keiner der beiden etwas ausdrücklich für die *Enzyklopädie* geschrieben hat. (Montesquieu starb 1755 und hinterließ ein Fragment, das posthum im Artikel »Goût« veröffentlicht wurde, und Buffon hielt auf Distanz zu den Enzyklopädisten, vielleicht weil er Schwierigkeiten genug hatte, die unorthodoxen Stellen in seiner *Histoire naturelle* zu verteidigen, die 1749 zu erscheinen begann.)

Nichts konnte sich auf das Geschäft besser auswirken als die fortgesetzten Kontroversen und das Freiwilligenkorps von Autoren. Die Verleger, André-François Le Breton und seine Geschäftspartner Antoine-Claude Briasson, Michel-Antoine David und Laurent Durand, hatten eine Auflage von 1625 Exemplaren geplant, aber die Subskription hatte so raschen Erfolg, daß sie dreimal erhöhten, bis sie 1754 auf 4255 Exemplare gekommen waren. In ihrem Ankündigungsprospekt 1751 hatten sie versprochen, acht Foliobände mit dem Text und zwei Tafelbände bis Ende 1754 für eine Gesamtsumme von 280 Livres zu liefern. Der Prospekt erwog die Möglichkeit eines zusätzlichen Bandes, der mit einem Rabatt von 29 Prozent verkauft werden sollte, versicherte den Subskribenten aber, daß Text und Tafeln abgeschlossen waren, obwohl Diderot sich mehr als zwanzig Jahre vom Ende seiner Mühen entfernt befand und fast dreimal so viele Bände produzieren sollte wie der Prospekt versprochen hatte. Dieser Streich von Fehlinformation setzte einen Maßstab, den die Verleger der *Enzyklopädie* die nächsten fünfzig Jahre aufrechterhalten sollten, ohne Spuren von Erschlaffung zu zeigen. Hätte das Publikum gewußt, daß das Werk auf siebzehn Text- und elf Tafelbände anwachsen würde, daß sein Preis auf 980 Livres getrieben und daß sein letzter Band nicht vor dem Jahre 1772 erscheinen würde, so wäre das Unternehmen nie in Gang gekommen. Obwohl Luneau de Boisjermain erfolglos versuchte, es zu Fall zu bringen, indem er die Verleger wegen Betrugs verklagte, kam die wirkliche Bedrohung noch einmal von den französischen Behörden bei der zweiten Krise, von 1757 bis 1759.

Das war eine dunkle Epoche in der französischen Geschichte. Sie begann mit Damiens' Versuch, Ludwig XV. zu ermorden. Das Land, das schon von den Wunden des Siebenjährigen Krieges zu bluten begann, wurde von Gerüchten über Atheisten und Königsmörder erfüllt, und die Krone rührte Furcht vor Verschwörungen auf durch einen Erlaß vom 16. April 1757, der jeden mit dem Tod bedrohte, der etwas gegen Kirche oder Staat schrieb oder druckte – tatsächlich alles, was nur »die Gemüter erregen« konnte. An diesem Punkte eröffneten die Anti-Enzyklopädisten das Feuer mit ihren schwersten Propagandawaffen und denunzierten nicht nur die Ketzereien in Band 4 und 7 der *Enzyklopädie*, sondern brachten sie mit dreistem Atheismus in Verbindung, der, wie sie behaupteten, schamlos in der Öffentlichkeit um sich greife, und mit einer Zensurgenehmigung, als Helvétius im Juli 1758 sein Buch *De l'Esprit* publizierte. Das verursachte einen noch größeren Skandal als die Dissertation des Abbé de Prades, und obwohl Helvétius kein Mitarbeiter der *Enzyklopädie* war, fiel ein Großteil der von ihm erregten Empörung auf sie. Im Januar 1759 sprach der Staatsanwalt des Parlements von Paris den Verdacht aus, daß hinter *De l'Esprit* die *Enzyklopädie* lauere und hinter der *Enzyklopädie* eine Verschwörung zur Zerstörung der Religion und zur Unterminierung des Staates verborgen sei. Das Parlement untersagte prompt den Verkauf der *Enzyklopädie* und setzte einen Untersuchungsausschuß ein. Aber obwohl es jahrhundertelang Hexen gejagt hatte, erlangte das Parlement nie die Kontrolle über das gedruckte Wort in Frankreich.

Diese Macht stand dem König zu, der sie durch seinen Kanzler ausübte, der sie wiederum an den »Directeur de la librairie« delegierte – in diesem Fall ausgerechnet Malesherbes. Am 8. März 1759 bestätigte der Staatsrat die Macht des Königs, indem er die Vernichtung der *Enzyklopädie* selbst in die Hände nahm. Er nahm das Druckprivileg für das Buch zurück und verbot den Verlegern die Fortführung, indem er erklärend bemerkte, welche Strategie seine Autoren verfolgt hatten: »Genannte *Enzyklopädie* würde, zu einem vollständigen Wörterbuch und einer allgemeinen Abhandlung aller Wissenschaften gediehen, vom Publikum viel mehr verlangt und öfter konsultiert werden, und damit verbreitete man um so mehr die schädlichen Maximen, deren die schon ausgelieferten Bände voll sind, und gäbe ihnen mehr Gewicht.«[4] Die *Enzyklopädie* wurde am 5. März 1759 gemeinsam mit *De l'Esprit* auf den Index gesetzt, und am 3. September forderte Papst Klemens XII. alle ihre katholischen Eigentümer auf, sie durch einen Priester verbrennen zu lassen oder die Exkommunikation zu gewärtigen. Es war kaum möglich, ein Buch vollständiger zu verdammen. Die Enzyklopädie war mit den bedeutendsten Mächten des Ancien Régime zusammengestoßen, aber sie überlebte es. Ihr Überleben bezeichnet einen Wendepunkt in der Aufklärung und in der Buchgeschichte im allgemeinen.

Einmal während dieser Krise erfuhr Diderot, der hinter verschlossenen Türen schrieb, von Malesherbes, daß seine Papiere von der Polizei konfisziert werden sollten – und daß man sie retten könne, wenn man sie bei Malesherbes selbst deponiere, der gerade die Anordnung zur Konfiszierung ausfertigen ließ. Malesherbes scheint auch hinter dem Kompromiß zu stehen, der schließlich das ganze Unternehmen rettete. Am 21. Juli 1759 ordnete ein Erlaß des Staatsrats an, daß die Verleger jedem Subskribenten 72 Livres zurückzuzahlen haben, angeblich, um ihre Rechnungen zu schließen. Tatsächlich gestattete die Regierung ihnen aber, das Geld für eine »Sammlung von tausend Tafeln ... über die Wissenschaften, die Freien Künste und die Technik« zu verwenden, was nichts anderes war als die Tafelbände der *Enzyklopädie* unter einem neuen Titel. Da die Verleger durch ein neues Privileg vom 8. September 1759 für diese »Sammlung von Tafeln« wieder einen gesetzlichen Halt für ihre Spekulation gewonnen hatten, gingen sie daran, die letzten 10 Textbände zu drucken. Um den Skandal auf ein Minimum zu reduzieren, erschienen die Bände 1765 alle auf einmal unter dem falschen Aufdruck »A Neuchâtel,/Chez Samuel Faulche & Compagnie, Libraires & Imprimeurs.« Und um die Sache doppelt sicher zu machen, reinigte Le Breton den Text in den Korrekturfahnen hinter Diderots Rücken. Obwohl Diderot dem Verleger nie diese »Abscheulichkeit« *(atrocité)* verziehen hat, arbeitete er weiter an den Tafeln, und die letzten beiden Bände erschienen 1772. Aber die Freude an dem Werk war vergangen. Verlassen von d'Alembert, Voltaire und den meisten anderen Autoren, die sich in den frühen 1750ern um ihn versammelt hatten, warf Diderot die letzten Bände zusammen ziemlich aufs Geratewohl hin und stützte sich mehr und mehr auf den treuen Jaucourt, der unermüdlich exzerpierte und kompilierte und das Werk bis ans Ende überwachte. Diderot beendete es in einem Zustand der Enttäuschung und Desillusionierung. Im Rückblick auf das Ergebnis fünfundzwanzigjähriger Arbeit beschrieb er die *Enzyklopädie* als eine Monstrosität, die von Anfang bis Ende neu geschrieben werden müßte.[5] Sein Urteil rührte eine ganze Reihe von Plänen auf, das Buch umzuwandeln, die in der noch monströseren *Encyclopédie méthodique* gipfelten, denn Le Bretons Nachfolger und Buchhändler allerorts in Europa sahen Diderots Werk als zu fehlerhaft an, um es nicht anzutasten, aber auch als zu gewinnverheißend, um es sich selbst zu überlassen. Was ihre Fehler aber auch sein mögen, ihre Vollendung zählt unter die großen Siege für den menschlichen Geist und für das gedruckte Wort.

Der Staat hatte durch die Erlaubnis, Diderots Text trotz der formellen Ungesetzlichkeit drucken zu lassen, den Philosophen die Chance geboten, ihre Waren auf dem Marktplatz der Ideen auszuprobieren. Aber was war die Folge aus diesem Durchbruch durch die traditionellen Beschränkungen der Presse in Frankreich? Durch die Konzentration auf das Duell zwischen den Enzyklopädisten und den Mächten des Ancien Régime haben die Historiker nur die halbe Geschichte erzählt. Die andere Hälfte betrifft einige Grundfragen der Buchgeschichte des 18. Jahrhunderts. Erstens, ist es möglich, das Werk in einen sozialen Kontext einzubetten? Woher kamen die Enzyklopädisten, und wohin gingen die *Enzyklopädien*? Zweitens, wie entstanden die späteren Ausgaben aus der ersten, und was sagen sie über die Verfahren der Verlagsindustrie?

Die Erforschung des sozialen Hintergrunds der Enzyklopädisten wandte sich der Frage zu, ob sie als Bürger angesehen werden können, die das Bewußtsein ihrer Klasse ausprägten und den Industriekapitalismus im 18. Jahrhundert zu etablieren halfen. Für eine ältere Generation marxistischer Wissenschaftler war die Antwort ein unqualifiziertes – und undokumentiertes – Ja.[6] Eine jüngere Generation von Sozialhistorikern fand aber alle Arten von Komplexitäten und Widersprüchen innerhalb des Bürgertums des 18. Jahrhunderts, während es den Wirtschaftshistorikern nicht gelungen ist, deutlichere Anzeichen der Industrialisierung in Frankreich vor der zweiten Hälfte des 19. Jahrhunderts auszumachen. Gegenüber so großer Unklarheit in den Schwesterdisziplinen und bei einem allgemeinen intellektuellen Klimawechsel, sahen sich die Literaturwissenschaftler herausgefordert, beim Studium der Enzyklopädie eine Begriffsrevolution (*révolution conceptuelle*) anzunehmen. Jacques Proust, Frankreichs führende Autorität in Sachen *Enzyklopädie,* vertrat das mit dem Argument, die Enzyklopädisten müßten als eine besondere Gruppe, eine *société encyclopédique* mit einer zugrundeliegenden strukturierten Bildung verstanden werden, obwohl man sie auch mit dem Bürgertum identifizieren könne.[7] Dieser analytische Zugriff hat zu einigen bedeutenden Forschungsresultaten geführt, aber nachdem die Forscher in den Datenmengen zu waten begannen, verschwanden »Strukturen« und »Bürgertum« in der Flut der Informationen über Einzelpersonen, und selbst darüber weiß man immer noch zu wenig. Die Verfasser von beinahe zwei Fünfteln der Artikel lassen sich nicht identifizieren, und fast ein Drittel der identifizierbaren Autoren schrieb nur einen einzigen Artikel, während Arbeitstiere wie Diderot, der Abbé Mallet und Boucher d'Argis die Masse des Werkes produzierten. Der Chevalier de Jaucourt, ein Adliger, der seinen Stammbaum mühelos bis ins Mittelalter verfolgen konnte, schrieb fast ein Viertel des gesamten Textes, aber niemand würde deshalb behaupten, die Enzyklopädie sei zu einem Viertel aristokratisch, zumal viele Beiträge Jaucourts nur ein paar Zeilen umfassen und unerheblich wirken im Vergleich mit einer Abhandlung wie »Vingtième« (über die Steuer) von Damilaville, der nur drei Artikel verfaßte.

Die Artikel der identifizierten Autoren sind nicht repräsentativ und darüber hinaus völlig ungleich. Wie soll man einen vernünftigen Maßstab finden, um die Enzyklopädisten soziologisch zu untersuchen? Selbst wenn man sie alle zusammennimmt und nach soziologischen Kategorien ihrer Beschäftigung sortiert, sehen sie nicht sehr bürgerlich aus, zumindest nach dem modernen, kapitalistischen Sinn des Begriffs. Nur 4 Prozent waren Kaufleute oder Gewerbetreibende. Die gleiche Menge Adelige, und beide Gruppen erscheinen klein verglichen mit den Ärzten und Chirurgen (15 %), den Verwaltungsbeamten (12 %) und sogar mit den Geistlichen (8 %). Die Enzyklopädisten wurden als Gruppe nicht durch ihre soziale Stellung definiert, sondern durch ihre Zugehörigkeit zu einer Sache. Gewiß, viele von ihnen zogen sich zurück, als die Sache am gefährlichsten war, aber sie drückten diesem Buch ihren Stempel auf, und das Buch faßte die Aufklärung zusammen. Durch Skandal, Verfolgung und das schiere Überleben wurde die *Enzyklopädie* von Freund und Feind anerkannt als die Summe einer großen geistigen Bewegung, und die Männer, die hinter ihr standen, wurden nicht nur als Mitarbeiter bekannt, sondern als »Enzyklopädisten«. Ihr Werk bezeichnete das Auftreten eines »Ismus«.[8]

Wie sich der Enzyklopädismus auf dem Markt auswirkte, unmittelbar nachdem die Enzyklopädisten ihre Arbeit beendet hatten, ist schwer zu sagen, da die Papiere von Le Breton und seinen Geschäftspartnern fast vollständig verschwunden sind. Einige Anzeichen aus dem ziemlich unzuverlässigen Material, das während des Prozesses von Luneau de Boisjermain festgehalten wurde, sprechen dafür, daß die erste Folio-Ausgabe vorwiegend nicht in Frankreich verkauft wurde: nur die Hälfte oder sogar nur ein Viertel der Exemplare blieb im Königreich.[9] Die Verleger machten aber ein Vermögen damit. Bei einer Anfangsinvestition von etwa 70.000 Livres werden sie einen Gewinn von 2.500.000 Livres eingestrichen haben. Das Netto-Einkommen belief sich auf etwa 4 Millionen Livres, während die reinen Unkosten 1.500.000 bis 2.200.000 Livres betrugen, von denen Diderot etwa 80.000 erhielt.[10] Für das 18. Jahrhundert sind das aufsehenerregende Summen, und für die Verleger war das Geschäft nur möglich, wenn sie Kapital von den Subskribenten erhielten. Dank dieses Zuflusses von Bargeld finanzierte sich die Enzyklopädie schon 1751 selbst, obwohl Papier und Druckkosten für die gleichzeitig ausgelieferten zehn letzten Textbände eine beträchtliche Geldauslage erfordert haben wird.

Das Geschäft scheint wie viele andere Verlagsspekulationen geführt worden zu sein. Am 18. Oktober 1745 unterzeichneten Le Breton und seine drei Geschäftspartner einen »Gesellschaftsvertrag« (traité de société) mit einem Kapital von 20.000 Livres und einer Anteilsverteilung entsprechend den Beiträgen: Le Breton die Hälfte und die anderen je ein Sechstel. Zusatzartikel bewilligten Le Breton eine feste Summe pro Blatt für die Druckkosten, so daß die Partner ihm die Verantwortung für die Herstellung delegierten und er innerhalb der vertraglichen Grenzen so gut wie möglich wirtschaftete.[11] Wie er mit dieser gewaltigen Aufgabe fertig wurde, ist unbekannt und es ist auch nicht herauszubekommen, wie er die Kunden belieferte und wer sie waren. Das Luneau-Material enthält die Namen von etwa 75 Subskribenten. Die meisten davon waren Adelige, einschließlich einiger bedeutender Hofchargen – Der Vicomte de Noailles, der Marschall Mouchy, der Herzog von La Vallière – und verschiedene Amtsträger der Parlements und Verwaltungsbezirke. Die übrigen kamen hauptsächlich aus dem Richter- und Anwaltsstand, dem Klerus und der höheren Verwaltung. Nur zwei waren Kaufleute.[12] Natürlich können diese wenigen Namen, die in den Auseinandersetzungen eines Prozesses zusammengebracht wurden, kaum ein repräsentatives Bild von allen 4000 Subskribenten geben. So ziemlich alles, was man aus der Verlagsgeschichte der ersten Auflage der Enzyklopädie schließen kann, ist die Tatsache, daß ihr Text von einer sehr heterogenen Autorengruppe stammte, welche die gemeinsame Zugehörigkeit zu einer Aufgabe verband, daß ihre luxuriösen Foliobände an reiche und wohlgeborene, durch ganz Europa verstreute Leser gingen, und daß sie sehr hohen Gewinn eintrug.

Einer der ersten, der die letztere Schlußfolgerung zog, war ein geschäftstüchtiger Verleger aus Lille namens Charles Joseph Panckoucke, der sich nach einer kurzen Lehre bei Le Breton 1762 in Paris niederließ. Panckoucke bemühte sich um Philosophen, besonders Buffon, Voltaire und Rousseau, und hofierte Beschützer in der Regierung. Schon 1768 war er der amtliche Buchhändler der Königlichen Drukkerei und der Akademie der Wissenschaften, und er befand sich auf dem besten Wege, zur beherrschenden Gestalt im französischen Buchwesen zu werden, dank eines dichten Netzes von der Regierung gewährter Monopole für periodische Schriften. Am 16. Dezember 1768 – vier Jahre vor der Veröffentlichung der abschließenden Tafelbände – kaufte Panckoucke mit zwei Partnern, dem Buchhändler Jean Dessaint und dem Papierfabrikanten Chauchat, die Rechte an den künftigen Auflagen der *Enzyklopädie* und die Kupfertafeln für die Abbildungen von Le Breton und dessen Partnern.[13]

Während die Originalverleger den Druck der Tafeln beendeten, antichambrierte das neue Konsortium wegen der Erlaubnis zu einer *re-*

fonte (Neuguß), einer völlig revidierten Auflage. Panckoucke gewann Diderot dafür, ihm bei diesem Bemühen zu helfen, und Diderot schrieb ihm eine beredte Denkschrift, die für eine neue *Enzyklopädie* plädierte, indem sie die Fehler der alten aufzählte. Der Kanzler Maupeou lehnte den Antrag ab, obwohl der Herzog von Choiseul, eine liberalere Persönlichkeit, die gerade aus der Regierung entfernt wurde, einen Nachdruck des ursprünglichen Textes genehmigte. Diese Schwierigkeiten ließen Dessaint und Chauchat zurückschrecken, aber Panckoucke kaufte ihre Anteile auf, verwandelte sie in Anteile für eine Spekulation mit dem Nachdruck und verkaufte sie am 26. Juni 1770 einer neuen Gruppe von Partnern. Die umfaßte schließlich Voltaires Verleger, Gabriel Cramer, und Samuel de Tournes in Genf, Pierre Rousseau, den Leiter der Société typographique de Bouillon, und zwei Pariser, den Notar Lambot und den Buchhändler Brunet. Neun Monate später, am 12. April 1771, formierte Panckoucke eine weitere selbständige Assoziation, diesmal für Ergänzungsbände, welche die Irrtümer des ursprünglichen Textes berichtigen und die Lücken füllen sollte. Diese Gesellschaft wurde aus den Spekulanten auf den Nachdruck gebildet, außer Lambot, der sich wahrscheinlich bei Panckoucke im Frühjahr 1772 ausgekauft hatte, und den beiden Genfern, die mithalten wollten, es dann aber doch nicht taten; sie umfaßte Marc-Michel Rey, Rousseaus Verleger in Amsterdam, und Jean-Baptiste Robinet, einen Gelehrten, der das »Supplément« herausgeben sollte.[14] Was als bescheidenes Geschäftsbündnis dreier Pariser Buchhändler begonnen hatte, wuchs sich aus zu einem internationalen Konsortium, das auf einem System einander überlappender Bündnisse der mächtigsten Verleger der Aufklärung errichtet war.

Die weitere Geschichte der Enzyklopädie hat viel gemeinsam mit der Diplomatie des 18. Jahrhunderts: barocke Intrigen und plötzliche Richtungswechsel einschließlich der Kriegsführung. Die ursprünglichen Verleger wurden schon 1751 von einigen Piraten aus England angegriffen, und obwohl sie einer drohenden englischen Enzyklopädie durch Zahlung von Lösegeld ein Ende bereiteten, konnten sie nicht verhindern, daß in Italien zwei Folio-Ausgaben gedruckt wurden. Die erste begann 1758 in der Republik Lucca zu erscheinen, und die zweite folgte ab 1770 aus Livorno. Obwohl beide in Zeitverzug und Schwierigkeiten gerieten, eroberten sie einen Teil des *Enzyklopädie*-Markts, besonders südlich der Alpen. Der nördliche Markt fiel dann zu einem großen Teil einem entlaufenen italienischen Mönch anheim, der in der französischen Fassung seines Namens Fortuné-Barthélemy de Félice hieß. Nachdem er sich in Yverdon in der Schweiz, in der Nähe von Neuchâtel, niedergelassen hatte, kündigte er an, daß er den vielgewünschten Neuguß, die Neufassung der *Enzyklopädie* herausbringen wolle – d. h. eine vollständig neu geschriebene Fassung in Quart-Format mit Beiträgen von Gelehrten aus ganz Europa zur Berichtigung von Irrtümern, zum Ausfüllen von Lücken und mit der Ersetzung der Gottlosigkeiten des Originals durch nüchternen Protestantismus. Damit standen die Käufer der *Enzyklopädie* vor der Wahl: Sie konnten Diderots Text mit oder ohne Robinets *Supplément* nehmen oder die gereinigte und vervollkommnete Fassung Félices bestellen.

Da Millionen Livres an diesen Entscheidungen hingen, wurden die Verleger bald in einen Handelskrieg verwickelt. Gegen Panckouckes Doppelallianz, die Genf, Bouillon und Amsterdam deckte, mobilisierte Félice zwei seiner Alliierten: die Berner Société typographique, die ihm bei der Geschäftsgründung geholfen hatte (Yverdon lag im Kanton Bern), und einen mächtigen Buchhändler im Haag, Pierre Gosse, der weitläufig in Nordeuropa handelte. Gosse und die Berner kauften Félices gesamte Auflage und überließen ihm die Herausgabe und den Druck, während sie sich um den Verkauf kümmerten.[15] In Prospekten, Rundbriefen und Zeitungsanzeigen posaunten sie die Mängel von Diderots und die Vorzüglichkeit von Félices Werk aus. Heute, da Diderots Ruhm die Erinnerung an seinen Rivalen überstrahlt, ist es schwer, sich die Wirkung dieser Propaganda vorzustellen. Aber die *Enzyklopädie* von Yverdon wurde im 18. Jahrhundert gut aufgenommen, und das nicht nur in den pietistischen Winkeln Deutschlands und Hollands. Voltaire, dessen *Questions sur l'Encyclopédie* sich aus einem gebrochenen Versprechen herleiten, zum *Supplément* Beiträge zu liefern, sagte, daß er Félices Text dem Diderots vorzöge, wenn er eine Enzyklopädie kaufen würde.[16] Und Félices Helfer machten diese Haltung publik in Zeitungen wie der *Gazette de Berne* und der *Gazette de Leyde,* wo sie literarische Nachrichten manipulieren konnten. 1771 tadelte Gosse die STN, weil sie in ihrer eigenen Zeitung, dem *Journal helvétique,* eine ungünstige Rezension von Félices erstem Band gedruckt hatte, und die STN wechselte sofort die Richtung, aus dem einfachen Grunde, weil Gosse ihr größter Kunde in den Niederlanden war.[17]

Die Panckoucke-Gruppe antwortete entsprechend durch ihre Zeitungen, besonders Panckouckes *Journal des savants* und Rousseaus *Journal encyclopédique.* Cramer schickte sogar detaillierte Anweisungen an Rousseau, wie man Félice lächerlich zu machen habe: Anstatt die protestantische *Enzyklopädie* ernst zu nehmen, solle das *Journal encyclopédique* die Abwegigkeit eines obskuren Italieners herausstreichen, der nicht einmal ordentlich Französisch schreiben könne, aber den Text der besten Philosophen Frankreichs zu verbessern sich anmaße.[18] Félice antwortete, daß er lediglich Absurditäten aus Diderots Text entferne und Artikel von Autoritäten wie Albrecht von Haller und Charles Bonnet einfüge, die Diderots Mitarbeiter veraltet erscheinen lassen. Er offerierte seinen Subskribenten ein eigenes Supplement, das die wertvollen Teile von Robinets *Supplément* in einen moderneren Überblick über die Künste und Wissenschaften aufnehme. 1775 ging er noch weiter: Er kündigte an, daß er sein Supplement sowohl in einer Folio- wie in einer Quarto-Ausgabe herstelle, und daß er die Folio-Ausgabe mit dem wichtigsten Original-Material aus dem Haupttext der *Enzyklopädie* von Yverdon füllen werde. Das war ein Stich ins Herz der Rivalen, denn Robinet zielte mit seinem *Supplément* auf die Besitzer aller Folio-Ausgaben – der Enzyklopädien von Lucca, Livorno und Paris ebenso wie der Panckoucke-Cramerschen Nachdrucke. Wenn sie ihr Supplement bei Félice bestellten, konnten die Besitzer der Folio-Ausgaben die Standard-Version mit ihrer modernen Revision kombinieren, und Robinets Markt wäre damit das Wasser abgegraben.

Dann versuchte Panckoucke, Félices Subskribenten zu umgarnen, indem er eine Quarto-Ausgabe von Robinets *Supplément* ankündigte. Dieser Gegenangriff führte ins Leere, denn ein offener Supplement-Krieg traf Robinet weit mehr als Félice, weil es sechsmal so viele Besitzer von Folio-Ausgaben wie Subskribenten von Félices Quarto gab. Am Ende bat Panckoucke denn auch um Frieden. Er willigte ein, sein Quarto zurückzuziehen, wenn Félice sein Folio zurückzöge, und beide Seiten versprachen, ihre gedruckten Bogen auszutauschen, so daß sie sich mit größter Effizienz bestehlen konnten.

Inzwischen geriet Panckoucke in größere Schwierigkeiten mit seinem wichtigeren Unternehmen, dem Nachdruck selbst. Im Februar 1770 hatte die Pariser Polizei auf eine Denunziation der Generalversammlung des französischen Klerus hin 6000 Exemplare der ersten drei Bände beschlagnahmt und sie in einem Gewölbe der Bastille gehortet, wo sie trotz aller Bemühungen Panckouckes, sie durch das Ziehen von Fäden und das Schmieren von Händen wieder frei zu bekommen, sechs Jahre lang blieben. Nach dieser Katastrophe beschlossen die Verleger des Nachdrucks, ihn aus Paris in die Druckereien von

Cramer und de Tournes in Genf zu verlagern. Aber kaum hatten Cramer und de Tournes mit dem Satz in Genf begonnen, als die Ehrwürdige Versammlung der dortigen Pastoren sie durch Denunziation bei den Behörden zum Aufhören zwingen wollte. Während Cramer für die Sache vor dem Hohen Rat plädierte, manövrierte Panckoucke heimlich, um ihn aus der Spekulation auszuschließen und sie nach Bouillon und Amsterdam zu transferieren, wo sie durch Robinet, Rousseau und Rey noch einmal als Neufassung rekonstruiert werden konnte. Aber Rey weigerte sich, bei einem so spektakulären und kostspieligen Wechsel der Verlagspolitik mitzumachen, und Cramer überzeugte tatsächlich die Stadtväter von Genf, die die Bedeutung der Operation für die lokale Ökonomie würdigten. Cramer versöhnte die Pastoren mit dem Angebot, d'Alemberts kontroversen Artikel »Genf« herabzustimmen, der sie als Deisten erscheinen ließ, und sie alles säubern zu lassen, was im Text des *Supplément* ihren Kalvinismus verletzte. Diese Vereinbarung beseitigte nicht alle Probleme des Nachdrucks, denn die französischen Behörden behielten die ersten drei Bände in der Bastille und Panckoucke flirtete weiterhin mit anderen Druckern. Die ganzen Schwierigkeiten aber führten zu nicht mehr als ein paar scharfen Bemerkungen in der Korrespondenz zwischen Genf und Paris. Am Ende behielten die Genfer nicht nur den einträglichen Druck in der Hand, sondern druckten die ersten drei Bände neu und versuchten, das *Supplément* zu übernehmen.

Als Panckoucke die zusätzliche Spekulation auf das *Supplément* im April 1771 konstruierte, hatte er Cramer und de Tournes einen 6/24 Anteil angeboten. Sie sollten auch die Druckkommission erhalten, aber bevor sie einwilligten, verlangten sie die Kontrolle über Subskription und Finanzen und daß Robinet seine Herausgebertätigkeit nach Genf verlagere. Rousseau legte dagegen Veto ein, da er Robinet in Bouillon zu halten hoffte und den Druck dorthin verlagern wollte, und Rey unterstützte ihn. Die Genfer antworteten im November 1771, indem sie sich ganz von dem *Supplément* zurückzogen. Dann stritten sich die verbleibenden Partner fast ein Jahr lang darum, wie man die restlichen Anteile von 6/24 aufteile und wo der Druck stattzufinden habe. Schließlich kauften Panckoucke und Brunet die Anteile und willigten ein, das Kapital für den Druck vorzustrecken. Im Gegenzug nötigten sie Rousseau und Rey, sie mit den französischen Behörden über einen Pariser Druck verhandeln zu lassen oder, falls das mißlinge, den Druck Cramer zu überlassen, denn sie bestanden darauf, daß Genf ein günstigerer Ausgangspunkt für den Schmuggel sei als Bouillon. Nachdem Panckoucke und Rousseau diesen Streit begraben hatten, verwickelten sie sich in eine Auseinandersetzung über ihre Zeitungen. Panckoucke wollte den französischen Markt für seine neueste Akquisition, das *Journal historique et politique de Genève* reservieren, während Rousseau darum kämpfte, Frankreich für das *Journal de politique* und das *Journal encyclopédique* offenzuhalten, die er in Bouillon publizierte. Dank der Protektion des Außenministers nötigte Panckoucke schließlich Rousseau, jährlich 5000 Livres für das Recht zu bezahlen, seine Bouilloner Zeitungen in Frankreich zu verbreiten, und zugleich brachte er Robinet auf seine Seite, der in den Intrigen gegen Rousseaus Zeitungen mitmischte, während er das Manuskript für das *Supplément* in Bouillon zusammenstückte. Im Februar 1776 waren es der großen und kleinen Komplotte mehr geworden, als Rousseau ertragen konnte. Er verkaufte seine 6/24 Anteile am *Supplément* an den Pariser Drucker Jean-George-Antoine Stoupe, der es schließlich in Paris druckte, während Rey eine Ausgabe in Amsterdam herstellte. Beide Ausgaben, die je 4 Textbände und 1 Tafelband umfaßten, wurden 1777 fertiggestellt.

Zu dieser Zeit hatte Cramer den Nachdruck abgeschlossen. Obwohl er seine Briefe an Panckoucke mit Klagen über die Schwierigkeiten des Unternehmens gefüllt hatte, schien es ziemlich gut zu gehen, denn verschiedentlich machten er und de Tournes das Angebot, alle anderen Partner auszukaufen. Niemand wollte jedoch seine Anteile verkaufen, und am 13. Juni 1775 waren die Genfer und Panckoucke so weit, daß sie zu einem Vergleich kamen, obwohl der Druck noch ein Jahr weiterging und Panckoucke noch einen Vergleich mit den Partnern zu schließen hatte, denen er Anteile am Gewinn verkaufen mußte. In dem Genfer Vergleich vom 13. Juni 1775 beendete Panckoucke die Partnerschaft, indem er den Genfern 200.000 Livres für ihr Drittel am Gewinn bezahlte, während sie versprachen, die letzte Phase von Herstellung und Verkauf in seinem Interesse durchzuführen. Dabei belief sich der Gewinn lediglich auf 71.039 Livres, aber etwa 670 von 2000 Exemplaren blieben noch zu verkaufen. Wenn sie zum Subskriptionsstückpreis von 840 Livres abzusetzen waren, würden sie 562.800 Livres einbringen. Einen Großteil dieser Summe würden Verzögerungen, Buchhändlerrabatte, Zahlungsfehler und der Verlust der 6000 Exemplare der ersten drei Bände verschlingen, den Panckoucke mit 45.000 Livres veranschlagte. Aber selbst wenn Panckoucke und seine verborgenen Partner nur 400.000 Livres einnähmen (das Äquivalent, bei Zweidrittel Anteilen, der 200.000 Livres für die Genfer), hätte sich ihre Investition sehr wohl gelohnt.[19]

Da die Genfer Folio-Ausgabe eine vergleichsweise geringe Auflage und einen hohen Preis hatte, ist sie nicht sehr typisch für die Expansion des *Enzyklopädie*-Marktes. Und das waren die *Suppléments* auch nicht, die einige von Diderots Lücken füllten, ohne Diderots Schwung zu besitzen. Auf die Dauer hatte Félices Buch keinen großen Einfluß auf das Publikum der *Enzyklopädie*. Es drang nie nach Frankreich, da die Behörden das erfolgreich verhinderten, und es hatte es auch sonst in Europa schwer, da Félice ständig den Umfang vermehrte, den Preis erhöhte und die Fertigstellung verzögerte. Als er 1780, zehn Jahre nach dem ersten, den letzten seiner 58 Bände auslieferte, hatte er viele seiner Subskribenten verloren, und die Verleger der preiswerteren Quart- und Oktav-Ausgaben von Diderots *Enzyklopädie* hatten seinen Markt beschnitten. Durch diese Ausgaben des ursprünglichen Textes und auch durch das *Supplément* wurden die gewöhnlichen Leser überall in Europa erreicht. Nachdem Panckoucke verschiedene internationale Konsortien zusammengebracht und getrennt, mit Partnern und mit Konkurrenten gleicherweise gekämpft und gelernt hatte, mit dem Schutz der Regierung statt mit ihrer Herausforderung zu operieren, war er in der Lage, auf Enzyklopädismus für das große Publikum zu spekulieren.

Bevor wir die Geschichte aufnehmen, wie die *Enzyklopädie* das allgemeine Lesepublikum erreichte, lohnt es sich, auf die Frühgeschichte des Buches zurückzublicken, um zu sehen, ob zusammenhängende Themen durch ihre Drehungen und Wendungen laufen. Von 1749 an, als Le Breton und seine Partner die Regierung ersuchten, Diderot aus dem Gefängnis von Vincennes zu entlassen, bis 1776, als Panckoucke sie überredete, die 6000 Bände aus der Bastille freizugeben, heben sich zwei Ziele aus den Manövern der Verleger heraus: Sie wollten den Staat beschwichtigen, und sie wollten Geld verdienen.[20] Aber die *Enzyklopädie* verkaufte sich aus dem gleichen Grund, der die Regierung antrieb, sie zu konfiszieren: Sie forderte die überlieferten Werte und die etablierten Autoritäten des Ancien Régime heraus. Die Verleger suchten einen Ausweg aus diesem Dilemma, indem sie den Text herabstimmten. Nicht nur kastrierte Le Breton die letzten zehn Bände, sondern Panckoucke plante, die Philosophie aus seiner Neufassung auszuschließen, als er 1768 für ein Druckprivileg antichambrierte –

das zumindest behaupteten die Verteidiger der *Enzyklopädie* von Yverdon während der frühen Gefechte ihres Handelskriegs. In einem gedruckten Rundbrief warnte Gosse die Buchhändler Europas, sich vor Zensurprodukten in acht zu nehmen: »Aus gut unterrichteter Quelle in Paris wird uns mitgeteilt, daß die Herren Pariser Buchhändler sich bei dem Ersuchen nach einem neuen Privileg anheischig machen, in der neuen Auflage alle Artikel zu unterdrücken, die in der ersten Auflage bei der Regierung Anstoß erregen konnten; wir erfahren ebenfalls aus gut unterrichteter Quelle, daß das neue Privileg ihnen verweigert wird und daß der Kanzler und das Parlement sich dem Nachdruck der *Enzyklopädie* in Frankreich widersetzen. Jeder, der die Verfolgungen kennt, welche die Verfasser und die ersten Herausgeber in Frankreich erlitten haben, wird leicht begreifen, daß nur ein freies Land für die Vollendung dieses Werkes in Betracht kommt.«[21]

Natürlich bedeutete »Vollendung« bei Félice auch, die Philosophie wegzuschneiden und darüber hinaus in den Artikeln, die vor den französischen Zensoren Gnade gefunden hatten, den Katholizismus durch Protestantismus zu ersetzen – eine Taktik, die den Herren in Bern, aber nicht denen in Versailles gefallen sollte. Als Panckoucke 1770 in seinem erfolglosen Vorschlag, den Druck aus Genf nach Amsterdam und Bouillon zu verlagern, den Gedanken einer Neufassung erörterte, machte er es deutlich, daß er geschäftliche Erwägungen über alles setzte: »Man darf sich keinerlei gottlose Kühnheit erlauben, die die Behörden verärgern könnte. Im Gegenteil muß das ganze Werk mit viel Klugheit und Mäßigung geschrieben werden, damit es sogar Ermutigung von seiten Ihrer Regierung erfahren könnte ... Hier ist es eine Sache des Geldes, der Finanz, die alle Welt interessieren kann.«[22] Geschäft ist Geschäft, selbst wenn es um Aufklärung geht. Entsprechend geriet das *Supplément* zu einem ideologisch, wenn schon nicht kaufmännisch vorsichtigen Unternehmen. Die Vereinbarung vom 12. April 1771 sah eher Gelehrte denn Philosophen als Mitarbeiter vor, und Robinet versprach, sie mehr zu den Naturwissenschaften als zur Philosophie zu orientieren. Der Vertrag verpflichtete ihn, »die Supplemente mit Vorsicht zu schreiben und darin nichts gegen die Religion, die guten Sitten und die Regierung zuzulassen, da die Supplemente vor allem das Ziel haben, die Naturwissenschaften zu vervollständigen.«[23] Bei dieser Gewichtsverlagerung überrascht es kaum mehr, daß Panckoucke nicht nur den Druck nach Paris verlagern konnte, sondern auch ein Privileg dafür erhielt.[24]

Während Panckoucke die *Enzyklopädie* in Richtung offizieller Orthodoxie steuerte, bewegten sich die Offiziellen näher auf den Enzyklopädismus zu. Während der letzten Jahre der Regierung Ludwigs XV. waren die Maßnahmen ihrer Polizei gegen Bücher strenger geworden, aber die Regierung Ludwigs XVI. (1774) trat an unter dem Einfluß eines Enzyklopädisten, Turgot. Die konfiszierten Exemplare von Panckouckes *Enzyklopädie* wurden aus der Bastille freigegeben, und seine späteren Spekulationen gediehen unter einer Reihe von Reformministern, die nicht nur die staatliche Kontrolle des Buchhandels lockerten, sondern ihn deswegen sogar konsultierten. Die Tradition Malesherbes', die unterbrochen wurde, als Malesherbes 1763 die »Direction de la librairie« verließ, belebte sich wieder und regte den Boom der *Enzyklopädie* an, der 1776 begann und sich bis zur Revolution von 1789 fortsetzte.

Die Legalisierung der *Enzyklopädie* hilft auch, die Zwischenglieder in der Serie der Spekulationen auf dieses Werk zwischen 1745 und 1789 zu erklären. Legalität beim Verlag eines Buches verschaffte das Privileg, das durch die Gnade des Königs verliehene ausschließliche Recht zur Vervielfältigung eines Texts, das durch die »Direction de la librairie« erteilt und bei der Innung der Pariser Buchhändler und Drucker registriert wurde. Obwohl das Bücherprivileg etwas mit dem modernen Copyright zu tun hat, ist es, ebenso wie andere Privilegien des Ancien Régime, in alte Begriffe und Institutionen verflochten – die königliche Autorität, eine barocke Bürokratie und eine monopolistische Zunft. Wenn der König ein Privileg verlieh, so gestattete er nicht nur, daß ein Buch entstand. Er setzte den Stempel seiner Billigung darauf; er empfahl es seinen Untertanen durch einen oder mehrere Zensoren, die sich über dessen Bedeutung und sogar den Stil in umständlichen Permissionen und Approbationen ausließen, die gewöhnlich in dem Buch zusammen mit einem förmlichen Privileg des Königs gedruckt wurden. Privilege waren ferner ein Eigentum, das man kaufen und verkaufen, in Anteile zerlegen und vom Ehemann auf die Frau und vom Vater auf den Sohn vererben konnte. Aber sie reichten nur so weit wie die Herrschaft des Königs. Außerhalb des Königreichs konnten andere Verleger einen französischen Text nachdrucken, so oft sie wollten, wenn ihre eigene Regierung nichts dagegen hatte. Der privilegierte Verleger in Frankreich mochte wegen Raubdrucks und Piratentum Geschrei erheben, aber er konnte nur die »Direction de la librairie«, die Zollbehörden, die Zunftaufseher und die Polizei auffordern, jedes Exemplar zu konfiszieren, das auf den inländischen Markt geriet.

Das gesamte System reizte dazu an, französische Bücher außerhalb Frankreichs zu drucken, da die Verbreitung der französischen Sprache überall in Europa eine Nachfrage nach billigen Raubdrucken geschaffen hatte und da nur Schriften von reiner Rechtgläubigkeit legal im Königreich veröffentlicht werden durften. Die Art der Organisation des Buchwesens in Frankreich nötigte so die Aufklärung in den Untergrund und ins Exil – in die Druckereien von Amsterdam, Bouillon, Genf und Neuchâtel; denn wie sollte der König den Druck von Schriften gestatten, welche die Grundwerte seiner Herrschaft in Frage stellten? Die Strenge der Privilegienerteilung verbannte einen ganzen Wirtschaftszweig, der viele Millionen Livres umsetzte, hinter die Grenzen des Gesetzes. Angesichts dieses Dilemmas begünstigten Administratoren wie Malesherbes eine Grauzone quasi legalen Publizierens. Sie erteilten *Permissions tacites, Permissions simples, Tolérances* und *Permissions de police* – das heißt, Autorisierungen, die Bücher ohne die königliche Druckerlaubnis erscheinen ließen, aber auch ohne förmliche und ausschließliche damit verbundene Rechte. Wenn der Klerus oder die Parlements (Gerichtshöfe) gegen ein unorthodoxes Buch protestierten, sähe es nicht so aus, als hätte die Regierung es befördert, und sie könnte versprechen, es zu konfiszieren, wobei sie gelegentlich Sorge trug, die Verleger rechtzeitig zu warnen, ihr Lager in Sicherheit zu bringen.[25]

Der Kampf um Druck und Nachdruck der *Enzyklopädie* fand mittendrin und in sämtlichen Winkeln dieses komplizierten und widersprüchlichen Systems statt. Die ersten Verleger erwarben tatsächlich drei Privilegien für den Text, eines im April 1745, eines im Januar 1746 und eines im April 1748. Jedes entsprach einem Stadium in der Ausweitung des ursprünglichen Planes, eine vierbändige Übersetzung von Ephraim Chambers *Cyclopaedia, or Universal Dictionary of the Arts and Sciences,* die zuerst in England 1728 erschienen war, zu publizieren. Am 8. März 1759 vernichtete die Regierung die Rechte an der schließlich ausgewachsenen *Encyclopédie,* indem sie das Privileg widerrief. Wohl setzten die Verleger den Druck fort, aber nur unter dem Schutzmantel »einer stillschweigenden, vom nationalen Interesse inspirierten Duldung«, wie Diderot es ausdrückte.[26]

Wie konnte dann aber Panckoucke beanspruchen, die ausschließlichen »Rechte« an diesem Werk von Le Bretons Konsortium gekauft zu haben? Dieser Anspruch diente als Grundlage für die meisten Spekulationen mit der *Enzyklopädie* zwischen 1768 und 1800, und

Panckoucke behauptete ihn in all seinen Briefen und Verträgen auf die absoluteste Weise. So stellt er in einem Schreiben an Marc-Michel Rey z. B. fest: »Es ist Ihnen wohlbekannt, daß ich vor etwa 18 Monaten mit Herrn Dessaint und einem Pariser Papierfabrikanten namens Chauchat alle Rechte und die Kupfer der *Enzyklopädie* erworben habe.«[27] Die anderen Verleger bezweifelten diese Eigentumsrechte keineswegs, sondern erkannten sie an.[28] So bemerkte die Société typographique de Neuchâtel 1779, daß Panckoucke die *Enzyklopädie* überall in Frankreich verhandeln könne, dank seines »ausschließlichen Privilegs für dieses Werk«.[29] Diese Sprache verwendeten die Verleger des 18. Jahrhunderts nicht leichthin. Sie wußten, daß *Rechte* sich aus *Privilegien* herleiteten, aber sie anerkannten Panckouckes Recht an einem Buch, dessen Privileg widerrufen worden war.

Die Erklärung für dieses Paradox findet sich in einem Vertrag, den Panckoucke am 3. Juli 1776 mit der Société typographique de Neuchâtel geschlossen hatte. Darin identifizierte sich Panckoucke wie gewohnt als »Eigentümer der Rechte und Kupfer des *Dictionnaire encyclopédique*«, und wie üblich leitete er sein Eigentum an den Rechten und den Tafeln von seinem Vertrag her, den er am 16. Dezember 1768 mit Le Breton, David und Briasson geschlossen hatte. Dann bemerkte er, daß er seine eigenen Partner, Dessaint und Chauchat, 1769 und 1770 ausgekauft habe und daß seine ausschließlichen Rechte ihm durch ein königliches Privileg vom 20. März 1776 bestätigt worden waren »unter dem Titel *Recueil des Planches sur les Sciences, Arts et Métiers*«. Das Register der Pariser Buchhändler-Innung von 1776 enthält unter Panckouckes Namen ein Privileg für ein Werk genau diesen Titels, und ein ähnliches Privileg erscheint in der ersten Auflage der *Enzyklopädie* – nicht in Band 1 bis 7 des Textes, die das 1759 widerrufene Privileg tragen, wohl aber in Band 6 der Tafeln, der 1768 erschien, als Panckoucke die Rechte an dem Buch von Le Breton und Partnern gekauft hatte.[30] Das Privileg im Tafelband behauptet, bei der Buchhändler-Innung am 8. September 1759 registriert zu sein – das heißt, gerade zu der Zeit, als die Regierung die *Enzyklopädie* rettete, nachdem sie sie anscheinend zerstört hatte, indem sie Le Breton gestattete, die Subskriptionsgelder auf die Tafelbände zu überschreiben.[31] Somit war die Rettungsaktion von 1759 nicht nur ein Versuch, das Verlegerkapital zu bewahren, indem sie die Fortsetzung des Drucks halblegal gestattete. Sie bestätigte ihren Anspruch auf die »Rechte« des Buches, Eigentumsrechte, die einen enormen kommerziellen Wert im Buchhandel besaßen. Entsprechend bezahlte Panckouckes Gruppe, als sie Le Bretons Gruppe am 16. Dezember 1768 auskaufte, 200.000 Livres für »sämtliche Rechte an den künftigen Nachdrucken und an sämtlichen Kupfertafeln«. Diese große Summe deckte weit mehr als den Wert der Kupfertafeln, wie der Vertrag deutlich machte, obwohl er zu gewundenen Formeln griff, als er die Natur dieser »Rechte« beschrieb.[32]

Bei Panckouckes nächster Spekulation, dem Gesellschaftsvertrag vom 26. Juni 1770, der zur Genfer Folio-Ausgabe führte, ließ er seine Geschäftspartner von seinen »Rechten« für eine einzige Auflage Gebrauch machen, beharrte aber darauf, daß die Rechte bei ihm blieben.[33] Als er die Verbindung für das Supplément am 12. April 1772 abschloß, verlangte er, daß die Rechte nach Abschluß der Auflage an ihn zurückkehrten.[34] Als er dann im Frühling 1776 durch ein neues Privileg seine Rechte am Tafelwerk bestätigte, legte er seinen Anspruch dar, der »einzige Eigentümer« der gesamten *Enzyklopädie* zu sein, von Text, Tafeln und Supplement. Seit dieser Zeit sprach er von seinem »Privileg« und ebenso von seinen »Rechten«. Und als er sich schließlich mit der Société typographique de Neuchâtel verband, konnte er den halben Anteil an »Kupfern, Rechten und Privileg« für 108.000 Livres verkaufen. Nach der Zeit ihrer Gesetzlosigkeit gewann die *Enzyklopädie* schrittweise ein gewisses Maß an Legalität, das in den Augen von Verlegern Geldeswert hatte, obwohl es Panckouckes 6000 Bände nicht vor der Konfiszierung 1770 schützte, und es diente einer Reihe von Spekulationen zur Grundlage, die sich bis in die 1770er Jahre und weiter erstreckten, als ein Konsortium auf das andere folgte und die Verleger den Stammbaum des Buches für immer wachsende Summen weiterreichten.

Natürlich blieb der Stammbaum zweifelhaft, und die Folge der Verträge und Geschäftsbündnisse erscheint heute absurd und verwirrend: ein legalisiertes illegales Buch? Die Ersetzung eines Privilegs für einen Text durch ein Privileg für Abbildungstafeln, obwohl die unter einem anderen Titel erschienen, der wiederum die Schlüsselwörter *Encyclopédie* und *Dictionnaire* gar nicht enthält? »Rechte« an diesem halb illegitimen, halb fiktiven barocken Hybridwesen, die in kleine Anteile zerlegt und in Verlegerkreisen nicht nur in Frankreich, wo Privilegien etwas bedeuteten, verhökert wurden, sondern auch in den Nachbarstaaten, deren Verleger davon lebten, daß sie diese Privilegien verletzten? Es brauchte einen Kopf des 18. Jahrhunderts, um solche Unternehmungen auszutüfteln, aber im Kontext ihrer Zeit waren sie sinnvoll. Die Verleger mußten ihre Investition schützen, und das nicht nur, um weiterzudrucken. Sie wollten die Rechte an Büchern ebenso wie die Bücher selbst kaufen und verkaufen, die Rechte in Anteile zerlegen und die Anteile in Partnerschaften verhandeln, die nach den wechselnden Umständen getrennt und verbunden werden konnten. Deshalb spielte man das Verlegerspiel in endlosen »combinaisons«, wie Panckoucke sagte.[35]

Auf Geschäftskombinationen mit so hohem Einsatz zu spekulieren, erforderte mehr als nur Geld. Man brauchte Protektion, um einen weiteren von Panckouckes beliebten Ausdrücken zu verwenden. Verleger brauchten Protektion, damit ihre Rechte galten, und Rechte ohne Beschützer erwiesen sich oft als wertlos. Die Geschichte der *Enzyklopädie* hat deshalb viel mit Lobbytum und dem Erschleichen von Einfluß zu tun – was 1752 und 1759 erfolgreich war, als die Regierung die erste Auflage rettete, und 1770 erfolglos, als sie die zweite Auflage dem Klerus opferte, und wiederum erfolgreich 1776, als Panckoucke das *Supplément* mit Privileg in Paris herstellte. Von da an bis zum Ende des Jahrhunderts kämpften Panckoucke und seine Verbündeten um ihre »Rechte« und zusätzlich um die Gunst der Regierung. Ihre Verteidigung – und die Angriffe aus Yverdon, Lyon, Lausanne, Bern und Lüttich – bilden ein wichtiges Thema auf den folgenden Seiten. Man muß beachten, daß die Enzyklopädie von Anfang an von »Kombinationen« von Geld und Macht abhing; daß politische und wirtschaftliche Interessen sich in den frühen Stadien ihrer Geschichte verflochten, und daß sie ihren Weg in das gesellschaftliche Gefüge Frankreichs fand, weil ihre Verteidiger wußten, wie man die Widersprüche umgeht, welche die Kultur des Ancien Régime charakterisierten.

Zur Orientierung des Lesers mag es nützlich sein, die Auflagen der Enzyklopädie mit einigen ihrer Grunddaten aufzuführen.

(1) Die *Pariser Folio-Ausgabe* (1751–1772): Sie bestand aus 17 Textbänden, die von 1751 bis 1765 erschienen (die letzten zehn gleichzeitig 1765 mit der falschen Druckangabe Neuchâtel) und 11 Tafelbänden, die von 1762 bis 1772 herauskamen. Die Verleger – ein am 18. Oktober von Le Breton, David, Briasson und Durand gebildetes Konsortium – gaben die Auflage mit 4225 Exemplaren an, aber die Zahl vollständiger Ausgaben muß wegen Feuchtigkeits- und sonstiger Schäden sowie Fehldrucken und wegen der Enttäuschung von Subskribenten, die

nicht immer die späteren Bände beanspruchten, geringer gewesen sein. Obwohl der Subskriptionspreis ursprünglich auf 280 Livres festgesetzt wurde, stieg er tatsächlich auf 980. Später stieg der Marktpreis bis auf 1400 Livres, aber diese, von den Verlegern der billigeren Ausgaben genannte Zahl schloß das *Supplément* und die Registerbände ein und sogar die Bindekosten.[36]

Das *Supplément* in vier Folio-Bänden Text und einem Tafeln wurde in Paris und Amsterdam 1776 und 1777 veröffentlicht, gefolgt von zwei Registerbänden, »Table analytique« 1780. Die Auflage des *Supplément* betrug offensichtlich 5250 Exemplare, der Preis 160 Livres. Es gab keine formelle Verbindung mit der ursprünglichen Enzyklopädie und auch die Mitarbeiter und Verleger waren andere.[37]

(2) Die *Genfer Folio-Ausgabe* (1771–1776) war ein Nachdruck der ersten Ausgabe mit einer Druckauflage von 2150 Exemplaren, einschließlich des »Käppchens« *(chaperon)*, der Extra-Auflage zum Ersetzen konfiszierter Exemplare. Der Subskriptionspreis betrug 840 Livres, durch die Konkurrenz der Quart-Ausgabe 1777 senkte sich der Marktpreis auf 700 Livres und darunter.[38]

(3) Die *Lucca Folio-Ausgabe* (1758–1776). Dieser Nachdruck versank in Zeitverzögerungen, da er früh der Originalausgabe folgte. Aus dem wenigen, was sich über sie in Erfahrung bringen läßt, folgt, daß die Druckauflage zumindest bei den ersten Bänden 1500 Exemplare betrug und der Preis etwa 737 Livres. Obwohl es im 18. Jahrhundert kein internationales Copyright gab, betrachteten die französischen Verleger sie wohl als Raubdruck und versuchten, sie außerhalb der Grenzen des Königreichs zu halten. In der winzigen Republik Lucca war es jedoch ein wichtiges und legitimes Unternehmen, das ein wagemutiger Patrizier namens Ottaviano Diodati mit finanzieller Unterstützung einiger reicher Notabeln und dem politischen Schutz von Luccas Senat, dem es gewidmet wurde, leitete.[39]

(4) Die *Livorno Folio-Ausgabe* (1770–1778) war der letzte Folio-Nachdruck, auf den das *Supplément* (1778–1779) folgte. Es waren 1500 Exemplare, die wohl nur 574 Livres ohne das Supplement kosteten. Ihr Verleger war Giuseppe Aubert, ein Spezialist für Aufklärungsliteratur, der drei reiche Bürger überzeugt hatte, ihm das Kapital zu leihen. Wichtiger noch war die Tatsache, daß Peter Leopold, der aufgeklärte Erzherzog der Toskana, die Widmung akzeptierte, es gegen den Papst schützte und sogar Darlehen und ein Gebäude für die Druckerpressen zur Verfügung stellte.[40]

(5) Die *Quart-Ausgaben in Genf und Neuchâtel* (1777–1779): Es waren tatsächlich zwei Ausgaben, die das *Supplément* in den ursprünglichen Text einarbeiteten. Jede umfaßte 36 Textbände und drei Tafelbände und kostete bei der Subskription 384 Livres. Dank der Konkurrenz der Oktav-Ausgabe, sank der Marktpreis 1781 bis auf 240 Livres herunter. Die Quart-Ausgaben wurden in insgesamt 8525 Exemplaren gedruckt (das »Käppchen« inklusive). Durch verdorbene Exemplare und Unglücksfälle kamen aber nur 8011 vollständige Ausgaben zusammen und zum Verkauf, gemäß dem Lyoner Buchhändler Joseph Duplain, der das Unternehmen für ein Konsortium leitete, das aus Duplain, Panckoucke, der »Société typographique de Neuchâtel«, Clément Plomteux aus Lüttich, Gabriel Regnault aus Lyon und einigen kleineren Partnern bestand.[41]

(6) Die *Lausanner und Berner Oktav-Ausgaben* (1778–1782). Obwohl als zwei Ausgaben angekündigt, war es in Wirklichkeit nur eine erweiterte Ausgabe, die sich auf zwei Subskriptionskampagnen stützte. Zusammen betrug ihre Auflage 5500 oder 6000 Exemplare, sie kosteten bei der Subskription 225 Livres und umfaßten 36 Text- und drei Tafelbände. Die Sociétés typographiques von Lausanne und Bern, die sich dazu verbunden hatten, druckten bei ihrer Oktavausgabe den Text der Quart-Ausgabe in kleinerem Format nach. Deshalb wurden sie von Panckoucke und seinen Partnern, die die Rechte für Text und *Supplément* besaßen, als Raubdrucker angesehen.[42]

Diese Aufzählung von Tatsachen und Personen führt zu einer überraschenden Schlußfolgerung: Es gab weit mehr Exemplare der *Enzyklopädie* im vorrevolutionären Europa, als irgend jemand – die Verleger im 18. Jahrhundert ausgenommen – je vermutet hatte. Und zu den sechs Varianten von Diderots Grundtext gab es zwei ganz verschiedene Werke, die es als Ausgangspunkt benutzten: Félices *Encyclopédie d'Yverdon,* die zwischen 1770 und 1780 erschien, und die von Panckoucke 1782 mit einer Auflage von annähernd 5000 Exemplaren begonnene *Encyclopédie méthodique*. Einige Verleger stückelten möglicherweise kleine Auflagen aus den überzählig gedruckten Exemplaren zusammen. So kann die Gesamtzahl von Enzyklopädien, mit Ausnahme der von Yverdon und der *Encyclopédie méthodique* etwa folgendermaßen angesetzt werden:

	insgesamt	in Frankreich	außerhalb Frankreichs	überzählige Drucke
Pariser Folio	4.225	2.000 (?)	2.050	175
Genfer Folio	2.150	1.000 (?)	1.000	150
Lucca Folio	1.500 (+ 100)	250 (?)	1.250	(150)
Livorno Folio	1.500 (+ 100)	0 (?)	1.500	(100)
Quart-Ausgabe Genf-Neuchâtel	8.525	7.257	754	514
Oktav-Ausgabe Lausanne-Bern	5.500 (+ 300)	1.000 (?)	4.500	(300)
	23.400	11.507	12.054	839 (+ 500)

Alle Druckerpressen der Verleger druckten vor 1789 etwa 24.000 Exemplare der *Enzyklopädie.* Zumindest 11.500 davon erreichten die Leser in Frankreich, und 7257 der französischen Exemplare waren Quart-Ausgaben. So wurde die *Enzyklopädie* zum Bestseller im Lande ihres Ursprungs, wo sie auch die meisten Verfolgungen zu erleiden hatte. Glücklicherweise stammte die Mehrzahl der *Enzyklopädien* im Frankreich vor der Revolution aus den einzigen Auflagen, deren Verkaufsziffern im einzelnen nachzuweisen sind. So ermöglicht uns die Untersuchung der Herstellung und Verbreitung der Quart-Ausgabe zu verstehen, wie die *Enzyklopädie* ins Ancien Régime eingedrungen ist.

[II]

DIE GENESIS EINER VERLAGSSPEKULATION

Charles Joseph Panckoucke, der Verleger

Die Direktoren der »Société typographique de Neuchâtel« planten den Druck einer *Enzyklopädie,* seit sie ihr Geschäft begründet hatten. Am 25. Juli 1767, bevor sie auch nur ein einziges Buch gedruckt hatten und mit lediglich drei Pressen aus zweiter Hand und einigen verbrauchten Schriftgüssen, schickten sie eine Denkschrift an den mächtigsten Verleger Frankreichs, Charles-Joseph Panckoucke:

»Die Enzyklopädie, die in Frankreich an ihrem Entstehen gehindert und noch heute durch die gleichen Widerstände aufgehalten wird, kann vielleicht nie mit der nötigen Freiheit in diesem Königreich veröffentlicht werden. Das Publikum, das die Gefühle der unterschiedlichsten Gelehrten Europas kennenzulernen begierig ist, erwartet mit Ungeduld, daß dieses, die Menschen zu unterrichten bestimmte Werk ohne das geringste Hindernis gedruckt werde … Es bleibt ein unfehlbares Mittel, die Widerstände zu vermeiden, die man im Königreich zu befürchten Anlaß hat, und dem Werk die ganze Überlegenheit zu sichern, die es haben kann. Die jüngst in Neuchâtel in der Schweiz gegründete Société typographique, die von einigen Gelehrten geleitet wird, bietet den Druck auf Rechnung der Herren Pariser Buchhändler an. Für diesmal mit einem sehr bescheidenen Gewinn beim Druck zufrieden, verpflichtet sich die Gesellschaft, die ihrem Debüt einen gewissen Glanz verleihen möchte, die gesamte Auflage abzuliefern und kein Angebot in England, Holland, Deutschland oder Italien zu machen – mit einem Wort, nur die vereinbarte Zahl zu drucken. Bekanntlich ist die Grafschaft Neuchâtel eines der freiesten Länder der Schweiz, dergestalt daß von seiten der Regierung und des Magistrats keinerlei Hindernis zu befürchten ist.«[1]

Der Nachdruckplan von Neuchâtel

Die Neuenburger mögen unerfahren und unbekannt gewesen sein, aber sie hatten einen Vorteil für sich. Ihre Stadt bot die ideale Lage für die Herstellung von Büchern, die nicht ungestört in Frankreich gedruckt werden konnten. Obwohl Neuchâtel dem Charakter nach so schweizerisch war wie Lausanne oder Genf im Süden, so war es doch seit 1707 eine preußische Enklave. Seine Drucker waren mithin Untertanen des Philosophenkönigs Friedrich II., der sie der lockeren Aufsicht ihrer eigenen lokalen Autoritäten überließ und sie gegen den

Riesen jenseits des Jura schützte. Frankreich war fähig, Druckereien außerhalb seiner Grenzen zu zerstören,[2] aber die Neuenburger sahen Frankreich eher als Markt, denn als Bedrohung an. Seit dem 16. Jahrhundert trugen Schweizer Botenträger verbotene Bücher über den Jura zu französischen Lesern. 1769 hatten die Zensur, die monopolistischen Praktiken der Pariser Buchhändler-Innung und der Staatsapparat zur Kontrolle des Buchhandels die Philosophen genötigt, ihre Schriften in Dutzenden von »Sociétés typographiques« zu veröffentlichen, die wie die Pilze in einem Ring um Frankreichs Grenzen aus dem Boden schossen. Da die Neuenburger die Druckindustrie überall im Rheinland und in der Schweiz gedeihen sahen, beschlossen sie, ihre eigene Druckerei mit Verlag zu gründen. Wie sie in Rundbriefen an die Buchhändler in ganz Europa ankündigte, wollte die »Société typographique de Neuchâtel« (STN) »gute« Bücher aller Art produzieren; und ihr erstes Programm bekundete die Absicht, mit Schriften von Voltaire, Rousseau und sogar Holbach zu spekulieren.

Bis zu einem gewissen Ausmaß dürfte diese Absicht mit dem Geschmack der drei Gründer der STN zusammenhängen, Frédéric-Samuel Ostervald, Jean-Elie Bertrand und Samuel Fauche.[3] Ostervald gehörte als »Banneret« oder Chef der Ortsmiliz und Mitglied des regierenden Rats zu den Häuptern der Stadt und war ein Mann der Feder, der zwei gelehrte Werke über Geographie geschrieben hatte. Sein Schwiegersohn Bertrand war Literaturprofessor am Gymnasium von Neuchâtel und Pastor. Bertrand gab seine kirchlichen Ämter 1769 auf, um sich ganz der STN zu widmen, wo sich sein enzyklopädisches Wissen als besonders nützlich für ein enzyklopädisches Projekt erwies: einen erweiterten Raubdruck der vielbändigen *Description des arts et métiers,* der in Paris mit der Förderung der Akademie der Wissenschaften herausgegeben wurde. Fauche verkörperte den geschäftlichen und technischen Teil des Unternehmens. Er hatte seit einigen Jahren in Neuchâtel Bücher verlegt und verkauft, ehe er sich mit Ostervald und Bertrand zusammenschloß, und er hatte sich auf verbotene Bücher spezialisiert – ein Zweig des Handels, wo Gewinne und Risiken am größten waren. 1772 versuchte Fauche, eine obszöne Flugschrift gegen den Hof hinter dem Rücken seiner Partner zu vertreiben, und sie rächten sich, indem sie ihn aus der Gesellschaft ausschlossen. Aber sie hatten gemeinsame Sache gemacht bei seinen Bemühungen, eine Ausgabe von Holbachs atheistischem *System der Natur* 1771 herauszubringen – ein Wagnis das sich als lukrativ und erniedrigend zugleich erwies, da es einen solchen Skandal hervorrief, daß Ostervald und Bertrand genötigt waren, ihre Stellungen im Rat der Stadt und in der Gesellschaft der Pastoren zeitweise aufzugeben.

Ob die Direktoren der STN nun für die Ideen der von ihnen veröffentlichten Bücher Partei ergriffen oder nicht, so spezialisierte sich das Unternehmen doch nie auf die Aufklärungsliteratur. Es druckte und handelte alle Arten von Büchern – Reisebücher, Romane, Medizin, Geschichte und Recht, Bücher wie Bougainvilles *Reise um die Welt* oder Madame Riccobonis *Sophies Briefe,* die sich an eine gebildete, aber nicht besonders anspruchsvolle Leserschaft wandten. Im wesentlichen wollten die Direktoren der STN eher Geld verdienen als Aufklärung verbreiten. Aber sie wußten, daß die Aufklärung Gewinn abwarf. Pierre Rousseau, ein drittrangiger Schauspieler und Stückeschreiber, hatte mit der Popularisierung der Werke der Philosophen – und besonders mit der *Enzyklopädie* – durch die »Société typographique« von Bouillon ein Vermögen gemacht. Und in Yverdon, am anderen Ende des Neuenburger Sees, hatte Barthélémy de Félice ein Verlagsgeschäft aufgebaut, das mit der gereinigten, protestantischen Version der Enzyklopädie Erfolg hatte. Fauche selbst hatte 834 Pfund verdient, indem er lediglich seinen Namen für eine falsche Druckangabe lieh, mit der die Bände 8 bis 17 der ursprünglichen *Enzyklopädie* erschienen waren: »A Neufchastel, chez Samuel Faulche & Compagnie, libraires & imprimeurs.« Ostervald und Bertrand waren Männer von Substanz und Einfluß, die sich selbst sehr viel höher einschätzten als Rousseau, Félice und Fauche. Sie waren begierig, mit dem Enzyklopädismus zu spekulieren, und ihr Begehren stammte aus aufgeklärtem Eigeninteresse ebensowohl wie aus dem Interesse an der Aufklärung, als sie anboten, die *Enzyklopädie* für Panckoucke nachzudrucken.

Statt Panckoucke unmittelbar anzusprechen, versuchten sie, durch Jean-Frédéric Perregaux zu verhandeln, einen Neuenburger, der 1800 zu den Gründern der »Banque de France« gehören sollte und 1769 seine Laufbahn als Finanzmann in Paris begann. Sie schickten ihre Denkschrift an Perregaux mit einem Brief, der erklärte: »Wir wissen, daß das Verbot der ersten Auflage der Enzyklopädie in Frankreich nicht von den Buchhändlern aufgehoben werden konnte, die gerade eine zweite Auflage ankündigen. Wir bieten ihnen unsere Pressen an in der beiliegenden Denkschrift, die wir Sie bitten, Herrn Panckoucke zu übermitteln.« Sie könnten nicht nur sicher drucken, fügten sie hinzu, sie würden auch die Qualität des Textes verbessern, denn sie seien

Gelehrte und nicht nur Drucker, und sie könnten andere Schweizer Gelehrte zur Mithilfe heranziehen.[4]

Nach mehreren Wochen des Sondierens und der Gespräche erfuhr Perregaux schließlich, daß die STN ihr Angebot zu spät gemacht hatte. »Hier das Geheimnis der Angelegenheit, das ich erst gestern abend und mit aller erdenklichen Mühe erfahren habe. Da sie die Druckerlaubnis für Paris nicht erlangen konnten, haben sie sich mit der holländischen Ausgabe abgefunden, die man zu drucken begonnen hat, und alle schönen Vereinbarungen, die man hier gemacht hat, gelten nur für das *Supplément* der Pariser Ausgabe ... Denken Sie, trotz der Erlaubnis, die die interessierten Buchhändler haben, die Bände aus Holland kommen zu lassen, an alle Umwälzungen, denen das Werk noch in den kommenden zwei Jahren ausgesetzt sein wird, bis es fertiggestellt sein soll.«[5] Perregaux urteilte richtig: Die STN konnte dankbar sein, nicht in den Folio-Nachdruck verwickelt zu werden, der 1771–1776 in Genf und nicht in Amsterdam hergestellt wurde. Wie oben geschildert, hatte diese Auflage eine stürmische Geschichte. Sie rief Streit zwischen Panckoucke und seinen Partnern hervor; 6000 Exemplare der ersten drei Bände wurden von der französischen Regierung konfisziert und mußten nachgedruckt werden, und die Subskriptionskampagne fuhr sich fest. Als sich ihre Hintermänner im Juni 1775 zu einer vorläufigen Abrechnung in Genf trafen, war ein Drittel der 2000 Ausgaben noch nicht verkauft, und die Gewinne sahen dünn aus, obwohl Aussicht bestand, daß sie in wenigen Jahren wuchsen.

Gerade als Panckoucke sein zweites Folio-Unternehmen in Genf liquidierte, kam Ostervald in Paris an mit dem Vorschlag, sich mit ihm zu einer neuen Spekulation mit der *Enzyklopädie* zusammenzuschließen. Als er erfuhr, daß sein Mann in der Schweiz war, schrieb Ostervald nach Hause, die STN solle Panckoucke nach Neuchâtel locken, wo sie aus einer Position der Stärke verhandeln konnte: »Wenn er Eurer Einladung folgt, so gebt ihm vom besten zu trinken, das heißt aus den beiden Nischen ganz links im Hintergrund meines Kellers.«[6] Panckoucke war zu sehr in Genf beschäftigt, um die Reise zu machen, aber er schrieb ermutigend, er wäre »glücklich, über die Angelegenheit, die sie im Auge haben, unterrichtet zu werden.«[7] Im April 1770 hatte er einen Versuch der STN, mit ihm Geschäfte zu machen, abgewiesen, und dieses neue Zeichen der Ansprechbarkeit bedeutete neue Achtung für die STN, die in den sechs Jahren seit ihrem ersten Versuch, bei seinen *Enzyklopädie*-Spekulationen mitzumachen, zu einem größeren Verlagsunternehmen herangewachsen war. Die STN druckte nicht nur um 1775 sehr viele Bücher aller Art, sie trieb auch einen gewaltigen Großhandel mit Buchhändlern überall in Europa, von Moskau bis Neapel und von Dublin bis Budapest. Und sie hatte ihr Kapital erhöht, während sie sich ausdehnte, indem sie Abram Bosset-De Luze, einen der reichsten Geschäftsleute Neuchâtels, als dritten Partner aufnahm. Panckouckes Lage verbesserte sich ebenfalls um die Mitte der 1770er Jahre. Seine 1770 konfiszierten 6000 Enzyklopädie-Exemplare wurden im Februar 1776 freigegeben – ein Anzeichen der neuen Atmosphäre in Versailles und seines Einflusses dort. Die Thronbesteigung Ludwigs XVI. am 10. Mai 1774 brachte einen neuen Typus von Reform-Ministern an die Macht. Sie begünstigten einen freieren Handel mit Büchern wie mit Getreide, und sie ließen Gunstbezeigungen auf Panckoucke regnen, der ihnen bei der Liberalisierung des Buchgewerbes behilflich war. Mit Unterstützung aus Versailles drängte er Konkurrenten beiseite, stieß ins Zentrum des Zeitungs- wie des Buchhandels vor, bezahlte einen ganzen Stall von Schriftstellern und bildete und löste Verlagskonsortien in gigantischem Maßstab. Aber er türmte so waghalsig Spekulation auf Spekulation, daß er seine Ressourcen strapazierte und im Sommer 1776, als er nach Neuchâtel kam, um mit der STN über die *Enzyklopädie* zu sprechen, eine frische Zufuhr von Kapital brauchte.

Dieses Mal, beim dritten Versuch, mit der *Enzyklopädie* zu spekulieren, begünstigten die Umstände die STN. Die Regierung entwickelte nicht nur eine liberalere Politik dem Buchhandel gegenüber, sie wurde auch von Panckoucke, der die Rechte an der Enzyklopädie besaß, in diese Richtung gedrängt. Da Panckoucke im Jahr zuvor die Gesellschaft für die zweite Folio-Ausgabe aufgelöst hatte, hielt er den Markt für reif für eine neue Auflage und brauchte Helfer bei ihrer Finanzierung. Die STN konnte auf eigenem Boden verhandeln, wo sie Größe und Solidität ihres Geschäfts demonstrieren konnte und Ostervald endlich die geheimen Winkel seines Weinkellers zu nutzen vermochte. Einen Tag vor der Unabhängigkeitserklärung der amerikanischen Kolonien bildeten diese Unternehmer in Sachen Aufklärung eine Gesellschaft zum Druck einer neuen *Enzyklopädie*.

Der Vertrag vom 3. Juli 1776 schuf die erste einer Reihe von Bündnissen und Fronten, welche die Geschichte der *Enzyklopädie* in den letzten fünfundzwanzig Jahren des 18. Jahrhunderts charakterisierten. Er machte Panckoucke und die STN zu gleichen Partnern beim

Nachdruck eines Nachdrucks. Sie wollten die 2000 Exemplare der Bände 1 bis 3, die Panckoucke jüngst aus der Bastille freibekommen hatte, in eine neue Version der Genfer Folio-Ausgabe inkorporieren, so daß ihre Vereinbarung Panckouckes Vertrag von 1770 mit den Genfern glich. Die STN sollte Band 4 bis 17 in der gleichen Auflage drucken (2000 und 150 als »Käppchen« für Verdorbenes) zum Festpreis von 34 Livres je Druckbogen; sie würde die gleiche Papierqualität (grand bâtard fin, zu 10 Livres das Ries = 500 Druckbogen) und die gleichen Schrifttypen (alle aus der Gießerei Fournier le Jeune in Paris) verwenden; und Panckoucke bekäme die Tafeln von denselben Kupferplatten gedruckt. Die neue Auflage würde billiger (720 Livres statt 840 für die Subskribenten), und sie wäre Sache der STN: Die Neuenburger würden Kontoführung, Werbung und Verkauf übernehmen. Ihr Geschäftsanteil kostete sie 108.000 Livres, die sie Panckoucke in 16 Banknoten zu je 6750 Livres, auszahlbar in bestimmten Abständen über vier Jahre vom 1. April 1777 an zu bezahlen versprachen. So erhielt Panckoucke dringend benötigtes Kapital, und die STN wurde Miteigentümer des wichtigsten Buches der Aufklärung.[8]

Die in Neuchâtel geschaffene Assoziation unterschied sich von Panckouckes früherem Gesellschaftsvertrag in einem entscheidenden Punkt: Sie verschaffte der STN auf Dauer den halben Anteil an der *Enzyklopädie* selbst, nicht nur an einer Auflage. Der Vertrag, den Panckoucke mit Cramer und de Tournes in Genf am 26. Juni 1770 unterzeichnet hatte, schloß die Genfer ausdrücklich von allem aus, was über einen Drittel-Anteil an der Auflage, die sie drucken sollten, hinausging. Die Neuenburger vereinbarten jedoch nicht nur, eine dritte Folio-Ausgabe zu drucken, sondern, die Hälfte von Panckouckes Besitz »an sämtlichen Kupfern, Rechten und Privileg des enzyklopädischen Wörterbuchs für jetzt und für die Zukunft« zu erwerben. Der Vertrag setzte fest, daß die STN das *Supplément* nachdrucken dürfe, das Panckoucke mit anderen Gesellschaftern zu veröffentlichen begann, und bot die Möglichkeit an, daß Panckoucke und die STN »in einigen Jahren« gleiche Anteile bei einer Spekulation mit einer »neuen verbesserten Ausgabe des enzyklopädischen Wörterbuchs unter Einarbeitung der Supplemente« erhalten würden. Statt nur Panckouckes Drucker zu werden, wie man es 1769 versucht hatte, war man sein Verbündeter geworden. Dieses Bündnis hatte augenblickliche Folgen, denn obwohl der Plan für eine dritte Folio-Ausgabe sich bald auflöste, blieben Panckoucke und die STN verbunden in der langfristigen Bemühung, aus ihrem gemeinsamen Besitz Gewinn zu schlagen: dem Text und den Tafeln, die von Diderot und seinen Mitarbeitern so mühevoll zusammengebracht worden waren.

Vom Nachdruck zur revidierten Ausgabe

Panckoucke beschloß bald nach seiner Rückkehr nach Paris Mitte Juli 1776, den Neuenburger Plan einer neuen Auflage des alten Texts niederzuschlagen und statt dessen eine *Enzyklopädie* zu schaffen, die so vollständig revidiert würde, daß sie fast ein neues Buch wäre. Wann und warum er zu diesem Entschluß kam, ist nicht mit völliger Sicherheit auszumachen, weil viele Unterlagen aus dieser Zeit fehlen, aber es bleiben genug, um die allgemeine Linie seines rasch wechselnden Handelns zu verfolgen.

Nachdem Panckoucke Anfang Juli 1776 Neuchâtel verlassen hatte, machte er in Genf Station, um Samuel de Tournes, seinen früheren Partner bei der Genfer Folio-Ausgabe, zu sehen, der eingewilligt hatte, die nach Auflösung der Gesellschaft im Juni 1775 verbleibenden 670 Ausgaben zu verkaufen. De Tournes berichtete, daß er noch etwa 300 Ausgaben unverkauft auf Lager habe. Die Langsamkeit der Liquidation des alten Nachdrucks deutete nicht auf einen guten Verkauf der neuen, und da die neue *Enzyklopädie* 120 Livres billiger sein würde als ihre Vorgängerin, schien es Panckoucke gewiß, daß er eine Spekulation ruinierte, indem er sich in eine andere stürzte.[9] Während seine Begeisterung für die Neuenburger Vereinbarung abkühlte, begann er einen größeren Plan zu begünstigen, den er nach seiner Rückkehr nach Paris bei einigen seiner Philosophenfreunde durchsetzte, besonders bei seinem Schwager Jean-Baptiste-Antoine Suard, einem bekannten Mitglied der Académie française. Nachdem er sich bei einigen einflußreichen Philosophen beliebt gemacht, Zugang zur Salongesellschaft gefunden und ein hübsches Einkommen aus Pensionen und Sinekuren zusammengebracht hatte, repräsentierte Suard die Aufklärung in ihrer Reife und Weltläufigkeit – die Art von Aufklärung, wie d'Alembert sie bevorzugte und die ihre geistige Heimat in der Akademie gefunden hatte.[10] Offenbar schlug Panckoucke vor, daß Suard eine Gruppe von Philosophen benenne, die Diderots Text für eine revidierte Auflage durcharbeiten sollten. Suard ging begierig darauf ein und überredete die beiden bedeutendsten Akademiker Frankreichs, d'Alembert und Condorcet, das Unternehmen mit ihm zu leiten. Die drei Philosophen skizzierten ihren Plan in einer Denkschrift vom 27. Juli 1776, die Panckoucke an die STN schickte. Obwohl dieses Dokument verloren ist, scheinen die Hauptpunkte genügend klar aus Panckouckes folgendem Briefwechsel mit Neuchâtel: Erstens: Die neuen Herausgeber wollten das *Supplément* von fünf Bänden, das bei Panckoucke erschien, in den Text einarbeiten; zweitens wollten sie Fehler und Auslassungen verbessern und die schlechte Koordinierung zwischen Text und Tafeln verbessern; drittens wollten sie viele neue Artikel aufnehmen; und viertens wollten sie ein Sprachwörterbuch, das *Dictionnaire de la langue française,* das Suard damals zur Publikation vorbereitete, inkorporieren. Kurz, Suard, d'Alembert und Condorcet schlugen vor, die ursprüngliche *Enzyklopädie* von Grund auf zu überholen. Sie planten, eine ganze Gruppe von Philosophen für diese Arbeit zusammenzubringen. Und sie erwarteten großzügige Bezahlung von Panckoucke und seinen Partnern.

Die Ursprünge dieses Vorschlags gehen weit hinter die Bildung der Gruppe Suard zurück an den Anfang von Panckouckes Plänen, mit der *Enzyklopädie* zu spekulieren. Kurz vor oder nach dem Erwerben der Rechte an dem Buch am 16. Dezember 1768 suchte Panckoucke Diderots Hilfe beim Überreden der französischen Behörden, eine völlig revidierte Ausgabe zu gestatten. Diderot willigte ein und schrieb die bereits kurz erwähnte ungewöhnliche Denkschrift über die Unvollkommenheiten des Werkes, an dem er die letzten zwanzig Jahre so hart gearbeitet hatte. Das Buch wurde, so erklärte er, durch die Mittelmäßigkeit seiner Mitarbeiter ruiniert – und er nannte sie zusammen mit den großen Teilen der *Enzyklopädie*, die sie verdorben hatten. Einige der Mitarbeiter waren inkompetent. Andere schlossen Unterverträge mit Lohnschreibern, die Lohnschreiberei lieferten. Und diese verdorbenen Artikel ließen die guten zusammenhanglos erscheinen. Die Qualität der Arbeit war nicht gleichmäßig, und die Koordination bei der Zusammenstellung ließ zu wünschen übrig. So wurden wichtige Themen ausgelassen, weil einige Mitarbeiter dachten, sie würden von anderen bearbeitet, die Querverweise wurden vernachlässigt, und der Text wurde nicht sorgfältig auf die Abbildungen bezogen. Diderot sagte es ungeschminkt – die *Enzyklopädie* war ein Kuddelmuddel: »Die Enzyklopädie war ein Abgrund, in den diese Lumpensammler aufs Geratewohl eine Unzahl guter und schlechter, abscheulicher, wahrer, falscher, ungewisser und stets unzusammenhängender und verschiedenartiger Dinge hineinwarfen.«[11] Die neuen Verleger könnten eine viel bessere *Enzyklopädie* herausbringen, fuhr Diderot fort, wenn sie sie einem Direktor anvertrauten, der die Neufassung sehr sorgfältig vorbereitete, die Mitarbeiter an einen strikten Zeitplan binde, einen Kopisten bezahle, der ein lesbares Manuskript herstelle, Text und Tafeln koordiniere und nur die besten Schriftsteller auswähle, die gut zu bezahlen wären. Diderot standen beim Schreiben die Enttäuschungen aus der Zeit als er selbst das Projekt geleitet hatte, lebhaft vor Augen, und so zeigte er, wie die *Enzyklopädie* zu einem neuen und weit überlegenen Werk umgeformt werden könnte.

Diderots Denkschrift enthüllt die Auffassung, die Panckouckes Enzyklopädie-Unternehmen von Anfang an prägte, die Überzeugung, daß das ursprüngliche Buch fehlerhaft war und zu einer revidierten Ausgabe umgearbeitet werden müßte – einen Neuguß (*refonte*) nannte Panckoucke das in seinen Briefen. Im Gegensatz zu modernen Literaturwissenschaftlern betrachtete er die *Enzyklopädie* nicht als heiligen Text oder als unantastbaren Klassiker. Von Anfang an wollte er es zu etwas Besserem umformen. Die Umstände hinderten ihn daran, seine ursprüngliche Absicht zu verwirklichen, aber er hielt bis ans Ende an seinem Plan fest, als er die *Encyclopédie méthodique* herausbrachte, ein Werk, das erst 1832 beendet wurde, nachdem es auf 202 Bände angewachsen und Panckoucke seit dreiunddreißig Jahren tot war.

Wenn Diderots Denkschrift zu einer Vision gehört, die Panckoucke seine ganze Laufbahn hindurch verfolgte, so hatte sie doch auch 1768 einen unmittelbaren und zugestandenen Zweck: Sie sollte die französischen Behörden überzeugen, daß die ursprüngliche *Enzyklopädie* so fehlerhaft war, daß sie Panckoucke erlauben sollten, eine revidierte Ausgabe zu veröffentlichen. Panckouckes Ansuchen wurde abschlägig beschieden und Diderots Denkschrift vergessen – bis sie zu einem gänzlich anderen Zweck 1772 und noch einmal 1776 von Luneau de Boisjermain publiziert wurde. Luneau war ein streitsüchtiger Literat, der die ersten Verleger der *Enzyklopädie* in ein berühmtes Verfahren verwickelte. Er wollte sie des Subskribentenbetrugs überführen, weil sie, wie er behauptete, ein wertloses Buch zu einem sehr viel höheren Preis geliefert hatten, als die Subskription ihn festsetzte. Da er auf irgendeine Weise an Diderots Denkschrift herangekommen war, benutzte er sie als Beweismittel für seine Sache. Luneau verlor das Verfahren, aber Panckoucke ließ nie in seiner Entschlossenheit nach, eine neue *Enzyklopädie* herauszubringen. Als er im Juli 1776 sein Lieblingsprojekt neu belebte, holte er Diderots Denkschrift wieder hervor, diesmal um die STN zu überzeugen, dem Wechsel des Plans zuzustimmen. »Ich sende Ihnen Diderots Denkschrift, die nie hätte veröffentlicht werden dürfen. Es geschah durch einen Vertrauensmißbrauch. Luneau hat, wie es recht und billig ist, alles unterdrückt, was sie zugunsten der Enzyklopädie enthält, aber die Lektüre dieser Denkschrift wird Sie von der Notwendigkeit eines Neugusses überzeugen. Wir haben seit acht Jahren daran gedacht (d. h. seit 1768), aber Diderot ist auch ein schlechter Mensch, der hunderttausend Taler verlangte und uns so entmutigt hat.«[12]

Diese quälend kurze Mitteilung – einer von nur zwei Briefen Panckouckes, die aus dieser Zeit erhalten sind – zeigt, daß Diderots Denkschrift stets als Waffe im Prozeß des Antichambrierens, Streitens und Intrigierens benutzt wurde, der das Verlegergeschäft im 18. Jahrhundert zu einer so harten Sache machte. Das Original ist verschwunden, und Panckoucke bemerkt, daß Luneau Stellen unterdrückte, um die *Enzyklopädie* wirkungsvoller zu verdammen. Somit hatte Diderot keine so kritische Haltung zu seinem Werk wie Luneau es behauptete, aber er kritisierte sie – und sogar ziemlich scharf –, denn er erwog, die revidierte Auflage herauszugeben, die Panckoucke ursprünglich veröffentlichen wollte. Panckouckes Brief deutet an, daß er 1768 Diderot die Herausgeberschaft angeboten hatte und daß Diderot dafür 300.000 Livres verlangte. Vielleicht nahm Diderot das Angebot ernst genug, um die Denkschrift zu verfassen, die in Panckouckes Kampagne um die Erlaubnis der Regierung für eine Neuauflage das wichtigste Argument lieferte. Jedenfalls begann er, während er die Verbindung mit den ursprünglichen Verlegern beendete, eine neue *Enzyklopädie* zu planen, die alle Fehler beheben sollte, die ihm die Erinnerung an seine fünfundzwanzigjährige Arbeit für Le Breton verbitterten. Die Arbeit für Panckoucke würde einträglicher sein, obwohl Diderot kaum ernsthaft 300.000 Livres zu erhalten erwartet haben dürfte. Wichtiger war für ihn möglicherweise, daß Panckoucke das Manuskript nicht verstümmeln würde: Er war ein Freund der Philosophen und würde es Diderot überlassen, die *Enzyklopädie* seiner Träume zu verwirklichen.[13]

Panckouckes Projekt erlaubt einen verwirrenden Blick auf den großen Enzyklopädisten in seinem Alter, der die Umarbeitung des Werkes vorbereitet, das seine mittleren Jahre verschlungen hatte; aber es kam nicht dazu, weil das autoritäre Ministerium Maupeau die Erlaubnis für ein so ehrgeiziges Unternehmen verweigerte, das leicht eine noch freimütigere *Enzyklopädie* als die Le Bretons ergeben hätte. Ein Jahr später kam Panckoucke wieder mit dem Plan, den Originaltext nachzudrucken und seine Irrtümer und Auslassungen durch ein paar Supplementbände zu verbessern – jenem Plan, der dann tatsächlich zur zweiten oder Genfer Folio-Ausgabe und dem *Supplément* führte. Er bat Diderot, das *Supplément* zu leiten und bekam die berühmte Antwort: »Scheren Sie sich zum Teufel, Sie und Ihr Werk, ich will nicht mehr daran arbeiten. Selbst wenn Sie mir 20.000 Louis-d'or gäben und ich es im Augenzwinkern machen könnte, würde ich nichts tun. Seien Sie so nett und gehen Sie und lassen Sie mich in Ruhe.«[14] Kein Wunder, daß Panckoucke Diderot als schlechten Menschen beschrieben hat und sieben Jahre später nicht auf ihn zuging, als er das Projekt eines Neugusses wiederbelebte. Tatsache bleibt jedoch, daß Diderot geholfen hat, dem Projekt eine erste Form zu geben, und daß er als Vater oder Großvater des Plans von Suard anzusehen ist.

Dieser Plan gewann schließlich Form in einem von Panckoucke und Suard am 14. August 1776 unterzeichneten Vertrag. Der Vereinbarung entsprechend würden d'Alembert und Condorcet der neuen *Enzyklopädie* in Folio »präsidieren«, aber Suard wäre verantwortlich für ihre Vorbereitung. Er würde eine Mannschaft hervorragender Schriftsteller versammeln, um den Text zu schreiben. Der Vertrag nannte Saint Lambert, Thomas, Morellet, d'Arnaud, Marmontel, La Harpe, Petit und Louis als geeignete Kandidaten – Männer, deren Namen heute ihren Glanz verloren haben, die aber in den 1770er Jahren die angesehensten Stellen in der Gelehrtenrepublik einnahmen. So viele von ihnen waren Mitglieder der Akademie, daß der Neuguß als Produkt der Académie française erschienen wäre, die d'Alembert und Voltaire mit Philosophen ihrer Couleur besetzt hatten.[15]

Suard und seine Kollegen sollten den Text umschreiben, wobei sie neues Material aus dem *Supplément,* aus manchen Artikeln von Félices *Enzyklopädie von Yverdon* und aus anderen Quellen, wie dem von Suard geplanten Wörterbuch der französischen Sprache, einarbeiten würden. Besondere Sorgfalt sollten sie auf die Verbesserung der schlechten Koordination von Text und Tafeln und auf die Querverweise verwenden, wie Diderot es in seiner Denkschrift empfohlen hatte. Und wie Diderot ebenfalls nahegelegt hatte, würden sie auf einen strengen Zeitplan verpflichtet, ein Kopist würde eine Reinschrift ihrer gesamten Arbeit herstellen und sie würden gut bezahlt werden. Dadurch, daß er Suard die vollständige Kontrolle über die Neufassung gab, beabsichtigte Panckoucke wahrscheinlich, die Ungleichmäßigkeit und die Inkongruenzen zu verbessern, die Diderot so tadelnswert fand. Panckoucke forderte aber von Suard, regelmäßig fließendes Manuskript zu produzieren – zumindest drei Bände pro Jahr – vom 1. Mai 1777 an, wenn die beiden ersten Bände in der Hand des Druckers sein sollten, bis Ende 1781, wenn der letzte Band vermutlich beendet würde. Suard hätte 500 Livres Strafgeld für jede Woche zu bezahlen, da die Setzerei mangels Manuskript untätig sein müßte. Hielte er sich an diesen strikten Zeitplan, so bekäme Suard 5000 Livres für jeden Band und 20.000 Livres, wenn das Werk vollendet wäre. Der Vertrag legte nicht fest, wieviele Bände die revidierte Ausgabe haben sollte, aber offensichtlich rechnete Panckoucke mit etwa 20 Textbänden. In diesem Fall würde Suard 120.000 Livres erhalten, von denen er verpflichtet wäre, mindestens 40.000 an die unter ihm arbeitenden Schriftsteller zu bezahlen.

Einen ganzen Stall von Philosophen viereinhalb Jahre lang für 120.000 Livres arbeiten zu lassen, war ein größeres Unternehmen, und Panckoucke wußte, daß er intellektuelle und politische ebenso wie finanzielle Rückendeckung dafür brauchte. Deshalb legte er wohl großes Gewicht auf d'Alemberts Unterstützung des Projekts. D'Alembert, der die Académie française leitete und einer von Frankreichs angesehensten Philosophen war, würde die besten Talente anziehen und die neue *Enzyklopädie* als legitimen Nachfolger der alten erscheinen lassen, die er zuerst mit Diderot herausgegeben hatte. Auch konnte d'Alemberts Schirmherrschaft die von noch bedeutenderen Gestalten anlocken. Am 8. Dezember 1776 schrieb d'Alembert folgenden Brief an die STN:

Meine Herren,

obwohl einerseits meine Gesundheit und andererseits meine unaufschiebbaren Beschäftigungen mir nicht erlauben, den gleichen Anteil wie früher an dem wichtigen Werk zu nehmen, von dem Sie mir schreiben, können Sie meines ganzen Interesses und des Wunsches versichert sein, soweit es an mir liegt, dazu beizutragen sowohl wegen des Nutzens dieses Werkes als auch wegen der Achtung und Freundschaft, die mich seit langem mit Herrn Suard verbinden, meinem würdigen Mitstreiter, der dieses Unternehmen gewiß zu Ihrer und des Publikums Zufriedenheit leiten wird. Ich rechne damit, im nächsten Mai nach Berlin zu reisen, und ich werde beim König von Preußen alles tun, was von meinem schwachen Ansehen und der Güte, mit der dieser Fürst mich ehrt, abhängt. Sie können und werden zweifellos dieses Werk dank der ehrenvollen Freiheit, die Sie genießen, zu einem der schönsten Denkmäler der alten und neuen Literatur machen, und ich bedauere nur, zu diesem schönen Bauwerk nicht so viel Steine beitragen zu können wie ich es wünschte. Aber ich werde den Architekten zumindest ein wenig Mörtel bringen, und ich wollte nur, daß es besserer und in reicherem Maße wäre. Ich habe die Ehre, hochachtungsvoll, meine Herren, Ihr sehr ergebener und gehorsamer Diener zu sein, *d'Alembert*[16].

D'Alembert machte nie diese Reise nach Berlin, aber er versprach, sich um Friedrichs II. Unterstützung für die neue *Enzyklopädie* zu bemühen. Das bedeutete der STN sehr viel, denn Friedrich war der Souverän von Neuchâtel und konnte sie gegen Eingriffe lokaler oder französischer Autoritäten schützen. Im ursprünglichen Vertrag mit Panckoucke hatten die Schweizer Drucker ausbedungen, daß um Friedrichs Protektion nachgesucht werden müsse. Und als d'Alembert seine Reise nicht antrat, schickten sie ihm eine Denkschrift, daß sie eine formale Bestätigung (*rescrit*) von Friedrich benötigten, mit der sie jede Unterbrechung des Drucks abwehren konnten. Darin betonten sie auch ihre Hoffnung, Friedrich werde die Dedikation des Werkes akzeptieren. Ostervald und Bosset erörterten diese Pläne im Frühjahr 1777 mit d'Alembert in Paris. Ihre Briefe aus dieser Zeit und spätere Bemerkungen in ihrer Korrespondenz zeigen, daß d'Alembert sich wahrhaftig verpflichtet hatte, das Projekt zu fördern. Offensichtlich teilte er einige von Diderots Gefühlen, daß das usprüngliche Werk verbessert werden müsse, und versprach seinerseits, eine »Geschichte der Enzyklopädie« für die revidierte Ausgabe zu schreiben.[17]

Für Panckoucke war deshalb die revidierte Enzyklopädie kein gelegentlicher Coup, sondern eine ernsthafte Spekulation mit der Art von Werk, das er an erster Stelle verlegen wollte, der Art, die Diderot ihm 1768 empfohlen hatte und die 1776 eher ausführbar zu sein schien, als die neue Regierung unter Ludwig XVI. eine tolerante Haltung gegenüber dem Verlagswesen versprach, als Friedrich II. von auswärts Schutz gewähren konnte und als d'Alembert, Condorcet und Suard damit rechnen konnten, die angesehensten Schriftsteller in Paris zu rekrutieren. Für eine derartige Enzyklopädie optierte er im

Juli 1776. Der nächste Schritt bestand darin, die STN zum gemeinsamen Weg zu überreden.

Panckoucke konnte erwarten, daß seine Schweizer Partner sich einem so drastischen Wechsel der Pläne widersetzten. Der Vertrag vom 3. Juli 1776 faßte eine mögliche gemeinsame Spekulation auf eine revidierte Auflage ins Auge, verpflichtete die Partner aber, sogleich mit der Folio-Ausgabe zu beginnen. Bald nach Panckouckes Abreise hatte die STN ein Haus neben ihrer Werkstatt gekauft, um für die enormen Druckaufgaben Platz zu haben. Sie suchte nach neuen Arbeitern, Pressen, Schriften und Papiervorräten, denn sie erwartete ihre Druckkapazitäten in wenigen Monaten mindestens zu verdoppeln. Der Prospekt, der die Vereinbarung mit Panckoucke begleitete, verpflichtete sie auf einen dichten Produktionsplan, den sie in jedem Fall einhalten mußte, um den ersten ihrer sechzehn Zahlungsverpflichtungen an Panckoucke fristgemäß nachzukommen. Die Unterlagen der STN enthüllen nicht, wie Panckoucke seinen Vorschlag präsentierte, aber sie weisen darauf hin, daß er fünf Dinge zur Unterstützung seines Falles schickte: Diderots Denkschrift von 1768, einige kritische »Reflexionen« zu dem Prospekt von Panckoucke und der STN für den geplanten dritten Folio-Nachdruck, den Entwurf eines Vertrages zwischen Panckoucke und Suard zur Vorbereitung der revidierten Ausgabe, einen Verbesserungsvorschlag zu dem Vertrag Panckouckes mit der STN, der die STN auf den Suard-Plan verpflichtete, und eine Denkschrift vom 27. Juli 1776 von d'Alembert, Condorcet und Suard, die die Argumente für ein erforderliches Umschreiben statt des Nachdruckens des Originaltextes enthielt. Nichts davon hat sich erhalten, aber in den Unterlagen in Neuchâtel findet sich ein noch interessanteres Dokument: eine Denkschrift, die Bosset am Vorabend der Konferenz über Panckouckes Vorschlag an die anderen Direktoren der STN schickte, die zeigt, wie Verleger im 18. Jahrhundert mit wichtigen Entscheidungen umgingen.[18] Sollte die STN den Suard-Plan akzeptieren? Hunderttausende Livres und viele Jahre Arbeit würden von dieser Entscheidung abhängen, welche die Direktoren am nächsten Tag um zwei Uhr nachmittags zu fällen hätten. Bosset hielt die Sache für so bedeutend, daß er seine Gedanken notierte wie sie ihm einfielen, und seine Notizen an Ostervald und Bertrand schickte. Schriftliche Notizen, Konferenzplanung, Übersichten mit dem Pro und Contra schwieriger Fragen von Finanzierung und Marketing – die Direktoren der STN gingen vor wie moderne Geschäftsleute, obwohl ihr Geschäft Aufklärung war.

Zunächst, argumentierte Bosset, sollte die STN ins Auge fassen, daß Panckoucke aus Eigeninteresse handele: Er mußte den Nachdruck verschieben, um mehr Zeit für die Vermarktung der nicht verkauften 300 Exemplare zu haben (eine Angelegenheit von 210.000 Livres für ihn). Aber Panckouckes Motiv war irrelevant für das Problem der STN. Würden die höheren Kosten des Suard-Projekts auch wesentlich höhere Gewinne bringen? Bosset neigte dazu, es zu glauben, denn er fand, daß die von Panckoucke geschickten »Reflexionen« eine gefährliche Schwäche der Nachdruckpolitik offenbarten: Der Markt für die ursprüngliche Ausgabe war möglicherweise schon gesättigt. Es wäre vernünftig, eine ausreichende Nachfrage für eine wesentlich neue *Enzyklopädie* anzunehmen – vorausgesetzt, der Preis war in Ordnung. Aber hier entdeckte Bosset einen Fehler in Suards Plan. Dieser wollte die revidierte Ausgabe preislich außerhalb der Reichweite aller außer den wohlhabendsten Buchkäufern ansetzen. Bosset glaubte, daß der größte Gewinn zu machen wäre, wenn man die Nachfrage für die *Enzyklopädie* bei den gewöhnlichen Lesern vermute: »So kann man nur durch den niedrigen Preis, auf dem man diese neue Auflage ansetzt, den Absatz erleichtern, indem man es für jeden erschwinglich macht.« Die künftige Geschichte der Enzyklopädie sollte beweisen, daß Bosset eine tiefe Wahrheit über den literarischen Markt eingesehen hatte, aber die Niedrigpreispolitik bot sich ihm aus einem anderen Grunde an. Bei der Befriedigung der Interessen der STN als Teilhaber würde es die Interessen der STN als Drucker noch stärker fördern. Die Neuenburger erwarteten, die gesamte revidierte Auflage zu drucken und entsprechend ihrem Ausstoß von den Einnahmen bezahlt zu werden. So hätten sie viel höheren Gewinn bei einer billigen Ausgabe von drei oder viertausend Exemplaren als von einer teuren Ausgabe von zweitausend. Eine große preiswerte Auflage würde auch die Gefahr von Raubdrucken vermindern. Und Bosset glaubte, sie wäre sogar für Panckoucke vorteilhafter. Er gab zu bedenken, daß die elf Tafelbände, die Panckoucke zu 36 Livres das Stück verkaufen wollte, in sechs etwas breitere Bände komprimiert werden könnten, die man bei Stückpreisen von 40 Livres zusammen für 240 statt für 396 Livres verkaufen würde. Und er glaubte, daß man den Text auf zwanzig Bände begrenzen könne (die 17 ursprünglichen Bände und drei Bände aus dem *Supplément*), da sich die Hinzufügung neuen Materials gerade ausgleichen würde mit der Tilgung von Irrtümern und Wiederholungen im alten Text. Jeder Textband könnte für 24 Livres verkauft werden, also 480 Livres für den Text und 240 Livres für die Tafeln oder 720 Livres für die gesamte Ausgabe, das wäre der gleiche Preis, den Panckoucke und die STN ursprünglich für ihren Folio-Nachdruck vorgesehen hatten. Zu diesem Preis könnten sie doppelt so viele Ausgaben verkaufen wie Panckoucke geplant hatte. Und drei- oder viertausend Ausgaben zu 720 Livres brächten mehr Gewinn als 2000 zu 864 Livres, den Preis, den Panckoucke für die revidierte Auflage vorgesehen hatte. Sie würden in ihrem Interesse handeln, wenn sie ihre Ausgabe auf das große Publikum orientierten.

Natürlich würde der Gewinn nicht mehr wachsen, wenn die Kosten ein bestimmtes Maß überschritten. Die STN müßte Panckoucke zwingen, das Honorar für die Philosophen von 120.000 auf 100.000 zu reduzieren. Bosset gab zu bedenken, daß die Revision lediglich »Ordnung und Geschmack« erfordere, kein Genie, und wandte sich besonders gegen die »exzessiven Ansprüche« Suards. Er äußerte sich nicht dazu, daß Suard Panckouckes Schwager war, aber er schlug vor, Suard solle für jede Seite neuen Text und nicht pro Band honoriert werden – um zu verhindern, daß er dafür bezahlt würde, Material unverändert aus Diderots Enzyklopädie zu übernehmen. Bosset schlug auch vor, daß Suard beim Abschluß der Neufassung 12.000 Livres und zwanzig vollständige Ausgaben erhalte statt den von Panckoucke vorgesehenen 40.000 Livres. Und schließlich empfahl er, die STN möge drei Veränderungen am Vertrag vom 3. Juli 1776 verlangen. Erstens wollte Panckoucke die finanzielle Basis des Unternehmens durch den Verkauf eines Anteildrittels an andere Buchhändler erweitern. Er hatte dazu vorgeschlagen, daß er und die STN je ein Drittel ihres hälftigen Anteils zu 25.000 Livres veräußern. Bosset fand die Idee gut und den Preis schlecht, denn ein Drittel dessen, was die STN an Panckoucke bezahlt hatte, waren 36.000 Livres. Mithin verlange Panckoucke von den Schweizern, einen Verlust von 25 Prozent ohne Entschädigung zu tragen, und dem müsse man sich entgegensetzen. Zweitens hatte die STN an Panckoucke 35.400 Livres für die Herstellungskosten der drei Bände der Genfer Ausgabe bezahlt, die er aus der Bastille freibekommen hatte und für den geplanten dritten Folio-Nachdruck verwenden wollte (die Summe deckte auch einen Tafelband, das Frontispiz und die Porträts von Diderot und d'Alembert). Wenn er den Nachdruckplan aufgäbe, könne er nicht erwarten, daß die STN den halben Verlust an den Bänden trage. Drittens hatte Panckoucke verlangt, daß die revidierte Auflage bis 1. Juli 1777 geheim bleibe, an dem sie öffentlich annonciert und ihre beiden ersten Bände ausgeliefert würden. Das gäbe ihm sechs zusätzliche Monate, um die übriggebliebenen 300 Ausgaben des Genfer Nachdrucks zu verkaufen, während der Vertrag mit der STN ihn verpflichte, den Prospekt für den Neuenburger Nachdruck am 1. Januar 1777 zu veröffentlichen. Bosset hielt Schnelligkeit für sehr wichtig. Die STN hatte zuviel Kapital eingebracht, um sechs Monate zu opfern, in denen nichts von ihrem Geld zurückkäme. Sie hatte ein ganzes Haus zu einem überhöhten Preis gekauft, um ihren Betrieb sofort zu erweitern, und Bosset glaubte, daß er gegen die Verzögerung kämpfen müsse. Offensichtlich am Ende des Tages zu Hause sitzend, schloß Bosset seine Notizen folgendermaßen ab: »Das, meine Herren, sind im Groben meine Überlegungen zu dieser Angelegenheit, die ich völlig Ihrer Entscheidung und Einsicht unterwerfe. Ich werde die Ehre haben, meine Herren, Sie morgen zwei Uhr zur gemeinsamen Beratung zu sehen ... Ich habe die Ehre, meine Herren, Ihnen einen guten Abend zu wünschen.«

Es gibt kein Dokument über die Zwei-Uhr-Konferenz, aber das nächste Stück des Puzzles zeigt, daß die Neuenburger den Revisionsvorschlag akzeptierten. Am 31. August 1776 unterzeichneten sie eine Vereinbarung, um ihren mit Panckoucke früher geschlossenen Vertrag an den Suard-Plan anzupassen. In dieser »Addition au traité avec M. Panckoucke« stimmten sie zu, die Ankündigung der neuen Ausgabe bis zum 1. Juli 1777 zu verzögern. Dann würden die ersten beiden Textbände und der erste Tafelband erscheinen, und die übrigen Bände so wie es der Vertrag für den Nachdruck vorgesehen hatte. Die STN mußte den Verlust ihres Anteils an Panckouckes alten Exemplaren der Bände 1 bis 3 der Genfer Ausgabe hinnehmen, die als Makulatur verkauft werden sollten, mit Ausnahme von Tafeln, die sich retten ließen. Offensichtlich fügten sie sich auch Panckouckes Preisvorstellungen, da die Vereinbarung die Zahl der Bände für die Ausgabe nicht zu reduzieren vorsieht und jeden Band nach Panckouckes Vorschlag ansetzt, d.h. 24 Livres für den Textband und 36 für den Tafelband (das sind Endpreise, Buchhändler bezahlten 20 bzw. 30 Livres pro Band). Die STN willigte ein, daß Panckoucke ein Sechstel statt ein Drittel seines 50 %-Anteils zu einem Preis veräußere, der in verlorengegangenen Briefen spezifiziert wurde. Panckoucke sollte die Hälfte seines Anteils verkaufen. Die Stücke wurden in Zwölftel geteilt, so daß die Eigentumsverhältnisse wie folgt aussahen: STN 5/12, Panckoucke 3/12, andere Buchhändler 4/12. Diese Vereinbarung würde den Finanzdruck auf

Panckoucke lockern und die Gefahr von Raubdrucken durch das Anwerben mächtiger Bündnispartner wie Marc-Michel Rey verringern, den Panckoucke im nächsten Herbst in Amsterdam besuchen wollte. Anstatt mit Suard in ein Vertragsverhältnis zu treten, ermächtigte die STN Panckoucke lediglich, mit ihm innerhalb der Richtlinien zu verhandeln, die sie in einer Denkschrift näher bestimmte, die sich nicht im Verlagsarchiv erhalten hat. Da Panckoucke die Summen für Suards Tätigkeit schon durch Vertrag vom 14. August festgelegt hatte, konnte die STN das Budget nicht kürzen. Somit war Suard, wie oben dargestellt, berechtigt, seine Philosophen für 5000 Livres pro Band an die Umarbeitung von Diderots Text zu setzen. Nach Abschluß der Arbeit sollte er zusätzlich 20.000 statt 40.000 Livres, wie Panckoucke ursprünglich vorgeschlagen hatte, erhalten.[19] Ebenso sollte Bertrand von der STN 20.000 Livres für das Lesen des Manuskripts und der Korrekturen erhalten. Und die STN sollte das ganze Werk drucken, aber mit einer Auflage von nur 2000 Exemplaren. Damit hatte Panckoucke genügend Zugeständnisse gemacht, um die Neuenburger weichzukriegen, aber er gab nur wenig nach, und er nötigte seine widerstrebenden Partner, in den Plan für ein ehrgeiziges und teures Umarbeiten von Diderots Text einzuwilligen, den er ursprünglich mit Diderot selbst formuliert hatte. Trotz Bossets überzeugenden Argumenten hatte die STN die zweite Verhandlungsrunde mit dem mächtigsten Verleger Frankreichs verloren.

Joseph Duplain und die Quartausgabe der Enzyklopädie

Im Herbst 1776 machte Panckoucke eine Geschäftsreise nach Holland und England. Bei seiner Rückkehr meldete er der STN, daß er 200 Ausgaben der Genfer Auflage verkauft habe, »aber mir bleiben noch welche, und Sie begreifen, daß ich mich nicht ernstlich mit unserer Angelegenheit befassen kann, bevor diese Exemplare nicht untergebracht sind. Aber das soll unverzüglich geschehen.« Auch hatte er Anteile der revidierten Ausgabe verkauft, und er nannte Marc-Michel Rey in Amsterdam, C. Plomteux in Lüttich und Gabriel Regnault in Lyon als die »weiteren Geschäftspartner«. Offensichtlich kaufte jeder einen Zwölftel-Anteil, denn Panckoucke hatte vier davon zu verkaufen und schrieb, daß Rey nur einen statt wie erhofft zweier erworben hatte. Regnault hatte seinen Anteil im Juli 1776 gekauft, als Panckoucke in Lyon Station machte, nachdem er den ursprünglichen Vertrag mit der STN in Neuchâtel geschlossen und de Tournes in Genf besucht hatte. Und Panckoucke erstattete der STN das verbleibende Zwölftel zurück, »das Sie mir so ungern rückübertragen hatten«. Damit hatte das Unternehmen Rückendeckung von bedeutenden Händlern in Lyon, Lüttich und Amsterdam ebenso wie in Neuchâtel und Paris.[20]

Es ging glatt, wenn auch langsamer als gedacht, berichtete Panckoucke. Suard, der versucht hatte, über Einzelheiten seines Vertrages zu feilschen, brachte die beiden ersten Bände nicht vor August 1777 fertig, versprach aber, das übrige nach Plan zu liefern. Panckoucke wollte versuchen, Fournier zur Eile zu treiben, der die Schrifttypen für die STN liefern sollte, aber mit Aufträgen überlastet war. Die ersten drei Tafelbände sollten Ende 1777 fertig sein; es war eine langwierige Arbeit, denn die Abbildungen mußten verkleinert und neu gestochen werden, um für das geplante neue Format zu passen. Keine dieser Verzögerungen störte Panckoucke, der noch mindestens 100 Exemplare seiner alten *Enzyklopädie* zu verkaufen hatte, aber er stellte sie als Glück im Unglück dar: »Herr Rey möchte vor jetzt in einem Jahr nichts ankündigen. Zuviel Überstürzung kann dem besten Geschäft schaden. Das Publikum könnte nur mäßiges Vertrauen fassen in ein Unternehmen, das so wenig Sorgfalt verwendet ... Man wird sehen, daß es ein schlecht geplantes Verlagsunternehmen ist. Man wird uns der Habgier beschuldigen. Indem wir uns nicht zu sehr beeilen, können wir hingegen die Zustimmung des Publikums und der Kenner gewinnen, und wir würden gewiß eine schöne und nützliche Sache machen.« Währenddessen empfand Panckoucke weiterhin seine drückende Finanzlage. Das Kapital der neuen Teilhaber hatte ein wenig geholfen, aber bei seinen Zahlungen für 1777 hatte er noch 80.000 Livres ausstehen, so daß er die STN zu einem strikten Zahlungsplan für die 108.000 Livres anhalten mußte, die sie ihm schuldete. Er hatte schon mit Honorarzahlungen an Suard begonnen. Spätere Briefe belegen, daß Suard ab September 1776 1000 Livres monatlich erhalten hatte, eine Wohnung für 300 Livres jährlich als Bureau gemietet hatte, einen »intelligenten Mitarbeiter« für 1200 Livres und einen Kopisten für 800 Livres jährlich angestellt und damit begonnen hatte, andere Enzyklopädien und Nachschlagewerke sorgfältig durchzugehen und Fehler in der ursprünglichen *Enzyklopädie* zu verbessern und Material für neue Artikel zu sammeln. Das Unternehmen war deshalb gut in Gang gekommen, als ein Lyoner Buchhändler namens Joseph Duplain drohte, es zu Fall zu bringen.[21]

Duplain war einer der gerissensten Buchhändler auf einem der härtesten Buchhandelsplätze. Lyon diente als Hauptkanal für die »schlechten« Bücher und die philosophischen Schriften, die man in Genf und Lausanne produzierte und nach Frankreich schmuggelte, um den Bedarf an illegaler Literatur zu stillen. Lyoner Buchhändler machten sich nichts daraus, ganze Wagenladungen von Büchern wie *Die enthüllte Geburt des Kronprinzen* und *Das System der Natur* (von Holbach) zu bestellen und sie in ihrer Innungshalle zu bewachen, wo ihre Anwälte sie scheinbar konfiszierten und dem Henker zum Zerreißen und Verbrennen auslieferten. Gewiß hielten einige Lyoner Buchhändler ihre Hände sauber – die Häuser Bruysset und Périsse, z. B. – und beteuerten die Reinheit des Handels in ihrer Stadt in langen Memoranden für Versailles, wo die Regierungsbeamten, die ihre Lyoner kannten, sie Punkt für Punkt widerlegten.[22] Wahrscheinlich gingen mehr verbotene Bücher durch Lyon als durch jede andere französische Provinzstadt. Die Stadt neigte zum Untergrundhandel, nicht nur weil sie die natürliche Verbindung zu den Druckern in der Schweiz und in Avignon – das unter päpstlicher Herrschaft stand – war, sondern auch weil sie die Provinzverleger in einer langen, verlustreichen Schlacht gegen die Innung in Paris angeführt hatte. Der Staat hatte den Parisern den Zugriff auf das Buchwesen im späten 17. Jahrhundert gegeben, und die lockerten das ganze 18. Jahrhundert über diesen Griff nicht. Da die Pariser die legalen Bücher monopolisierten – die mit Privileg gedruckten – rächten sich die Provinzler, indem sie mit Raubdrucken und verbotenen Büchern handelten, die jedenfalls, dank des Halsabschneider-Kapitalismus der Raubdrucker, die in Freistätten wie Neuchâtel operierten, billiger waren. Die Drucker fanden ihre Verbündeten in Lyon, wo Buchhändler manchmal Raubdrucke oder Großhandelskontingente in Auftrag gaben oder beim Schmuggeln behilflich waren. Die Lyoner konnten aber auch Gegner sein, denn manchmal druckten sie illegale Bücher heimlich in ihren eigenen Druckereien.

Sie waren außerdem harte Kunden. Handlungsreisende bezeugten, daß man Mut und Vorsicht brauchte, wenn man einem Lyoner Buchhändler in seinem Laden widersprach. Ehe er sich seinen Kunden aussetzte, füllte Jean-Elie Bertrand von der STN ein Notizbuch mit

Skizzen ihres Charakters und den Punkten, die man beim Verhandeln beachten mußte. Er warnte sich selbst z. B. vor »J. M. Bruysset, einem kalten und geschickten Menschen« und notierte, daß man die Unterhaltung am klügsten auf drei Themen lenken solle, die er im einzelnen skizzierte und wahrscheinlich nachlas, ehe er in Bruyssets Hinterzimmer verschwand. »Die Brüder Périsse, Leute von Geist, die etwas von Literatur verstehen wollen« schienen weniger furchterregend, mit ihnen empfahl er, sechs sorgfältig geplante Themen zu besprechen. »Jacquenod, Vater und Sohn« setzte er weit unten in der Hierarchie der Lyoner Buchhändler an. Sie waren nur ein rasches Plaudern wert: »ein einfacher Besuch, man geht locker mit ihnen um; der Sohn taugt mehr.«[23]

Ähnliche Eindrücke hinterließen die Lyoner bei Emeric David, einem Drucker aus Aix-en-Provence, der seine Empfindungen während einer Geschäftsreise 1787 in ein Tagebuch eintrug: »Den berühmten de Los Rios gesehen: trauriger Anblick ... er ist kaum mehr ein Buchantiquar ... er ist, wie man sagt, ein Scharlatan, ein Lügner.« »Cizeron: ein alter und uninteressierter Mann.« »Herrn Regnault gesehen, ein Könner: selbstbewußt, willensstark; scheint den richtigen Blick und klare Vorstellungen zu haben.« »Abends im Château Périsse gespeist, 25 Gedecke. Übermäßige und nie nachlassende Höflichkeit. Zeremoniöser Ton selbst unter nah Verwandten ... Périsse Duluc gilt zu Recht als ein Mann von Geist.« Trotz solcher gelegentlichen Pracht schloß David, daß ein grober und doppelzüngiger Geist im Lyoner Buchhandel herrsche: »Zwölf Druckereien – drei Viertel beschäftigen sich nur mit Raubdrucken ... Kein Drucker, der gute Arbeit erstrebt ... Liebe zum Geld ... Brigantentum.«[24]

Andere Beobachter zogen die gleichen Schlüsse. Ein illegaler Buchhändler, der während eines Aufenthalts in der Bastille einen vollständigen Bericht über den Untergrundhandel für die Polizei schrieb, charakterisierte die Lyoner als Spezialisten im »edlen Spitzbubenhandwerk« – d. h. im Raubdruck: »Die Réguilliat, Regnault ... in Lyon sind die Pest des Pariser Buchhandels und um so gefährlicher als sie Protektion genießen.«[25] Ein Zahlungseintreiber für die STN fand die Lyoner Buchhändler so geschickt in Ausreden, daß er sie selten zur Zahlung bewegen konnte ohne die Drohung, sie vor Gericht zu ziehen: »Wir haben uns fast ein Paar Schuhe abgelaufen wegen Cellier, der ein wahrer Dummkopf, Pfuscher und Lügner ist.«[26] Und Panckoucke wütete nicht nur gegen einzelne Lyoner Händler wie Jean-Marie

Barret – »ein Mann von bemerkenswerter Unehrlichkeit« – er fällte ein Verdammungsurteil über die ganze Zunft: »Wenn ich einen ehrlosen Mann zu wählen hätte, wäre er im Lyoner Buchhandel zu suchen. Dort gibt es weder Treue noch Schamgefühl.«[27]

Joseph Duplain wuchs und blühte in diesem Milieu auf. Sein Vater Benoît und sein Vetter Pierre-Joseph waren Buchhändler[28], und als er den Familienbetrieb übernahm, galt er unter Freunden schon als besonders scharfer Geschäftsmann. Einer von ihnen, ein Schmuggler, versuchte sich selbst der STN zu empfehlen, indem er betonte, wie sehr sein Charakter sich von dem Duplains unterscheide: »Wir ähneln keineswegs den Duplain und Le Roy, die uns, obwohl wir seit der Kindheit Freunde sind, und wir uns ihnen im guten Glauben ausgeliefert und ihrem Wort vertraut haben, um 4000 Livres betrügen wollten und um mehr, das sie uns schulden.«[29] Damals kannte man in der STN Duplain schon sehr gut von eigenen Geschäften mit ihm, welche die Symbiose von Provinzbuchhändlern und ausländischen Verlegern illustrieren.

Im Frühjahr 1773 vereinbarten Duplain und die STN, zwei illegale Werke auszutauschen. Duplain versprach, 84 Exemplare einer zwölfbändigen Rousseau-Ausgabe, die er gedruckt hatte, gegen die STN-Ausgabe von Voltaires *Questions sur l'Encyclopédie* in der entsprechenden Menge auszutauschen. Warenaustausch war unter Großhändlern üblich im Buchhandel, und die STN lieferte pünktlich und genau. Aber sie mußte drei Monate warten, bevor sie Duplains Bücher erhielt. Die Neuenburger deuteten die Verspätung als Versuch Duplains, sie als Konkurrenz auf dem Markt in Sachen Rousseau auszuschalten, während er mit ihnen im Voltaire-Verkauf konkurrierte. Nachdem sie endlich den Rousseau erhalten hatten, baten sie Duplain um einen Gefallen, der seinen guten Willen beweisen und sie für sein schlechtes Verhalten entschädigen würde. Sie mußten eine Lieferung der verbotenen *Enzyklopädie von Yverdon* auf die Messe nach Beaucaire schaffen und baten Duplain, sie durch die Kontrolle der Innung in Lyon zu schleusen. Er willigte ein und setzte damit die STN in seine Schuld. Im Herbst 1773 erfuhren die Neuenburger, daß Duplain einen Raubdruck des *Dictionnaire des arts et métiers*. (5 Bände, oktav) machte, das sie auch zu drucken begonnen hatten. Sie unterdrückten ihren Raubdruck zugunsten des seinen und kamen mit einer weiteren Bitte zu ihm. Sie brauchten Hilfe, um drei Kisten verbotener Bücher freizubekommen, die von der Lyoner Innung konfisziert worden waren.

Duplain tat es und beförderte sie zu dem Kunden der STN, Gaude in Nîmes. Einige Monate später war er bereit, eine weitere Lieferung *Enzyklopädien von Yverdon* durch die Innung zu bringen: »Die *Enzyklopädie* kommt hier nicht mehr durch. Unsere Handelskammer hat dafür sehr strikte Anweisungen erhalten, aber da ich den Dienst, den Sie mir geleistet haben, nicht vergessen habe, so senden sie mir die, die sie passieren lassen wollen, und sie werden passieren.«[30]

Jetzt war Duplain an der Reihe, um einen Gefallen zu bitten. Er hatte einen Raubdruck von *Les lois ecclésiastiques* hergestellt. Die Witwe Dessaint, eine mächtige Pariser Buchhändlerin, die das Privileg für das Buch besaß, hatte es geschafft, daß eine Lieferung von Duplains Ausgabe konfisziert wurde und verklagte ihn wegen Raubdruckerei. Um sich vor einer schweren Geldstrafe und drohendem Berufsverbot zu retten, bat Duplain die STN, eine betrügerische Bittschrift an den Pariser Polizeichef zu senden. Sie sollte behaupten, daß die STN die Lieferung von einem Verleger außerhalb Frankreichs gekauft und an Duplain geschickt habe, der die Entdeckung machte, daß einige Bogen fehlten. Die STN sollte erklären, daß sie Duplain überredet habe – nach langem Sträuben seinerseits – die fehlenden Bogen am Ort zu drucken und so den Wert des Buches zu retten, ohne in Verhandlungen mit dem wirklichen Raubdrucker verwickelt zu werden. Die Witwe Dessaint habe von dieser geringfügigen Reparaturarbeit erfahren und Duplain verklagt, das gesamte Werk gedruckt zu haben – eine Verleumdung, die eine schwerwiegende Irreführung der Justiz verursachen könne. Deshalb (sollte sie STN sagen) mögen die französischen Behörden die Lieferung zurück nach Neuchâtel senden und Duplain »von einer Anklage und einem Prozeß befreien, in die er nicht eintreten solle«. Die STN trug kein Verlangen, der französischen Polizei ein falsches Bekenntnis zu machen, sie wußte aber einen Verbündeten in der Lyoner Innung zu schätzen und schickte die Petition an Duplain: »Sie finden beiliegend die gewünschte Bittschrift. Wir wünschen, daß sie die von Ihnen gewünschte Wirkung tut ohne uns zu schaden, und werden stets beglückt sein, Ihnen unsere Ergebenheit zu bezeigen.«[31] So sahen die Beziehungen aus zwischen Lyoner Händlern und Schweizer Verlegern – es ging darum, sich gegenseitig wirkungsvoll zu verpflichten, während man hart feilschte, zwischen den Extremen von Konkurrenz und Zusammenarbeit hindurchsteuerte und sich bei gegenseitigem Mißtrauen doch behilflich war, den Schaden abzuwenden, der stets von den gemeinsamen Feinden in Paris drohte.

Im Dezember 1776 brachte dieser Mann, der den Lyoner Stil des Buchhandels in seiner rauhesten Gestalt verkörperte, einen Prospekt für einen billigen Nachdruck der *Enzyklopädie* in Quartformat heraus. Duplain hatte kein Recht dazu; die »Rechte« an dem Buch besaßen Panckoucke und seine Partner, und selbst diese trauten sich nicht, auf französischem Boden zu drucken. So wagte Duplain ein Spiel. Er kündigte die Veröffentlichung eines umfangreichen illegalen Werkes an, bevor er die mindeste Gewißheit hatte, daß er es überhaupt zustande und nach Frankreich hinein brächte. Aber Prospekte waren billig: Duplain kündigte seine Absicht lediglich auf einem Handzettel an, den er an seine Kunden und Verbindungsmänner schickte. Offensichtlich wollte er die Reaktion testen, ehe er mehr in Schriftsatz und Papier investierte. Da er das Werk zur Subskription anbot, konnte er die Vorauszahlungen der Subskribenten für die hohe Anfangsinvestition nutzen. Und während der den Markt abhorchte, konnte er sich selbst im Verborgenen halten. Denn er veröffentlichte den Prospekt unter dem Namen des Jean Léonard Pellet, eines Genfer Verlegers, der bereit war, für 3000 Livres als Strohmann zu dienen.

Dieser Sondierungsprozeß – »dem Publikum den Puls fühlen«, sagten die Verleger im 18. Jahrhundert – umfaßte auch gedruckte Anzeigen und Hinweise in gewissen Zeitschriften. Am 3. Januar 1777 brachte die *Gazette de Leyde* eine Ankündigung von Duplains Spekulation, die die reichste Quelle über ihren ursprünglichen Charakter ist. Die Notiz zeigte, daß Duplain die gleiche Strategie zu befolgen beabsichtigte wie Bosset, d.h. durch eine relativ billige *Enzyklopädie* einen großen Markt zu erreichen. Die Tatsache wurde beklagt, daß das bedeutendste Werk des Jahrhunderts – ein Buch, das selbst eine Bibliothek war – einen Preis forderte, der unerreichbar war für die Menschen, die am meisten davon profitieren konnten. Die »neuen Verleger« – die nicht bei Namen genannt wurden – boten es deshalb zu einem spektakulären Preis an: für 344 Livres statt 1400, seinem üblichen Verkaufspreis. Sie konnten, wie sie erklärten, den Preis so drastisch senken, weil sie nur drei Tafelbände herstellten – kein großer Verlust, da viele der Abbildungen in den ursprünglich elf Tafelbänden wenig unmittelbaren Nutzen hatten. Die neue Ausgabe würde neugestochene Fassungen der wirklich wichtigen Tafeln bringen, und jeder Leser, der Illustrationen der Gewerbe sammeln wollte, konnte die preiswerten *Cahiers des arts et métiers* kaufen, welche die Akademie der Wissenschaften förderte. Der Text der neuen Ausgabe würde jedoch dem der alten weit überlegen sein. Angemessen in einer Schrifttype namens »Philosophie« und auf gutem Papier gedruckt, würde sie das *Supplément* einarbeiten, die zahlreichen Fehler der Folio-Ausgaben verbessern und einiges neue Material enthalten, das die Notiz unklar beschrieb als »einige Stücke, die durch ihre Seltenheit und ihren Nutzen wertvoll sind«. Subskribenten sollten 12 Livres vorauszahlen und bei jedem Textband 10, bei jedem Tafelband 18 Livres nach Erhalt zahlen (der letzte Tafelband zu 6 Livres verrechnete die Vorauszahlung). Sie würden 29 Text- und drei Tafelbände erhalten, sechs bis acht Bände sollten jährlich erscheinen. Die Verleger würden die Druckauflage auf die eingegangenen Subskriptionen beschränken; damit wäre es unmöglich, nach Abschluß der Subskription in den Vorteil dieses Sonderangebots zu kommen. Jeder Interessierte sollte seine Vorauszahlung an den Genfer Buchhändler Téron leisten, der offensichtlich für Duplain als Verkaufsagent diente.

Eine billige *Enzyklopädie* anzubieten, während Panckoucke eine teure druckte, hieß, ihm die Pistole an den Kopf zu setzen; aber Panckoucke war nicht der Mann, der darauf wartete, daß der Gegner zuerst schoß. Er schritt zum Gegenangriff mit einem weiteren *Enzyklopädie*-Projekt, das er und die STN am 3. Januar 1777 in einem Vertrag paraphierten. Zuerst gestanden sie ein, daß die Ankündigung von Duplains »sogenannter Neuausgabe« sie nötige, die Druckauflage ihrer revidierten Folio-Ausgabe von 2000 auf 1000 Exemplare zu beschränken. Aber sie wollten sich Genugtuung verschaffen mit einer eigenen Quartausgabe, welche die von Duplain vom Markt drängen würde, weil mit der hohen Auflage von 3150 Exemplaren eine billige Ausgabe des revidierten Textes geboten wurde. Sie würde nur drei oder vier Tafelbände und 36 bis 40 Textbände umfassen, das Stück zu 12 Livres. Damit wäre sie etwas umfangreicher und teurer als Duplains Ausgabe, aber noch nicht so teuer, um in einer anderen Preiskategorie zu liegen. Es war zu erwarten, daß mögliche Käufer sich von Duplains Ausgabe abschrecken ließen, wenn sie erführen, daß eine angesehene Gruppe von Philosophen ein überlegenes Werk vorbereite. Und Panckoucke wollte alles tun, die Käufer von der rivalisierenden Quartausgabe abzuhalten, indem er seinen »Rechten und Privilegien« Geltung verschaffte.

Privilegschutz war ein Hauptpunkt in Panckouckes Strategie. Er besaß die ausschließlichen Rechte, das Werk zu vervielfältigen – ein Recht, das nach den Maßstäben der Zeit so viel galt, daß er es in Anteile zerlegen und zu hohem Preis überall in Westeuropa verkaufen konnte. Es wäre unsinnig gewesen, eine Rechtsfiktion in handgreifliches Eigentum zu verwandeln, wenn man der Legalität keine Geltung verschaffen könnte. Deshalb sollte der Staat dazu gebracht werden, Duplains Quartausgabe so rigoros zu verfolgen wie Schmuggelware. Ein paar exemplarische Konfiszierungen und sogar die Veröffentlichung eines hochtönenden Verbots würde viele Subskribenten Duplains veranlassen, zu Panckouckes Gruppe überzuwechseln. Panckoucke erreichte, daß der ›Directeur de la librairie‹, Le Camus de Néville, einen Rundbrief an die verschiedenen Buchhändler-Innungen und die Aufseher des Buchhandels sandte, um vor Duplains Quartausgabe als einem illegalen Raubdruck zu warnen, der überall von den Behörden konfisziert werde. Somit schlugen Panckoucke und Partner doppelt zurück: Sie versuchten, Duplains Subskribenten und mögliche Subskribenten durch das Angebot ihrer eigenen, überlegenen Quartausgabe der *Enzyklopädie* abzuwerben, und gleichzeitig versuchten sie, diese Ausgabe Duplains mit der Macht des französischen Staates zu zerschmettern. Diese Gegenoffensive führt aber zu einer Frage, die eine Abschweifung wert ist: Wie konnte die französische Regierung, die die erste und zweite Auflage dieses Werkes fast zerstört hatte, als wichtigste Verteidigungslinie bei der Rettung der dritten Auflage dienen?

Publizieren, Politik und Panckoucke

Dieses Paradox scheint weniger verwirrend, wenn man die Unterschiede betrachtet, die zwischen der Regierung, die 1770 Panckouckes 6000 *Enzyklopädie*-Bände in die Bastille sperrte, und der Regierung, die sie 1776 freigab, bestehen. Die politische Lage war in den letzten Jahren der Regierung Ludwigs XV. immer drückender geworden. Seit der teuren und erniedrigenden Erfahrung des Siebenjährigen Krieges (1756–1763) und der Auflösung des Jesuitenordens 1764 bis hin zur Brittany-Affäre und der Krise der Parlements 1771–1774 war die Regierung auf zunehmenden Widerstand gestoßen, den sie mit zunehmend autoritären Mitteln niederhielt. Sie war besonders streng in der Aufsicht über das Buchwesen; Panckoucke, den das viel Geld gekostet hatte, konnte ein Lied davon singen. Aber die Thronbesteigung Ludwigs XVI. im Mai 1774 setzte dem harten Minister-Triumvirat von Maupeou, Terray und d'Aiguillon ein Ende. Turgot, ein Mitarbeiter der *Enzyklopädie* und Freund der Philosophen, bestimmte den Ton des neuen Regimes. Die Regierung blieb sogar nach seinem Sturz im Juni 1776 zeitweise reformistisch, und sie war in ihrer Publikationspolitik besonders liberal. Am 30. August 1777 erließ sie mehrere Verordnungen, um die Maßnahmen gegen das Raubdrucken zu verstärken und das Privilegienmonopol der Mitglieder der Pariser Buchhändler-Innung (Communauté des libraires et des imprimeurs de Paris) zu lockern.

Die Innung erschien im Jahre 1777 wie ein Relikt aus der Staatsmacht des Sonnenkönigs. Der Staat hatte sie in der zweiten Hälfte des 17. Jahrhunderts benutzt, um die Kontrolle über das gedruckte Wort zu erlangen. Colbert hatte viele Druckereien in der Provinz geschlossen, das Verlagswesen in Paris unter der Herrschaft der Innung konzentriert und die Innung zur Unterdrückung aller nichtprivilegierten Bücher in Dienst genommen. Mit einer Regierung, königlichen Verwaltung und Polizei, die ihr wirtschaftliches Monopol stärkten, erhielten die Mitglieder der Innung die meisten Bücherprivilegien und zwangen ihre Rivalen in der Provinz in die Arme von Verlegern wie der STN, die auf Raubdrucke und verbotene Bücher spezialisiert waren. Bis zur Thronbesteigung Ludwigs XVI. hatte sich diese Politik als kontraproduktiv erwiesen. Sie hatte zu einem Boom des illegalen Buchhandels geführt, während sie den Pariser Patriziern ein Monopol auf orthodoxe Literatur verschaffte. Die Reformpolitiker Ludwigs XVI. wollten die Orthodoxie liberalisieren und einen begrenzten Freihandel mit Büchern schaffen. Ihre Gesetzgebung sah vor, daß ein Privileg nicht mehr ein unbeschränktes und ewiges Recht an einem Werk verlieh, sondern im Normalfall nach zehn Jahren oder beim Tod des Autors erlöschen solle. Autoren selbst und ihre Erben konnten Privilegien unbegrenzt behalten – durch die Innung war es für sie fast unmöglich geworden, Privilegien ihrer eigenen Werke zu besitzen –, und Drucker in der Provinz konnten jedes Buch herstellen, das frei geworden war – d.h. die große Menge der bisher den Parisern vorbehaltenen Literatur. Die Verordnung vom August 1777 räumte ein, daß das Pariser Monopol die Buchhändler der Provinz zum Raubdrucken genötigt habe, und gestattete ihnen, ihren gegenwärtigen Bestand illegal nachgedruckter Bücher zu veräußern, errichtete aber ein System strenger Sanktionen und Kontrollen, um den künftigen Handel mit Raubdrucken ebenso wie mit verbotenen Büchern zu verhindern.[32]

Da diese Verordnungen von der Absicht inspiriert waren, einem Gewerbezweig, der unter einer archaischen Colbertistischen Organisation ermattet war, modernen unternehmerischen Geist einzuflößen, war die Bestürzung groß bei der Pariser Oligarchie. Die Innung antwortete mit Petitionen, Protesten, Pamphleten, gerichtlichen Klagen und einer Art informellem Streik, der zu einem Chaos im Buchgewerbe führte, bis die Revolution den Streit schlichtete, indem sie das Privileg und das Innungswesen aufhob. In dem Protestgetümmel machte sich das mächtigste Mitglied der Pariser Innung durch Abwesenheit verdächtig. Im Dezember 1777 berichtete der Pariser Agent der STN: »Die Buchhändler hier spucken Feuer und Flamme gegen die neuen Verordnungen. Hundert von ihnen werden sich in einigen Tagen in der Handelskammer versammeln und dem Justizminister eine Bittschrift überreichen. Wenn sie nicht den gewünschten Erfolg hat, werden sie sich an den König wenden. Es geht vor allem um die Bewahrung der Privilegien ... Panckoucke ... war nicht bei der Versammlung der Buchhändler, die ihm vorwerfen, der Urheber all dieser Verordnungen zu sein.«[33] Panckoucke äußerte sich nicht offen in seinen eigenen Briefen über seine Rolle bei diesen Reformen, aber er verhehlte nicht seine schlechten Beziehungen zu den anderen Mitgliedern der Innung und seine Unterstützung der neuen Gesetzgebung. »Man spricht viel von einer neuen Verordnung, aber ich weiß noch nicht, wann sie erscheint«, schreibt er am 4. Juli 1777. »Das Buchwesen bedarf einer Reform. Die Mißbräuche haben zu Exzessen geführt, die ihrerseits alles Übel hervorgebracht haben, dessen Zeugen wir sind.« Am 19. November 1777 schrieb er: »Die Verfügungen machen viel Aufregung. Von allen Seiten werden Vorstellungen dagegen gemacht. Die Schriftsteller und die Buchhändler scheinen ihren Verstand verloren zu haben. Es ist unmöglich, falscher zu urteilen und schlechter zu argumentieren.«[34] 1791 sollte er seinen Bürgersinn zu beweisen versuchen, indem er seine Opposition gegen »die Geier des Buchhandels, die Despoten der Genossenschaften« vor 1789 betonte, und behauptete, gegen den Zunftgeist der Korporationen gekämpft zu haben, indem er sich für die Reformen von 1777 einsetzte.[35] Er muß sich jedoch sehr diskret eingesetzt haben, denn der einzige Beweis, den er für sein vorrevolutionäres progressives Handeln vorbringen konnte, war eine offensichtlich für die »Direction de la librairie« geschriebene Denkschrift, welche die Sache der Regierung gegen eine Denkschrift der Innung vertrat. Aber 1777 konnte man nicht erwarten, daß

Panckoucke offen mit der Innung brach, und er kann sehr wohl eine Schlüsselfigur in der Reform des Buchhandels gewesen sein, wie Zeitgenossen glaubten, selbst wenn er hinter der Szene blieb und dort seinem Stil gemäß beriet und antichambrierte.[36]

Ein Grund für Panckouckes Entfremdung von den anderen Mitgliedern der Innung lag darin, daß er das Geschäft anders als sie betrieb. Von wenigen Abenteurern abgesehen waren sie konservativ und beuteten Privilegien von sicheren Büchern aus – Klassiker, juristische Abhandlungen, Erbauungsbücher und ähnliches –, die ihnen ein vergleichsweise sicheres, regelmäßiges und begrenztes Einkommen brachten. Er hingegen spekulierte extravagant mit neuen Büchern und großen Sammelwerken: das *Grand vocabulaire français* in dreißig Bänden, das *Abrégé de l'histoire générale des voyages* in dreiundzwanzig Bänden und das *Répertoire universel et raisonné de jurisprudence* in sechsundachtzig. Als Panckoucke sich 1763 in Paris niederließ, indem er das Lager des Buchhändlers Michel Lambert kaufte, übernahm er die Verantwortung für den Verkauf der mächtigen Werke, welche die königliche Druckerei herstellte: Buffons *Histoire naturelle*, die es auf 36 Quartbände brachte, 41 Bände *Mémoires de l'Académie des inscriptions et belles-lettres* und die *Mémoires de l'Académie royale des scienes*, die seit 1699 erschienen und 1793 ihren 188. Band erreichten.

Panckoucke finanzierte diese elephantösen Unternehmungen nicht allein. Er gründete Konsortien, verkaufte Anteile und wob Kredite und Schulden zu solch kunstvollen Kombinationen, daß es unmöglich ist, sich eine klare Vorstellung von seinem wirklichen Reichtum zu machen. Seine Bücher brachten ihm auf jeden Fall so viel ein, daß er Anisson Duperron, dem Direktor der königlichen Druckerei, 70.000 bis 80.000 Livres im Jahr bezahlen konnte, und mit Zeitungen spekulierte er noch wilder. In den verschiedenen Phasen seiner Laufbahn investierte er in insgesamt sechzehn Zeitschriften. Er verschmolz neun Zeitungen mit dem *Mercure* und bemächtigte sich so vieler anderer, daß man ihn als ersten Zeitungsbaron in der französischen Geschichte ansehen kann. In den 1770er Jahren befolgte er als allgemeine Politik den Wechsel vom Buchhandel zu den Zeitungen, wie er es der STN erklärte: »Ich habe den Schutzbrief für den *Mercure* auf fünfundzwanzig Jahre mit Vergünstigungen, die mein Vorgänger nicht hatte. Ich habe dabei das *Journal de politique* eingesetzt und die Subskriptionen von fünf Zeitschriften, die ich aufhebe. Diese Operation bringt mich dazu, meinen Fundus, wie es immer mein Plan war, mit Ausnahme der

Histoire naturelle zu verkaufen.«[37] 1776 erwog er sogar, sich in Neuchâtel niederzulassen, um in den Sommermonaten von einem sicheren Platz außerhalb des Königreiches in Büchern zu spekulieren und im Winter von Paris aus sein Zeitungsimperium zu leiten.[38]

Zeitgenossen erblickten in diesem Aufbau eines Imperiums den Versuch, den ganzen Buchhandel zu monopolisieren. Als Panckoucke mit der *Gazette de France* 1786 die älteste Zeitschrift des Landes gekauft hatte, kommentierten die *Mémoires secrets:* »Die Gier des Herrn Panckoucke ist unersättlich: wenn er könnte, würde er sich des gesamten Buchhandels bemächtigen.«[39] Zehn Jahre früher fragte die STN bei ihm an, ob es wahr sei, wie das Gerücht verlaute, daß er der Krone angeboten habe, 8 Millionen Livres jährlich für die Übernahme des gesamten Buchhandels zu zahlen: »Das Angebot von 8 Millionen, um der einzige Drucker zu sein, entbehrt des gesunden Menschenverstandes. Das Gerücht ist auch hierher gedrungen, und tausend andere Verleumdungen. Da man glaubt, daß ich an den Verordnungen beteiligt bin, sind die Buchhändler gegen mich aufgebracht. Das wird sich beruhigen.«[40]

Panckouckes besondere Stellung als der »Atlas des Buchhandels«[41] machte ihn zum natürlichen Verbündeten der Regierung gegen die Innung. Ob er nun bei den Verordnungen von 1777 mitwirkte oder nicht, er verkörperte den Unternehmergeist, den sie dem Buchhandel einzuflößen versuchten. Natürlich war Duplain auch ein Unternehmer, aber er wirkte außerhalb des Gesetzes als Raubdrucker. Panckoucke als Buchhändler der königlichen Druckerei wirkte vom Zentrum des Systems aus – eines Systems, dessen aufgeklärter Reformismus und liberale Handelspolitik vollkommen mit seinen eigenen Interessen und Haltungen übereinstimmten. Aber Panckouckes Spekulation mit der *Enzyklopädie* schien seinen allgemeinen Prinzipien und seiner Politik zu widersprechen. Er begünstigte Reformen, um Privilegien zu beschränken und den Markt zu öffnen, während er sein Privileg für die *Enzyklopädie* benutzte, um Duplain den Markt zu verschließen. Es bestand aber kein Widerspruch in Panckouckes eigenen Interessen, denn die Zehnjahresgrenze der Privilegien, die die Reformen von 1777 bestimmten, bedrohte nicht seinen Einsatz für die *Enzyklopädie.* Der schleppende Verkauf der Genfer Ausgabe zeigte, daß die Nachfrage nach dem Buch in seiner ursprünglichen Fassung, besonders wenn der Neuenburger Nachdruck erst einmal vorlag, künftig sehr gering sein würde. Aber Panckoucke erwartete, daß die revidierte Ausgabe sehr gut gehen würde, und die Verordnungen von 1777 bestimmten, daß das Privileg für ein Buch, dessen Text um zumindest ein Viertel vermehrt würde, nicht erlischt. Darüber hinaus gewährte die neue Gesetzgebung wirksameren Schutz gegen Raubdrucke, welche die größte Gefahr für die revidierte Ausgabe waren. So würde die revidierte Ausgabe unter den neuen Gesetzen besser laufen als unter den alten. Panckouckes allgemeine Linie, seine Investitionen von Büchern auf Zeitschriften zu verlagern, würde ihn vor dem Erlöschen seiner anderer Privilegien bewahren, falls sie bedroht würden, da die Verordnungen von 1777 Zeitschriften nicht betrafen. Und vor allem versetzte ihn seine Unterstützung der Regierung in ihrer Auseinandersetzung mit der Innung in die Lage, alle seine Interessen zu verteidigen, indem er in Versailles die Fäden zog.

Dieser letzte Gesichtspunkt ist wahrscheinlich der wichtigste, denn das Verlagsgeschäft im Ancien Régime bot nichts von jener Gentleman-Aura, die es später hatte, und Politik im Ancien Régime hatte die Form der von öffentlicher Beteiligung nicht eingeschränkten Hofintrige. Verwaltung bedeutete die Ausbeutung von (gekauften) Ämtern und war nicht positiv von einer Beamtentradition geprägt. Die Amtsinhaber erwarteten den Ertrag ihrer Investition ohne neuzeitliche Bedenken wegen Schmiergeldern und Bestechung. Interessenkonflikte wurden daher durch Einflußnahme oder »Protektion«, wie es im 18. Jahrhundert hieß, gelöst.[42]

Panckouckes Beschützer waren die mächtigsten Männer in Versailles. Seine Briefe spielen oft auf seinen Einfluß auf den höchsten Ebenen an, besonders bei Männern wie dem Chef der Pariser Polizei, Jean-Charles-Pierre Lenoir, der Raubdrucke nach Büchern Panckouckes konfiszieren konnte, dem »Directeur de la librairie« Le Camus de Néville, der Panckouckes Interessen bei den mit der Aufsicht über den Buchhandel befaßten Beamten befördern konnte, und dem Außenminister, Graf Vergennes, der Frankreichs Grenzen für die Panckoucke genehmen Bücher öffnen und für seine Rivalen schließen konnte. Panckoucke besaß einen derartigen Einfluß bei der Regierung, daß Linguet ihn der Tyrannei beschuldigte und, um das zu beweisen, einen Brief Vergennes an ihn veröffentlichte, der »mit soviel Herzlichkeit, Zuneigung, Höflichkeit und Wertschätzung geschrieben war, daß er absolut aus dem gewöhnlichen Protokoll herausfiel«, wie die *Mémoires secrets* meinten.[43] Panckoucke setzte sich in Versailles so sehr in Gunst, daß Zeitgenossen ihn als eine Art inoffiziellen Kultusminister ansahen: »Sein Wagen trug ihn zu den Ministern in Versailles, wo er wie ein Minister mit Portefeuille empfangen wurde.«[44]

Natürlich benutzte er die Protektion, um seine Interessen zu verteidigen. Als die höchst freimütige *Philosophische und politische Geschichte der Niederlassungen und des Handels der Europäer in den beiden Indien* (Genf 1780) von Raynal in Frankreich verboten war, hielt Panckoucke Vorsprache bei Vergennes und Maurepas. Bald darauf verkauften sie seine Angestellten im Palais Royal, während die Polizisten in die andere Richtung schauten. Er allein erlangte die Erlaubnis, die Genfer Quartausgabe von Voltaires Werken 1776 zu verkaufen. Die Minister Ludwigs XVI. erstatteten ihm nicht nur die konfiszierten Bände der Genfer *Enzyklopädie*-Ausgabe zurück, sondern erlaubten ihm auch, große Lieferungen davon am Zoll und den Innungs-Inspektoren vorbei in seine Lager in Paris zu transportieren.[45] Sein Einfluß in Versailles war so bekannt, daß Buchhändler vor ihm zitterten. J. M. Barret, einer der geschicktesten Händler in Lyon, warnte die STN, nicht zu versuchen, einen Nachdruck von Buffons *Histoire naturelle* nach Frankreich zu schmuggeln, da Panckoucke das Privileg dafür besaß: »Sie wissen sehr wohl, daß Herr Panckoucke wütend eifersüchtig auf diesen Artikel ist und von den Ministern, mit denen er gut steht, leicht die strengsten Anordnungen erhält, um es aus dem Verkehr zu ziehen; und der Buchhändler in Frankreich, der damit geschnappt würde, wäre vernichtet.«[46]

Seine höchste Wirksamkeit erzielte Panckouckes Netz von Protektionen zum Schutz seines Zeitungsimperiums. Die STN publizierte eine kleine literarische Zeitschrift und versuchte seit Jahren, mit allen Künsten und Bestechungsgeldern, ihre Zulassung für Frankreich zu erwirken. Nichts gelang: Panckoucke wollte nicht den geringsten feindlichen Einfall in den Markt seines *Mercure* gestatten.[47] 1779 klagte er, das *Journal de littérature, des sciences et des arts* sei in sein Territorium eingedrungen, als es einige politische Nachrichten als Briefe an den Herausgeber verkleidet veröffentlichte. Die Regierung verordnete, daß die Zeitschrift ihr Privileg verletzt habe und drohte ihr eine prohibitiv hohe Schadenssumme an, wenn sie ferner Gegenstände erörtere, die dem *Mercure* vorbehalten waren. Das *Journal de Paris* wurde 1786 in einen ähnlichen Streit mit dem *Mercure* verwickelt und verlor ihn, wie die *Mémoires secrets* kommentierten, weil Panckoucke »ungefähr 1000 Louis-d'or (24.000 Livres) in den Büros des Außenministeriums, des Ministers für Paris und für die Polizei verteilt hatte.«[48]

Panckoucke zwang das *Journal de Paris*, 1777 sein Erscheinen für eine Weile einzustellen, und ebenso wurde das *Journal encyclopédique* 1773 suspendiert, weil es eine Bemerkung gedruckt hatte, die einem Minister mißfiel. Der wahre Grund für diese Strenge lag nach den *Mémoires secrets* darin, daß das *Journal encyclopédique* einen Markt kontrollierte, den Panckoucke mit seinem *Journal historique et politique* übernehmen wollte; und das *Journal encyclopédique* hatte in Frankreich keinen gesetzlichen Status, weil es in Bouillon publiziert wurde. Es rettete sich, indem es Panckoucke 51.500 Livres Lösegeld zahlte. Panckoucke selbst mußte regelmäßige Zahlungen an verschiedene Minister leisten, um seine Monopole zu behalten. Im Januar 1777 merkte er, daß er 22.000 Livres, die er dem Außenministerium schuldete, nicht aufbringen konnte, und drei Monate später war er mit 340.000 Livres in den roten Zahlen. Diesmal suchte er Protektion, um sich vor dem Bankrott zu retten. Der Minister für das Département Paris und den königlichen Haushalt, Amelot, gestattete ihm, Zahlungen zeitweise auszusetzen, und bald danach waren Panckouckes Finanzen soweit erholt, daß er seine besonderen Beziehungen mit Versailles wieder aufnehmen konnte.

Das Antichambrieren (oder die Lobby) war deshalb wesentlich für ein Verlagsgeschäft, wie Panckoucke es betrieb, und er war als harter Praktiker bekannt. Er wendete den Staatsapparat gegen seine Konkurrenten, aber er rief die Regierung nicht leichtfertig an. Der STN verweigerte er die ständig erbetenen kleinen Gefallen in ihren eigenen, vergleichsweise unbedeutenden Versuchen im Antichambre, indem er erklärte, daß er seinen Einfluß für Gelegenheiten von höchster Bedeutung aufspare. »Ich konnte Ihnen noch keinen Dienst bei Herrn de Néville erweisen, der unsere große Angelegenheit protegiert. Ich darf ihn nicht mit Kleinigkeiten belästigen ... Ich werde Ihnen besser in wichtigen Dingen dienen, wenn ich meinen guten Ruf, dem die kleinen Verleumdungen meiner Mitbrüder nichts anhaben können, bei den Behörden bewahre.«[49] »Unsere große Angelegenheit« meinte die Enzyklopädie. Panckoucke wollte durch Protektion sein Privileg für das Werk verteidigen.

Die Auseinandersetzung zwischen der revidierten und der Quartausgabe der *Enzyklopädie* war deshalb so verwickelt wie jeder Interessenkonflikt im Ancien Régime. Er kann nicht einfach als Konflikt zwischen Privileg und Unternehmertum gedeutet werden, denn Panckoucke war ein privilegierter Unternehmer, der mit Hilfe der

Regierung Konkurrenten bekämpfte und zugleich mit den unterprivilegierten den Versuch der Regierung unterstützte, das Buchgewerbe zu öffnen. Daß der Staat ein Buch verteidigen sollte, das er achtzehn Jahre zuvor verboten hatte, mag paradox erscheinen, aber nicht weniger paradox als die Tatsache, daß er seine Verteidigung auf ein Prinzip gründete – das Privileg –, das er durch seine Reformen in Frage stellte und das die *Enzyklopädie* selbst unterminierte. Das Ancien Régime war voller solcher Widersprüche, besonders während seiner letzten Jahre, als Reformer versuchten, Elemente des Systems umzuwandeln, ohne seine Struktur zu ändern. Aber ein zusammenhängendes Motiv geht durch alle Drehungen und Wendungen von Panckouckes Politik mit der *Enzyklopädie*: Eigeninteresse. Wie immer seine persönlichen Werte und seine Freundschaften mit den Philosophen beschaffen sein mochten, er hielt an einer altmodischen Strategie fest, Hände zu schmieren und Arme zu verdrehen. Er war sogar bereit, seinen Feind zu umarmen, wenn sich dadurch sein Gewinn erhöht.

Von der revidierten zur Quartausgabe

Es war daher völlig natürlich für Panckoucke, den »Directeur de la librairie« dafür zu gewinnen, Duplains Enzyklopädie mit einem Verbot zu schlagen. Aber bald nachdem Panckoucke seinen Gegenangriff begonnen hatte, erwog er eine größere Versuchung. Konnte man nicht mehr verdienen, indem man mit Duplain gemeinsame Sache machte, anstatt ihn zu züchtigen? Dieser Schluß ergab sich aus einer anderen Besonderheit des Verlagswesens im 18. Jahrhundert: Industriespionage.

Am 26. Dezember 1776 schickte Panckoucke an die STN einen geheimen Bericht über Duplains Unternehmung, den er von Gabriel Regnault, ihrem Partner in Lyon, erhalten hatte: »Durch diesen Kanal bin ich über alle Schritte von Duplain unterrichtet, aber er darf nicht kompromittiert werden.« Regnault, der einer der geschicktesten Buchhändler in Lyon war, hatte vertrauliche Informationen über den Erfolg der Quart-Subskription erhalten, vermutlich durch Kontakte in Duplains Laden. Die Information war so überzeugend und der Erfolg so spektakulär, daß Panckoucke plötzlich entschied, seine Pläne umzukehren. Zweieinhalb Wochen später traf er mit Duplain in Dijon zusammen und man kam überein, die Quartausgabe gemeinsam auszubeuten, statt gegeneinander Krieg zu führen.[50]

Gerade die vierte drastische Wendung in der *Enzyklopädie*-Politik Panckouckes kann nicht genauer verfolgt werden, da es zu wenige Unterlagen gibt. Aber sein Vertrag mit Duplain vom 14. Januar 1777, den sie später gewöhnlich den »Vertrag von Dijon« nannten, liefert ungewöhnlich reiche Anschauung davon, wie ein Verlagsunternehmen im 18. Jahrhundert organisiert war. Da er das Erscheinungsbild der *Enzyklopädie* bestimmte, die letztendlich aus all den Machinationen Panckouckes hervorging, verdient er, im einzelnen untersucht zu werden. Der Vertrag schuf eine »Société« oder Gesellschaft zwischen Panckoucke und Duplain und sprach jedem von ihnen den halben Anteil an der Quartausgabe zu. Panckoucke erhielt die Hälfte der Einnahmen aus der Subskription, die schon eingegangen waren und künftig aufgrund der schon »in alle Provinzen« Frankreichs verbreiteten Prospekte eingehen würden. Dafür verlieh er dem Unternehmen »alle übertragbaren Rechte« – d.h. den legalen Status, der sich aus seinem Eigentum an den »Rechten (und) Kupfern des *Dictionnaire encyclopédique* und am Privileg für die Tafelsammlung über Wissenschaften, Künste und Gewerbe« herleitete. Er sollte die Herstellung der drei Tafelbände überwachen und die Lieferungen für den Pariser Markt leiten – ein delikates Geschäft, bei welchem seine Protektion entscheidend sein konnte. Duplain sollte Produktion und Vertrieb der 29 Textbände übernehmen. Jeder der Partner würde Subskriptionen annehmen und darüber monatlich Bericht erstatten. Nach halbjährlicher Rechnungsführung würden die Gewinne geteilt. Die Subskriptionen waren so rasch eingelaufen, daß Duplain genügend Kapital von den Vorauszahlungen erwartete, um die anfänglichen Herstellungskosten decken zu können; sollten diese Kosten aber zeitweise die Einnahmen überschreiten, so würde jeder Partner die Hälfte des zur Fortsetzung des Drucks nötigen Kapitals vorstrecken.[51] Um die Rechnung zu vereinfachen, bekäme Duplain eine feste Summe für jeden in der Auflage von 4250 Stück gedruckten Bogen, und Panckoucke würde entsprechend für den Neustich der Tafeln honoriert. Da der Druck des Textes die kostspieligste Phase war, sollte Duplain 2000 Livres jährlich für seine Ausgaben erhalten. Die neue Gesellschaft würde auch einen Redakteur zu 600 Livres jährlich bezahlen, der das vierbändige *Supplément* in den Text einarbeiten sollte, »ohne Zusatz oder Verbesserung« – d.h. er sollte sich nicht mit dem Text beschäftigen und mehr als Kopist denn als Manuskriptherausgeber tätig sein. Das war der einzige Punkt, worin der Vertrag von den Vorkehrungen von Duplains ursprünglichem Prospekt abwich, der einiges neue Material für die Neuauflage versprach. Panckoucke beharrte wahrscheinlich darauf, den Originaltext zu übernehmen, um den Markt für die revidierte Ausgabe nicht zu verderben.

Der Vertrag legte die Schrifttype fest (»Philosophie«), das Papier (zwischen 18 und 20 Lyoner Pfund zum Preis von 9 Livres das Ries) und einen harten Zeitplan für die Herstellung. Duplain sollte vom 1. Juli 1777 an alle sechs Monate vier Bände produzieren. Die Textbände würden von einem zentralen Lagerhaus in Genf aus vertrieben und unter Pellets Namen verkauft, aber Duplain sollte sie nach Belieben drucken und die Arbeit Druckern in Genf und anderen Schweizer Städten und vielleicht sogar in Lyon übertragen. Der Endpreis war so angesetzt wie in Duplains Prospekt: 10 Livres für jeden der 29 Textbände und 18 Livres für jeden der drei Tafelbände, insgesamt 344 Livres. Buchhändler bekämen in Großhandelssubskription das Werk für 264 Livres (7 Livres, 10 Sous der Textband, 15 Livres, 10 Sous der Tafelband) und ein Freiexemplar auf das Dutzend.

Kurz, Panckoucke tauschte sein Monopol auf Legalität gegen den halben Anteil an einem sicheren Erfolg ein. In seinen späteren Briefen an die STN erklärte er, die Subskriptionsrate beweise, daß Duplain gut doppelt so viele *Enzyklopädien* verkaufen könne als die 4000 im Vertrag spezifizierten, und daß es weiser sei, bei diesem Coup zu verdienen als zu versuchen ihn zu zerstören. Seine Berechnungen lassen sich rekonstruieren: Der gesamte Umsatz des Unternehmens war kalkuliert auf etwa 1 Million Livres, die Unkosten auf eine halbe Million, so daß eine halbe Million Gewinn blieb – Gewinn, der fast mühelos über vier Jahre zusammenkäme, ohne Risiko und mit geringer Kapitalinvestition.[52]

Würde aber die Quartausgabe nicht den Verkauf der verbleibenden Exemplare von Panckouckes Genfer Folio-Ausgabe schädigen? Er hatte die STN gezwungen, die Ankündigung der revidierten Ausgabe bis zum 1. Juli 1777 aufzuschieben, um den Markt für die Genfer Ausgabe zu schützen, und hatte seine Entschlossenheit wiederholt, an dieser Politik festzuhalten, als er von seiner Geschäftsreise im November 1776 zurückkam. Am 1. Dezember veröffentlichte der Bankier Batilliot, der auf das Diskontieren von Schuldscheinen der Buchhändler spezialisiert war, in einem Rundbrief, daß er Panckouckes Folio-

Enzyklopädien gekauft habe und sie an Buchhändler zu 600 Livres verkaufen würde. Das waren 240 Livres weniger als der Subskriptionspreis; mithin konnte Batilliot erwarten, Käufer zu finden – und auch das große Geschäft zu machen, denn später wurde bekannt, daß Panckoucke ihm 200 Ausgaben für 100.000 Livres oder das Stück zu 500 verkauft habe. Dieser Preis ließ ihn 20.000 Livres bei der Transaktion verdienen; er diente aber auch Panckouckes Interessen, denn Panckoucke benötigte dringend Kapital, und er wußte von seinen Geschäftsreisen, daß er die restlichen Folio-Ausgaben nicht länger zum Subskriptionspreis verkaufen konnte. Das Geschäft mit Batilliot scheint ein seltener Fall von Gewinnteilung statt Gewinnmachens im Buchhandel zu sein. Aber sechs Wochen, nachdem er es abgeschlossen hatte, verband Panckoucke seine Kräfte mit denen Duplains, wohl wissend, daß die Quartausgabe den Markt für Batilliots Folios zerstören könne. Hätte Batilliot vom Vertrag von Dijon erfahren, so hätte er gewiß Zeter und Mordio geschrien. Panckoucke hielt aber seine Partnerschaft mit Duplain geheim. Ein Jahr später rettete er Batilliot vor dem Bankrott, und Batilliot verkaufte tatsächlich alle seine Enzyklopädien. Damit erscheint es unwahrscheinlich, daß Panckoucke seinen Freund betrügen wollte. Die Ereignisse liefen schnell. Panckoucke wechselte rasch die Strategie, um oben zu bleiben, schnell und rücksichtslos, aber nicht unehrlich. Somit hatte er sich im Januar 1777 von der Folio-Ausgabe befreit und war bereit, die Quartausgabe zu Geld zu machen.[53]

Er brauchte zu dieser Zeit dringend das Kapital. Im April 1777 fand er sich mit 340.000 Livres bei seinen Zahlungen im Rückstand und besorgte sich eine königliche Verordnung, die ihm legal Zahlungsaufschub gewährte. Im Juni bot er der STN die *Table analytique*, das zweibändige Register zur *Enzyklopädie* zum Kauf an, das gerade der Basler Pfarrer Pierre Mouchon nach fünfjähriger Arbeit fertiggestellt hatte. Panckouckes Angebot zeigt, wie angespannt seine Finanzlage war – und auch die Version des 18. Jahrhunderts von dem was man heute »hard sell« nennt. Das Register bedeutete, wie er betonte, sicheres Geld. Tatsächlich würden es viele kaufen, die die *Enzyklopädie* gar nicht besaßen, und er war sich des Erfolgs so sicher, daß er die STN zu entschädigen sich verpflichtete, wenn es schiefgehen sollte. Er beschrieb das Manuskript im einzelnen und verbreitete sich darüber, wie man es drucken und verkaufen sollte. »Seien Sie gewiß, daß alles gut geht und daß sie ein glänzendes und sicheres Geschäft machen«, schloß er. »Aber man darf keine Zeit mit Ausflüchten verlieren.« Er hatte das Manuskript für 30.000 Livres gekauft und wollte es für 60.000 verkaufen – und das war bei dem Marktwert wirklich billig. Aber er brauchte das Geld rasch und machte das Angebot nur wegen der angespannten Finanzen: »Meine Herren, Sie kennen die Mißgeschicke, die ich seit einem Jahr erfahren habe. Ich befand mich mit fast 300.000 Livres im Rückstand. Ich werde mit (unlesbarer Name) 100.000 Livres verlieren. Boisserand de Roanne hat gerade einen Mißerfolg und ich stecke mit einer beträchtlichen Summe mit drin. Indessen habe ich meine Zahlungen keineswegs eingestellt, aber ich muß meine Unternehmungen einschränken, und diese Lage nötigt mich, Ihnen das Angebot dieses Registers zu machen ... Ich könnte mich rühmen, die größten und kühnsten Buchhandelsunternehmungen gemacht zu haben, wobei keine mißglückt ist, und alle, die mit mir gearbeitet haben, viel verdient haben.«[54]

Es ist leicht genug zu verstehen, daß Panckoucke bereit war, an Duplains Gewinn zu nagen. Aber wo war angesichts der neuen Gesellschaft für die Quartausgabe noch Platz für den alten Plan, eine revidierte *Enzyklopädie* herzustellen? Der Vertrag von Dijon erwähnte die revidierte Ausgabe nur einmal, in einer Klausel, die Panckoucke verpflichtete, die Veröffentlichung ihres Prospekts zwei Jahre aufzuschieben, um den Markt für die Quartausgabe nicht zu verderben. Der Vertrag gab Duplain auch die Option, drei Zwölftelanteile von ihr zu erwerben, sagte aber nichts über die Möglichkeit von Panckouckes Partnern, ihrerseits Anteile an der Quartausgabe zu kaufen. Panckoucke konnte sie kaum von Duplains Unternehmung ausschließen, da er im Januar 1777 nur drei Zwölftel der »Rechte und des Privilegs« besaß, die er gegen einen halben Anteil an ihr tauschte. So konnten Regnault, Rey, Plomteux und die STN Schnitte in jenem halben Anteil erwarten, der ihrem Besitz am Plan einer revidierten Ausgabe entsprechen würde. Am 3. Februar fertigte Panckoucke eine Rückübertragung *(rétrocession)* zum Vertrag von Dijon aus, die spezifizierte, daß der halbe Anteil der STN an der revidierten Ausgabe ihr den Anspruch auf einen Viertelanteil an der Quartausgabe verleihe. Vermutlich schickte er ähnliche Folgeverträge an die anderen drei Geschäftspartner. Aber würde sie das befriedigen?

Vom Standpunkt der STN aus gesehen, war der Vertrag von Dijon ein Desaster. Er verletzte sie gerade im wichtigsten Teil ihres Geschäftes, dem Druck. Indem er den ursprünglichen Nachdruckplan für die revidierte Ausgabe beiseitelegte, hatte Panckoucke die meisten ihrer

Forderungen zurückgewiesen, aber er hatte sie versöhnt mit der Aussicht auf gewaltige Druckaufträge. Und diese Aufträge wurden plötzlich am 3. Januar 1777 verdoppelt, als Panckoucke zustimmte, Duplains Drohung mit der Herausgabe sowohl einer Quart- wie einer Folio-Ausgabe der revidierten Enzyklopädie zu begegnen. Der Vertrag von Dijon hob diese Vereinbarung auf und verschob die revidierte Ausgabe um zwei Jahre. Was sollte die STN inzwischen mit ihren stark erweiterten Betriebsanlagen tun? Panckoucke selbst betonte in seinen Verhandlungen mit Suard, wie wichtig es sei, die Werkstätten der STN zu beschäftigen, und er unterstrich diesen Gesichtspunkt später bei seinem Angebot, die Register zu verkaufen.[55] Die STN wies den Vorschlag zurück, weil sie ihre Investitionen verzinsen und nicht in neue Spekulationen hineingezogen werden wollte. Auch muß sie über den Artikel 4 des Vertrags von Dijon entsetzt gewesen sein, der den Druck der Quartausgabe ganz »dem Belieben des Herrn Duplain« anheimstellte. Duplain hatte schon zwei Genfer Drucker angeworben und wollte einen weiteren Teil in Lyon drucken lassen. Er hatte keine Ursache, die STN zu beschäftigen; und selbst wenn er es tat, so konnte er es zu einem geringeren Preis tun als für die ihm vertraglich zugesicherten 54 Livres pro Bogen. Die frühere Vereinbarung vom 3. Januar hatte der STN einen ähnlichen Preis für den Druck jedes Bandes in 1000 Folio- und 3150 Quartausgaben der revidierten Ausgabe unabhängig vom Verkaufspreis zugesichert. Der Vertrag von Dijon schien sie völlig von den Druckaufträgen auszuschließen und ihr sogar jede Rolle in der Ausführung des Unternehmens zu verweigern, da der Vertrag nur Panckoucke und Duplain betraf. Wie Duplain später deutlich machte, schuf er keine Verpflichtung zwischen ihm und der STN. Diese plötzliche Wendung der Politik drohte daher die Neuenburger ebenso zu schädigen, wie sie Panckoucke begünstigte, und sie hatten allen Grund zu der Befürchtung, daß die beiden schnellen Franzosen sie ausmanövriert hatten, als sie ihnen den Rücken kehrten.

Die Pariser Konferenz 1777

Ostervald und Bosset schätzten die Lage so ernst ein, daß sie Mitte Februar nach Paris fuhren, um selbst die Untersuchung zu führen. Sie wollten heimlich fahren und so viele Informationen wie möglich über Panckoucke sammeln, ehe sie ihm gegenübertraten – d.h. sie planten, ihn so auszuforschen, wie er Duplain ausgeforscht hatte, mit der Hilfe von Spionen. In einem Brief an Perregaux erläuterten sie ihr Vorgehen: »Erweisen Sie uns die Freundlichkeit, vor unserer Ankunft einige besondere Informationen über Herrn Panckoucke, Buchhändler, Hôtel de Thou, rue des Poitevins, einzuziehen, aber bei Leuten, die nicht nur sein Vermögen kennen, sondern auch Zuverlässigkeit, Redlichkeit usw. Wir wissen, daß das nicht sehr leicht ist; aber da diese Informationen für uns bei unserer Ankunft sehr wichtig sind, bitten wir sie sehr darum, nichts deshalb zu vernachlässigen und vor allem, daß er nicht das Mindeste direkt oder indirekt darüber erfährt, und wünschen auch, daß er nichts von unserer Ankunft in Paris weiß.« Eine Woche später antwortete Perregaux: »Ich habe zwei Männer zum Observieren auf den Herrn angesetzt, dessen Vermögen, Herz usw. Sie zu kennen wünschen.« Und kurz nach der Ankunft der beiden Schweizer berichtete er an das Büro in Neuchâtel, daß er seine Mission beendet habe: »Ich habe Ihren Mitarbeitern die Informationen zukommen lassen, die Sie für sie wünschten.« Ostervald und Bosset erstatteten nie vollständig Bericht über das was sie erfuhren, aber sie schrieben, daß es über Wohlstand und Verbindungen Panckouckes günstig ausfiel, wo nicht über sein »Herz«: »Zunächst können wir Ihnen sagen, daß die genauesten Erkundigungen über die Zahlungsfähigkeit des Mannes, mit dem wir zu tun haben, sich zu seinen Gunsten vereinigt haben. Wir können nicht an unseren eigenen Beobachtungen zweifeln, daß er sehr erfahren, sehr tätig, gern bei den höheren Behörden gesehen ist und viel Kredit genießt.«[56]

Ostervald und Bosset hatten eine gewaltige kulturelle Distanz zu überwinden, als sie von Neuchâtel nach Paris reisten. Freilich, sie waren abgebrühte Schweizer, die schon mehrere Reisen in die französische Hauptstadt gemacht hatten. Bosset besaß Geschäftsbeziehungen in ganz Frankreich und den Niederlanden, und Ostervald, der 1777 vierundsechzig Jahre alt war, korrespondierte regelmäßig mit Buchhändlern in allen größeren europäischen Städten; ihr geistiger Horizont muß weit gewesen sein. Aber die Alltagsroutine hielt sie in den Grenzen einer kleinen Stadt mit Bürgern von alpinem Typus, die ein langsames Französisch mit allemannischem Akzent sprachen. Neuchâtel besaß nicht im mindesten eine Café-Gesellschaft, obwohl seine Einwohner gelernt hatten, Kaffee zu trinken – sehr zum Bedauern der Besucher aus Paris, die ländliche Einfachheit und Hirtenleben à la Rousseau suchten.[57] Die kulturelle Hauptnahrung der Neuenburger waren immer noch die Sonntagspredigten, die in altem kalvinistischem Stil von der Kanzel des Guillaume Farel gehalten wurden. Von Farels romanischer Kirche auf der Spitze des Hügels konnten sie leicht ihre ganze Stadt überblicken, die zwischen den Alpen im Osten und Süden und dem Jura im Westen und Norden in ihre mittelalterlichen Stadtmauern gezwängt war.

Ostervald und Bosset verließen diese kleine Welt am Montag, dem 17. Februar und kamen nach zwei Tagen strammen Reitens in Besançon an, dem wichtigsten Vorposten französischer Kultur an den rauhen westlichen Hängen des Jura. In der Luftlinie war der Weg von Besançon nach Paris fünfmal so weit wie der von Neuchâtel nach Besançon. Da aber Kutschen verkehrten, brauchte man nur zweimal die Zeit, dank der Veränderung des öffentlichen Verkehrs in Frankreich, die gerade ein Jahr zuvor abgeschlossen war und das Königreich schon beinahe aus einem heterogenen Mosaik von Provinzen zu einer vereinten Nation machte. Das Vehikel dieser »Revolution« war die *Diligence,* eine bequeme, leichte, eisengefederte Kutsche, die über ein vorzügliches, neues Straßensystem im Galopp von Pferden gezogen wurde, die man an regelmäßigen Poststationen *(Relais)* wechselte. Ostervald und Bosset stiegen in Besançon am 20. Februar in ihre Diligence und kamen nach vier Tagen über Dôle, Dijon, Châtillon, Troyes und Provins nach Paris.[58]

Wenn die beiden Herren mit unerhörter Geschwindigkeit durch das Land rasen, um ihre Spekulation mit der *Enzyklopädie* neu zu verhandeln, scheinen sie Vertreter der Moderne zu sein, von Kräften, welche die Diligence und das Buch verkörpern. Aber zugleich reisten sie im Stil der Gentlemen des Ancien Régime – nicht der Aristokraten, aber der Männer, deren Verhalten durch einen internationalen Code der Höflichkeit geprägt wurde. In mancher Hinsicht hatten sie daher mehr mit Panckoucke gemeinsam, als mit den Bauern zu Hause. Ehe sie Neuchâtel verließen, baten sie Perregaux, sie mit der nötigen Ausstattung für ein standesgemäßes Leben in Paris zu versorgen, »einen guten Bedienten, intelligent, tätig und zuverlässig«, und baten ihn auch, zwei zusammenhängende Zimmer für sie zu reservieren »zum Preis von etwa 30 Sous, klein, aber sauber und bei zuverlässigen Leuten.«[59] Einmal eingerichtet, machten sie die Runde in der Hauptstadt und am Hofe. Sie gingen in Cafés und Theater. Sie speisten mit weltlichen Abbés und schönen Damen. Sie hatten Audienzen bei den Mächtigen in Versailles und lernten, wessen Sekretär man sich warm hält, wessen Günstling man schmeichelt und wessen Diener man Trinkgelder gibt. So wurden Geschäfte im Nervenzentrum der Verlagsindustrie gemacht. Aber bei all ihrer Erfahrung und Abgebrühtheit fühlten Ostervald und Bosset sich wie Fremde in Paris – und waren es tatsächlich. Schweizer der Nationalität nach, französische Provinzler in der Kultur, schreiben sie etwas befremdet in ihren Briefen nach Hause: »Wir gehen heute zur Audienz bei Herrn de Néville und bei Herrn Boucherot und beenden den Brief, um uns anzukleiden ... Es ist ein seltsames Leben, das wir hier führen.« Ostervald brach einen Brief ab mit der Erklärung, er habe gerade »bei Herrn Abbé Fouchet und mit einem anderen Abbé diniert, wo man zu viel trank, und so gibt es nichts Besseres zu tun, als Schlafen zu gehen.«[60]

Essen und Trinken gehörten zum Hauptgeschäft, herauszubringen, ob Panckoucke sie betrogen habe, und zu versuchen, bessere Vereinbarungen mit ihm für die *Enzyklopädie* zu treffen. Als Ostervald und Bosset den günstigen Bericht über Panckoucke erhalten hatten, begannen sie mit ihm zu verhandeln. Sie berichteten so ausführlich über ihre Sitzungen nach Hause, daß man sich die drei Männer leicht vorstellen kann, wie sie sich auf ihren Stühlen wanden, als die Argumente über den Tisch flogen: »Unser Mann (Panckoucke) nimmt verschiedene Formen an, behauptet, in Dijon für sich und für uns einen Meistercoup gelandet zu haben. Wir verlangten, daß er auf das Dringendste an Duplain schreibe, damit wir die Hälfte der Auflage drucken. Die Befürchtung, daß wir eine Ankündigung veröffentlichen könnten, ist ein Schreckgespenst für ihn. Wir stellen es bei Bedarf vor ihn hin und gehen doch behutsam mit ihm um, was unerläßlich ist ... Panckoucke hat seine (Sicherheiten) gegenüber Duplain getroffen, indem er sich vorbehielt, die Kupfertafeln von hier aus zu liefern. Aber wir müssen Sicherheiten gegen beide haben, um nicht von ihnen betrogen zu werden ... Unser Mann ist ein wahrer Proteus. Man hat die beste Meinung von seinem Vermögen – und übrigens muß man ihn mit Delikatesse behandeln und oft seine Geduld mit beiden Händen halten. Unsere Ratgeber sind der ältere Nachbarssohn und der Abbé G.«[61]

Ostervald und Bosset äußerten sich so mißtrauisch, weil sie vermuteten, Panckoucke versuche, sie durch das Zusammenspiel mit Duplain aus dem erfolgversprechenden Markt zu drängen. Sie wußten, wie hart »ihr Mann« den nichtsahnenden Batilliot behandelt hatte, und ein Bericht, den sie bei ihrer Ankunft in Paris von zu Hause erhielten, ließ Duplains Unternehmen noch suspekter erscheinen. Charmet, ein erfahrener Buchhändler aus Besançon und alter Verbündeter der STN, hatte bei einer Geschäftsreise zu den Schweizer Verlegern in Neuchâtel Station gemacht. Er erzählte Bertrand (dem zuhausegebliebenen dritten Partner der STN), daß Duplain niemals eine ernsthafte Absicht hatte, die *Enzyklopädie* zu produzieren, sondern nur »um den Geschmack des Publikums zu prüfen« seinen Prospekt veröffentlicht hatte. Darüber hinaus glaubte Charmet, daß das Publikum darauf nicht reagierte. Entgegen den Behauptungen von Duplain und Panckoucke versicherte er, »der Buchhändler Capel in Dijon sei auch nicht eher in der Lage, 150 Subskriptionen auf dieses Werk zu erhalten, als daß man es im kleinsten Weiler verkaufen könnte.« Bertrand folgerte: »Sollte das wahr sein, so folgt daraus, daß Herr P. betrogen wurde oder daß er uns betrügen wollte, da er in der Tat die Absicht hat, dieselbe Sache an zwei Käufer zu veräußern.«[62]

Die Neuenburger fanden ihren Verdacht bestätigt und ihre Stellung gestärkt durch einen unerwarteten Verbündeten: Suard und die Philosophen. Trotz ihrer früheren Opposition gegen seine Revisionspläne, begrüßte Suard Ostervald und Bosset herzlich und offerierte ihnen ein »akademisches Diner«.[63] Die Akademiemitglieder und Philosophen verloren durch den Vertrag von Dijon fast ebensoviel wie die STN, weil er ihre Arbeit um zwei Jahre aufschob. Daher wandten sie sich über Panckouckes Kopf hinweg an die Regierung; und sie hatten so viel Erfolg, daß Duplain erschreckt seinen Partner Thomas Le Roy in dringender Mission nach Paris schickte. Le Roy und Panckoucke beschlossen, den Widerstand durch Schmiergelder zu besänftigen. Am 23. Januar unterzeichneten sie einen Zusatz zum Vertrag von Dijon, der Panckoucke autorisierte, 240 Livres vor dem Erscheinen jedes Bandes zu verteilen, um seinen Weg nach Frankreich zu erleichtern.[64] Ob Suard ernstlich mit seinem Schwager unzufrieden war, ist zweifelhaft, aber er und seine Philosophen neigten dazu, Ostervald und Bosset in ihren Auseinandersetzungen mit Panckoucke zu unterstützen. »Wir haben zweimal Herrn Suard getroffen und werden heute die Herren d'Alembert und Condorcet sehen«, berichteten die Neuenburger nach einer Woche Verhandlungen. »Herr Suard bewegt sich sehr in unseren Vorstellungen, denkt aber stets, die Ankündigung von Neuguß und Redaktion werde zu jeder Zeit günstig vom Publikum aufgenommen. Er hat eine schlechte Meinung von Duplains Unternehmen. Unser Mann (Panckoucke) hält stets daran fest, daß die

Subskriptionen sehr zahlreich seien und daß der billige Preis diese Ausgabe sogleich vergriffen sein läßt.«[65]

Der Kampf dauerte fast vier Wochen. Panckoucke beharrte auf der Wichtigkeit, mit einem Bestseller Geld zu machen, während er die revidierte Ausgabe in Reserve hielt. Ostervald und Bosset entgegneten, der Vertrag von Dijon beraube sie ihres einträglichen Druckauftrages, für den sie bereits sehr viel Kapital bei der Erweiterung ihrer Betriebsanlage geopfert hätten. Und Suard argumentierte gegen das Zerstreuen seines Herausgeberteams. Die Debatte brachte Panckoucke in eine unangenehme Lage, denn er schien den gleichen Anteil zweimal verkauft zu haben – einmal an die STN für den Neuguß und einmal an Duplain für die Quartausgabe – und er konnte die widersprüchlichen Verpflichtungen seiner Verträge nicht ausgleichen, wenn er die Neuenburger nicht überredete, eine zweite Partnerschaft in Duplains Unternehmung zu akzeptieren. Sie konnten ihn auf seine ursprüngliche Verpflichtung festlegen und die Quartausgabe schädigen, wenn sie den Prospekt für die Neufassung publizierten. Und wenn er sie für Duplain fallen ließe, würden sie ihren eigenen Raubdruck in Quarto produzieren.

Der einzige Weg, um die sich kreuzenden Spekulationen vor dem Explodieren zu bewahren, bestand darin, Duplain zu überzeugen, genug vom Druck zu überlassen, um die STN zu besänftigen. Am 28. Februar erläuterte Panckoucke Duplain den Ernst der Lage in einem dringenden Brief. Aber Duplain antwortete nicht, denn während die Luft in Paris dicker wurde, verheiratete er sich in Lyon. Da er dem Druck von Ostervald und Bosset nicht länger widerstehen konnte, schrieb Panckoucke noch einmal am 10. März. Nach raschem Gratulieren und einem nachlässigen Tribut an die Ehe – »der wahre Glückszustand, wenn man sich dabei gut zu regieren weiß« – skizzierte er die Bestandteile eines Briefes zum Vorzeigen *(lettre ostensible)*, den Duplain ihm für die Neuenburger schreiben sollte. Duplain sollte der STN soviel wie möglich vom Druckauftrag überlassen; er sollte die Quartausgabe als eine rasche Spekulation darstellen, die der Neufassung keine große Verzögerung bereiten würde; und er sollte viel überzeugende Information über die Menge der Subskriptionen liefern. »Man darf sie nicht wütend machen. Geben Sie ihnen zu drucken, und alles wird nach Ihren Wünschen gehen … Setzen Sie kein Wort in diesen Brief, das mich hindern könnte, ihn ihnen zu zeigen. Betrachten Sie diese Antwort nicht noch einmal als nebensächlich.«[66]

Inzwischen versuchten die Neuenburger, Panckoucke weichzubekommen, indem sie die Philosophen bearbeiteten. Am selben Tag, als Panckoucke ein letztes Mal an Duplain appellierte, berichteten sie nach Hause, daß sie bei Suard auf festen Grund stießen: »von dem wir mehr Nutzen zu ziehen hoffen als von seinem Schwager, der anmaßend, kurzangebunden, sogar barsch und ungeduldig ist ... Der Ton, den unser Mann hier anschlägt, heißt alles leugnen und allem widersprechen, was nicht nach seinen Vorstellungen und seinem Plan geht.«[67] Zwei Tage später bewegte sich Suard auf das Lager der STN zu und Panckoucke schwankte: »Herr Suard tadelt seinen Schwager heftig, einen so langen Aufschub unterschrieben zu haben, und glaubt mit Grund, die Arbeit an der Neufassung werde darunter leiden. Er besteht indessen darauf, einen Anteil an der Unternehmung haben zu wollen, und das entspricht seinem Eifer für die Sache. Panckoucke scheint uns verwirrt und verletzt, daß wir klar sehen, wie weit er sich von Duplain leiten ließ.«[68] Am 14. März berichten Ostervald und Bosset, daß Panckoucke »eine sehr nachdenkliche Miene hatte, etwas verwirrt«, als sie mit ihm speisten. Sie fühlten, daß er zurückwich. Er hatte zugestimmt, daß sie selbst an Duplain appellierten, und sie schickten einen harten Brief. Sie verlangten, die halbe Quartausgabe zu drucken, und den Beginn der revidierten Ausgabe für Ende 1777. Sie würden nie einer Verzögerung der revidierten Ausgabe zugestimmt haben, sagten sie Duplain, und wäre er nicht zu Konzessionen bereit, könnten sie stets den Prospekt dafür veröffentlichen, der den Markt für die Quartausgabe ruinieren würde.

Die Grundlage eines »guten Geschäfts«

Während sie auf Duplains Antwort warteten, machten Ostervald und Bosset einen raschen Abstecher nach Rouen, wo sie mit sieben der dreißig Buchhändler der Stadt über Geschäfte sprachen. Der Besuch in einem der aktivsten Zentren des Provinzbuchhandels änderte ihre Ansichten, denn sie erfuhren, daß die Bürger von Rouen herdenweise auf die Quartausgabe subskribierten und daß dieser Boom sich in ganz Frankreich auszubreiten schien. Als sie nach Paris zurückkehrten, verbanden sich ihre Kräfte mit Plomteux, ihrem Lütticher Enzyklopädie-Partner, der gekommen war, um seine eigenen Interessen in den Verhandlungen mit Panckoucke zu schützen. »Wir können der Vorsehung nur danken, uns so gute Hilfstruppen gesandt zu haben«, schrieben sie nach Hause. »Es scheint, daß dieser Buchhändler, der ein Mann von großer (Kaltblütigkeit) ist, unseren Mann ein wenig den Ton senken läßt.«[69] Aber inzwischen hatte Panckoucke die beiden entscheidenden Briefe erhalten, die er von Duplain angefordert hatte.

Im ersten berichtete Duplain über die Subskriptionsrate. Er konnte keine genaue Zahl nennen, versicherte Panckoucke aber, daß sie phänomenal sei: »Alles, dessen wir Sie versichern können, ist, daß die Berechnung nach allen Briefen die wir erhalten haben, mehr als 4000 ergibt; und wenn Sie versprechen, uns Zeit zu geben, so bringen wir sie auf das Doppelte. Wir haben das in der Hand, woraus man den schönsten Coup der Welt machen kann, aber das Projekt der zweiten Auflage (d. h. die revidierte Ausgabe) und die zu begrenzte Zeit, die Sie uns geben, hindern uns daran, ihn auszunützen. Unsere Reisenden ernten überall. Es gibt kein Dorf, wo sie nicht Subskribenten finden, keine Kleinstadt, die nicht bis zu 36 Verpflichtungen bietet. Valence in der Dauphiné hat so viel gebracht, Grenoble noch mehr, Montpellier mehr als 60, Nîmes ebensoviel, Dijon verspricht 200. In einem Wort, kein Projekt wurde je so aufgenommen, und währenddessen hat Ihr verteufelter Verteidigungsbrief einen schrecklichen Eindruck gemacht, aber wir kommen darauf zurück.«[70]

Diese Nachricht bestätigte, was Ostervald und Bosset in Rouen erfahren hatten, und der zweite Brief ging noch weiter: »Ich könnte Ihnen die Begeisterung des Publikums gar nicht ausmalen. In dem Augenblick, da ich Ihnen schreibe, erhalte ich von Robiquet aus Rennes 50 Subskriptionen, von Catry aus Le Havre 32, von Aber aus Autun 26 mit Sicherheiten für ein volles Hundert und von einem Advokaten in Aurillac 13. Es gibt keine Postsendung, die nicht Zahlen einlieferte. Ich kann Ihnen versichern, daß wir unsere viertausend unterbringen, und wenn wir Zeit hätten, hätte ich keine Befürchtungen sechstausend davon zu drucken. In Gottes Namen, mein Freund, beunruhigen Sie sich nicht länger und lassen Sie uns von einem Ereignis profitieren, wie es nie wieder eintrifft. Übrigens begreifen Sie wohl, wenn Europa noch von anderen neuen Ankündigungen einer anderen Ausgabe widerhallte, so würde der Klerus, sobald er es erführe, Opposition machen, das Ministerium zöge seinen Schutz zurück, wir hätten den Kleinkrieg, und schließlich ließen uns die einen mit den anderen scheitern. Ich bitte Sie, die Herren aus Neuchâtel die Stimme der Vernunft hören zu lassen. Es sind gebildete Leute, und die Aussicht auf einen immensen Gewinn muß ihnen die Augen öffnen und sie das Projekt zu drucken aufgeben lassen, das ihnen schlußendlich nur einen Gewinn brächte, der durch seine Bescheidenheit kaum für die Arbeiter reichte. Wenn sie übrigens unbedingt einige Bände machen wollen, können sie sich mit einer neuen »Philosophie«-Schrift versehen, und ich überließe ihnen, wenn sie sie haben, drei Bände.«[71]

Duplains Briefe sind in vier Hinsichten aufschlußreich. Zunächst zeigen Sie, obwohl auf Panckouckes Veranlassung geschrieben, Duplains Haltung zu seiner Unternehmung: Er betrachtete sie als die spektakulärste Spekulation seiner Laufbahn und glaubte, daß die Kampagne zu ihrer Ausbeutung Vorrang vor allem anderen haben sollte, eine Haltung, die sich bei der abschließenden Krise der Unternehmung drei Jahre später als entscheidend erweisen sollte. Zweitens zeigt Duplains Bemerkung über die Regierung, wie er Panckouckes »Protektion« nach ihren Gesprächen in Dijon verstand: Panckoucke hatte zweifellos starke Beförderer in Versailles, aber sie konnten nicht offen handeln. Solange er diskret wegen seiner Geschäfte operierte, würden sie für ihn hinter der Bühne die Fäden ziehen. Sie würden ihn aber fallen lassen, wenn er die wohlverschanzten Feinde der Aufklärung aufbrächte. Drittens wollte Duplain mit der STN nur über Panckoucke verhandeln, und dabei nahm er Panckouckes Linie ein: Sie sollten eine gute Sache anerkennen, wenn sie mit Händen zu greifen wäre, und sie sollten einfallsreich spekulieren, statt sich an kleine Profite zu klammern und wie Kleinstadtkrämer zu denken. Und viertens machte Duplain ein kleines Zugeständnis: Er würde die STN drei Bände drucken lassen. Mehr konnte er nicht tun, erklärte er, da er schon das meiste mit vier Druckern vertraglich geregelt habe, die eigens die Schrift »Philosophie« gießen ließen und binnen einer Woche dreißig Pressen in Arbeit hätten. Die STN würde nicht in der Lage sein, vor sechs oder acht Monaten die erforderliche Schrift zu erhalten. Es wäre besser, sie mit dem Druck eines anderen Werks zu beauftragen, um ihren Betrieb zu beschäftigen. Aber falls sie absolut darauf bestünden, gäbe er ihnen die drei Bände.

Das genügte, um Ostervald und Bosset umzustimmen. Am 24. März schrieben sie triumphierend nach Hause: »Endlich haben wir das Vergnügen, Ihnen, meine Herren, mitzuteilen, daß die große Angelegenheit, die uns so lange unangenehm beschäftigt, beendet ist und, wie uns scheint, mit dem größtmöglichen Erfolg. Duplains Geschäft reüssiert erstaunlich.«[72] Aber die förmliche Schlichtung, ein Vertrag, den sie am 28. März mit Panckoucke unterzeichneten, stellte nicht wirklich einen Triumph für die STN dar. Sie nötigte lediglich die Neuenburger, den Vertrag von Dijon anzuerkennen im Austausch für die Erlaubnis, drei Bände nach den Spezifikationen jenes Vertrags zu drucken. Duplain ratifizierte diese Vereinbarung durch eine Verpflichtung vom 28. Mai, die, wie verlangt, den gesamten Druckauftrag der revidierten Ausgabe für die STN reservierte. Diese Klausel erleichterte es den der STN, auf ihre frühere Forderung nach dem Druck der halben Quartausgabe zu verzichten, besonders da Panckoucke ihnen versicherte, die Arbeit an der revidierten Ausgabe werde fortgesetzt, wenn auch langsamer, und daß sie schließlich sowohl in Folio wie im Quartformat in einer Gesamtauflage von 3500 hergestellt würde. Die Fortsetzung der Revision besänftigte auch Suard, der darüber hinaus durch das Geschenk eines Zwölftel-Anteils an der Unternehmung entschädigt wurde. Das Geschenk stammte aus den Anteilen der STN von sechs Zwölfteln, aber Panckoucke bezahlte es als Teil der allgemeinen Rückzahlung der Schuld der STN an ihn für ihre ursprüngliche Investition.

Die Rückzahlung war ein schwieriges Geschäft, da jede Wendung in Panckouckes Geschäftspolitik eine Berichtigung seiner finanziellen Vereinbarungen bedeutete. Am 3. Juli 1776 hatte die STN ihren halben Anteil an Panckouckes ursprünglicher Spekulation erworben. (Später, als die Anteile in Zwölftel geteilt wurden, besaß die STN sechs davon zu einem Wert von 18.000 Livres das Stück). Sie versprach, die Summe in sechzehn Schuldverschreibungen zu bezahlen, die vom 1. April 1777 an alle drei Monate fällig wären. Am 3. Januar 1777 hatten die neuen Vereinbarungen für die revidierte Ausgabe Panckoucke genötigt, einer ersten Rückzahlung seiner Schuld zuzustimmen. Die STN zog ihre sechzehn alten Schuldscheine zurück und stellte dafür sechsunddreißig neue aus, die sich zusammen auf 110.400 Livres beliefen und später fällig waren – in monatlichen Abständen während dreier Jahre, beginnend mit dem 1. Januar 1778. Die Anerkennung des Vertrags von Dijon durch die STN am 28. März 1777 erforderte eine neue finanzielle Abmachung. Panckoucke ermäßigte ihre Schuld auf 92.000 Livres, was sie für die Übertragung eines Zwölftels an Suard entschädigte. Die STN verpflichtete sich, diese Summe in 48 Wechseln zu bezahlen. Diese ersetzten die zweite Version und würden über eine Periode von vier Jahren vom 1. Januar 1778 an monatlich fällig.[73]

Die STN verringerte die Summen, dehnte sie über eine längere Zeit aus und erleichterte so die gespannte Lage ihrer eigenen Finanzen, konnte sich mithin über den Verlust eines großen Anteils der Druckarbeiten trösten. Auch konnte sie sich mit dem Gedanken an die Rückkehr ihrer 5/24 Anteile an der Quartausgabe beruhigen (sie hatte 5/24 an Duplains Unternehmung, obwohl sie noch 5/12 an »Rechten und Privileg« und der revidierten Ausgabe der *Enzyklopädie* besaß, nachdem sie ein Zwölftel ihres halben Anteils von Panckouckes halbem Anteil an der Quartausgabe abgegeben hatte). Jetzt, nachdem »diese Affäre die unsere geworden ist«, wie sie sagten, wechselten Ostervald und Bosset völlig den Ton ihrer Äußerungen über die Quartausgabe. Ihre Druckauflage konnte leicht auf 6000 erhöht werden, jubelten sie. »Das ergäbe 100.000 Livres Gewinn (für ihre 5/24) ... Das ist ein sicherer Gewinn.«[74] Und sie feuerten Anweisungen, daß Prospekte zu verbreiten, Subskriptionen zu sammeln und Papier, Schrifttypen und Arbeiter besorgt werden sollten. Ihre Begeisterung für die revidierte Ausgabe schwand in dem Maße, wie sie für die Quartausgabe wuchs – ein Prozeß affektiver Berichtigung, der bei Entscheidungen eine gewöhnliche Nachwirkung sein mag. Die Neuenburger konnten aber kaum leugnen, daß Panckoucke sie noch einmal besiegt hatte. Und diese vierte Runde der Verhandlungen erwies sich als die bedeutendste von allen, da sie den Charakter des Konsortiums bestimmte, das die meisten der *Enzyklopädien* produzierte, die unter dem Ancien Régime in Frankreich zirkulierten.

[III]

MIT AUFLAGEN JONGLIEREN

Papierherstellung: eichene Rahmen werden mit einem feinen Drahtgeflecht bespannt, um damit je einen Bogen Papier aus dem Bottich zu schöpfen.

Nach der Schlichtung der »großen Affäre« in Paris wechselte die Unternehmung aus der Phase der Verlagspolitik in die der Herstellung. Aber Politik blieb ein wichtiges Element bei den Bemühungen der neuen Geschäftspartner für die Quartausgabe, ihre Spekulation zu einem erfolgreichen Abschluß zu bringen. Tatsächlich schuf aber gerade der Erfolg der Quartausgabe Probleme, weil er das Gewinnstreben überall in der Verlagswelt und besonders bei den Verlegern der Quartausgabe selbst hochpeitschte, die jedesmal in eine Krise ihrer Selbstbeherrschung gerieten, wenn die Subskriptionen durch ein weiteres Stockwerk brachen und eine neue Vereinbarung über die Ausdehnung der Produktion erforderten. Die Geschichte, wie die Partner der Quartausgabe ihren Weg von der ersten zur dritten Auflage durchkämpften, zeigt anschaulich, wie Unternehmer in der Epoche der Aufklärung ihr Geschäft betrieben.

Die »zweite Auflage«

Das ganze Jahr 1777 hindurch strömten die Subskriptionen. Reisende und Buchhändler im ganzen Land meldeten spektakuläre Verkäufe, und Panckouckes Entzücken über den Boom wuchs von Tag zu Tag mehr. Im Juni 1777, als Ostervald und Bosset nach Neuchâtel zurückgekehrt waren, war er bereit, alles fallen zu lassen, um diesen unerwarteten Erfolg auszubeuten: »Alles was ich sehr gewiß durch den Bericht vieler Provinzbuchhändler weiß, ist, daß die Auflage einen märchenhaften Erfolg hat und daß wir uns ihr völlig widmen müssen, denn ein sicherer Vorteil ist mehr wert als ein unsicherer. Es ist gewiß, daß man zehntausend davon verkaufen kann, wenn diese Auflage gut gemacht wird.« Anfang Juli erfährt er, daß einer von Duplains Agenten jüngst auf einer Tour 395 Ausgaben verkauft hat: »Der Erfolg dieses Werkes erstaunt mich mehr und mehr.« Sein Erstaunen wuchs weiter, denn Duplains Auflage von 4000 Exemplaren stellte ein sehr ehrgeiziges Ziel dar bei einem Werk, das schließlich auf 36 große Quartbände kam in einer Zeit, als Druckauflagen einbändiger Werke gewöhnlich 1000 oder 1500 Exemplare betrugen. Mitte August berichtete Duplain, daß die Subskription für die 4000 Exemplare bald abgeschlossen sei und daß er eine neue zu eröffnen plane. Am 27. August gab er der STN, die an dem ersten ihrer drei Bände zu arbeiten begonnen hatte, Anweisung, die Auflage von 4000 auf 6000 zu erhöhen.[1]

Duplains Brief bietet die Lösung für das Geheimnis der fehlenden zweiten Quartauflage, welche die Bibliographen für einige Zeit verwirrt hatte. Man hatte nur eine erste Auflage der Quartausgabe identifizieren können, deren Titelseite eine »neue Auflage ... in Genf bei Pellet« zu sein beanspruchte, und eine spätere, die auf ihrer Titelseite als »dritte Auflage ... in Genf bei Jean-Léonard Pellet, Drucker der Republik, in Neuchâtel bei der Typographischen Gesellschaft« vorgestellt wurde. Was war aus der zweiten Auflage geworden?[2]

Duplains Briefe deuten an, daß Ende August zweiunddreißig Druckerpressen, außer denen der STN, für die Quartausgabe in einer Auflage von 4000 Exemplaren arbeiteten und daß die ersten fünf Bände ganz oder teilweise gedruckt waren. An den letzten zwei oder drei Tagen des Monats erhöhte jede Presse ihre Auflage auf 6000. Die unfertigen Bände waren aber in verschiedenen Stadien der Vollendung, so daß es keinen gleichförmigen Trennpunkt gab. Die STN hatte den Bogen T des 6. Bandes erreicht, als Duplains Anordnung kam, die Auflage zu erhöhen. Sie setzte und druckte daher die vorausgehenden Bogen neu für eine Auflage von 2000 und machte bei den anderen mit 6000 weiter. Die anderen Drucker handelten entsprechend. Aber sie hatten verschiedene Stadien der Herstellung bei den anderen Bänden erreicht. In dem Augenblick, als die STN in Neuchâtel den Gang wechselte, konnte Pellet in Genf am Ende von Band 5 sein, J. F. Bassompierre, ebenfalls in Genf, am Anfang von Band 4 und die Brüder Périsse in Lyon in der Mitte von Band 3. Da es keine gleichförmige Anordnung gab, wie die Bogen zu Bänden und die Bände zu Ausgaben zusammengebracht wurden, gibt es keinen allgemeinen Abschnitt in jeder Ausgabe, der mit dem zweiten oder Zwischenstadium identifiziert werden könnte. Jede Ausgabe war verschieden von den anderen, und eine zweite Auflage hat es nie gegeben. Es ist jedenfalls nicht sehr sinnvoll, von Auflage zu sprechen, denn mehr als die Hälfte von Pellets Quartausgabe wurde nicht neu gesetzt. Statt dessen durchlief das Werk drei verschiedene »Zustände«, die grob gesagt den Auflagen von 4000, 2000 und 6000 entsprachen. Aber ihre Verleger sprachen unbestimmt von zwei Auflagen. Um Verwirrung zu vermeiden, folgen wir bei dieser Rechnung ihrem Sprachgebrauch, obwohl er nicht den Maßstäben modernen Bibliographierens entspricht.

Duplains Anweisungen bieten auch genauere Informationen über das Ausmaß der Druckaufträge. Der Vertrag von Dijon lautete auf eine Auflage von 4000 Exemplaren, setzte aber fest, daß 4250 Stück von jedem Bogen gedruckt werden sollten. Die 250 Extrabogen waren großenteils oder gänzlich »Chaperon«, um die vom Drucker verdorbenen Bogen zu ersetzen. Aber Drucker rechneten gewöhnlich in Ries, Lagen und Bogen (*rames, mains* und *feuilles*; im 18. Jahrhundert bildeten 25 Bogen eine Lage und 20 Lagen ein Ries, das also 500 Druckbogen ergab). Tatsächlich wies Duplain die STN an, 3 Ries, 10 Lagen mehr beim Druck von jedem Bogen Text (d. h. von jeden acht Druckseiten) zu verwenden, was 12 Ries, 6 Lagen oder 6150 Exemplare ergibt. Die Steigerung belief sich wie folgt:

Ursprüngliche Auflage	8 Ries, 16 Lagen oder 4.400 Exemplare
zusätzlich	3 Ries, 10 Lagen oder 1.750 Exemplare
insgesamt	12 Ries, 6 Lagen oder 6.150 Exemplare.

So viele Exemplare eines derart umfangreichen Werkes schienen Panckoucke zu verblüffen: »Es ist gewiß, daß der Erfolg dieser Quartausgabe über jede Glaubwürdigkeit geht.« Im Prinzip stimmte er der Steigerung der Auflage zu, aber er wollte Vorschläge zur Erweiterung der Unternehmung erst akzeptieren, wenn er Duplains Operation in Lyon persönlich inspiziert hatte, denn er vertraute dem Erfolg der Quartausgabe mehr als Duplains Management: »Ich möchte mich selbst von der Wahrheit überzeugen«, schrieb er an die STN. »Und da ich Montag nach Lyon fahre, sehe ich mir alles selbst an, und ich werde nur für das gemeinsame Wohl handeln. Ich glaube, meine Herren, daß Sie sich bei all dem auf die Gewohnheit verlassen können, mit der ich große Geschäfte behandle.«[4] Die Neuenburger hatten gelernt, vor Panckouckes großem Stil im Geschäftsleben auf der Hut zu sein, aber sie waren willens, ihn gegen Duplain zu kehren. So begann die fünfte Runde der Verhandlungen mit den üblichen konspirativen Vorbereitungen, obwohl sie hauptsächlich technische Fragen betraf, wie der Vertrag von Dijon an die neuen Dimensionen der Quartausgabe anzupassen wäre.

Viel Geld hing an diesen technischen Einzelheiten. Der Vertrag von Dijon sprach z. B. Duplain 9 Livres pro Ries erforderlichen Papieres zu, das er für die *Enzyklopädie* besorgte. Durch die Erhöhung der Auflage um 3 Ries, 10 Lagen pro Druckbogen verpflichteten sich die Partner der Quartausgabe, ungefähr 11.165 zusätzliche Ries Papier für 100.485 Livres einzukaufen. So ein enormer Bedarf mußte den Papierpreis hochtreiben, der in der Tat schon so merklich gestiegen war, daß Duplain im Mai Panckoucke überredete, 5 Sous pro Ries zuzulegen.[5]

Wieviel sollte Panckoucke im Vertrag für die zweite Auflage zulegen? Er wußte, daß Duplain mit beiden Händen nach der Möglichkeit greifen würde, die Differenz zwischen den wirklichen Kosten und der zugestandenen Summe zu vergrößern. Und diese Differenz konnte gewaltig sein – 2761 Livres für 5 Sous mehr beim Preis der zusätzlichen 11.165 Ries. Duplains Anteil für die Druckkosten warf dieselben Probleme auf, obwohl Panckoucke in diesem Fall für eine Senkung plädieren konnte. Der Vertrag von Dijon gestattete Duplain, den Druck zu jedem Preis, den er erhalten könnte, zu vergeben, und sprach ihm 30 Livres für Satz und Druck eines jeden Bogens bei einer Auflage von 1000 zu und 8 Livres für jede weiteren 1000. Da der Vertrag eine Auflage von 4000 vorsah, sprach er Duplain 54 Livres pro Druckbogen zu. Panckoucke glaubte offensichtlich, daß die Arbeit für den Druck der zusätzlichen 2000 Exemplare nicht noch einmal 16 Livres pro Bogen kosten würde. Deshalb wollte er Duplains Anteil für den Druck reduzieren. Der Vertrag von Dijon sah auch 600 Livres pro Band für die Arbeit eines »Redakteurs« vor, der die Supplemente in den Text einarbeiten und wahrscheinlich auch ein wenig als Manuskriptherausgeber tätig sein sollte. Duplain hatte einen unbedeutenden Gelehrten in Lyon, den Abbé Laserre angeheuert, und Laserre wollte mehr Geld.

Schließlich hatten Panckoucke und Duplain einige Marketing-Probleme auszubügeln. Duplain wollte mit dem Lyoner Händler Rosset einen Rabatt aushandeln, der versprach, bei Sonderkonditionen über 500 oder 600 Subskriptionen aufzukaufen. Der Vertrag von Dijon sah keine Abweichung von den Großhandelspreisen vor. Aber Duplain hatte im Interesse steigender Verkäufe Rosset einen geheimen Rabatt gegeben, vorausgesetzt daß Panckoucke mitzöge. Panckoucke mißtraute geheimen Rabatten und hielt die Nachfrage nach dem Buch für zu groß, als daß sie notwendig wären. Daher bat er die STN, einen fiktiven Brief zum Vorzeigen *(lettre ostensible)* zu schreiben, den er Duplain und Rosset zeigen wollte, um eine stärkere Position bei der Verhandlung zu haben. Möglicherweise diktierte er ihn und betonte alle Argumente gegen die Veränderung der Preispolitik; und er forderte die STN auf, wenn sie ihm etwas Vertrauliches mitteilen wolle, während er in Lyon sei, das auf einem besonderen Blatt zu tun, »mit Wachs versiegelt und unter doppeltem Umschlag«, da er bei Rosset wohnen würde.[6]

Die Lyoner Konferenz im September 1777 fügte dem Gebäude der *Actes* und *Traités,* das Panckoucke rund um die Enzyklopädie errichtet hatte, einen weiteren Vertrag hinzu. Die Vereinbarung, die Panckoucke und Duplain am 30. September unterzeichneten, setzte die Auflagenerhöhung mit 1750 Exemplaren fest. Panckoucke erklärte, daß eine Einsichtnahme in das Subskriptionenverzeichnis ihn überzeugt habe, daß 4407 Subskriptionen verkauft worden seien, welche die Auflagenerhöhung wünschenswert machten. Er stimmte einer Erhöhung von 5 Sous beim Stückpreis für das Papier zu und erreichte eine Reduzierung von 3 Livres per Bogen bei den Druckkosten der zusätzlichen 1750 Exemplare (Duplain erhielt 33 Livres pro Bogen statt der 36, die er gemäß dem Vertrag von Dijon zu erwarten gehabt hätte). Der Abbé Laserre erhielt einen Aufschlag von 250 Livres pro Band. Das zusätzliche Gehalt sollte ihm erlauben, neue Hilfskräfte – vermutlich Kopisten – anzustellen und alle Arbeit am Manuskript bis Ende 1779 abzuschließen. Duplains Versuch, einen Sonderrabatt für Rosset zu erlangen, schlug offensichtlich fehl, aber er wurde durch eine Nebenspekulation mit den Registerbänden *(Table analytique)* entschädigt, die er und Panckoucke in einem Vertrag vom 29. September vereinbarten.[7]

Nachdem die STN Panckouckes Angebot, die Registerbände zu kaufen, abgelehnt hatte, entschloß er sich, sie auf den Pressen seines früheren Pariser Gesellschafters J.G. A. Stoupe zu drucken. Wie er der STN erklärt hatte, erwartete er, daß viele Besitzer der beiden ersten Folio-Ausgaben der Enzyklopädie die *Table analytique* kaufen würden, die als Register und Zusammenfassung von Diderots Text dienen sollte. Der Erfolg der Quartausgabe signalisierte einen entsprechenden Bedarf für eine Quartausgabe der *Table analytique*. Panckoucke und Duplain kamen überein, sie zu produzieren und teilten Kosten und Gewinn. Panckoucke sollte Duplain die Bogen der Folio-Ausgabe liefern, wie sie aus der Presse kämen. Laserre sollte sie auf die Seitenzahlen des Quartformats umstellen für einen Lohn von 2400 Livres. Und Duplain sollte Druck und Verkauf übernehmen. Die Unternehmung sollte beginnen, wenn die Quarto-Enzyklopädie gedruckt wäre, und sie mußte bis dahin geheim bleiben – auch vor der STN und den anderen Gesellschaftern der Quartausgabe.

Panckoucke und Duplain beendeten so die Konferenz in Lyon in freundlichem Einvernehmen. Panckoucke war kampfbereit erschienen und fühlte sich beim Aufbruch versöhnt und sogar entzückt über Duplains Handhabung der Quartausgabe. Wie er der STN mit einer Kopie des neuen Vertrags berichtete: »Ich habe große Mühe gehabt, eine Reduktion um 3 Livres für den Druck zu erlangen. Ich habe mich überzeugt, daß der Aufschlag auf das Papier notwendig war. Sie verwenden nur Auvergne zum Gewicht von 20 bis 22 Pfund. Sie verdienen nicht dabei, und ich befürchte sehr, daß sie diesen Winter in Engpässe damit kommen. Der Abbé Laserre wurde wie ein Lastträger bezahlt. Er hatte Ansprüche auf seine Forderung ... Ich sehe wohl, daß man mich in Dijon übervorteilt hatte, aber das alles ist kein Schaden mehr, da der Erfolg weit über unsere Hoffnungen geht. Ich habe die Genfer Pressen gesehen. Alles schien mir gut angefangen und in gutem Gang. Die Ziffer von 4407 (Subskriptionen) ist reell. Ein einziger Buchbinder in Toulouse macht 200 Ausgaben. Die Subskriptionen laufen täglich ein. Ich bin Zeuge, daß in acht Tagen 150 kamen. Er kann dabei vor Ende 1778 keine Einnahmen haben, denn man ist zu gewaltigen Papierkäufen genötigt, die man vorausbezahlen muß. Übrigens wird alle sechs Monate abgerechnet. Duplain hat in Lyon intelligente Partner, die mehr als 400.000 Livres in seinen Handel gesteckt haben und die die größtmögliche Ordnung in dieses Geschäft bringen. Die Geschäftsbücher werden gut geführt, und es ist unmöglich, dabei zu betrügen ... Endlich bietet dieses Geschäft, wenn die Regierung es nicht durchkreuzt, die größten Hoffnungen ... Die Gunst des Publikums ist ohne Beispiel.«[8]

Die Ursprünge der »dritten Auflage«

Die Flut der Subskriptionen war so gewaltig, daß Panckoucke und Duplain Pläne für eine »dritte Auflage« schmiedeten, während sie das Ausmaß der »zweiten«, d.h. der erweiterten Auflage, festsetzten. Am gleichen Tag, als Duplain den Vertrag von Lyon unterzeichnete, schrieb er an die STN, daß er einen Neudruck von 2000 Exemplaren zu vereinbaren erwarte, daß dieser aber eine separate und unterschiedene Auflage sein müsse, um Verzögerungen bei der Herstellung der ersten 6000 Ausgaben zu vermeiden.[9] Eine neue Auflage vom Stapel zu lassen, war jedoch keine Kleinigkeit. Bevor sie über ihre Bedingungen ins reine kamen, verbrachten Panckoucke, Duplain und die STN ein Jahr mit Feilschen und Scharmützeln. Schon jetzt hatte die Quart-Ausgabe Dimensionen angenommen, die kaum zu bewältigen waren. Sie um eine dritte zu vermehren, spannte die Ressourcen der Verleger und ihre Reizbarkeit bis zum Zerreißen. Jede Änderung der alten Vereinbarungen erhöhte das Budget des Buches um Tausende von Livres, und jeder Versuch, den Gewinn zu erhöhen, erhöhte die Gefahr wilder Profitmacherei.

Duplain sondierte den Markt sorgfältig, ehe er sich zu einer solchen Ausdehnung des Unternehmens verpflichtete. Die Subskriptionsrate war weiterhin stark – so stark, nach Meinung eines seiner Agenten, daß eine dritte Subskription bald vom Überschuß der zweiten gefüllt würde.[10] Duplain hatte aber nur zwei Subskriptionen angekündigt. Gegen Mitte Januar hielt er es für notwendig, eine dritte anzukündigen, um zu sehen, ob die Nachfrage für eine neue Auflage ausreiche. Diese Technik, »dem Publikum den Puls zu fühlen«, grenzte an Betrug und brachte Subskriptionen in Verruf, half aber, das Risiko so gering wie möglich zu halten. Mithin befolgte Duplain eher die Spielregeln als daß er sie gebrochen hätte, als er die STN aufforderte, die folgende Notiz in verschiedene Zeitungen zu setzen: »Die beiden ersten Auflagen der Enzyklopädie in Quarto, die bei Pellet in Genf angekündigt wurden, sind mit einer Geschwindigkeit ausgelaufen, die beweist, daß das Publikum das Projekt dieser Ausgabe ästimiert und mit seiner Ausführung zufrieden ist. Die Verleger, die sich einer Aufnahme schmeicheln, die ihre Hoffnungen übertroffen hat, eröffnen eine dritte Subskription zu den Bedingungen der vorausgegangenen. Mit Hilfe einer größeren Zahl von Pressen, die man einrichtet, werden die neuen Subskribenten das vollständige Werk zur gleichen Zeit erhalten wie die ersten Subskribenten … Die Subskription ist offen bis zum 1. März, und die erste Lieferung wird im Mai 1778 erfolgen. Man kann bei den wichtigsten Buchhändlern in jeder Stadt subskribieren.«[11]

Duplain unternahm diesen Schritt, ohne seine Partner zu konsultieren. Da er die Subskriptionen verwaltete, wußte er allein, wie hoch er eine neue Auflage kalkulieren konnte, und er beherrschte die Organisation der Quartausgabe so vollständig, daß er oft allein dergleichen politische Entscheidungen traf. Diese Neigung beunruhigte die Neuenburger, die Ursache hatten, vor dem Sprung in eine neue Spekulation mit der Quartausgabe zu zögern, da sie weitere Aufschübe der revidierten Ausgabe vermeiden wollten, die Duplain zu gut kannten, um ihm zu vertrauen und die die dritte Auflage als zu wichtig erachteten, um sie völlig seiner Kontrolle zu überlassen. Sie füllten ihre Briefe deshalb mit ängstlichen Fragen: hatte Duplain Panckoucke von seiner Entscheidung unterrichtet, eine versuchsweise Ankündigung zu machen? Gab es irgendein Anzeichen, daß die Subskriptionsmenge nachließ? War Panckoucke sich bewußt, daß Duplain sie in größere Kapitalverpflichtungen hineinzöge? Sie zweifelten nicht länger am Erfolg der Quartausgabe – »eine höchst außergewöhnliche Sache « –, aber sie waren in Sorge, daß der Erfolg Duplains Gewinnstreben zu ihrem eigenen Nachteil übermäßig reizen könnte. »Wir sehen deutlich, je erfolgreicher das Geschäft ist, desto eifersüchtiger ist er auf unseren Anteil«, vertrauten sie Panckoucke an.[12]

Panckoucke blieb unbeirrbar optimistisch. Er wollte alles, einschließlich der revidierten Ausgabe, der Ausbeutung des sensationellen Verkaufs der Quartausgabe unterordnen, und die STN gab seinem Urteil nach, »im Bewußtsein, wie sehr Sie Experte in dieser Art von Geschäften sind«, drängte ihn aber bei zwei Punkten: Erstens sollten die Vorbereitungen für die revidierte Ausgabe unvermindert weitergehen, so daß sie den Prospekt dafür am Jahresende ausliefern konnten (ihn früher auszuliefern, könnte den Verkauf der dritten Quartauflage beeinträchtigen); und zweitens wollten sie Gewißheit haben, daß das Ausmaß der dritten Auflage die Zahl der Subskriptionen nicht übersteige.[13]

Die voraussichtliche Höhe der Auflage erwies sich als zäher Punkt, da Duplain dem Verlangen der STN widerstand, sie das wissen zu lassen. Diese Information war für die Neuenburger so wichtig, weil sie ihren Anteil an den Druckarbeiten zu erhöhen suchten. Sie wollten nicht nur neue Bände der dritten Auflage drucken, sondern hofften auch, die Auflage der alten zu erhöhen. Sie konnten viel mehr verdienen, wenn sie 8000 Exemplare pro Band für alle drei Auflagen druckten statt 6000 für zwei Auflagen. Duplain hatte sich aber lediglich verpflichtet, der STN drei Bände in der vorgesehenen Auflage zu überlassen, und er konnte mehr verdienen, wenn er die Arbeit zu geringerem Preis an andere Drucker vergab. Diese und andere Punkte sollten Gegenstand eines Vertrags für die dritte Auflage sein, wenn diese tatsächlich zustande käme. Inzwischen spielten Duplain und die STN in ihren Briefen ein merkwürdiges Spiel des Sondierens und Abwehrens. Während die STN fortwährend versuchte, Information und Verpflichtungen aus ihm herauszubekommen, antwortete er mit elliptischen oder ausweichenden Bemerkungen.

Am 4. März 1778, drei Tage nach Abschluß der dritten Subskription, fragte die STN schriftlich an, ob die Reaktion des Publikums ausreichend war, um mit dem Druck zu beginnen, und bemerkte bei dieser Gelegenheit, daß sie für die dritte Auflage die gleichen Bände zu produzieren erwarte wie für die beiden ersten. Statt einer direkten Antwort schrieb Duplain, daß einige Kunden, die jüngst über die STN subskribiert hatten, mit ihrer Belieferung auf die dritte Auflage zu warten hätten. Indirekt gab seine Antwort zu verstehen, daß er entschieden hatte, an die dritte Auflage heranzugehen, aber in welcher Auflagenhöhe? Ende März erinnerte die STN Duplain daran, daß sie über das Ausmaß des auf sie zukommenden Auftrags Bescheid wissen müsse, um für das Drucken disponieren zu können. Sie hatte, wie sie hinzufügte, gerüchtweise vernommen, daß er einige Bände jetzt zu 15 Ries (7500 Exemplare) drucken würde. Das war ein indirekter Weg, um Duplain über seine Strategie auszuhorchen: Hatte er die dritte Auflage auf 1500 oder auf 2000 Exemplare festgesetzt? Und wollte er den Text dafür neu setzen lassen oder wollte er die restlichen Bände aller drei Auflagen in einer Druckauflage von 7500 oder 8000 zusammen drucken lassen?[14] Duplain schien am 5. April eine klare Antwort zu geben: »Wir stellen zwölf Pressen auf, die ausschließlich für diese Auflage verwendet werden ... Wir haben fast 500 Subskriptionen auf die 1500, die wir auflegen. Wir werden keinesfalls die Zahl der anderen Auflage erhöhen. Man wird bis ans Ende neu setzen.« Aber die STN glaubte ihm nicht, weil sie von geheimen Informanten erfahren hatte, daß Duplain ganze Bände in 8000 Exemplaren drucke, und weil der Brief, den sie von Duplain erhalten hatte, einem Brief widersprach, den Panckoucke von ihm erhalten und nach Neuchâtel weitergeleitet hatte. Die STN stellte Panckoucke diese Inkonsistenzen dar und schloß: »Diese kleine Beobachtung – ein Bericht aus Lyon, daß Duplain einige Bände zu 8000 drucke – und andere, die man machen könnte, erwecken, wie wir Ihnen vertraulich in Freundschaft sagen, kein vollständiges Zutrauen und erfordern von Ihrer wie von unserer Seite eine ständige Aufmerksamkeit.«[15]

Druckte Duplain mehr Exemplare als er seinen Partnern gestand, und erstrebte er exzessive Gewinne aus seiner Leitung des Drucks? Solche Fragen schienen besonders dringlich im April 1778, als Duplain und Panckoucke einen ersten Versuch machten, sich über einen Vertrag für die 3. Auflage abzustimmen. Es ist nicht ganz einfach, sich von diesen Verhandlungen, die brieflich geführt wurden, eine Vorstellung zu machen, da die meisten Briefe Panckouckes von 1778 fehlen. Aber offensichtlich betonte Duplain den gewaltigen Zuwachs und die Ausgaben für seine administrative Arbeit und verlangte weit mehr als die im Vertrag von Dijon vorgesehenen 8000 Livres in vier jährlichen Zahlungen. Panckoucke unterrichtete die STN, daß er versuche, Duplain auf einen Zuwachs von 16.000 Livres zu fixieren, und die STN antwortete zustimmend: »Sie haben weise auf die Ansprüche Duplains repliziert. Ihr Angebot erscheint uns angemessen, und seine bombastische Rechnung immer im Extrem. Man muß anerkennen, daß er mit harter Kleinarbeit beladen ist, aber 16.000 Livres bilden eine ehrliche Entschädigung für jemanden, der im übrigen am Gewinn beteiligt ist. Wir überlassen Ihnen vertrauensvoll die Fortsetzung dieser Verhandlung.«[16] Die STN warnte Panckoucke auch, daß Duplain beim Druck betrügen könnte, und sie unternahm selbst Schritte, um Erkundigungen einzuziehen. Am 8. April instruierte sie den Lyoner Bankier und Schwiegersohn Bossets, Jacques François d'Arnal, »sich unter der Hand zu informieren, zu wieviel Exemplaren Duplain und Compagnie die Enzyklopädie drucken«. Mißtrauen und Intrigen waren so stark geworden, daß Duplains Partner ihn tatsächlich bespitzeln ließen, um herauszubekommen, wie viele Exemplare er von dem Buch, das sie zusammen verlegten, zu drucken beabsichtigte.

Am 12. April berichtete Arnal: »Wir haben zuverlässig durch zwei verschiedene gut unterrichtete Personen erfahren, daß die neue Auflage der Enzyklopädie in Quarto 1500 Exemplare beträgt.« Dagegen ließ sich nichts einwenden. Die Neuenburger verdächtigten Duplain aber, daß er 2000 drucke, vielleicht mit der Absicht, die überzähligen Exemplare heimlich zu verkaufen. Sie behielten daher d'Arnals Bericht für sich und versuchten Duplain dazu zu bewegen, seine wahre Absicht offenzulegen, indem sie den ganzen Frühling 1778 hindurch einen freundlichen Briefwechsel mit ihm aufrechterhielten. In einem besonders freundschaftlichen Brief meldeten sie, gerade gute Nachricht von Panckoucke erhalten zu haben: die 3. Auflage sollte zu 2000 Exemplaren gedruckt werden, und die Subskriptionsrate sei stark genug, um sogar eine größere Auflage zu rechtfertigen. Sie nahmen natürlich an, daß Duplain den klaren, kostensparenden Rat begünstige, die verbleibenden Bände zu 8000 zu drucken, während er vorgab, die dritte Auflage sei neu gesetzt, wie in ihrem Werbefeldzug versprochen.[17]

Duplain war der Ansicht, daß solche Angelegenheiten ausschließlich in seine Domäne gehörten und wollte sich nicht provozieren lassen, irgendwelche Enthüllungen vorzunehmen. Der Vertrag von Dijon verlangte lediglich, daß er Panckoucke Rechenschaft ablege. Ihre vertragliche Beziehung schloß die Neuenburger aus, die Panckouckes, nicht Duplains Partner waren. Duplain wußte, daß sie nach Aufträgen begierig waren, die er anderen Druckern erteilte, die wiederum seine Taschen füllten, weil sie die Arbeit für einen viel geringeren Preis erledigten, als der Vertrag für die ersten beiden Auflagen ihn festsetzte. Gab er den Neuenburgern mehr zu drucken, so mußte er sie zum offiziellen Satz bezahlen. Und als Nebenpartner konnten sie dann in seine Geschäftsführung Einblick nehmen. So versuchte er, sie im Dunkeln zu lassen, und anstatt ihnen Grund zur Hoffnung wegen der Aussichten auf die 3. Auflage zu geben, schickte er ihnen eine kurzangebundene, pessimistische Antwort. Weit davon entfernt, die 3. Auflage zu 8000 zu drucken, habe er noch nicht einmal entschieden, ob er sie überhaupt drucke. Er hätte nur 500 Subskriptionen erhalten, vor allem, weil Panckoucke es versäumt habe, den reichen Pariser Markt anzuzapfen. Duplain selbst unternahm jede mögliche Anstrengung, die Verkäufe in die Höhe zu treiben. Er hatte einen Rundbrief an eine große Zahl von Buchhändlern gesandt und wollte ihre Antwort abwarten, ehe er über das Schicksal der 3. Auflage entscheide.[18]

Die Antwort erschien den Neuenburgern verdächtig, und sie verhehlten im nächsten Brief an Duplain nicht ihre Zweifel, die sie auch Panckoucke mitteilten. Kurz zuvor habe Duplain behauptet, die dritte Subskription sei ein sicherer Verkaufsschlager, bemerkten sie gegenüber Panckoucke. Nun zweifle er, ob sie ausreiche, um die Auflage etwas zu erhöhen. Warum habe er seinen Ton so völlig geändert? Die Neuenburger konnten die Antwort auf diese verwirrende Frage erraten, aber sie wollten ihren Verdacht vor Duplain verhehlen und auf einer genauen Einsicht in seine Rechnungen bestehen. Jetzt würdigten sie die Bedeutung der Artikel 13 und 14 im Vertrag von Dijon, die Duplain verpflichteten, über Subskriptionen und Buchhaltung Bericht zu erstatten, und sie waren froh über Panckouckes Ankündigung, er wolle selbst nach Lyon fahren, um Duplains Rechnungen persönlich zu untersuchen. Panckouckes Vorschlag, die revidierte Ausgabe zu rückzustellen, um sich ausschließlich auf die Quartausgabe zu konzentrieren, stimmten sie zu. Hatten sie erst einmal allen Gewinn daraus gezogen und ihre Rechnungen mit Duplain geschlossen, so könnten sie sich anderen, hinter seinem Rücken vorbereiteten Projekten widmen.[19]

Die Beziehungen zwischen den Partnern der Quartausgabe waren so konspirativ geworden, daß nur eine äußere Bedrohung einen inneren Riß verhinderte. Im Mai 1778 ließen sie alles fallen, um dringende Verhandlungen mit anderen Verlegern zu führen, die mit weiteren Enzyklopädien in ihren Markt eindringen wollten. Am 22. Juni brachte Panckoucke die Partner der Quartausgabe in Linie mit einem Konsortium aus Lüttich, das eine nach Themen statt alphabetisch geordnete Enzyklopädie zu produzieren begann. Dieses Projekt entwickelte sich schließlich zur *Encyclopédie méthodique* und setzte den Plänen für eine revidierte Ausgabe ein Ende. Am 24. Juni kaufte Duplain eine Lyoner Gruppe aus, die mit der Herstellung eines Raubdrucks der Quartausgabe begonnen hatte. Und den Sommer 1778 hindurch versuchte die STN, einen Handelskrieg mit den Typographischen Gesellschaften von Lausanne und Bern zu führen, die eine Oktav-Ausgabe der *Enzyklopädie* vermarkteten. Diese Krisen nötigten die Verleger der Quartausgabe, ihre Verhandlungen über einen Vertrag für die 3. Auflage zu suspendieren.

Aber sie konnten keinen Aufschub beim Druck der 3. Auflage zulassen. Im Gegenteil mußten sie ihre Quartausgaben auf dem Markt haben, ehe die Konkurrenten ihn verderben konnten. Subskribenten scheuten sich, Geld für Bücher anzulegen, die es noch nicht gab. Es bestand die Gefahr, daß sie zu einer zweiten, attraktiveren Subskription überwechselten, solange sie für die erste noch nicht bezahlt hatten. Die Subskribenten der Quartausgabe sollten jeden Band nach Erhalt bezahlen, und ihre Zahlungen waren dazu ausersehen, den Druck der späteren Bände zu finanzieren. Duplain beschleunigte deshalb seinen Herstellungsplan zu fast unerträglicher Geschwindigkeit. Er setzte Pressen in Lyon, Grenoble und Trévoux ebenso wie in Genf und Neuchâtel in Bewegung. Er ließ die gedruckten Bogen in Lyon zu Bänden zusammentragen und lagern. Er plante ihren Transport über Tausende von Meilen unsicherer Straßen. Und er versuchte, bei den Subskriptionen und Sammlungen Spur zu halten, während er die Rechnungen in Ordnung hielt, Verwicklungen auflöste und Irrtümer berichtigte.

Die Probleme bei der Verwaltung einer so schwierigen Operation spannten Duplains Nerven und die Beziehungen zu seinen Partnern bis zum Zerreißpunkt. Als er im Januar einen schlecht gedruckten Band von der STN erhielt, explodierte er in einem Anfall unkontrollierbaren Zorns. Zwei Wochen später war er noch immer wütend genug, um seinen Partnern folgendermaßen zu sagen, was er von ihnen hielt: »Sie arbeiten einen Band schlecht, und Herr Panckoucke schreibt an alle unsere Subskribenten, daß wir mehr Zeit geben. Kurz, wir arbeiten Tag und Nacht für den Erfolg des Geschäfts, und es scheint, meine Herren, daß Sie alles in Ihrer Macht stehende tun, um ihn zu zerstören. Wenn wir durch Kredite Schulden in der Provinz aufhäufen, wer wird uns bezahlen? Der größere Teil davon taugt nichts. Das ist es, wohin die Reden von Herrn Panckoucke führen. Wir sagen Ihnen nebenbei, daß wir mehr als 50.000 Taler (= 150.000 Livres) Außenstände haben, und das ist erschreckend und bringt einen auf fürchterliche Gedanken. Fügen Sie dazu eine grauenvolle ständige Arbeit, und ich möchte sehen, wie Sie einen Teufelsband aufgenommen hätten, der abscheulich ist, was immer Sie auch dazu sagen mögen.«[20]

Der Druck auf Duplain komplizierte noch die Situation, in der die dritte Auflage entstand. Während seine Partner ihn heimlich ausspionierten, wütete er gegen sie, weil sie ihm fast die ganze Last der Unternehmung aufgebürdet hatten. Ihre Unlust, den finanziellen Druck zu erleichtern, machte ihn besonders ärgerlich. Er hatte die Bücher schneller geliefert, als die Subskribenten sie bezahlen konnten. Die meisten Subskribenten waren Buchhändler, die Dutzende von Ausgaben verkauft hatten und Zeit benötigten, um das Geld von ihren Kunden einzutreiben. Duplain aber mußte gewaltige Summen für Papier und Druck vorschießen. Wenn seine Einnahmen nicht einmal an seine Ausgaben heranreichten, mußte er sich verzweifelt fühlen – daher seine »fürchterlichen Gedanken«, sobald ihm seine 50.000 Taler Außenstände einfielen und sein Ärger über Panckouckes Bereitschaft, den Buchhändlern Zahlungsaufschub zu gewähren.

Duplain verschaffte sich eine gewisse Linderung seines finanziellen Druckes, indem er die Bezahlung seiner eigenen Rechnungen aufschob, besonders die der STN für ihren Anteil beim Drucken. Bis Mitte Juni hatte die STN Band 6 und 15 der ersten beiden Auflagen gedruckt und begann mit der Arbeit an Band 24. Jeder Band kostete sie Tausende von Livres bei der Herstellung, und nach Abschluß eines jeden schrieb sie Duplain die Rechnung, entsprechend den im Vertrag von Dijon und den Folgeverträgen festgesetzten Summen. Diese Rechnungen wurden erstellt, wie im 18. Jahrhundert handelsüblich: die

STN schickte eine Aufstellung ihrer Unkosten an Duplain und schrieb dann gewöhnlich Wechsel aus, die auf ihre eigenen Gläubiger oder d'Arnal ausgestellt waren, der ihre Finanzen in Lyon betreute. D'Arnal bezahlte ständig große Summen für die STN, besonders für Papier. Daher mußte er seine Wechsel auf Duplain einkassieren, um mit seinen Rechnungen nicht in die roten Zahlen zu kommen. Wenn diese Wechsel aber fällig wurden, verweigerte Duplain ihre Bezahlung mit der Begründung, daß seine eigenen Schuldner – die Buchhändler, die auf die Quartausgabe subskribiert hatten – ihn nicht fristgemäß bezahlt hätten und er deshalb seine Zahlungen an die STN aufschieben müsse. Als Partner dieser Unternehmung hätten die Neuenburger ihren Anteil an den finanziellen Schwierigkeiten zu tragen, verfocht er. Sie entgegneten, als Drucker müßten sie bezahlt werden. Nicht nur gaben ihnen die Gesetze des Geschäftslebens Anspruch auf ihren Lohn, man konnte auch nicht von ihnen erwarten, daß sie ihr eigenes Kapital für ihre eigene Arbeit vorstreckten, ohne etwas von dem Geld zu erhalten, das gewiß von den Subskribenten zu Duplain fließen mußte. Dieser Streit brach im Juni 1778 aus, gerade als die Verhandlungen der Gruppe der Quartausgabe mit den rivalisierenden Verlegern der Enzyklopädie ihre kritischste Phase erreicht hatten, und er zog sich mit Abständen durch das restliche Jahr.[21]

Zur gleichen Zeit stritten sich Duplain und die STN um die Druckkontingente der dritten Auflage. Duplain wußte, daß die Neuenburger mehr Bände drucken mußten, wenn sie nicht Arbeiter entlassen und ihre große Betriebsanlage veräußern wollten. Mit dieser Notlage spielte er, um die Zahlungen seiner Schuld zurückzustellen. Am 2. Juni bat er die STN, die Daten, an welchen einige seit drei Monaten fällige Wechsel platzen würden, zu verschieben. Und um zu beweisen, daß er seinerseits umgänglich war, machte er keine weiteren Ausflüchte vor ihren Bitten um Information über die dritte Auflage: »Die dritte Auflage ist begonnen, und wir haben sie ausschließlich an zwei Drucker vergeben, die 18 Pressen aufgestellt haben und sich verpflichten, von jedem Bogen drei Probedrucke zur Korrektur zu liefern, und wir wollen eine schöne Ausgabe machen, damit, wenn einige Bände übrig bleiben, sie keine Last bedeuten. Man druckt drei Ries, zehn Lagen (d. h. 1750 Exemplare).« Also hatte Duplain begonnen, eine große Auflage zu drucken, und er konnte die STN sehr wohl davon ausschließen.

Duplain überließ es den Neuenburgern, diese Überlegung selbst zu tun, in der Erwartung, daß sie bei der Bezahlung ihrer Rechnungen flexibler würden. Sie reagierten, indem sie einen dringenden Brief an Panckoucke schickten, worin sie klagten, daß sie elf Pressen beschäftigen müßten, Duplain aber versuche, sie vom Drucken der dritten Auflage auszuschließen, und damit verletze er seine vertraglichen Verpflichtungen, ihnen drei Bände zu überlassen. Gewiß hatten sie drei Bände der ersten beiden Auflagen erhalten, aber sie hatten auch Anspruch auf drei Bände der dritten, was sich als logische Folge aus dem Vertrag von Dijon ergab. Sie wollten jedoch einen vierten Band haben, und hofften, gleich 8000 davon zu drucken. Sie drängten Panckoucke, diesen Wunsch bei Duplain durchzusetzen und auch nach Lyon zu reisen, um seine Rechnungen einzusehen, denn »es müssen ihm große Summen durch die Hände gehen«. Sie waren in Sorge, wie Duplain mit diesen Summen umgegangen war, und fühlten sich außerdem verwirrt durch die Diskrepanz zwischen den letzten Briefen, die sie von Duplain und Panckoucke erhalten hatten. Panckouckes Brief berichtete, er und Duplain seien übereingekommen, den Verkauf der dritten Auflage zu vereinfachen, indem jeder 500 übernehme und sie in seinem Territorium verkaufe. Diese Vereinbarung schien zu beinhalten, daß die Auflage 1000 betrage, Duplains Brief hatte aber von 1750 gesprochen. Und schließlich hatte d'Arnals Bericht die Auflage mit 1500 angegeben. Die Neuenburger wußten immer noch nicht, was sie von dieser mysteriösen dritten Auflage halten sollten. Aber es war klar, daß die Erörterungen über Finanzierung und Druckauflage abgeschlossen waren und die Festlegung des Vertrages ins Haus stand, obwohl Duplains Leute schon mit dem Satz und dem Drucken der Bogen in einer Auflage zwischen 1000 und 1750 begonnen hatten.[22]

Während die STN versuchte, Panckoucke dafür zu gewinnen, daß er auf Duplain Druck ausübe, litt Duplain weiterhin unter angespannten Finanzen. »Wir haben sehr wohl die Ehre gehabt, Ihnen gegenüber zu bemerken, daß das Geld hier von einer furchtbaren Seltenheit ist, daß unsere Buchhändler Aufschub verlangen und daß wir schließlich keine Steine daraus wachsen lassen können«, schrieb er am 9. Juni an die STN. »Der Zug, mit dem wir das Werk führen, erfordert einen weiteren Einsatz, mit dem wir nicht rechneten.« Er konnte seine Zahlungen für Juni an die STN einfach nicht leisten. Aber er konnte von seinem harten Standpunkt in Sachen Druck weichen – einem Standpunkt, den er wohl für alle Fälle bezogen hatte, um seine Verhandlungsposition in finanziellen Fragen zu stärken. Die STN bekundete ihre Bereitschaft, auf dieses Spiel einzugehen, und wies d'Arnal an,

Duplain einen Aufschub seiner Zahlungen gegen Überlassung eines vierten Bandes zu gewähren. Der Handel ging glänzend, berichtete d'Arnal, trotz Duplains Widerstreben, etwas von seinem einträglichen Geschäft als Mittelsmann zu opfern. Im wesentlichen tauschte Duplain so einen Verlust seines Profits beim Drucken gegen Straflosigkeit bei Zahlungsunfähigkeit.

Aber er hatte d'Arnals Vorschlag zu schnell aufgegriffen. Die STN deutete diese Bereitwilligkeit als Zeichen der Schwäche und antwortete d'Arnal mit Instruktionen, ihr Angebot auf drei Bände der dritten Auflage zu erhöhen. Dann schrieb sie direkt an Duplain, sagte, daß sie froh sei, ihm bei seinen finanziellen Schwierigkeiten zu helfen, und daß sie ihm bald einige »Vorstellungen« *(Remonstrances)* senden werde, die ihre Ansicht über den Druck der dritten Auflage erläutern würden. Inzwischen wollte sie gern einen vierten Band für die ersten beiden Auflagen drucken. Sie hatte reichlich Papier und Arbeiter vorrätig für die Arbeit. Dieser Schuß freilich ging nach hinten los. Duplain erklärte d'Arnal, daß er nach erneuter Überlegung der Meinung sei, die STN habe genügend Arbeit, um sie in Tätigkeit zu halten, auch ohne die dritte Auflage. Und in seinen Briefen insistierte er weiterhin lediglich auf der Nötigung, die Zahlung seiner Rechnungen aufzuschieben. Also mußte die STN wieder auf ihre Strategie des ungestüm drängenden Gläubigers zurückfallen. Ende Juni warnte sie Duplain, daß seine Schulden sich auf 16.980 Livres akkumuliert hätten, daß sie auf der Zahlung beharren werde und daß sie Zinsen für jede Verzögerung verlangen werde. Anfang Juli verweigerte Duplain die Zahlung von zwei Wechseln auf 2.019 Livres. Daraufhin ließ die STN ihn wissen, daß d'Arnal die Wechsel erneut präsentieren werde und daß sie einen Aufschub der Zahlung nicht länger akzeptieren könne. Die Partner der Quartausgabe waren an dem Punkt, miteinander zu brechen, und sie hatten immer noch keinen Vertrag für die dritte Auflage geschlossen.[23]

Das Impressum »Neuchâtel«

Die STN hielt die Lage für so ernst, daß sie ihren verläßlichsten Agenten, Jean-François Favarger, im besonderen Auftrag nach Lyon schickte. Tatsächlich sollte Favarger eine vollständige Tour de France machen, um die Enzyklopädie und andere Bücher zu verkaufen, und Rechnungen mit Buchhändlern im ganzen Land in Ordnung zu bringen. Der wichtigste Zweck seiner Reise bestand jedoch darin, in Lyon einiges zu rekognoszieren, ohne daß Duplain es merke. Wenn er als reisender Geschäftsmann erschiene, könnte Favarger Duplains wahre Motive und Absichten entdecken, denn die Beziehungen der STN mit Duplain waren vom Bieten und Bluffen so verwickelt, daß die Neuenburger nicht mehr wußten, was sein Spiel war. Daher planten sie Favargers Gespräch mit Duplain bis ins kleinste Detail und schrieben sogar ein Szenarium. Favarger las die Instruktionen, die Ostervald und Bosset in sein Tagebuch geschrieben hatten, ehe er mit den Kunden der STN zusammentraf, und später berichtete er über die Ergebnisse eines jeden Treffens. Die meisten Eintragungen bestanden aus wenigen Sätzen, aber im Falle Duplains betrugen die Instruktionen zweieinhalb Seiten und enthielten Bemerkungen wie die folgenden:

»Herrn Duplain besuchen und versuchen, in Erfahrung zu bringen, aber ohne zuviel Neugier zu zeigen, wie es mit dem Druck der Quartausgabe der *Enzyklopädie* stehe, wie viele Pressen in Lyon und anderswo dafür arbeiten; ob man die dritte Auflage begonnen habe und wieviel man dafür drucke …

Sie hören alles aufmerksam an was Herr J. D. (Joseph Duplain) Ihnen über unsere *Enzyklopädie* sagen kann, und Sie vermeiden, ihm darüber irgend etwas zu eröffnen … Sie sprechen mit J. D. von unserem Wunsch, noch einen Band in 6000 Exemplaren zu drucken. Sie bitten ihn, uns deshalb zu schreiben. Sie sagen ihm, es spräche viel dafür, daß kein anderer Band mit soviel Sorgfalt und von so unterrichteten Leuten korrigiert wurde, daß man der Ausführung alle erdenkliche Aufmerksamkeit widme, daß unsere Druckerei besser ausgestattet sei, in jeder Hinsicht, als die sonst bei diesem Unternehmen Beschäftigten, daß unsere Papiere denen in Lyon an Schönheit weit überlegen sind, daß wir unsere Fabrik eigens für den Nachdruck der Folioausgabe eingerichtet haben, den seine Quartausgabe verzögert hat, und daß es deshalb rechtens sei, wenn wir auf irgendeine Weise entschädigt würden. Wenn es unmöglich sei, von ihm einen Band zu 6000 zu erhalten, so sagen Sie ihm, daß wir vertraglich das Recht haben, drei Bände zu 2000 (d. h. von der 3. Auflage) zu drucken, und daß wir hofften, daß dieser Artikel keine Schwierigkeit mache …

NB. Sie berichten uns im einzelnen, was Sie in dieser Hinsicht für uns getan haben.«

Wenn er seinen Part geschickt spielte, so konnte Favarger für die STN einen Zuwachs ihres Druckanteils gewinnen. Aber er sollte auch

Duplains Laden ausschnüffeln, mit d'Arnal und dem Abbé Laserre zusammenarbeiten und die übrigen Lyoner Händler sondieren, um herauszubekommen, was wirklich Duplains allgemeine Politik mit der *Enzyklopädie* wäre.[24]

Favarger traf am 13. oder 14. Juli in Lyon ein, gerade rechtzeitig für einige letzte Instruktionen seiner Firma. Die STN ließ ihn wissen, daß Duplain jüngst zwei Wechsel zu bezahlen verweigert habe und sein Verhalten mit fadenscheinigen Gründen verteidigt habe, die sie Punkt für Punkt widerlegte, so daß Favarger ihn in ihre Auseinandersetzungen verwickeln konnte. Sie schloß mit einer Ermahnung: »Lesen Sie noch einmal alle Notizen für Lyon, ehe Sie ihn besuchen, damit Sie die Kugeln bereit haben bei der Verhandlung.«[25] Man kann sich Favargers Reaktion vorstellen, wie er in seinem Gasthaus saß, seine Instruktionen las, seine Strategie einübte und sich für die Konfrontation mit Duplain panzerte. Aber als der große Augenblick kam, fand er seinen Mann überraschend ansprechbar. Duplain redete stundenlang und anscheinend offen und ehrlich über seine Geschäfte, obwohl er nichts an höherer Diplomatie bei seinen Operationen enthüllte. Favarger hielt sich während der Flut von Worten streng an seine vorgeschriebene Rolle, obwohl das nicht leicht war: »ich habe mich, Gott sei es gedankt, in allen Punkten an Ihre Instruktionen gehalten, was bei ihm nicht leicht ist, wenn man so lange mit ihm zusammen ist.« Und er schickte einen glücklichen Bericht zurück nach Neuchâtel: Duplain druckte die dritte Auflage zu 4 Ries, 15 Lagen (2375 Exemplare); er wollte der STN einen vierten Band für die ersten beiden Auflagen (d. h. 6150) und drei Bände für die dritte geben; und er wollte auch die nächsten Wechsel bezahlen, wenn sie im August fällig würden. Duplain erklärte freimütig, daß er an jedem Band, den er in Lyon statt in Neuchâtel drucken lasse, 1500 Livres verdiene. Aber er hatte sich von seinen Temperamentsausbrüchen wieder erholt und wünschte, mit der STN gute Beziehungen aufrechtzuerhalten. Seine Weigerung, ihre Rechnungen für den Druck von Band 15 im Juni zu bezahlen, rechtfertigte er durch die Erklärung, daß die Lieferung dieses Bandes von der STN spät angekommen sei, so daß er unmöglich bei den Subskribenten rechtzeitig für seine eigenen Zahlungen kassieren konnte. Er erwartete, daß die STN ihm in schwierigen Augenblicken zu Hilfe komme, da sie ebensowohl Gesellschafter wie Drucker sei. Darüber hinaus sei bares Geld ungewöhnlich knapp in Lyon, und er glaube, daß d'Arnal als Bossets Schwiegersohn einem dreimonatigen Zahlungsaufschub der Wechsel zustimmen sollte. All das klang verwirrend vernünftig für Favarger. Duplain scheint bezaubernd gewesen zu sein und in den strittigsten Punkten kampflos Zugeständnisse gemacht zu haben. Was aber hatte diesen plötzlichen Verhaltenswechsel auf seiner Seite verursacht?[26]

In seinem Bericht erwähnte Favarger, Duplain »hat mir gesagt, er habe Ihnen wegen der Erlaubnis geschrieben, daß diese dritte Auflage unter Ihrem Namen erscheine, das gäbe ihr mehr Ansehen.« Dieser Brief kam in Neuchâtel gerade rechtzeitig an, um den Druck von Favargers Treffen mit Duplain in Lyon zu nehmen, denn es war Duplains Weise, die unversöhnliche Zahlungsforderung der STN zu beantworten: »Wir haben uns entschieden, die dritte Auflage zu 4 Ries, 15 Lagen nachzudrucken«, schrieb Duplain. »Sie ist unter der Presse, und wir hoffen, im August zwei bis drei Bände ausliefern zu können. Da wir wünschen, daß diese Ausgabe (unter uns gesagt) der anderen in Ausführung, Korrektur usw. überlegen sei, damit uns einige Restexemplare nicht zur Last werden, haben wir gedacht, daß sie unter einem anderen Namen erscheinen sollte, um sich zu unterscheiden. Wir bitten Sie folglich um die Erlaubnis, uns des Ihrigen zu bedienen. Sie scheinen sie von Pellet gekauft zu haben usw. Schicken Sie uns hinsichtlich dieses bitte Ihre Zustimmung.«[27] Nachdem er drei Tage gewartet hatte, damit dieses attraktive Angebot seine Wirkung tue, schickte Duplain eine weitere Bitte um Zahlungsaufschub seiner Wechsel bis August an die STN. Dieser Schachzug hatte Erfolg. Die STN antwortete, daß sie die Schuld aufschöbe und daß sie gern der neuen Auflage, von der sie »mehrere Bände« zu drucken erwarte, ihren Namen leihe.[28] Als Favarger zum Kampf gerüstet in Duplains Firma erschien, war der Streit mithin schon über seinem Kopf entschieden. Und bald nach ihrer antiklimaktisch besänftigenden Konfrontation überreichte Duplain ihm einen frisch gedruckten Prospekt, der ankündigte, daß die STN für die dritte Auflage bürge.[29]

So geschah es, daß die dritte Auflage mit dem Impressum der STN erscheinen sollte. Aber Duplain wurde dazu durch mehr als den Wunsch bewogen, mit einem seiner Gläubiger Frieden zu schließen. Wie seine Briefe an die STN andeuten, hatten die beiden ersten Auflagen wegen nachlässigen Drucks und schlechter Papierqualität keinen guten Ruf. Durch den Wechsel der typographisch falschen Frontseite von »à Genève, chez Pellet« zu »à Neuchâtel chez la Société typographique« konnte er mehr Subskriptionen anlocken. Er konnte auch von einem weiteren typographischen Verdruß befreit werden, der die Quartausgabe im ersten Jahr ihrer Existenz beschwerte. Als Duplain zuerst die Quartausgabe zum Kauf anbot, verpflichtete er sich, den gesamten Text der Originalausgabe und des *Supplément* für einen Einzelpreis von 344 Livres zu bieten – 10 Livres für jeden der 29 Textbände und 18 Livres für jeden der 3 Tafelbände. Der Leiter einer Druckerei hatte ihm gemeldet, daß die 21 Foliobände des Originaltextes und des *Supplément* 29 Bände im Quartformat ergäben. Bald nachdem das Drucken begann, erwies sich jedoch diese Schätzung als bei weitem zu niedrig. Der Text der Quartausgabe kam tatsächlich auf 36 ungewöhnlich dicke Bände. Konnte Duplain von seinen Subskribenten erwarten, daß sie 70 Livres über den vertraglich festgesetzten Preis bezahlten, um den versprochenen Text zu erhalten? Panckoucke glaubte das nicht: »Das Publikum hat für 32 Bände subskribiert (29 Text- und 3 Tafelbände). Wenn das Werk auf eine größere Bandzahl käme, so weiß ich nicht, wie man sie zum Bezahlen dafür bringen könnte.«[30] Um die Sachen schlimmer zu machen, hatte Linguet diesen Fehler gebrandmarkt und ihn in seinen vielgelesenen *Annales* als Betrug erklärt. Mithin konnte Duplain erwarten, einen Sturm von Protesten zu erregen, ja sogar gerichtliche Verfolgungen, wenn er den Preis erhöhte oder den Text kürzte. Er wurstelte sich durch das Dilemma, indem er nur vier der sieben zusätzlichen Bände berechnete. Auf diesem Wege erhöhte er den Endpreis betrügerisch auf 384 Livres – was gerade genug war, um den zusätzlichen Druck zu bezahlen, ohne einen Aufruhr bei seinen Kunden zu erregen.

Das war eine riskante Politik, die Duplain dem Publikum unterzujubeln versuchte, ohne erwischt zu werden. Als er die zweite Auflage ankündigte, vermied er es, die Zahl der Bände und den Gesamtpreis zu nennen, und teilte lediglich mit, sie werde zu den gleichen Bedingungen wie die erste verkauft. Diese Krise war gerade vorüber, als Duplain entschied, eine dritte Auflage zu lancieren. Er versuchte daher, sich selbst zu schützen, indem er die Angaben in der Subskription änderte und sie der STN statt Pellet zuschrieb. Die neuen Subskribenten wären nicht in der Lage, ihn an Versprechen zu binden, die er gebrochen hatte, als er mit den alten Subskribenten Handel trieb, und die neue Quartausgabe erschien, als wäre sie die alte unter neuer Leitung. Aus diesen Gründen kündigte der Prospekt, den Duplain Favarger gab, »eine dritte Auflage der Enzyklopädie an, die 36 Bände in Quarto, zweispaltig, umfassen wird, und die bei der Société Typographique de Neuchâtel zur Subskription gestellt wird.«[31] Er erklärte nicht, wie die STN dazu gekommen war, Pellet als Verleger der Quartausgabe zu ersetzen. Naive Leser konnten sogar meinen, die STN mache einen Raubdruck von ihm, da der Prospekt keinen Hinweis darauf gab, daß Duplain hinter beiden Unternehmungen stand und nur den Strohmann gewechselt hatte. Nur ein scharfsinniger Beobachter konnte den entscheidenden Unterschied zwischen dieser Quartausgabe und den anderen bemerken: Diese wurde ausdrücklich als eine Ausgabe in 36 Bänden (plus 3 Tafelbände) zum Preis von 384 Livres angeboten. Duplain versprach sogar, wenn die Ausgabe mehr als 36 Bände umfassen würde, die überzähligen umsonst zu liefern. Tatsächlich hatte er sich von der Verpflichtung gelöst, das Werk in 29 Bände zu quetschen.

Die Ausgabe von »Neuchâtel« stellte daher einen klugen Versuch dar, einen törichten Fehler im Marketing zu verdecken – ein Bemühen zu verdunkeln, indem man einen anderen verübte, obwohl »Betrug« ein zu hartes Wort ist für eine im 18. Jahrhundert ganz übliche Praxis, Bücher unter falscher Druckangabe zu veröffentlichen. Diese Strategie gefiel den Neuenburgern, weil sie ihnen zumindest drei neue Bände zum Drucken zuzusichern schien. Sie sagten Duplain, daß sie erfreut über seinen Prospekt seien, den sie nachdruckten und unter ihren Korrespondenten verbreiteten. Zu dieser Zeit hatten Duplain und Panckoucke auch mit den Verlegern der rivalisierenden Enzyklopädien Frieden geschlossen. So schien endlich der Weg frei, um den Vertrag für die Quartausgabe aufzusetzen.

Der Vertrag

Der Vertrag stellte einen Kompromiß dar, aber Panckoucke setzte sich in den meisten strittigen Punkten durch. Auf seinen Wunsch wurde der Preis für den Druck auf 44 Livres pro Bogen festgesetzt, der Preis für das Papier um 6 Sous auf 10 Livres pro Ries erhöht. Duplain wird dagegen nicht viel eingewendet haben, da diese Preise ihm 17.550 Livres mehr einbrachten, als der Vertrag von Dijon vorgesehen hatte, der ihm schon eine gewaltige Gewinnspanne beim Druck sicherte. Der neue Vertrag hielt sich aber strikt an die alte Verteilung für Duplains allgemeine Ausgaben, und wies ihm 16.000 Livres für die Leitung von Herstellung und Vertrieb von 8000 Enzyklopädien zu, statt der früheren 8000 Livres für 4000 Enzyklopädien. Duplain hatte also nachgegeben in dem Punkt, der die grimmigsten Kämpfe verursachte. Er fand jedoch einige Entschädigung in den Artikeln 3 und 5, die ihn autorisierte, den Druck in Frankreich auszuführen und der Gesellschaft für die Quartausgabe die Kosten anzulasten, die der Transport der Bände nach Genf zur Lagerung und zum Versand gekostet hätte. Weit davon entfernt, eine Verpflichtung zu erwähnen, einiges vom Druck der STN zu überlassen, bestimmte dieser Vertrag für die Ausgabe von »Neuchâtel«, daß der Druck »in Lyon und anderen Städten Frankreichs« stattfinde und daß die Gesellschaft die Transportkosten von Genf nach Lyon übernähme, im Falle es Duplain »angebracht« erschiene, einen Teil der Arbeit in der Schweiz ausführen zu lassen. Er verpflichtete sogar die Gesellschaft zur Übernahme der Kosten, mit denen Duplain seine eigenen Pressen kaufte und Arbeiter nach Lyon brachte. Mithin bezeichnete er einen Wechsel von Genf nach Lyon in der Produktion wie in der Auslieferung des Buches. Duplain versprach, seine Partner für jeden Verlust zu entschädigen, falls die französischen Behörden sich auf seine Unternehmung stürzten, aber er verlangte Zahlungen, um dieses Risiko zu übernehmen: daher die fiktiven Transportkosten. Diese »Versicherung« entschädigte ihn auch dafür, daß er nur 16.000 Livres erhielt »für eine Sache von unendlich beträchtlicheren jährlichen Kosten«. Dadurch, daß er diesen Satz in den Vertrag aufnahm, deutete Duplain an, daß er nicht gutwillig in der Kontroverse über seine Ausgaben nachgegeben habe. Panckoucke versuchte, sich vor weiterem Zank in dieser Frage durch zwei andere Vorkehrungen zu schützen. Erstens sollte die Zahlungsanweisung für den inexistenten Transport der Ware von Lyon nach Genf nicht wirksam sein, wenn die STN sich widersetze. Zweitens sollten die Partner im Fall der Nichtübereinstimmung über diesen oder irgend einen anderen Punkt des Unternehmens Schlichter wählen und wären vertraglich gebunden, den Schiedsspruch anzunehmen, ohne an die Gerichte zu appellieren. Diese Vorkehrung zeigt das Mißtrauen der Geschäftsleute gegen die teure und ungerechte Justiz in Frankreich, aber sie bekundete auch ihr wechselseitiges Mißtrauen. Sie waren nicht in der Lage gewesen, ohne Kampf zu einer Vereinbarung zu kommen, und ihr Übereinkommen schuf keinen Frieden, sondern nur Waffenstillstand.

Die von den Vertragsverhandlungen bleibende Bitterkeit und Kampfgesinnung hatte die Beziehungen zwischen Neuchâtel und Lyon getrübt, sie hatte aber die Werkstatt der STN nicht daran gehindert, mit der Arbeit fortzufahren. Sobald sie hörten, daß der Vertrag unterzeichnet sei, ließ die STN einen Brief an Duplain los, der in einem etwas gezwungen scherzhaften Stil erbat: »Im Falle Sie das so glühend geforderte und so tapfer verteidigte Manuskript noch haben (d. h. noch nicht abgeschickt haben), so wollen Sie es doch unverzüglich und auf dem kürzesten Wege absenden ... Übrigens sind wir voll Vertrauen in ihre Fähigkeiten. Ein so tätiger und so erfahrener Steuermann muß das Schiff unfehlbar in den Hafen führen.«[32] Duplain antwortete ohne Scherz und ohne geschmeichelt zu sein, daß er das Manuskript nicht sende, bevor die Neuenburger den Vertrag nicht anerkannt hätten, denn der Artikel 5 verlange ihre Ratifizierung. Die STN erhielt eine Kopie des Vertrags am 18. Oktober und teilte Duplain unmittelbar darauf mit, daß sie ihn akzeptierten, trotz einiger Besorgnisse wegen Artikel 5. Sie hätten einen festen Preis für den fiktiven Transport vorgezogen, aber sie wollten die Bestätigung nicht verweigern, da sie ein Ende des »langen Streits« erstrebten. Nun endlich, hofften sie, werde er den vierten Band senden und ihnen vielleicht sogar gestatten, ihn in einer Auflage von 8000 – d.h. für alle drei »Auflagen« – zu drucken. Am gleichen Tag schickten sie einen deutlicheren Brief an Panckoucke. Sie befürchteten, der Artikel 5 werde Duplain einen Vorwand liefern, seine »Versicherungs«-Kosten in die Höhe zu treiben, gratulierten Panckoucke aber zu seinem Sieg in zwei Hauptpunkten: der Begrenzung von Duplains allgemeinen Kosten auf 16.000 Livres und der Vorkehrung künftiger Streitigkeiten durch eine Schiedsinstanz. Wenn Sie nur Duplains Rechnungen gründlich durchgehen könnten, so schlossen sie, würden sie unbeschädigt aus der ganzen Affäre kommen. Nach einem weiteren Briefwechsel lieferte Duplain schließlich das Manuskript aus. Es war Band 35, und die STN sollte 6000 Exemplare für die erste und zweite Auflage drucken. So brauchte sie ihre Arbeit nicht mit Gewalt zu treiben. Sie hatte einen vierten Band für die ersten beiden Auflagen gewonnen. Aber sie hatte noch nichts erhalten, das sie für »ihre« Ausgabe drucken könnte, die noch weit von dem entfernt war, was die Verleger im 18. Jahrhundert eine runde Sache nannten – *une affaire bouclée*.

Die Partner der Quartausgabe hatten jedoch einen Vertrag. Die letzte Runde ihrer langen und mühevollen Verhandlungen hatte sich zu einem Duell mit Briefen zum Vorzeigen entwickelt. Das Duell endete unentschieden, und Duplain hatte zu einer mächtigeren Waffe gegriffen: Erpressung. Er hatte der verletzbaren Neuenburger Flanke seines Gegners Wunden beigebracht, aber er hatte Panckoucke nicht genötigt, den Frieden in Paris gerichtlich einzuklagen. Statt dessen hatte Duplain in der Schlußphase die entscheidenden Zugeständnisse für einen Kompromiß gemacht. Und weit davon entfernt, sich durch den Frieden vom 10. Oktober befriedigt zu fühlen, begann er, nach anderen Wegen zu suchen, von den übermäßigen Gewinnen der Quartausgabe sein Fett abzuschöpfen, währenddessen seine Partner sich in ihrem Entschluß verhärteten, sein verdächtiges Verhalten näher zu untersuchen. Stimmten sie also, was die immer größere Ausdehnung ihrer Unternehmung anging – »der schönsten, die es je in der Verlagsgeschichte gab«, wie die STN meinte – überein, erfüllten die Partner der Quartausgabe ihr Projekt so sehr mit Doppelspiel, Haß und Gier, daß nicht mehr viel fehlte, und es flog ihnen um die Ohren. Der Erfolg der Ausgabe hatte ihre Explosivität verstärkt. Aber ehe wir den Kampf erzählen, der schließlich tatsächlich zur Explosion führte, müssen wir in die Jahre 1777 und 1778 zurückgehen, um die Geschichte der äußeren Kämpfe um die Quartausgabe aufzunehmen.

Piratentum und Handelskrieg

Während die Gesellschafter der Quartausgabe ihre häuslichen Streitigkeiten ausfochten, mußten sie an Verteidigung gegen Angriffe von außen denken. Nur eine militante Außenpolitik konnte ihren Markt vor Einbrüchen rivalisierender Verleger schützen, die von der außerordentlichen Nachfrage nach preiswerten Enzyklopädien zu profitieren gedachten. Diese Nachfrage war verborgen gewesen, bis der Erfolg der Quartausgabe die Verlagswelt verblüffte. Jedermann schien elektrisiert zu sein. In Lyon, Lausanne und Lüttich machte man Enzyklopädien, in Genf, Toulouse und Avignon schmiedete man Pläne, die nicht voll zur Reife kamen, durch weitere Nachdrucke zu noch geringerem Preis den Markt zu erobern. Panckoucke hingegen verließ sich auf sein Privileg und die Protektion der Behörden.

Kaum war Duplains Raubdruckversuch durch den Vertrag, den Panckoucke mit ihm schloß, legalisiert, so versuchten in Lyon selbst zwei Kollegen Duplains, Barret und Grabit, eine weitere Quartausgabe zu drucken oder damit zumindest erpresserisch zu drohen. Ihr Spiel begannen sie mit dem Druck von sechs Bogen (48 Seiten) in einer Auflage von 2200 Exemplaren (4 Ries, 8 Lagen) und deuteten Duplain an, daß sie sich für 27.000 Livres in ihrem Unternehmen noch aufhalten ließen. Panckoucke, der sich ernstlich bedroht fühlte, überließ die Entscheidung Duplain, der dazu dank eigener Erfahrung als Raubdrucker am besten geeignet war. Duplain kapitulierte. Er unterwarf sich formell in einem Vertrag, der in gewichtiger Rechtssprache einen feierlichen Nichtangriffspakt unter Piraten besiegelte. Duplain bezahlte gegen die Auslieferung der 2200 Hefte 3000 Livres auf die Hand und versprach notariell, die übrigen 24.000 übers Jahr, wenn er die Quartausgabe bis dahin im wesentlichen verkauft habe. Im anderen Fall hätten Barret und Grabit das Vorkaufsrecht an 500 Exemplaren zum halben Großhandelspreis.

Während Duplain seine Politik in Lyon verfocht, stritt die STN sich mit einem Konsortium der Lausanner und der Berner typographischen Gesellschaften. Die wollten eine genaue Kopie der Quartausgabe im kleineren Oktavformat zum beinahe halben Preis (225 Livres statt 384) herstellen. Das sah noch gefährlicher aus, aber Panckoucke und Partner beschlossen zu kämpfen. Die Lausanner und die Berner waren mächtige Gegner mit langjähriger Erfahrung im Nachdrucken für den französischen Buchhandel. Im November 1777 kündigte eine Anzeige in der *Gazette de Berne* die Lausanne-Berner Oktavausgabe gar für nur 195 Livres an, und Duplain antwortete, ohne seine Gesellschafter zu fragen, mit einem Prospekt, der ankündigte, daß die Verleger der Quartausgabe eine noch preiswertere Oktavausgabe vorbereiten. Die STN wollte gute Beziehungen zu den Kollegen in Lausanne halten und erhielt von dort die Einladung, gemeinsame Sache zu machen.

Als Panckoucke die Bedrohung erkannte, riet er der STN, in Lausanne einen Kompromiß anzubieten, zwei Jahre Aufschub mit dem Druck der Oktavausgabe und dafür aber legaler Verkauf in Frankreich. Sonst würde er alle Mittel gebrauchen, dieser Ausgabe die Einfuhr zu verweigern. Eine Vereinbarung war möglich, die allerdings Duplain ausschloß. Duplain seinerseits verzichtete auf seinen Prospekt einer noch billigeren Oktavausgabe. Im Mai druckten die Lausanner, die viele Subskriptionen aus Frankreich erhalten hatten. Aber Panckoucke gewann die französischen Behörden dafür, besondere Befehle zur Konfiszierung der Oktavausgabe auszufertigen. Eine diplomatische Lösung war kaum mehr möglich.

Die Quartausgabe war im wesentlichen ein französisches Erzeugnis und für den französischen Markt bestimmt. Die Oktavausgabe, die vor allem außerhalb Frankreichs verhandelt wurde, konnte auch dort einen großen Markt finden, mußte aber den Absatz der teureren Quartausgabe schädigen. So ließ Panckoucke konfiszieren, und das scheint funktioniert zu haben. Die irritierten Subskribenten schwenkten zur Quartausgabe über. 1779 kann Duplains Stellvertreter, Amable Le Roy, von 1400 konfiszierten Exemplaren berichten. Die Verleger der Oktavausgabe konnten solche Verluste nicht verkraften, zogen sich vom französischen Markt zurück und expandierten im »Norden«.

Ein merkwürdiger Friedensschluß kam dennoch zustande. Die Verleger der Oktavausgabe erwarben sich das Recht, auch in Frankreich zu verkaufen, durch 24.000 Livres, die in Büchern erlegt wurden. Daraus erhöhten sie die Auflage ab dem Band 21 auf 6000 und setzten und druckten die früheren Bände nach. Panckoucke, der ihnen den Markt geöffnet hatte, warf seinen Anteil zu einem sie unterbietenden Preis von 168 Livres, 15 Sous bei günstigen Zahlungsfristen vor die Kunden und verdarb ihnen diesen Markt somit. Er donnerte seinen Coup de théâtre und sahnte ab. Und vor allem wollte er die Nachfrage für die geplante große *Encyclopédie méthodique* nicht zu sehr beeinträchtigen. Alle diese Spekulationen waren verbunden und versuchten, den unersättlichen Appetit auf Enzyklopädismus zu befriedigen.

[IV]

BUCHHERSTELLUNG

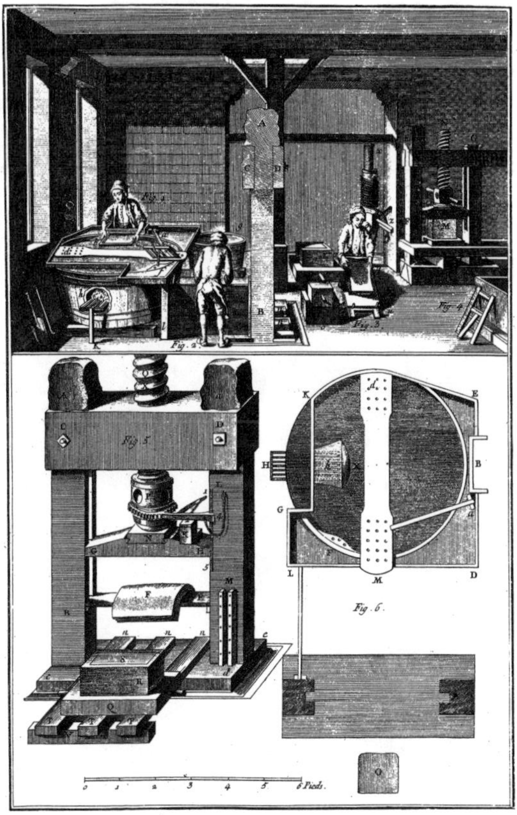

Die Papiermasse wird mit dem Rahmen aus dem Bottich geschöpft, der nasse Bogen zwischen Filzlagen getrocknet, erst mit den Filzen und dann ohne sie gepreßt.

Die Auseinandersetzungen um den Vertrag, die Raubdrucküberfälle und Handelskriege deuten alle auf eine zentrale Tatsache: die Enzyklopädie war ein Bestseller geworden – der größte seit Menschengedenken, ein Verlegertraum, »die schönste Unternehmung, die es je im Buchhandel gab.«[1] Ob es wirklich die gewinnträchtigste Spekulation im Buchhandel vor 1789 war, ist nicht auszumachen, weil fast nichts über den Verkauf von Büchern in der frühen Neuzeit bekannt ist. Die Archive der STN enthüllen aber fast alles über die Herstellung und Verbreitung der Quartausgabe der Enzyklopädie. Jeder dieser Aspekte der Biographie eines Buches verdiente ein eigenes Kapitel, denn jeder führt in unerforschte Regionen der Vergangenheit – Regionen, wo sich die Verlagsgeschichte mit der Geschichte von Wirtschaft und Technik, von Arbeit und arbeitenden Klassen, von Management und Werbung und von Kommunikation und der Verbreitung von Ideen berührt. Wenn man diesem Bestseller vom Erzeuger bis zum Verbraucher folgt, kann man den literarischen Markt von einem Dutzend verschiedener Blickwinkel aus untersuchen. Am Ende müßte man imstande sein, den Lebenslauf eines Phänomens nachzuzeichnen, das sich früheren Untersuchungen entzog, obwohl es die moderne Geschichte entscheidend prägte: die Verbreitung der Aufklärung.

Spannungen im Produktionssystem

Das Ausmaß des Erfolgs der Quartausgabe läßt sich von der gewaltigen Anstrengung aus einschätzen, die zur Herstellung des Buches nötig war. Nachdem Duplain mehr als 8000 Subskriptionen gesammelt hatte, sah er sich vor der Schwierigkeit, 306.900 dicke Quartbände zu produzieren.[2] Er war nicht selbst Drucker, und in jedem Falle überstieg die Aufgabe die Kapazität einer einzelnen Druckerei; so vergab er die Arbeit an zwei Dutzend Druckereien im östlichen Frankreich und in der Westschweiz. Jean-Léonard Pellet, unter dessen Namen die beiden ersten Auflagen erschienen, stand mit dem Unternehmen nur in äußerlicher Beziehung. Die Partner der Quartausgabe, die ihm 3000 Livres für die Verwendung seines Namens auf den Prospekten und den Titelseiten zahlten, erwähnten ihn nur gelegentlich als ihren Namengeber (*prête-nom*) und Kommissionär in ihrem vertraulichen Briefwechsel. Wenn man nach den Kolophonen (Drucknachweise am Ende des Buches) urteilt, so druckte Pellet nur vier Bände »seiner« Ausgabe – nicht mehr als die STN, die ebenfalls vier druckte, obwohl sie nur einen der Bände ihrer eigenen »Neuenburger« Ausgabe herstellte.[3]

Um aus seiner Rolle als Unternehmer das meiste herauszuschlagen, spielte Duplain die Druckereien gegeneinander aus und feilschte die Preise so weit herunter, wie sie nur gehen konnten. Sie hatten sich nicht nur um Arbeitsaufträge zu bewerben, sondern auch um Materiallieferungen – Schrifttypen, Druckerschwärze, Papier und schließlich Arbeitskräfte – und der Wettbewerb wurde härter, als die Unternehmung sich vergrößerte. Der ursprüngliche Kern der Herstellung befand sich in Genf, in den Druckereien von Pellet, Bassompierre und Bonant. Im März 1777 arbeiteten dreißig Genfer Pressen für die Quartausgabe, und ein Jahr später druckte sie, wie ein Genfer Buchhändler sagte, die ganze Stadt.[4]

Inzwischen hatte Duplain das Produktionszentrum nach Lyon verlagert. Sobald er sich mit Panckouckes Privileg schützte, konnte er legal in Frankreich arbeiten. Die französischen Behörden gestatteten ihm – informell und ohne es anzuerkennen – die Quartausgabe in Lyon zu drucken, und der Vertrag vom 10. Oktober 1778 machte die dritte Auflage tatsächlich zu einem Lyoner Produkt, trotz des »Neuchâtel« auf ihren Titelseiten.[5] Als Favarger im Juli 1778 Duplains Operation inspizierte, fand er, daß die Quartausgabe die Druckindustrie der gesamten Region dominierte: »Ungefähr 40 Druckerpressen arbeiten an diesem Werk, sowohl hier (in Lyon) wie in Grenoble und Trévoux ... Mit Ausnahme weniger Gebrauchsdrucke (Meß- und Gesangbücher) druckt man hier und in allen Druckereien nichts anderes als die *Enzyklopädie* in der Quartausgabe ... Wer alle Monate oder alle Jahre ein gewisses Geld in Büchern anlegte, hat es auf die Quart-Enzyklopädie gesetzt.«[6] Duplain selbst nannte 53 Pressen, die im Januar 1779 für die dritte Auflage der Enzyklopädie arbeiteten.[7] Wenn man berücksichtigt, daß die beiden ersten Auflagen dreimal so hoch waren wie die dritte, ist es wahrscheinlich, daß zwischen 1777 und 1780 etwa 100 Pressen in zwanzig verschiedenen Druckereien an der Quartausgabe arbeiteten. Zur gleichen Zeit hatten die typographischen Gesellschaften von Lausanne und Bern einen Ausstoß der Oktav-Ausgabe der Enzyklopädie in einer Auflage von 6000 Exemplaren, und Félice druckte 1600 Ausgaben seiner Fassung der *Enzyklopädie* in Yverdon. Diderots Werk wurde in einem solchen Ausmaß produziert, daß es die Kapazitäten der Druckindustrie über weite Strecken in Frankreich und in der Schweiz auf das äußerste strapazierte.

Diese Anspannung zeigte sich in jedem Wirtschaftsbereich, der in irgendeiner Beziehung zum Buchhandel stand. Das ist heute aber schwer einzuschätzen, da Bücher als physische Objekte nicht die gleiche Bedeutung haben, die sie im 18. Jahrhundert besaßen. Bevor die Leser in der Zeit vor der Französischen Revolution ein Buch kauften, prüften sie die Ware sorgfältig, rieben das Papier zwischen ihren Fingern, hielten es gegen das Licht, untersuchten die Schrifttype und die Deutlichkeit des Drucks, die Breite der Seitenränder und die Eleganz im Design der Typographie. Wenn sie auf Fehler stießen, protestierten sie laut und deutlich. »Sie hatten, meine Herren, für den Druck des Enzyklopädischen Wörterbuchs gutes Papier und neue Schrift garantiert,« schrieb ein entrüsteter Subskribent an die STN. »Dieses Versprechen, erlauben Sie mir, es Ihnen zu sagen, wurde nicht völlig gehalten, denn das Papier ist allgemein fehlerhaft, und die Schrifttypen sind fast erloschen (abgenützt), was die Augen des Lesers sehr ermüdet. Werke dieser Gattung, die ewig halten sollen, verdienen, daß man ihnen etwas mehr Aufmerksamkeit widmet. Die Mehrzahl der Bogen sind fleckig oder eingerissen. Sie werden begreifen, meine Herren, daß diese Nachlässigkeiten von seiten Ihrer Arbeiter Ihren eigenen Interessen nur abträglich sein können, indem sie das Publikum von neuen Subskriptionen abschrecken.«[8]

Wie dieser Leser herausstrich, hatten die Verleger der Quartausgabe überall die physischen Qualitäten des Buches bei ihrer Werbung betont. In ihrem Hauptprospekt hoben sie hervor, daß alle Bände auf Papier von der besten Qualität gedruckt würden, in hübscher Schrift, die passenderweise »Philosophie« (klein Cicero) genannt wurde. Die Händler schmückten dieses Thema bei ihren eigenen Verkaufskampagnen weiter aus. So versicherte Téron in Genf den Lesern der *Gazette de Leyde*, daß »ausschließlich Papier d'Auvergne gebraucht werde und nur Schriften aus Frankreich, die man nach dem Druck jedes fünften Bandes erneuert.«[9] Diese Angaben wären in der Werbung für ein modernes, maschinell hergestelltes Buch fehl am Platz, aber bei von Hand gemachten Büchern gehörten sie dazu. Die Papierbogen wurden einzeln in monatelanger sorgfältiger Arbeit in entlegenen Mühlen hergestellt, und ein Heer von Lumpensammlern mußte erst einmal das Rohmaterial zusammenbringen – weggeworfenes Leinen, dessen

Fäden noch in der Textur des Papiers der Enzyklopädie zu sehen sind. Man brauchte mehr als eine Million Druckbogen, um auch nur einen der 36 Quartbände für alle drei Auflagen herzustellen. Und es brauchte fünf Monate harter Arbeit von fünf Schriftsetzern und zwanzig Druckern bei der STN, um diese Bogen in einen Band mit bedruckten Seiten zu verwandeln.[10] Obwohl die Operationen der STN nur einen kleinen Bruchteil des gesamten Druckvorgangs darstellen, veranschaulichen sie den komplexen Herstellungsprozeß eines Buches in Massenauflage vor der Zeit der Massenproduktion.

Die Ausdehnung der Betriebsanlage erwies sich als das geringste Problem der STN. Sie kaufte für ihre Druckerei ein neues Haus und erwarb sechs vollständig ausgestattete gebrauchte Druckerpressen, womit sie ihre Kapazität verdoppelte. Die Pressen stammten von dem Lyoner Drucker Aimé de la Roche Valtar und kosteten lediglich 250 Livres das Stück, was dem Lohn für vier Monate bei einem gewöhnlichen Drucker, der im Tagelohn bezahlt wurde, entsprach.[11] Lettern, Druckbuchstaben zu bekommen, war ein anderes Problem. In dem Versuch, eine gewisse Übereinstimmung im Erscheinungsbild der Bände aufrechtzuerhalten, wies Duplain alle seine Drucker an, die gegossenen Schriften der Type »Philosophie« bei dem Lyoner Gießer Louis Vernange zu kaufen, aber Vernange war bald mit Arbeit überhäuft. Am 20. April 1777 unterzeichnete er einen Vertrag mit der STN, der versprach, Schriftguß im Gewicht von 1800 Pfund zur einen Hälfte am 1. Juni und zur anderen am 1. Juli zu liefern und 20 Prozent von seinem Preis nachzulassen, wenn er dieses Datum versäume. Am 2. Juni bat er die STN, ihm noch zwei Wochen Aufschub zu gewähren. Sie stimmte widerwillig zu, denn sie hatte geplant, von Beginn des Monats an sechs Pressen mit der Enzyklopädie zu beschäftigen. Am 18. Juni immer noch ohne Lettern, mahnte sie ihn, daß sie dringend die Lieferung benötige. Und am 26. Juni drohte sie, die Sanktion in Kraft zu setzen, da Pressen und Arbeiter unbeschäftigt waren. Die erste Lieferung kam endlich am 8. Juli, der Rest Ende Juli und Ende Augst. Selbst dann mußte die STN weitere 500 Pfund und verschiedene *Assortiments* (Zierrate usw.) bestellen, die nicht vor Jahresende eintrafen. Der Hauptguß im Gewicht von 1471 Pfund hatte doppelt so lange gebraucht wie von Vernange versprochen, und 1852 Livres tournois (Livres aus der Münze in Tours, etwas geringer im Gewicht als die aus Paris) gekostet. Vernange rechtfertigte die Verspätung, indem er seine Schwierigkeiten aufzählte: Seine Arbeiter waren krank geworden und hatten durch Ausschweifungen für Unruhe gesorgt – die Lyoner Behörden hatten einen wegen ungebührlichen Benehmens ausgewiesen; Vernange hatte wegen der Ernte keinen Fuhrmann für die Strecke durch die Franche-Comté finden können, und er kam einfach mit all seinen Aufträgen nicht nach. Schließlich war die STN noch froh, ihren Schriftguß mit nur zwei Monaten Verspätung zu bekommen. Bonnant in Genf mußte im November 1777 das Drucken unterbrechen, weil die Lettern nicht ankamen – nicht aus Lyon, denn Vernange konnte gar nicht mehr alle Drucker der Quartausgabe beliefern, sondern aus Avignon, wo eine andere Schriftgießerei schon überlastet war.[12]

Die Nachfrage ließ auch die Lieferung von Druckerschwärze ins Stocken geraten, die zwei Pariser Firmen, Langlois und Prévost, monopolisierten. Die Neuenburger handelten mit Langlois, der 22 Sous für das Pfund verlangte, 2 weniger als Prévost. Aber sie saßen im Oktober 1777 fast auf dem trockenen, und als Langlois endlich, nach mehreren dringenden Hilferufen, Rettung brachte, konnte er ihnen nur eines der beiden Fässer von 250 Pfund liefern, die sie benötigten. Er brauchte drei Monate, um das zweite Faß nachzuliefern, und als es im April 1778 endlich ankam, stellte sich heraus, daß die Ware mangelhaft war, und die STN war gezwungen, den Druck für eine Weile auszusetzen. Die STN nötigte Langlois im Mai zwei Fässer ab, ein weiteres im Oktober und schließlich noch zwei im Februar und August 1779. Inzwischen hatte er den Preis erhöht – von 22 auf 28 Sous pro Pfund. Er beschuldigte die Lieferanten seiner Rohmaterialien – Walnußsammler und Harzhändler in Südfrankreich, Pariser Terpentin- und Leinölhändler und sogar die amerikanischen Aufständischen, die, wie er behauptete, den Handel so übel störten, daß er 1782 seinen Preis um weitere 2 Sous erhöhen mußte. Es mag wohl sein, daß Walnüsse und Revolutionäre in einem Weltwirtschaftssystem miteinander verbunden sind, aber wahrscheinlich sahnte Langlois bei dem Boom der Enzyklopädien ab – und zwar sehr gut, nebenbei, denn eines seiner Fässer Druckerschwärze kostete mehr als eine vollständig ausgestattete Druckerpresse.[13]

Papierbeschaffung

Das Teuerste bei der Buchherstellung war das Papier. Es war eine Obsession für die Drucker im 18. Jahrhundert und bestimmte viele ihrer Kalkulationen. Wenn sie Auflagen erörterten, so sprachen sie oft von Ries und Lagen statt von Tausenden und Nummern. Und wenn sie Kostenvoranschläge machten, so taten sie es in Druckbogen (*feuilles d'édition*), d. h. den Produktionskosten aller Exemplare pro Bogen, einschließlich Satz, Druck und Papier. Diese drei Elemente variierten mit der Druckauflage: Einerseits blieben die Satzkosten gleich, während die Druckkosten mit der Zahl der gedruckten Exemplare stiegen; andererseits stiegen die Papierkosten schneller als die für Satz und Druck zusammen. Die Verträge für die Enzyklopädie gaben ein Beispiel der ersten Variante, indem sie einen Festpreis von 30 Livres pro Bogen für Satz und Druck der ersten tausend Exemplare und 8 Livres für jedes weitere Tausend bestimmten. Entsprechend dem ersten Vertrag – dem von Dijon, vom 14. Januar 1777 – sollte Duplain 54 Livres erhalten, um die Arbeitskosten pro Druckbogen in der ersten Auflage von 4000 Exemplaren zu decken. Gemäß dem Vertrag vom 30. September 1777 erhielt er 71 Livres, 4 Sous für die Arbeit bei der ersten und zweiten Auflage, die in zusammen 6150 (d. h. 12 Ries, 6 Lagen) Exemplaren gedruckt wurden. Das Drucken war von 59 auf 69 Prozent der Arbeitskosten gestiegen. Aber die Papierkosten hatten sich noch stärker erhöht – von 72 Livres pro Bogen im ersten Vertrag auf 110 Livres, 14 Sous im zweiten. Die Verträge trugen der kritischen Bedeutung des Papiers als Variable ferner durch Spezialklauseln Rechnung, die einen Festpreis pro Ries für Duplains Vorratshaltung festsetzten. Nach einigem Rechnen kann man deshalb die Proportionen innerhalb des Budgets für einen Druckbogen zwischen dem Vertrag für die erste Auflage und dem Vertrag für die zweite vergleichen.

Erste Auflage (4.000)		Erste und zweite Auflage (6.150)	
Schriftsatz	22 Livres	22 Livres	
Druck	32 "	49 "	4 Sous
Papier	72 "	110 "	14 "
	126 Livres	181 Livres, 18 Sous	

Der Anteil des Papiers in den Kalkulationen der Verleger war von 57 Prozent im ersten Budget auf 61 im zweiten gestiegen. Natürlich wichen die wirklichen Druckkosten von den vertraglich festgesetzten

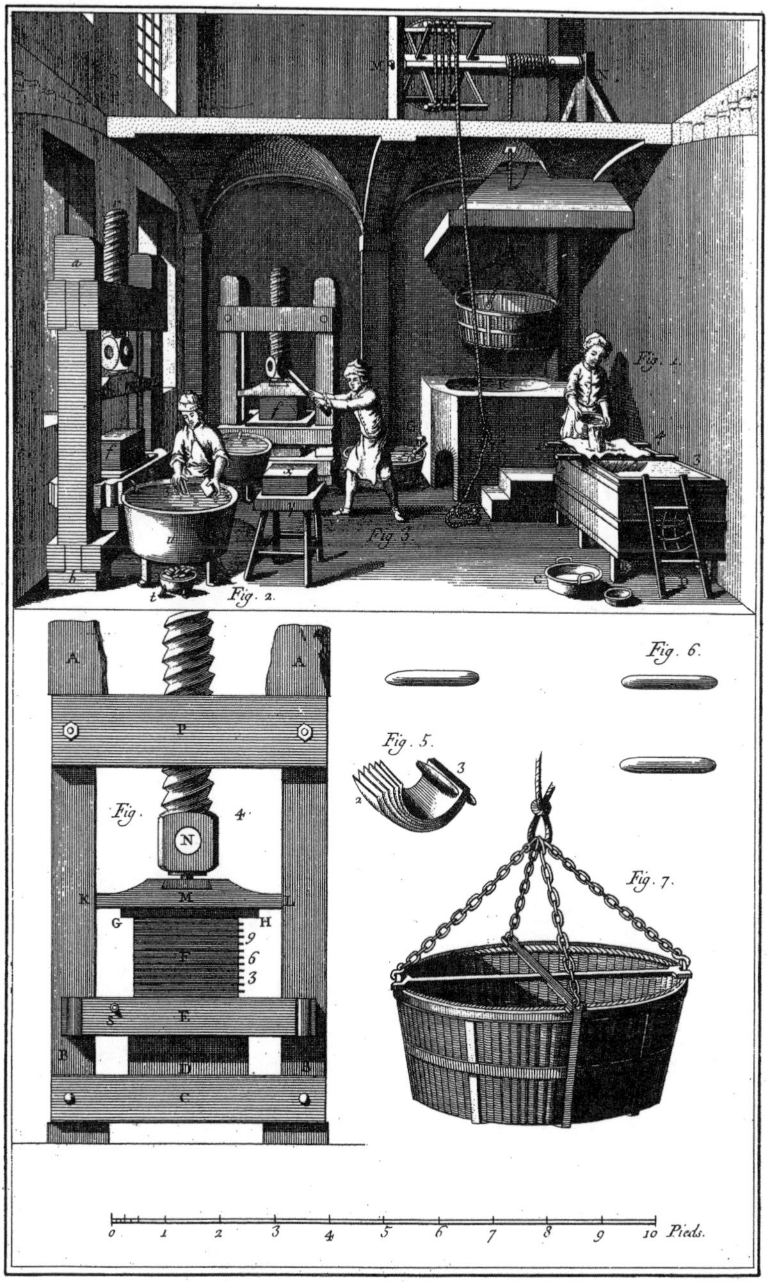

Leimen des Papiers in flüssigem Knochenleim, damit die Druckerschwärze nicht verfließt, und erneutes Pressen.

Standardkosten beträchtlich ab, aber diese Unterschiede erhöhten nur die Bedeutung des Papiers. So beschaffte die STN das gesamte Papier für Band 24, den sie in einer Auflage von 6150 Exemplaren druckte. Satz und Druck kosteten 4828 Livres und das Papier 13.897 Livres oder drei Viertel der Herstellungskosten, die überzählig gedruckten Exemplare eingeschlossen. Nun entschädigte das Konsortium die STN für ihre Papierauslagen zu den vertraglich festgesetzten Summen, die höher als die tatsächlichen Kosten waren; mithin erhielt die STN 15.875 Livres – ein Gewinn von 1978 Livres allein bei dem Papier für Band 24. Im allgemeinen lassen die hohen Papierpreise und die billige Arbeit die Proportionen in den Budgets der Drucker im 18. Jahrhundert gerade umgekehrt aussehen wie die im modernen Druckgewerbe, da im 19. Jahrhundert die Arbeitskosten stiegen und der Papierpreis – für aus Holzbrei in großen Mengen maschinengefertigtes Papier – sank. Mit der Verbreitung des Offsetdrucks und der Zerstörung der Wälder könnten die Kosten sich wieder in die Proportionen des 18. Jahrhunderts bewegen. Aber bisher läßt sich im Rückblick die Bedeutung des Papiers für das Druckgewerbe vor zwei Jahrhunderten kaum überschätzen.[14]

Duplain mußte für seine Drucker 36 Millionen Bogen Papier besorgen. Wie er das im einzelnen schaffte, ist nicht klar, da sich die Gesichtspunkte des Managements der Unternehmung nur aus der Perspektive der Archive in Neuchâtel verfolgen lassen. Aber der wachsende Druck auf die Nachfrage läßt sich an den Verträgen für die Quartausgabe ablesen. Am 4. Januar 1777 wurden Duplains Papierkosten mit 9 Livres pro Ries festgesetzt, am 15. Mai mit 9 Livres, 5 Sous, am 30. September 9 Livres, 10 Sous und am 10. Oktober 1778 mit 10 Livres. Nachdem Panckoucke im September 1777 die Lage in Lyon geprüft hatte, berichtete er, daß sich die Kostensteigerungen nicht vermeiden ließen: Die Papierhersteller trieben ihre Preise in die Höhe, und sie waren wohl zu jedem Preis nicht in der Lage, genügend zu liefern, um Duplain durch den Winter zu bringen.[15] Duplain selbst erklärte schließlich der STN, sie solle sich ihr Papier beschaffen: »Rechnen Sie nicht auf uns für das Papier. Das ist die Unmöglichkeit selbst.«[16] Obwohl die STN heftig protestierte, da die Verantwortung für die Beschaffung bei Duplain lag, konnte er wenig tun. Der Lyoner Papiermarkt und die Mühlen im Massif Central, die ihn belieferten, saßen auf dem trockenen. Berichte von Lyoner Papierhändlern bestätigen Duplains Einschätzung der Krise, und das tat auch der Bankier der STN,

Jacques-François d'Arnal, der die Stadt im Dezember 1777 nach Papier durchstöbert hatte: »Wir haben alle Papierhändler besucht … aber wir haben kein einziges Ries in der gewünschten Qualität gefunden. Herr Duplain kauft alles auf.«[17]

Schließlich gab die STN Duplain und die großen Papiermühlen in der Auvergne und im Lyonnais auf und versuchte, ihr eigenes Versorgungssystem zusammenzustückeln. Sie hatte seit Jahren Papier aus den Mühlen ihrer Region gekauft, aber nur wenige konnten das schwere, weiße, für die Enzyklopädie erforderliche »Carré fin« herstellen. Duplain bestand darauf, daß jeder Bogen den Mustern konform sei, die er an seine Lieferanten und an die STN schickte, und daß jedes Ries zumindest 20 Pfund wiege (das Lyoner Pfund zu 14 Unzen), wie es der Vertrag bestimmte. Er mußte strikte Standards erzwingen, weil jeder Band zumindest 1000 Ries erforderte; das Papier stammte aus vielen verschiedenen Mühlen, und wenn die Lieferungen der Müller nicht genügend konform waren, um von den Druckern »verheiratet« oder gemischt zu werden, würde das Buch buntscheckig aussehen, und die Kunden würden Subskriptionen aufkündigen. Die Beschaffungsprobleme wurden erschwert durch den heiklen und ziemlich primitiven Charakter der Papierherstellung als Handwerk. Trotz der Einführung einiger moderner Maschinen (der »Holländer« genannten zylindrischen Papiermühlen) blieb sie an die Rhythmen einer agrarischen Ökonomie gebunden. Lumpensammler machten sich nach der Erntearbeit im Herbst auf die Strecke. Die Müller lagerten Lumpen, bereiteten das »Zeug« – ein wässeriger Brei, aus dem die Bogen gemacht wurden – im Winter vor und stellten das Papier größtenteils im Frühjahr und im Sommer her, wenn das Wetter warm genug war für das Leimen der Papiere – ein heikles Verfahren, wo leicht beim Trocknen etwas verdarb. Sie arbeiteten oft in Kampagnen oder großen Partien, die sie vorher nach langem Feilschen außerhalb der Saison verkauften. Nachdem sie für eine Kampagne abgeschlossen hatten, mischten sie ihr »Zeug« von verschiedenen Lumpensorten entsprechend der gewünschten Qualität. Daher konnten sie nicht auf Enzyklopädiepapier wechseln, als es im Spätsommer und Winter 1777 am meisten von den Druckern benötigt wurde. Duplain hatte nicht mit der Unbeweglichkeit dieses Systems gerechnet, als er die Produktion erhöhte, und deshalb mußte die STN im Winter 1777–1778 aus Mangel an Nachschub beinahe ihre Arbeiter entlassen und den Betrieb schließen.

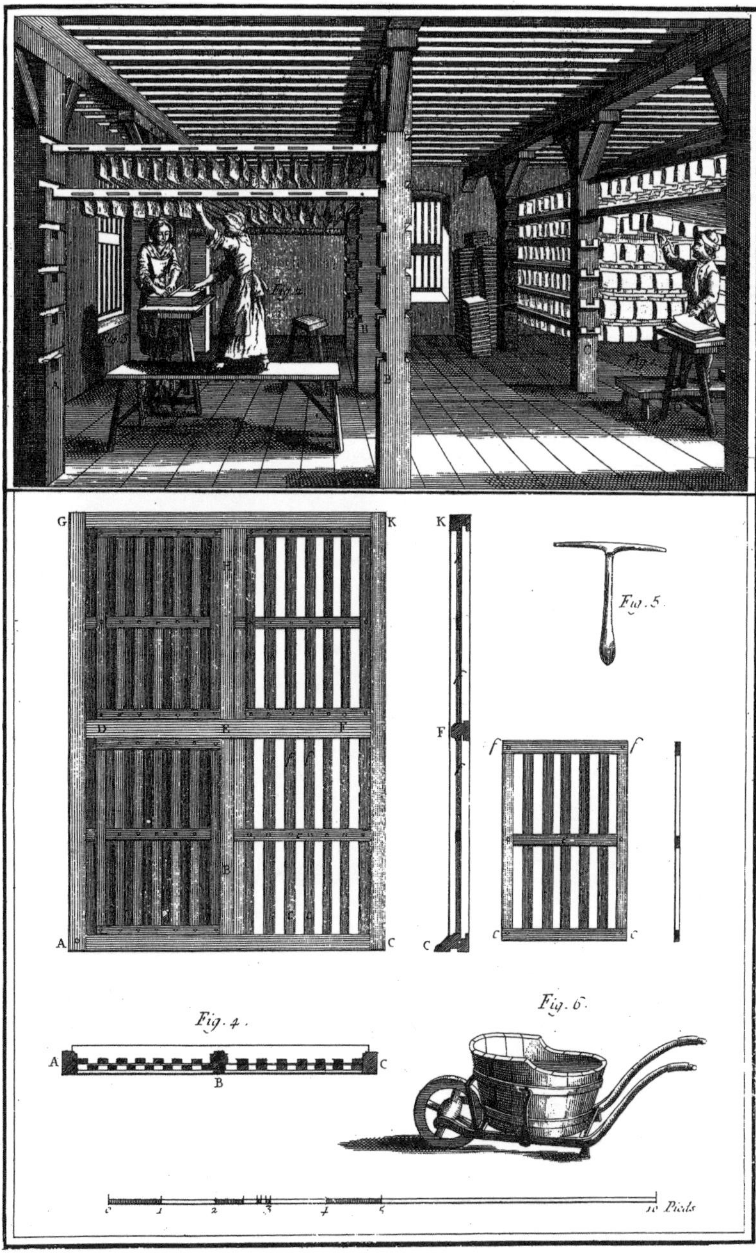

Das Papier wird mit dem Aufhängekreuz auf Leinen zum Trocknen gehängt.

Die STN verbrachte den Winter damit, große Strecken Frankreichs und der Schweiz nach jedem letzten Ries von 20-pfündigem Carré-Papier zu durchstöbern. Sie schrieb Dutzende von Briefen, sogar an Papiermüller im äußersten Süden des von Duplain durchgekämmten Territoriums südwestlich von Lyon. Sie handelte mit Kaufleuten in den entlegensten Ecken der Schweiz und des Elsaß. Sie schickte Favarger zu Pferde auf eine Papierhatz durch die entferntesten Täler des äußeren Jura. Und schließlich baute sie ein Netzwerk von Lieferanten auf, das den Druck bis zum 8. März 1779 am Laufen hielt, als der letzte Band beendet wurde. Das Papier, 5828 Ries zusätzlich zu einigen früheren Lieferungen Duplains, stammte von dreizehn Müllern und Händlern, die längs einer 450 km langen Achse von Straßburg nach Ambert verstreut waren.

Dank der Rechnungsbücher der STN kann man fast jedes Ries Papier von den Mühlen durch die Pressen bis in die Exemplare der Quartausgabe in den Regalen heutiger Bibliotheken verfolgen. Zunächst hing die STN völlig von Duplain und den Lyoner Händlern ab, die für ihn arbeiteten. Mitte des Jahres 1777 eröffnete Favargers Papiersuche einige neue Quellen, aber die Müller, die er anwarb, Gurdat in Bassecourt und Morel in Meslières, konnten vor dem nächsten Frühjahr nicht viel Papier für die *Enzyklopädie* produzieren. Als Duplains Lieferungen im Dezember aufhörten, gerade als die STN Band 15 zu drucken begann, mußten sich die Neuenburger genügend Vorrat vom Markt in Lyon zusammenstückeln, um die Einstellung der Produktion im Winter zu vermeiden. Erleichterung brachte Morels erste Lieferung im März 1778. Im Mai kam das Papier aus dem Elsaß, der Schweiz und der Franche-Comté. Und am Ende des Jahres 1778 hatte die STN genügend Vorrat angehäuft, um ihre beiden letzten Bände fast vollständig zu drucken.

Die Beschaffung des Materials aus derart verstreuten Quellen brachte das Problem mit sich, die Bögen so zu »verheiraten«, daß ihre verschiedenen Farben und Beschaffenheiten nicht das Auge der Kunden verletzten.[18] Um zu sehen, wie die Hochzeiten arrangiert wurden, kann man die Einträge in den Rechnungsbüchern der STN vergleichen mit den Wasserzeichen in einem Exemplar der Quartausgabe. Gemäß einer Eintragung vom 6. November 1778 in dem Rechnungsbuch »Brouillard B« setzte die STN den Band 24 aus Papieren von fünf Lieferanten in folgender Menge zusammen:

Schertz (Straßburg)	149 Ries	10 Lagen	
Vimal (Ambert)	431 Ries	1 Lage	3 Bogen
Gurdat (Bassecourt)	90 Ries		
Morel (Meslières)	930 Ries	9 Lagen	
Fontaine (Fribourg)	44 Ries	11 Lagen	
	1645 Ries	11 Lagen	3 Bogen

Diese Angaben betreffen die Proportionen des Papiers von verschiedenen Lieferanten, das beim gesamten Druck der 6150 Exemplare von Band 24 verwendet wurde. Indem man es in Druckbogen verwandelt, kann man einen Modellband 24 konstruieren und ihn mit einem wirklichen Exemplar vergleichen – in diesem Fall mit dem Exemplar der Stadtbibliothek Neuchâtel.[19] Der Band 24 der Neuenburger Quartausgabe enthält drei Papiersorten, die sich sehr leicht identifizieren lassen: dreißig Bogen von Vimal, die fast vollständige Wasserzeichen und Gegenzeichen haben; zwölf Bogen von Schertz, die keine Zeichen tragen, aber ein »DV«, das Schertz in seiner Korrespondenz als Gegenzeichen erwähnt; und vier Bogen von Fontaine, die Trauben als Zeichen tragen und »MF« für Maurice Fontaine als Gegenzeichen. Der Rest besteht aus achtzig Bogen Papier, die kein Zeichen oder Gegenzeichen tragen, und sieben Bogen mit einem dünnen Kreuz. Das erstere muß von Morel stammen, der der STN mitteilte, daß er bei seiner »Bastard«-Sorte alle Identifizierungszeichen vermeide, da sie nicht den Qualitätsmaßstäben der französischen Behörden entspreche;[20] und das letzte muß von Gurdat stammen, der entsprechend Rechnung und Tabelle sieben Bogen lieferte.

Die Aufgabe, die Papierlagen so zu mischen, daß die Kunden es akzeptierten, erforderte insgesamt eine gewaltige Anstrengung, nicht weil das Mischen (»Verheiraten«) des Papiers schwierig war, sondern weil der Papierkauf sehr viel Zeit, Energie und Sachkenntnis erforderte. Jeder Kauf mußte durch ein ausgefuchstes Feilschen vereinbart werden, und jeder Lieferant führte die Geschäfte auf seine Weise. Die berühmten Firmen von Johannot und Montgolfier in Annonay ließen sich kaum dazu herab, ihr Papier der mittleren Qualität (*moyen*) zu verkaufen und nannten den Preis auf der Basis Nimm oder laß es. Die kleinen Müller in der Franche-Comté wie Planche in Vuillafans und Sette in Chardon mußten hart strampeln, um überhaupt etwas von ihrer feinen Qualität (*fin*) zu verkaufen, und oft schleppten sie ihre Waren selbst nach Neuchâtel, um in eigener Person zu feilschen (vielen fiel es außerdem schwer, selbst einen einfachen Brief zu schreiben),

Das Papier wird gereinigt, poliert, gefaltet und zu Lagen zusammengelegt.

bei einer Flasche Wein und indem sie ihrem Geplauder die Zügel schießen ließen. Kaufleute wie Girard in Lyon und Schertz in Straßburg füllten ihre Geschäftsbriefe mit raffinierten Bemerkungen über Wechsel und Zinsanteile, während gewöhnliche Müller wie Morel aus Meslières und Desgranges aus Luxeuil auf rasches Geld drängten. Wenn Bargeld rar war, bat Morel um Bezahlung mit Fässern Wein – er brauchte Neuenburger Gewächse, wie er erklärte, als Medikament für einen kränkelnden Sohn – und er mischte seine Verkaufsgespräche mit verstümmelten Zitaten des Apostels Paulus und Vorschlägen, die Preise hinter Duplains Rücken zu senken, indem man am Gewicht pro Ries manipuliere oder ungelöschten Kalk in das Zeug gieße.[21]

Der Handel baute auf solche Schliche, denn die Müller hatten selten genug gute Hadern, um ihre Kunden zu befriedigen, und mogelten deshalb schlechtere Bögen in die feine Qualität oder spickten Riese unter dem Normgewicht mit besonderen Bögen, um auf das erforderliche Gewicht zu kommen. Die *Enzyklopädie* löste wahre Schlachten um Haderlumpen aus, besonders um das ausgewaschene Leinenzeug, das aus Burgund kam. So verlangte Jean-Baptiste Gurdat, ein Müller aus dem Gebirgsweiler Bassecourt in der Nähe von Porrentruy, rasche Bezahlung für sein Enzyklopädie-Papier, da er einen Coup gegen die Basler Papiermacher landen wollte: »ich rechne damit, bei Ihnen etwa am kommenden 3. oder 4. April zu sein, um mein Geld zusammenzuhaben, denn ich brauche es jetzt dringend, denn ich habe bei unserem Fürsten eine Verordnung erwirkt, die verbietet, Lumpen nach Basel auszuführen, und ich erhalte jetzt viel aus Burgund.« (in seiner eigenen Orthographie liest sich das so: »je conte de me transporté ches vous en viron le 3 ou 4 avris prochain pour à voir mon argen en samble car je en aÿ de grand besoin pour le present car jaÿ oppetenus de notre prince un ordonance quil desfant de lesser passer des guenille pour bale et il men vien baucout de la bourgogne presentement.«)[22] Gurdat mochte das schriftliche Französisch nicht vollkommen beherrschen, aber er wußte, wie man das Geld aus seinen Kunden herausbekommt, bei seinen Beschützern antichambriert und seinen Konkurrenten den Lumpenhandel abspenstig macht.

Die STN ihrerseits benutzte alle in ihrer Macht stehenden Tricks, um die Müller zu manipulieren. Sie verlangte Preisnachlaß bei fast jedem Ries, das sie für die Enzyklopädie erhielt, selbst wenn das Papier akzeptabel war. Wenn sie Fehler bemerkte, zog sie ein paar Sous vom Preis ab oder erhielt günstigere Konditionen bei der nächsten Lieferung oder zwang einen Müller, schlechtere Wechsel zu akzeptieren, die gewöhnlich platzten und dann Monate brauchten, bis sie vom Handelsreisenden zum Gerichtsdiener und zum Anwalt kamen, bis schließlich der ursprüngliche Aussteller einer Vereinbarung zustimmte, gewöhnlich zu reduziertem Preis, oder aus der Stadt floh und seine Gläubiger über die Reste eines bankrotten Geschäfts raisonnieren ließ. Die Müller schlugen zurück, indem sie ihre Kunden gegeneinander ausspielten. Diese Strategie hatte 1777 großen Erfolg, als die Nachfrage die Lieferungen übertraf und die Preise stiegen. 1778 entschieden aber die Lumpensammler, daß es auch für sie Zeit wäre, am großen Erfolg der Enzyklopädie teilzuhaben. Desgranges behauptete, daß die Kosten für erstklassige Hadern in wenig mehr als einem Jahr um 25 Prozent gestiegen seien.[23] Inzwischen wechselten mehr Mühlen zur Herstellung von Enzyklopädiepapier, und mehr Drucker hatten ihren Vorrat aufgetürmt; so ging der Druck wieder zurück auf die Papierhersteller. Im Frühjahr 1779 hatte sich der Preis für 20-pfündiges Carré-Papier ausgeglichen und die Belieferung sich der *Enzyklopädie* angepaßt. Aber die Anpassung war langsam und mühevoll gewesen, da das System schlecht auf kurzfristigen Wechsel reagierte. Es bewegte sich in einem Rhythmus, der durch den alten Stil des Feilschens auf dem Marktplatz und durch die natürlichen Jahreszeiten bestimmt war. Es arbeitete aber gut genug, um das Material für 8000 Exemplare der 36bändigen Ausgabe von Diderots großem Werk zu liefern.

Manuskript

Diderot und seine Mitarbeiter hatten ihren Anteil an dem Werk viele Jahre früher geleistet, aber das war nur der Anfang eines langen Prozesses gewesen, der um 1780 mit dem Druck und der Verbreitung ihres Manuskripts im großen Maßstab überall in Europa seinen Höhepunkt fand. Der Text, der das allgemeine Lesepublikum, wenn auch nicht gerade die Massen, erreichte, unterschied sich jedoch etwas von dem ihrigen, da auch er unter dem Druck auf den Produktionsprozeß litt. In seinem Prospekt hatte Duplain versprochen, nicht nur den ursprünglichen Text vollständig abzudrucken, sondern ihn sogar in drei Hinsichten zu verbessern: seine zahlreichen Druckfehler und sachlichen Irrtümer aus der Welt zu schaffen, eine große Menge neuen

Materials hinzuzufügen und die vier Foliobände *Suppléments* einzuarbeiten. Er wollte nie eine exakte Kopie der ersten Folio-Auflage herstellen, sondern eine überlegene Fassung davon schaffen – oder zumindest das Publikum überreden, daß er es getan habe. Das Korrigieren, Vermehren und Einarbeiten erforderte ein hohes Maß an Herausgeberarbeit, weshalb die Verträge zwischen Duplain und Panckoucke einen Redakteur vorsahen, der 600 Livres pro Band erhalten sollte, die später auf 850 Livres erhöht wurden, mit zusätzlichen 3000 Livres für weitere Arbeit an der dritten »Auflage«. Duplain gab diese Arbeit an den Abbé Jean-Antoine de Laserre, einen Oratorianer und kleineren Literaten in Lyon. Laserre wurde so Diderots Nachfolger und der Vermittler, durch den Diderots Text die meisten seiner Leser im 18. Jahrhundert erreichte.

Laserres wichtigste Qualifikation, um Diderots Werk zu verbessern, scheint seine Freundschaft mit Duplain gewesen zu sein. Es bekümmerte ihn nicht, sich mit dem Text zu beschäftigen oder seine Änderungen an Diderots Stil anzupassen, da er sich um anderes zu kümmern hatte – seine eigene Karriere zu fördern, z. B., und seine Oberen in der Kirche zu hofieren. Er ersetzte den ursprünglichen Artikel »Apologue« (Lehrfabel) des Abbé Edme Mallet durch eine Auswahl aus seiner eigenen *Poétique élémentaire*; er fügte zu dem Artikel »Naturel (Belles-Lettres)« in Band 22 einen Auszug aus seiner Rede zur Aufnahme in die Akademie von Lyon; und dem Artikel »Testament« in Band 33 fügte er einen erbaulichen Auszug aus einem Hirtenbrief seines Erzbischofs hinzu, der begann: »Das ganze Alte Testament ist nach dem Plan Gottes nur ein großes und prachtvolles Bild, worauf seine Hand im Vorhinein alles gezeichnet hat, was dem verheißenen Heiland widerfahren sollte.«

Den überwiegenden Teil ließ der »heilige Mann«, wie die Neuenburger ihn mit beißender Ironie nannten, jedoch so wie er war – nicht weil er den Text respektierte, sondern weil ihm die Zeit fehlte, Änderungen vorzunehmen. Er arbeitete in rasender Eile, schnitt Verweise auf die acht Tafelbände aus, welche die Quartausgabe nicht enthalten würde, klebte Schnipsel aus den *Suppléments* hinzu, die er durch Häppchen seiner eigenen Prosa mit dem Haupttext verband, und überlas schließlich das Gemisch aus gedrucktem und handgeschriebenem Manuskript, das an die Drucker geschickt werden sollte. Da ein halbes Dutzend Druckereien zur gleichen Zeit an verschiedenen Bänden arbeiteten, konnte er mit ihren Forderungen nach Manuskript kaum Schritt halten. Er belieferte die STN in kleinen Partien, und sie drängte ihn stets, schneller zu arbeiten und größere Mengen zu senden, damit sie ihren Produktionsrhythmus einhalten konnte: »Manuskript und Papier, so lautet stets unser Refrain.«[24] Sie widersetzte sich auch seiner Neigung, eigene Schriften in den Text zu schieben und Irrtümer zu übersehen. »Das Manuskript, das Sie uns gesendet haben, wird in einigen Tagen aufgebraucht sein«, schrieb sie im Juli 1777 an Duplain. »Lassen Sie uns bitte neues senden ... Sie würden gut daran tun, den Abbé Laserre zu bitten, das Manuskript vor Absendung sorgfältig zu lesen, da man Fehler gegen den Sinn gefunden hat, die wir berichtigt haben und die den Enzyklopädikern Anlaß zu allerhand sarkastischen Bemerkungen gegeben haben.«[25]

Solche Kritik kränkte den Abbé, der antwortete, daß er die Arbeit nicht angemessen tun könne, wenn er den Text von sechs Bänden in drei Monaten reinigen solle. Er zählte auf die Setzer, die Druckfehler sowohl wie sachliche Fehler berichtigen sollten, statt sich als Heckenschützen zu betätigen. Tatsächlich war er nicht über die Polemiken rund um die *Enzyklopädie* auf dem laufenden und vermochte ihre Gegner nicht zu entwaffnen, da er den Text an Stellen verbesserte, auf die sie ihre Attacken konzentriert hatten, aber das Buch war genügend umfangreich, um der Kritik standzuhalten und Widersprüche zu enthalten.[26]

»Da ich die Kritik Frérons erst ab der Sendung der ersten Bogen des 6. Bandes erhalten habe, ließ ich einige Fehler stehen, die der Journalist darin gefunden hatte. Derjenige, welcher den meisten Anstoß erregen könnte, befindet sich im Artikel »Canathous«, wo das Wort Gottheit statt Jungfräulichkeit eine Absurdität bildet. Vielleicht halten Sie es auch für mangelnde Aufmerksamkeit, Artikel akzeptiert zu haben, die sich zu widersprechen scheinen. Aber die Gelehrten, die ich konsultiert habe, bestätigten mir, daß die Idee der Enzyklopädie es ist, ein Repertoire verschiedener Meinungen und nicht ein systematisches Werk zu sein, und daß sie deshalb das Pro und Contra enthalten müsse ... aus dem Aufeinanderprallen der Meinungen entsteht das Licht, und unser Wörterbuch soll den Vorzug der Akademien haben, alle Systeme zu versammeln ohne sie anzunehmen.«

Es mag befremdlich erscheinen, daß ein zeitgenössischer Herausgeber der *Enzyklopädie* so schlecht über die zeitgenössische Kritik unterrichtet sein sollte, aber Laserre und die »Gelehrten« um ihn

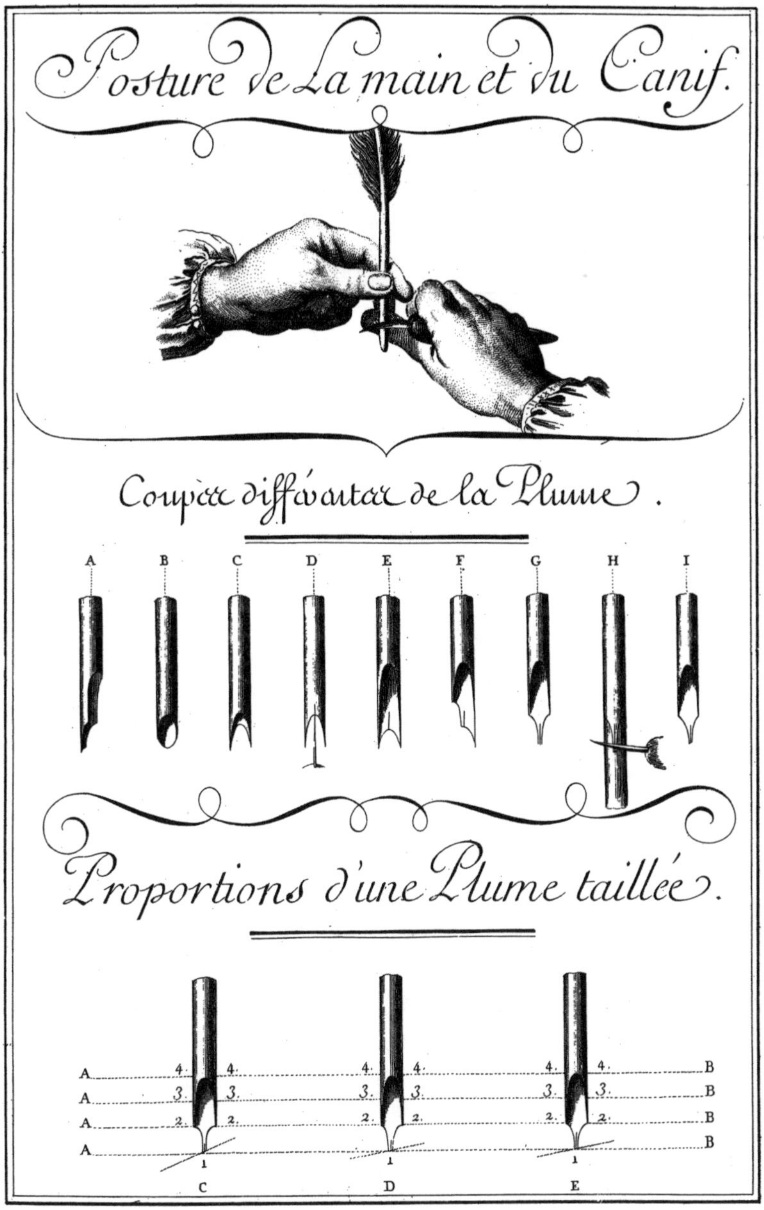

Das Zuschneiden der Schreibfeder.

herum, d.h. seine Kollegen in der Akademie von Lyon, hatten die Auseinandersetzungen um die *Enzyklopädie* aus der Ferne beobachtet, statt in ihr selbst drinzustecken. Folglich erhielt die Quartausgabe einen gewissen provinziellen Anstrich. Es war ein Lyoner Produkt, zum größten Teil von Duplains Bekanntenkreis herausgegeben, gedruckt und organisiert. Diderot und Panckoucke mochten wissen, was nötig war, um die Pariser zufriedenzustellen, aber Laserre und Duplain wußten, was die Provinzler wünschten, oder zumindest, was sie kaufen würden.

Die STN ihrerseits wollte vermeiden, den Markt irgendwo zu schädigen. Sie betrachtete Laserre eher als Verbindlichkeit denn als Aktivposten, und leistete, wenn möglich, selbst ziemlich ausführliche Arbeit am Manuskript, wie sie Panckoucke erklärte: »Wir kümmern uns auch um die Korrektur, nicht nur von Druckfehlern, sondern auch von inhaltlichen Fehlern, die sich auch in dem Manuskript, das man uns schickt, befinden. Man muß unseren Redakteur, Herrn Abbé de Laserre bitten, darauf zu achten.« »Schreiber dieses (Bertrand) schließt sich Herrn Ostervald an, Ihnen zu empfehlen, dem Herrn Abbé de Laserre nicht zu gestatten, seine Schriften in die Enzyklopädie einzurücken, sondern lediglich die *Suppléments* einzufügen.«[27] Panckoucke intervenierte, aber sehr höflich. »Autoren sind ein wenig eitler als andere Menschen«[28], erläuterte er der STN. Die Neuenburger, die mit Rousseau und Voltaire ebenso wie mit sehr vielen anmaßenden, zweitrangigen Autoren zu tun hatten – stimmten bei, und schrieben, unter Verlegern: »Zweifellos sind Autoren eitel; das wirkliche oder vorgebliche Wissen bläht, und der enzyklopädistische Abbé ist nicht der einzige, der einen guten Rat nicht anzunehmen versteht.«[29] Aber wenn sie an Laserre schrieben, verfolgten sie eine andere Fährte. Sie gaben ihre frühere Forderung auf, daß er den Text, so wie er war, respektiere, und versuchten, das Beste aus seiner Absicht ihn zu manipulieren zu machen. Sie deuteten an, daß sie in ihrer literarischen Zeitschrift, dem *Journal helvétique,* einige Werbung für seine Bücher machen konnten, wenn er in den Verweisen der Quartausgabe ihrer Ausgabe der *Description des art et métiers* Vorschub leiste. Diese Formel stellte den Frieden zwischen Herausgeber und Drucker wieder her. Von Band 15 an verwies Laserre die Leser der Quartausgabe für weitere Information über die »Künste und Gewerbe« auf das Buch bei der STN, und die STN rezensierte Laserres Schriften als »klassische Bücher« in ihrer Zeitung.[30]

Unglücklicherweise hatte Duplain auch mit Herausgeberproblemen zu tun, die sich nicht einfach durch Textänderungen und das Kitzeln der Eitelkeit seines Redakteurs lösen ließen. Wie oben in Kapitel III erläutert, hatte er seine Subskriptionskampagne auf eine katastrophale Fehlberechnung des Umfangs der *Enzyklopädie* gegründet: Sie sollte auf 36 Bände kommen statt der 29, für die der Subskribent abgeschlossen hatte, wenn sie den gesamten Text enthalten sollte. (Die Subskribenten zahlten pro Band, Duplain hatte aber versprochen, den Gesamtpreis bei 344 Livres zu halten.) Er hoffte diese Schwierigkeit zu umgehen, indem er großspurig verkündete, daß er drei Zusatzbände gratis liefere, während er für die übrigen vier Bände stillschweigend bei den Subskribenten kassierte. Auch änderte er vorsichtig die Angaben für die zweite Subskription und vermarktete die dritte – in 36 Bänden – als handele es sich um eine neue Unternehmung der STN. Selbst dann mußte er den Umfang der Bände erweitern, um ihre Zahl zu begrenzen. Und um diesen überquellenden Umfang in Schranken zu halten, wies er Laserre an, diskret zu kürzen. Indem er Abschnitte aus dem Haupttext wegließ und Artikel aus den *Suppléments* zusammenfaßte, hielt Laserre die Bände bei je 800 Seiten.

In Verlegerkreisen machte bald das Wort die Runde, Duplain betrüge mit dem Umfang seiner *Enzyklopädie,* und Duplain mußte Laserre anweisen, damit aufzuhören. Die Bände wuchsen auf je 1000 Seiten an, ab dem 9. Band. Band 11 enthielt eine »Mitteilung der Verleger«, die empört bestritt, daß Kürzungen stattgefunden hätten. Die Herausgeber hätten lediglich einiges Material neu angeordnet, hieß es. Zum Beispiel würde »Pseudo-Acacia« unter P statt unter A erscheinen. Der letzte Band würde einen großen Abschnitt Zusätze und Verbesserungen enthalten, und sollte ein Subskribent eine wirkliche Textkürzung entdecken, so druckten sie die Herausgeber in einem Gratis-Supplement. Laserre erstattete das, was er zwischen »Abatardir« und »Horn« amputiert hatte, als »Zusätze« ziemlich ungeschickt am Ende von Band 16 wieder zurück und blieb dem ursprünglichen Text in der zweiten Hälfte der Quartausgabe treu, obwohl er privat der STN gestand, daß das ganze Geschäft ihm verleidet sei: »Man nötigt uns, das Werk zu verhunzen. Ab dem 20. Band fügen wir zu den Artikeln des Wörterbuchs die des Supplements, in denen oft das gleiche steht. Aber »verbrühte Katzen fürchten auch das kalte Wasser«. Gemäß Herrn Duplain und seinen Partnern ist es wesentlich, daß man keinerlei Textkürzung findet. Mit diesem System hätten sie uns sehr viel Mühe ersparen können. Zunächst wollte man nur 32 Bände zu 100 Druckbogen. Man mußte also Text unterdrücken. Man hat mir ein Verbrechen daraus gemacht, nicht das Unmögliche gewagt zu haben. Heute, da man 39 bis 40 Bände liefert, muß man alles, soweit es möglich ist behalten … Ich empfinde wie Sie, wie fehlerhaft dieses Vorgehen ist, aber wir sind genötigt es zu verfolgen.«[31]

Obwohl die Neuenburger dem Abbé mitfühlend antworteten, zogen sie hinter seinem Rücken in ihren Briefen an Panckoucke über ihn her. Sie hatten Grund zur Klage, denn als Laserre das Manuskript für die dritte Auflage durchging, hatte er sich mit seinen früheren Irrtümern abgefunden, statt sie zu verbessern. Diese Schlußepisode editorischer Stümperei wurde der STN deutlich, nachdem sie das Manuskript für den Band 19 der dritten Auflage erhalten und ihn mit dem Band 19 der früheren Auflagen verglichen hatte. Um die Sache schlimmer zu machen, weigerte sich Duplain, die STN mehr als einen Band der Ausgabe von »Neuchâtel« drucken zu lassen, obwohl er alle 36 Bände mit ihrem Impressum herausbrachte. Damit lud man ihr, wie die STN Panckoucke erklärte, die Beweislast für nachlässige Arbeit auf, die man in ihrem Namen von Konkurrenten machen ließ, die Duplain begünstigte.

Über Laserres Vorgehen lassen sich keine genaueren Nachrichten finden – wie er seine Kopisten instruierte, mit dem Manuskript vorankam usw. Aber das oben Angeführte genügt für den Erweis, daß weder er noch die Verleger den Text der Enzyklopädie als unverletzlich ansahen. Im Gegenteil spickten sie ihn mit fremdem Material, quetschten ihn unförmig zusammen, schnitten ihn auseinander und stückten ihn wieder zusammen wie sie wollten, ohne sich im mindesten an die Versprechungen ihrer Prospekte oder die Intentionen Diderots zu halten. Gewiß hatte Diderot selbst, der mehr als seinen Anteil editorischer Schwierigkeiten durchgestanden hatte, die *Enzyklopädie* als ein Monstrum beschrieben, das man völlig neu erarbeiten müsse. Diese unbekümmerte und kritische Haltung zum Text findet sich in allen Projekten, ihn nachzudrucken, von dem anfänglichen Vorschlag eines »Neugusses« an bis zur *Encyclopédie méthodique.* Die Verleger behandelten auch andere Bücher auf diese Weise. Sie gingen leichtfertig mit Texten um, denn es geschah ihnen nie, daß sie religiöse Achtung vor dem geschriebenen Wort empfanden. Das Zeitalter der wissenschaftlichen Ausgaben war noch nicht heraufgedämmert.

Arbeitskräfte beschaffen

Nachdem die STN Manuskript bestellt hatte, Pressen, Lettern, Druckerschwärze, Leder für die Farbballen, Kerzen, Kiele, Ausschließplatten, Satzschiffe, Rahmen und hundert andere Dinge, brauchte sie auch Leute, um die Materie in Bewegung zu setzen.[32] Sie bestellte Arbeiter genauso wie sie Werkzeug bestellte, und stieß dabei auf die gleichen Probleme von Angebot und Nachfrage. Aber sie hatte auch mit den Besonderheiten der Drucker als menschlicher Wesen zu rechnen. Diese hatten noch keinerlei Begriff davon, einer bestimmten Firma anzugehören. Statt dessen arbeiteten sie in ihrem Beruf, kamen und gingen, wenn es Arbeit gab und sie Lust dazu hatten. Obwohl manche mehrere Jahre in einer Druckerei blieben, ein paar sich niederließen und Familien gründeten, scheinen sich die meisten Drucker von einer Beschäftigung zur anderen gehangelt und einen großen Teil ihres Lebens auf den Landstraßen verbracht zu haben. Denn das Drucken war ein Wandergewerbe. Die Männer gingen dahin, wo sie Arbeit finden konnten, selbst wenn sie Hunderte von Meilen wandern mußten. War Arbeit im Überfluß vorhanden, wechselten sie manchmal die Beschäftigung, um Reisegeld zu sammeln oder einfach aus Laune (*Caprice*), wie sie sagten.[33] Sie kamen und gingen mit rasendem Tempo während des Booms der Enzyklopädie, dessen Widerhall auf den Wanderwegen in Frankreich, der Schweiz und einem Teil Deutschlands zu vernehmen war und einen entsprechend heftigen Wettbewerb um Arbeiter wie um Papier erzeugte.

Die Herren der Schweizer Druckereien konnten nicht auf ein breites Angebot lokaler Arbeitskräfte zurückgreifen; deshalb sondierten sie heimlich gegenseitig ihre Betriebe und versuchten, Drucker aus den größeren Arbeitsreservoiren in Frankreich anzuziehen. Die STN benutzte eine buntscheckige Mannschaft von Anwerbeagenten: einen Basler Buchhändler, der die Wirtshäuser durchstreifte, einen höheren Beamten und Bücherliebhaber in Straßburg, einen ehemaligen Schmuggler aus der Buchhändlerinnung in Dijon, einen kleinen Buchagenten in Paris, einen Fuhrhändler und Schriftgießer in Lyon, einen Diskont-Uhrenhersteller in Genf und einen Genfer Drucker mit der anspielungsreichen Adresse »chez la veuve Joly, rue des belles filles« (bei Witwe Hübsch, in der Schönemädchenstraße). Diese Agenten schickten die Drucker los und wechselten über sie einen Strom von Briefen mit der STN, die über die Haltung zu Arbeit und

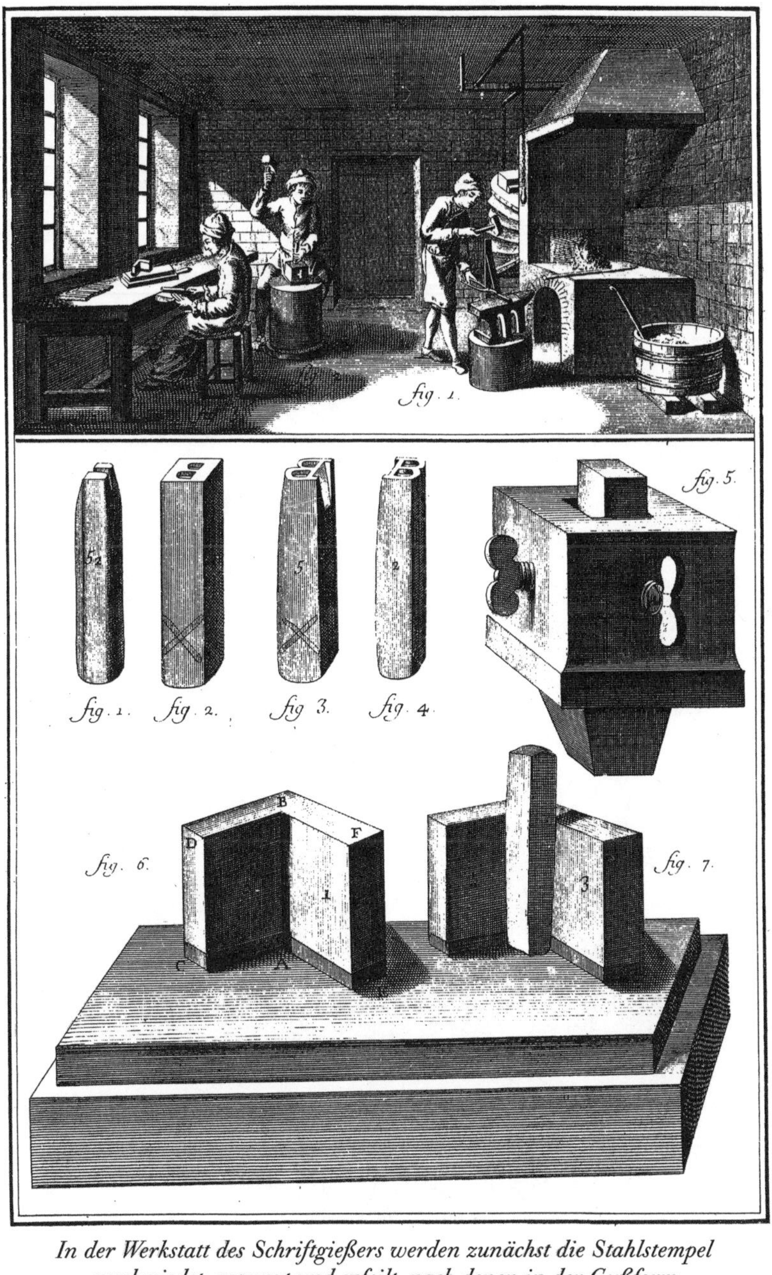

In der Werkstatt des Schriftgießers werden zunächst die Stahlstempel geschmiedet, gepunzt und gefeilt, nach denen in der Gußform die Lettern in Blei gegossen werden.

Arbeitern bei den »Bürgern« (*bourgeois*), wie die Leute die Druckherren nannten, deutliche Einblicke geben.

Die STN bestellte Drucker partienweise, wie Papier. »Es wäre gut, wenn sie sortiert wären, d. h. so viele Schriftsetzer wie Buchdrucker«,[34] instruierte sie einen Agenten in Lyon, war aber zugleich in Sorge, daß man solche »Sortimente« gar nicht mehr bekäme. Daher die Sicherheitsvorkehrungen in ihren Instruktionen für Perregaux, der einen Dienstboten in den Pariser Druckereien herumschicken sollte, um Rekruten zu suchen: »Wir suchen Arbeiter zur See und auf dem Land. Wenn Herr Boniface, der überall herumstöbert, uns vorsichtig 3 Schriftsetzer und 3 Buchdrucker besorgen, verpflichten und spedieren könnte, so artige Jungs wie möglich, wären wir ihm wirklich sehr verpflichtet, selbst wenn es 4 von jeder Sorte wären. Er könnte jedem 1 Louis-d'or (24 Livres) für die Reise versprechen. Wir haben uns die Gewohnheit zu eigen gemacht, sie erst nach einem Monat Residenz zu bezahlen, aber diese Besonderheit braucht man ihnen nicht zu sagen. Er kann ihnen auch versichern, daß sie, wenn sie ein volles Jahr oder besser noch bis zum Ende des Druckes unserer Enzyklopädie, der zwei oder drei Jahre gehen wird, hier arbeiten, von uns sehr gewiß eine Entschädigung erhalten, mit der sie wohl zufrieden sein können.«[35]

Offensichtlich erwartete die STN gar nicht, daß die Arbeiter ein volles Jahr in Neuchâtel blieben, und vertraute ihnen nicht bei einer so geringen Summe wie einem Louis-d'or. Sie hoffte, sie durch einen Bonus im Betrieb zu halten, aber der Bonus war an Auflagen gebunden, die sie nicht enthüllen wollte, bevor die Männer erst einmal da waren, 500 Kilometer weiter. So lockte sie sie mit dem Reisegeld – einer Geldsumme, die ungefähr dem Lohn entsprach, den sie in der Zeit verdient hätten, die sie zur Wanderung nach Neuchâtel brauchten – weigerte sich aber, es vor einem Monat Arbeit auszuzahlen. Manchmal behielt die STN Gerät und Habe der Männer (*hardes*), das die Anwerber als eine Art Sicherheitspfand separat schickten; denn sie fürchtete, sie würden unterwegs eine andere Beschäftigung annehmen oder verschwinden, nachdem sie bei verschiedenen Druckherren Reisegeld eingesammelt hatten.[36]

Schließlich warnten die Werber die STN vor Trunkenheit und Faulheit. Ein Genfer Agent gab eine spezifizierte Charakteristik eines Setzers, mahnte aber, daß man ihn kurz halten müsse: »Er ist flink und geschickt, wie man sagt; aber es ist gewiß, daß er ein Nichtsnutz und

Trunkenbold ist.«[37] Und ein Pariser Werber schränkte eine Empfehlung ähnlich ein: »Und was letzteren betrifft, den man mir als guten Arbeiter schildert, bitte ich Sie, ihm nie Vorschuß zu geben. Sein Vater sagte mir, er sei ein wenig ein Nichtsnutz.«[38] Alle Briefe über die Arbeiter schlagen einen mißtrauischen Grundton an. Harmlos war es noch, wenn ein Drucker wegen Liederlichkeit die Arbeit liegen ließ, schlimm wurde es, wenn er Druckbogen an Raubdrucker verkaufte oder als Polizeispitzel tätig war.[39] Die Arbeitgeber und ihre Agenten schrieben über Arbeiter, als seien sie Kinder (*garçons*), Dinge (*assortiments*)[40] oder eine fremde Rasse. Einmal beklagte sich die STN bei Duplain, daß ein Werber einige Leute geschickt habe, ohne sich zu erkundigen: »Er hat uns ein Paar in so schlechtem Zustand gesandt, daß wir genötigt waren, sie zurückzuschicken.«[41] Ein anderes Mal bat sie um einen weiteren Band zum Drucken, damit sie ihren Betrieb nicht schließen müßte – sie hätte nichts dagegen gehabt, die Leute zu entlassen, sie wollte aber die Notwendigkeit vermeiden, ihre Mannschaft bei späterer Arbeit wieder neu aufzubauen. Duplain antwortete, »Was ist einfacher, als sechs gute Buchdrucker aus Ihrer Gruppe auszuwählen und die übrigen heimzuschicken, deren Abzug uns übrigens mehr Macht über eine zügellose und unzähmbare Rasse gäbe, als wir sie jetzt haben?«[42]

Die Arbeiter wechselten Empfehlungsbriefe über ihre Chefs, ganz wie diese über sie korrespondierten. Die wenigen Briefe der Arbeiter untereinander, die sich erhalten haben – manche in so grausamer Orthographie und Handschrift, daß man sie laut lesen muß, um sie zu verstehen – zeigen die gleichen Sorgen.[43] Die Männer wollten herausfinden, wo das Angebot an Arbeit reichlich war, der Lohn gut, die Mannschaft angenehm und der Vorarbeiter umgänglich. Diese Informationen machten auch mündlich die Runde, wenn die Drucker sich unterwegs begegneten oder in Wirtshäusern, die von ihrem Gewerbe besucht wurden. Die Wirtshäuser der Drucker in Paris, besonders »Le Panier fleury«, in der Rue de la Huchette, waren wichtige Tauschplätze für Nachrichten über Beschäftigung und Löhne. Sie dienten sogar als Sammelplätze für gemeinsame Aktionen, wie man dem folgenden Bericht aus der unveröffentlichten Autobiographie eines Pariser Vorarbeiters entnehmen kann: »Diese Herren wählen ein Gasthaus, das ihnen als Spelunke dient. In dieser Spelunke findet man immer Gesellschaft, man tauscht dort alle Neuigkeiten des Buchgewerbes aus. Man kennt den Stand der Löhne, man ergreift Maßnahmen, um sie nicht sinken zu lassen, man spricht vom überhöhten Gewinn der Druckherren und man kann urteilen, wie man mit ihnen umgeht. So macht man gute Exemplare. Hält man sie auch nicht zu knapp? Man erfährt dort von freien Arbeitsplätzen. Es gibt da, sagt man, ein Werk, das begonnen wird; man braucht so und so viele Setzer.

Man trichtert den Neuankömmlingen den Stand der Löhne ein, und man empfiehlt ihnen vor allem, der Genossenschaft treu zu sein und die Löhne zu verteidigen. Einige haben ein schriftliches Verzeichnis davon. Hier eine genaue Abschrift.«[44]

Wann immer möglich, versuchten die Druckherren, das Nachrichtennetz der Arbeiter zu manipulieren. Im Sommer 1777 z. B. ließ die STN ihre Drucker Briefe an Freunde in anderen Druckereien schreiben, um sie zu drängen, nach Neuchâtel zu kommen. So überredete ein Buchdrucker Meyer seinen Bruder in einer Straßburger Druckerei, zu Mariä Geburt (8. September), wenn die Deutschen traditionell ihre Arbeitsstellen wechselten, mit fünf Kameraden auszuwandern. Vor dem Termin hörten die Straßburger Drucker aber einen schlechten Bericht über die STN von einem Wanderburschen, der durch die Stadt kam, und sie gaben ihre Reise auf. Offensichtlich vertrauten sie einem mündlichen Bericht von einem Handwerksgesellen mehr als einem Brief von einem Verwandten, der von einem »Bourgeois« inspiriert sein konnte, wie es in der Tat der Fall war.[45]

So wurde das Anwerben von Gegenströmungen und Auseinandersetzungen berührt. Eine Seite ließ Angebote baumeln, die andere spielte mit dem Köder. Die Arbeitgeber konnten Löhne kürzen, Gerät zurückhalten oder die Widerspenstigen entlassen; aber sie konnten nicht nach Laune mit den Männern umgehen. Und wenn die Arbeiter manchmal einen Bourgeois gegen den anderen ausspielten, Reisegeld und Bonus verlangten, so verloren sie doch den Raum zum Manövrieren, sobald die Nachfrage zurückging. Die Taktiken beider Seiten lassen sich am klarsten an einigen Angeworbenen aus Lyon und Paris verfolgen, die die Hauptmasse der Arbeit an der Enzyklopädie für die STN im Sommer 1777 taten.

Duplain hatte die STN ermahnt, nicht in seinem Arbeiterreservoir angeln zu gehen: »Die Arbeiter sind hier von extremer Seltenheit. Versuchen Sie, sich auf ihrer Seite damit zu versorgen.«[46] Mehr Erfolg hatte die STN auf dem größeren Arbeitsmarkt in Paris, dank dem Buchhändler Pyre, der ein Freund des Vorarbeiters der STN und ein Feind der Pariser Innung war, am richtigen Ort und bereit zu helfen.[47] Am

16. Juni 1777 brachen sechs von ihm Angeworbene nach Neuchâtel auf, mit einem Brief von ihm, der die Bedingungen ihrer Anstellungen festhielt: 24 Livres Reisegeld nach ihrer Ankunft und einen Bonus von 24 Livres, wenn sie bis Jahresende blieben. In einem anderen Brief, den Pyre unmittelbar an die STN schickte, erklärte er, er habe den Männern nicht gesagt, daß sie erst einen Monat arbeiten müßten, ehe das Reisegeld ausbezahlt würde, da er befürchtete, daß diese Ankündigung sie vom Aufbruch abgeschreckt hätte. Auch hielt er es für das beste, ihre Gerätschaften so lange zurückzuhalten, bis man ihm ihre Ankunft melde. Sie kamen am 1. Juli an, nach zwei Wochen Marsch quer durch Frankreich für die 500 Kilometer, mit einem Durchschnitt von 36 Kilometer pro Tag. Ihre 24 Livres Reisegeld waren eine gute Bezahlung für eine Sommerwanderung, denn es entsprach dem, was sie in zwei Wochen harter Arbeit in der Druckerei der STN verdient hätten. Als sie in Neuchâtel ankamen, erfuhren sie jedoch, daß sie die Summe erst nach einem Monat Arbeit erhielten. Sie hatten keine andere Wahl, als sich für die *Enzyklopädie* an die Arbeit zu machen und für das, was die STN sonst noch druckte.

Ihre Laufbahn im Betrieb kann Woche für Woche und Mann für Mann anhand des Lohnbuchs verfolgt werden, daß der Vorarbeiter Barthélemy Spineux führte.[48] Drei Schriftsetzer, Maltête, Poiré und Chaix, setzten zwei Wochen lang Lotteriescheine, den Katalog der STN und andere kleine Sachen. Danach, in der Woche vom 14. zum 19. Juli, wies Spineux ihnen reguläre Aufträge an. Poiré und Chaix arbeiteten zusammen an einem Traktat der Aufklärung, »Instruktion Katharinas II., Zarin aller Reußen, für die von dieser Fürstin eingesetzte Redaktionskommission für ein neues Gesetzbuch« (*Instruction donnée par Cathérine II, ...*), und Maltête setzte für die ersten Formrahmen des ersten Bandes der STN für die *Enzyklopädie*. Die drei Männer setzten ihre Arbeit fort bis zum 23. August, als Poiré und Chaix verschwanden. Sie hatten acht Wochen gearbeitet, lange genug, um ihr Reisegeld und ihre Gerätschaften einzusammeln, und waren weitergezogen – vermutlich zur Arbeit in einer anderen Druckerei, die sie durch die Flüsterpropaganda der Handwerksburschen reservieren ließen. Maltête ging zwei Wochen später. Diesmal weigerte sich Spineux, das Reisegeld auszuzahlen. »Ich gebe Herrn Maltête kein Reisegeld, und wie ich nichts bezahlt habe, so werde ich auch nichts bezahlen«, kritzelte er wütend an den Rand seines Eintrages im Lohnbuch am 6. September, was dort die letzte Erwähnung des Pariser Kleeblatts war,

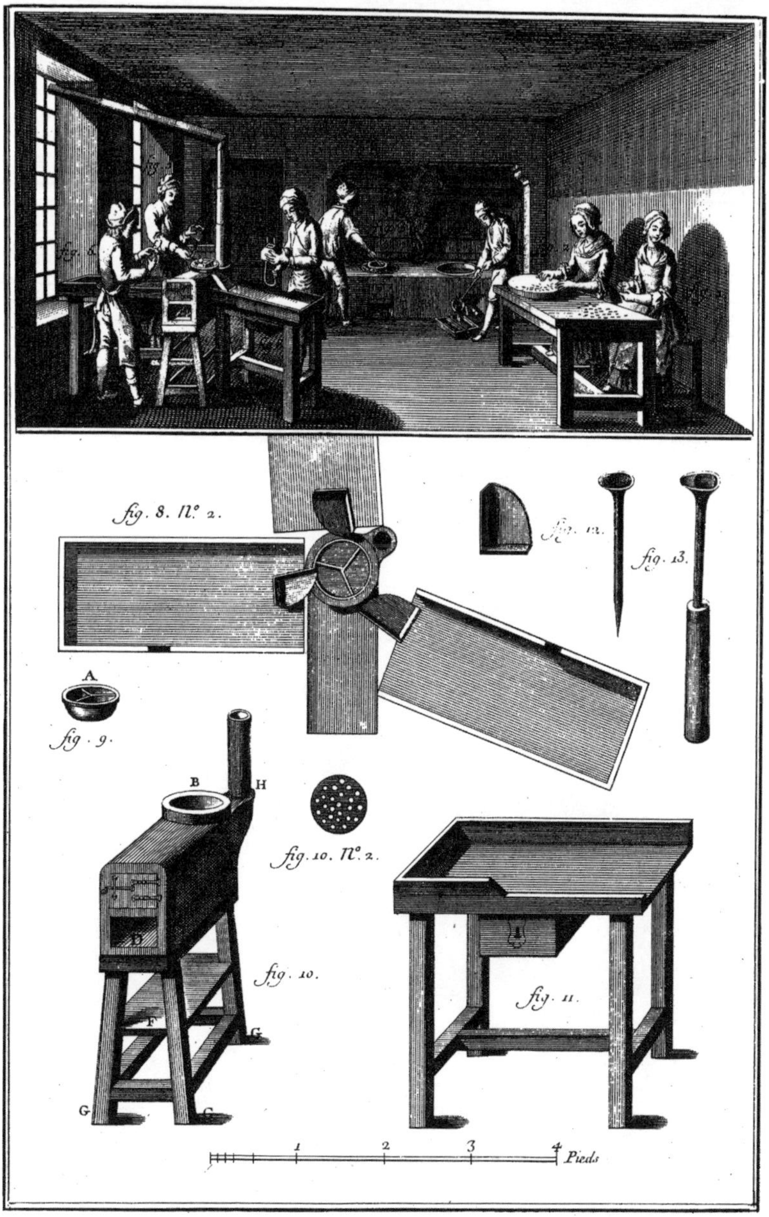

Um den kleinen vorderen Ofen stehen die Gießer,
füllen mit dem metallenen Löffel die Bleimischung in die Matrix,
ein anderer öffnet die Form, rechts werden die Lettern geglättet.

aber nicht das letzte, was man von ihnen hörte. Zwei Monate später berichtete Duplain, daß die Männer, die mit der STN haderten, ihren Namen in den Genfer Druckereien anschwärzten, wo sie weiter für die *Enzyklopädie* arbeiteten.[49] Die Beschäftigung im Druckgewerbe des Ancien Régime war oft kurzfristig und voller Streit.

Wie oft der Streit ausbrach, läßt sich nicht sagen, aber das Lohnbuch zeigt einen sehr raschen Wechsel in der Mannschaft der STN. Nur wenige Arbeiter blieben ein ganzes Jahr in Neuchâtel, obwohl ein halbes Dutzend Veteranen, die für zwei oder drei Jahre blieben, eine gewisse Kontinuität aufrechterhielten. Wenn man nach den Briefen über die »Launen«, »Neugier« und Streitsucht der Arbeiter urteilt, so gingen sie oft aus eigenem Antrieb.[50] Aber als der Boom der *Enzyklopädie* zurückging, müssen sehr viel mehr entlassen worden sein als selbst kündigten. Als sie ihren Teil am Druck der Quartausgabe beendet hatten, beschlossen Ostervald und Bosset, ihren Betrieb von zwölf auf zwei Pressen zu reduzieren. Madame Bertrand, welche die Betriebskorrespondenz führte, während sie auf einer Geschäftsreise waren, schrieb ihnen wegen eines mit dieser Politik verbundenen Problems: Man konnte Pressen nicht stillegen, ohne Buchdrucker zu entlassen. »Man kann doch Leute, die Frau und Kinder haben, nicht von einem Tag auf den anderen auf die Straße setzen.«[51] Dieser Einwand war den Betriebsdirektoren offensichtlich nicht selbst gekommen. Sie wischten ihn mit einer Predigt über Rentabilität beiseite, und bald danach arbeitete die STN nur mit zwei Pressen.

Was aus den Arbeitern wurde, als die STN sie entließ, ist nicht mehr in Erfahrung zu bringen. Es muß Schwierigkeiten gegeben haben, anderswo Beschäftigung zu finden, da andere Druckereibetriebe anscheinend auch abbauten und der Buchhandel im allgemeinen in den 1780er Jahren Einbrüche erlitt.[52] Einige der Männer und ihre Familien – denn »Garçons« heißt nicht notwendig Handwerksburschen, die ihre Wanderjahre genossen – verschwanden wahrscheinlich in jener »treibenden« Bevölkerung der Armen, die über die Landstraßen wogten und in die Armenhäuser (*Hôpitaux*) des westlichen Europa am Vorabend der Revolution strömten. Die Arbeitslosen kamen oft in die Druckerei der STN und baten um einen Zehrpfennig, den Spineux von Zeit zu Zeit austeilte und in das Lohnbuch eintrug: »7 Batzen Almosen für den Buchbinder«; »Almosen 3 Batzen 2 Kreuzer«; »als Almosen für einen deutschen Arbeiter 7 Batzen«, »einem armen deutschen Drucker 7 Batzen«.[53] Drucker konnten leicht in Not geraten, da sie nur selten

Spargroschen sammelten. Wie Pyre schrieb, hatten nur wenige der potentiellen Rekruten in Paris genug gespart, um sich während der zweiwöchigen Wanderung auf der Landstraße nach Neuchâtel selbst zu ernähren.

Obwohl die Drucker vergleichsweise guten Lohn erhielten, wenn sie Arbeit fanden, genossen sie keinerlei Schutz gegen Arbeitslosigkeit, Krankheit und Alter. Krankheit hatte die beiden von Vernange geschickten Männer von gelernten Handwerkern zu Bettlern verwandelt; und wenn sie überhaupt den Weg über den Jura schafften bis zum Seuchenhaus in Besançon, nachdem die STN sie abgewiesen hatte, mag es wohl sein, daß sie ihre letzten Tage mit anderen Arbeitern verbrachten, die sie aus den Schweizer Druckereien kannten – mit Männern wie dem Schriftsetzer der Berner Société Typographique, mit dem es zu Ende ging, als er der STN empfohlen wurde: »Das ist ein guter Arbeiter, der lange zur Zeit von Herrn Droz in Neuchâtel beschäftigt war, aber man muß Sie darauf hinweisen, daß sein Seh- und Hörvermögen nachläßt und daß er seines Alters wegen nicht mehr so schnell beim Setzen ist wie ein junger kräftiger Mann. Aber da Sie ihn nur nach Leistung bezahlen, so bitte ich Sie, ihn auch lange zu behalten, da große Not ihn in einen erbärmlichen Zustand gebracht hat.«[54]

Leistungsrhythmus und Arbeitsorganisation

Obwohl die Druckherren mit den Löhnen Maß hielten, wurden die Männer vergleichsweise gut bezahlt. Es ist schwer, die Verhältnisse genau zu bestimmen, da man so wenig über Löhne und Arbeitsleistung in der frühen Neuzeit weiß, aber die Schweizer Drucker gehörten eindeutig zur sogenannten »Arbeiteraristokratie«.[55] Die Arbeiter der STN erhielten gewöhnlich 10 bis 15 Livres (70 bis 105 Batzen) pro Woche, oder etwa 2 Livres (40 Sous) pro Tag, je nach Produktivität. Sie verdienten nicht so viel wie ihre Kollegen in Paris, wo der Satz eines gewöhnlichen Bogens in Pica (kleiner Schrift) normalerweise etwa 8 Livres einbrachte gegenüber 5 Livres (35 Batzen) in Neuchâtel, und das Drucken etwa 2 Livres 10 Sous für 1000 Drucke gegenüber 2 Livres 3 Sous (15 Batzen).[56] Aber die Lebenshaltungskosten waren auch viel höher in Paris, und die Drucker in der Schweiz verdienten mehr als fast alle anderen französischen Arbeiter. Nach den Schätzungen von C.-E. Labrousse verdienten gewöhnliche Arbeiter etwa 1

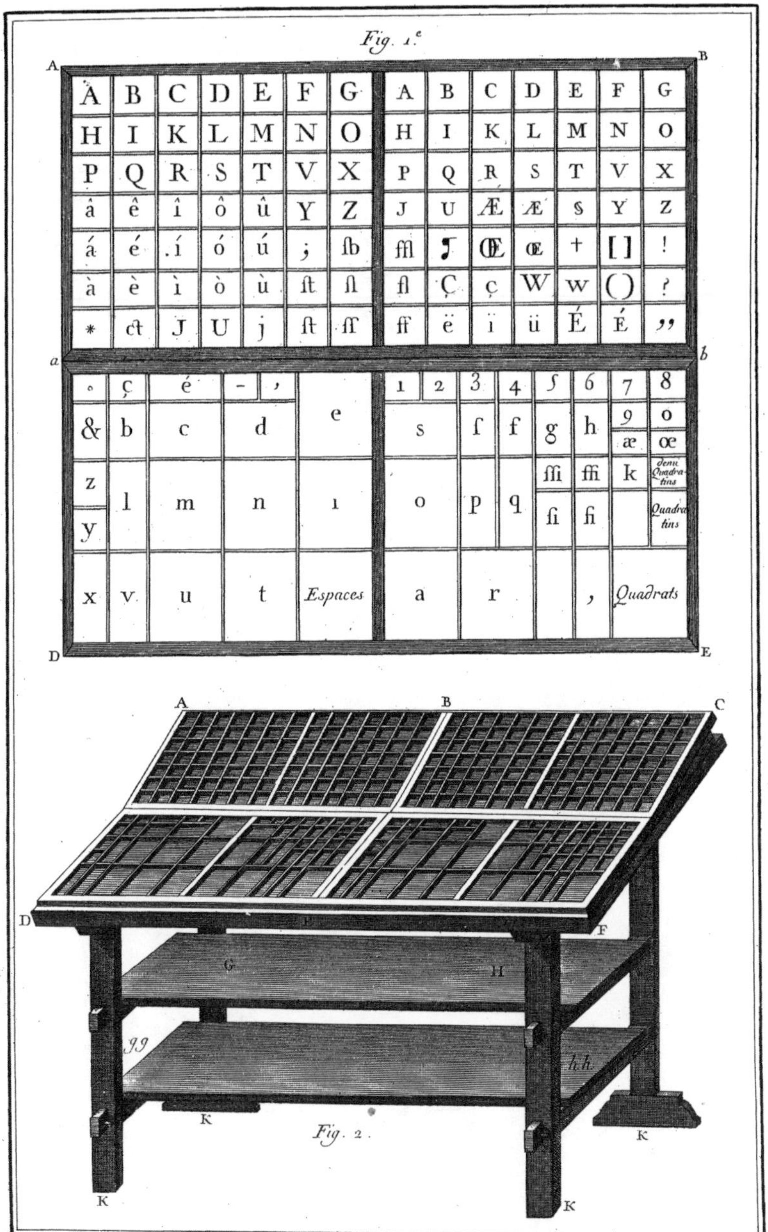

Der Setzkasten, dessen oberer Teil die Großbuchstaben,
der untere die Kleinbuchstaben (nach Häufigkeit geordnet) enthält,
in der französischen Fassung mit vielen Ligaturen und Akzenten

Livre pro Tag (19 bis 21 Sous) auf dem Lande und etwas mehr in den Städten (23 bis 24 Sous). Handwerker wie Zimmerleute oder Maurer verdienten etwa 30 Sous und bei feineren Arbeiten, Schlosser etwa, 30 bis 50 Sous. Diese Schätzungen sind nicht sehr erhellend, denn viele Arbeiter erhielten Stücklohn, und man weiß fast nichts über die Schwankungen der Arbeitsleistung. So läßt sich sehr viel aus den Lohnbüchern der STN entnehmen, wenn man die Frage von den bloßen Löhnen auf ein grundlegenderes Thema richtet: wieviel arbeiteten die Drucker bei gegebener Lohnskala?

Eine genaue Untersuchung des Lohnbuchs vom Juni bis November 1778 zeigt eine außerordentliche Schwankung in der Arbeitsleistung der Leute. Lohn und Leistung stiegen und sanken so sprunghaft von Woche zu Woche, daß man gar nicht von Durchschnitt reden kann, sondern nur von Schwankungen, die sich meistens zwischen 70 und 120 Batzen bewegten, mit Spitzensätzen von 130 und mehr Batzen, und Tiefpunkten von etwa 45 Batzen. Der gleichmäßigste Setzer in der Werkstatt war Maley, der den Satz von Cooks »Reise zum Südpol« (*Voyage au pôle australe*) besorgte, eines von vier Büchern, das die STN mit einer Zeitschrift und Auftragsarbeiten damals herstellte. Sechs Wochen lang setzte Maley, vom 15. August bis 26. September, stetig zwei Druckbogen und erhielt 70 Batzen, obwohl er in der Lage war, drei Bogen für 105 Batzen zu schaffen, wie er es in der Woche vom 3. Oktober tat. Nicholas und Quelle, die gemeinsam an der Bibelausgabe der STN arbeiteten, gingen ins andere Extrem. Sie bekamen 60 Batzen für den Satz eines Bogens in der Woche vom 10. Oktober, 150 Batzen für zweieinhalb Bogen in der nächsten Woche, und 120 Batzen für zwei Bogen in der Woche darauf. Erb arbeitete langsam und ungleichmäßig. Er setzte oft nur einen Bogen von Millots *Elémens d'histoire universelle* und kam mit 46 Batzen für die Wochenarbeit nach Hause, konnte die Leistung aber auch verdoppeln wie in den Wochen vom 4. Juli und 15. August, als er zwei Bogen setzte und 92 Batzen erhielt. Champy, der gewöhnlich das *Journal helvétique* setzte, arbeitete schnell. Er setzte oft drei Bogen der Zeitschrift und erhielt 108 Batzen, obwohl seine Leistung in den Wochen vom 27. Juni und 1. August auf die Hälfte sank, als er nur 54 Batzen verdiente. Der Satz der *Enzyklopädie* ging ebenso ungleich voran. Bertho arbeitete gewöhnlich mit vier Männern daran, und ihre Leistung im September und Oktober schwankte folgendermaßen:

	Sept. 5	12	19	26	Okt. 3	10	17	24	31
Bogen gesetzt	7	3 1/2	5 1/2	10	6	5 1/2	7	7 1/2	8
Lohn (in Batzen)	413	206 1/2	324 1/2	590	354	324 1/2	413	442 1/2	472

Die Arbeit an den Druckerpressen ging noch unregelmäßiger voran. Während drei Wochen im Juni sank die Leistung von Chambrault und seinem Kumpan von 18.000 über 12.000 auf 7000 Drucke und der Lohn von 258 über 172 auf 101 Batzen. Während drei Wochen im Oktober stieg die Leistung von Yonicle und seinem Kumpan von 12.525 über 18.000 auf 24.000 und ihr Verdienst von 182 über 258 auf 344 Batzen. Es ist unmöglich, ein gleichmäßiges Muster in den Schwankungen zu finden. Sie waren vergleichsweise gering bei der Mannschaft von Roat, sehr hoch bei den Mannschaften von Georget und Lyet, sprunghaft auf einem hohen Leistungsniveau bei Foraz' Mannschaft und bei Bentzlers sprunghaft auf niederem Niveau. Die wöchentliche Leistung von alten Gesellen wie Albert und seinem Kumpan stieg und sank beständig zwischen 12.000 und 19.000 Drucken. Meyer und sein Kumpan, auch altgedient, machten gewöhnlich mehr als 200 Batzen die Woche und einmal 303 (für 21.000 Drucke), aber manchmal sank ihr Einkommen auf 165 Batzen (für 11.200 Drucke). Kroemelpen und sein Kumpan brachten gewöhnlich 172 Batzen (für 12.000 Drucke) nach Hause, aber sie waren imstande, 280 zu schaffen (für 19.500 Drucke). Die härteste Woche einer Preßmannschaft war zwischen dem 16. und 21. Februar 1778, als Chambrault und sein Kumpan 379 Batzen schafften (etwa 27 Livres für jeden) mit 26.250 Drucken: 4 Formen für die Enzyklopädie à 6000, eine Form für Millets *Elémens d'histoire* à 2000 und 250 Drucke des örtlichen Nachrichtenblattes *Feuille d'avis*[57].

Alle diese Daten führen zum gleichen Schluß: Die Leute setzten sich ihr Tempo selbst. Wie viel man auch äußeren Faktoren zuschreiben mag – Feiertage, wechselnde Arbeitsanweisungen, gelegentliches Arbeiten mit halber Kraft, Vorschüsse von einer Woche auf die nächste –, es scheint gewiß, daß die Schwankungen willkürlich waren. Wenn die Männer weniger arbeiteten, so deshalb, weil sie es wollten; das Sinken ihrer Leistung ergab sich nicht aus Unregelmäßigkeiten in der verfügbaren Arbeit. Setzer arbeiteten fast stets ausschließlich für einen Auftrag, so daß sie pro Woche so viel setzen konnten wie sie wollten. Die Drucker nahmen die Formen unter die Presse sowie die Setzer damit fertig waren, gleich welcher Auftrag es war, so daß es

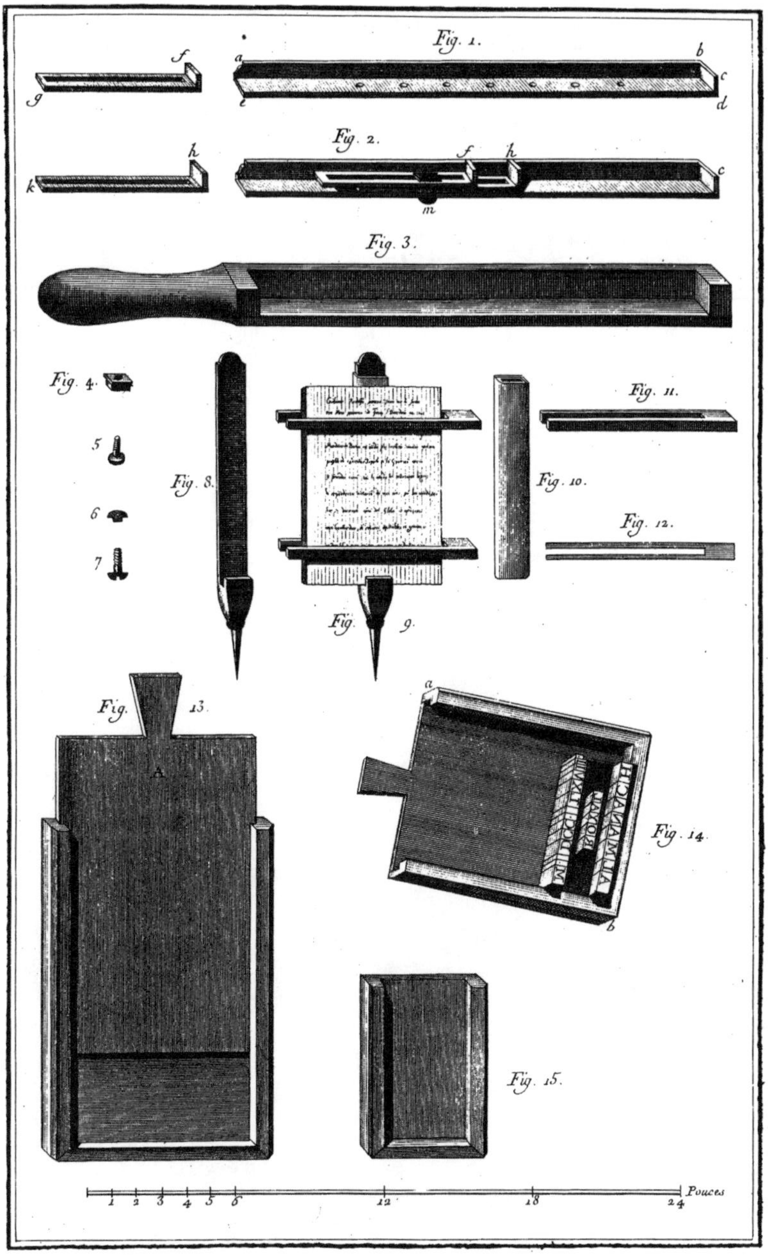

Oben der Winkelhaken, in den die Lettern einer Zeile gesetzt werden, in der Mitte der Halter für das Manuskript und unten das Setzschiff, in das man die Zeilen schiebt.

ihnen kaum je an Satz zum Drucken fehlte – und wenn das der Fall war, hatten sie Anspruch auf Entschädigung für die verlorene Zeit. Nur einmal während der zwei Jahre Arbeit an der *Enzyklopädie* führt das Lohnbuch eine solche Zahlung an: »Gaillard … ein halber Tag verloren … 8 Batzen, 3 Kreuzer.«[58]

Feiertage sind nicht an den Schwankungen schuld, denn die Leistung eines Mannes stieg oft an, während die eines anderen sank, und es gab keinen allgemeinen Leistungsabfall sogar in Wochen mit dem Karfreitag, Ostern, Weihnachten und Neujahr. Obwohl Neuchâtel protestantisches Territorium war, waren viele Arbeiter katholisch. Sie genossen nicht die reiche Fülle der Feiertage, die im katholischen Europa das Jahr auf 250 oder 300 Arbeitstage reduzierte (oder auch nicht)[59]. Aber sie machten sich selber Feiertage. Obwohl das Lohnbuch keine tägliche Anwesenheitsliste enthält, deutet es die Abwesenheit von Zeitarbeitern an, die 8 Batzen, 3 Kreuzer verloren für jeden halben Tag, den sie fehlten. Der Bericht ist besonders aufschlußreich für den Sommer 1778, als mehrere Drucker eine Weile als Zeitarbeiter (*en conscience*) arbeiteten:[60]

Anzahl der Tage bei Zeitarbeitern

	Juni				Juli				Aug.					Sept.		
	6	13	20	27	4	11	18	25	1	8	15	22	29	5	12	19
Kroemelpen	4															
Pataud		5	5	6	6	3										
Odier			4	6												
Meyer					4	5	6	6	4	6	6	6	6	6	6	4½
Leduc					4½	6	6	6	6	6	6	6				
Aury							6	6								

Wenn auch die Sechstagewoche üblich war, so wurde sie doch fast ebenso oft verletzt wie sie eingehalten wurde. Und »gewissenhafte« (*conscience*) Arbeiter wurden, wie der Name sagt, als die verläßlichsten in der Werkstatt angesehen. Die Stückarbeiter arbeiteten wahrscheinlich sprunghafter. Tatsächlich sieht der ganze Vorgang so unregelmäßig aus, daß man sich fragt, ob es die Sechstagewoche und das Arbeitsjahr zu 300 Tagen überhaupt gab und ob ein Tag wie der andere war.

Die Unregelmäßigkeit im Arbeitstempo vermischte sich mit der Unregelmäßigkeit im Personalbestand und bereitete der STN große Probleme bei der Arbeitsorganisation. Mit Leuten, die unerwartet gingen und kamen und nach ihrem eigenen Rhythmus arbeiteten, konnte Spineux die *Enzyklopädie* und die anderen Bücher kaum ganz planmäßig herstellen. Aber er konnte das Chaos durch gewisse Praktiken gering halten. Er beschäftigte Setzer mit bestimmten Aufträgen – *labeurs* oder *ouvrages*[61] – und verwendete die Zeitarbeiter für spezialisierte Arbeit – ungewöhnliche Korrekturen (*remaniements*) und kleine Aufträge wie Lotteriescheine und Plakate. Die Stückarbeiter konnten nach ihrem eigenen Tempo vorgehen, solange sie Manuskript hatten. Wenn sie das Ende ihres Auftrags erreicht hatten, ohne selbst die STN zu verlassen, und wenn die STN ihnen keinen neuen anwies, wurden sie entlassen. So setzte Erb nur Millots *Elémens d'histoire* während 32 Wochen vom 10. Januar 1778 bis zum 22. August, als er kündigte. Seine Arbeit übernahm Tef, ein Setzer der *Enzyklopädie*, und als er sechs Wochen später Millot beendet hatte, wurde er entlassen. Die STN hatte einen neuen Mann angestellt, um Tef bei der *Enzyklopädie* zu ersetzen, und da sie mehrere Wochen lang kein neues Buch beginnen wollte, entließ sie ihn. Wie Tef erging es auch dem Setzer Comte, der mit ihm gleichzeitig an der *Description des arts et métiers* gearbeitet hatte und zweieinhalb Druckbogen vor dem Abschluß stand. Die STN hatte zwei der sechs langfristigen Aufträge abgeschlossen, ohne dafür neue zu erhalten, und so konnten Tef und Comte nicht weiter als Setzer beschäftigt werden und wanderten zusammen weiter. Spineux hätte sie behalten können, wenn er weniger lang Beschäftigte entlassen hätte, aber er folgte einem anderen Grundsatz: Anstellung für Aufträge. Er schob die Männer fast nie zwischen den Aufträgen hin und her. Und wenn es schon keine Beschäftigungsgarantie gab, so konnten die Männer doch so lange mit ihrer Arbeit rechnen wie das Manuskript reichte.

Obwohl die Regelmäßigkeit bei den Aufträgen die Arbeitszuteilung vereinfachte, verminderte sie nicht die Unregelmäßigkeit bei der Leistung. Im Gegenteil bedeuteten die Unterschiede in der Produktivität der Setzer, daß die Formen von einem Auftrag in unterschiedlichen Zeitabständen zu denen eines anderen Auftrags fertig zum Drucken wurden. Darüber hinaus war auch die Zahl der Buchstaben pro Form und die Auflagenhöhe verschieden, so daß es für manche Setzer unmöglich war, die Drucker stetig zu beliefern. Stattdessen nahm die Pressmannschaft nach dem Druck einer Form die nächste, die gerade fertig war, ganz gleich, wer sie gesetzt hatte. Jeder Drucker war am Druck jeden Buches beteiligt. So glich die extreme Verschiedenheit der Druckarbeit die Gleichmäßigkeit der Setzaufträge aus, und insgesamt kam die Leistung der Pressen der an den Setzkästen gleich.

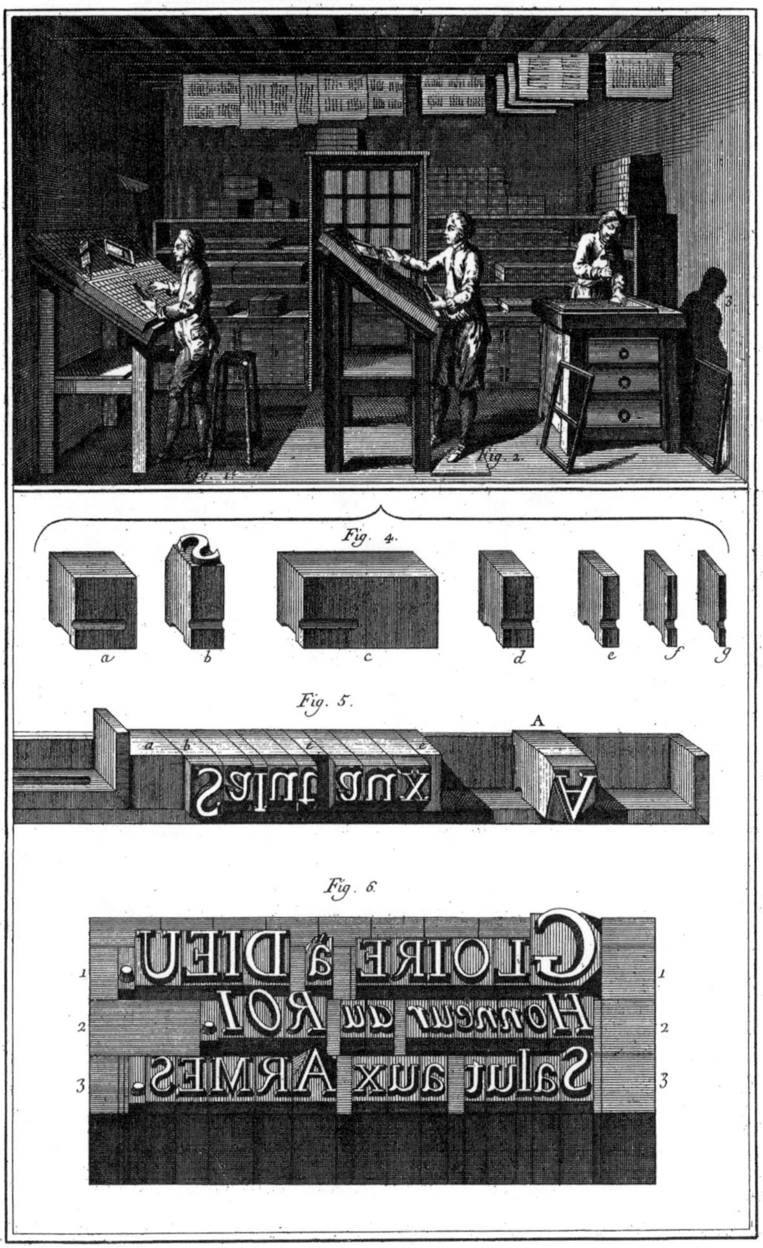

In der Setzerei setzt der linke Setzer Buchstaben in den Winkelhaken, der mittlere schiebt eine Zeile in das Satzschiff und der rechte glättet eine ganze Form aus zwei Folioseiten.

Der Faktor mußte das Gleichgewicht zwischen den beiden Hälften der Werkstatt herstellen. Er mußte vor allem darauf achten, daß die Setzer nicht hinter den Druckern zurückblieben, die Pressen nicht untätig ließen (»ne pas laisser manquer les presses«) wie es in der zeitgenössischen Fachliteratur immer wieder emphatisch beschworen wurde.[62] Wenn ein Faktor die Druckmannschaft wegen fehlenden Satzes müßiggehen ließ, hatte er sie wegen verlorener Zeit zu entschädigen. Aber er konnte sie auch entlassen.

Anstellen und entlassen waren die wichtigsten Mittel, um das Gleichgewicht in der Werkstatt aufrecht zu erhalten.[63] Als z. B. Tef und Comte am 3. Oktober 1778 die STN verließen, folgte ihnen ein dritter Setzer, Mayer, so daß die Setzermannschaft von dreizehn auf zehn schrumpfte. Spineux hatte achtzehn Drucker beschäftigt und entließ nun sechs davon. Fast über Nacht war die Mannschaft um ein Drittel vermindert, aber er hatte sie im Gleichgewicht gehalten. Drei Wochen später erhöhte die STN wieder die Leistung und stellte neue Leute von der Straße ein. Die Arbeitsorganisation war ein Balanceakt der mit großen wirtschaftlichen und menschlichen Unkosten verbunden war.

Außer für drei Wochen im Juli war der Personalbestand von einer Woche zur nächsten nie gleich. Die Leute kamen und gingen völlig planlos; ihre Leistung stieg und fiel in erschreckenden Linien und Sprüngen, und die Leistung der Werkstatt im ganzen schwankte ebenso wild wie das Verhalten der einzelnen. Selbst in der Zeit von Juni bis September, als der Wechsel bei der Arbeit am geringsten war, schwankte die Gesamtleistung heftig mit Faktoren von 15 Prozent und mehr, und im September und Oktober verdoppelte oder halbierte sie sich oft.

Für die Druckherren bedeutete diese Unregelmäßigkeit einen schlechten Gebrauch der Ressourcen und Einkommensverluste. Was es für die Arbeiter bedeutete, ist schwer zu sagen, aber einige Vermutungen sind möglich. Wenn man das Lohnbuch über viele Wochen hin verfolgt, entwickelt man einen Sinn für den Rhythmus, in dem die Arbeit voranging und für die Einheiten, in die sie sich gliederte. Druckmannschaften zum Beispiel bekamen oft 172 oder 258 Batzen die Woche, weil diese Summen dem vollen Ausdrucken von zwei oder drei Formen der *Enzyklopädie* entsprachen. Eine Mannschaft konnte zwei Formen (ein Druckbogen beidseitig oder 12.000 Druckvorgänge) drucken und dann für den Rest der Woche die Hände in den

Schoß legen – oder sie konnte beschließen, 30 Batzen mehr zu verdienen mit einer Form von Millots *Elémens d'histoire* (weitere 2000 Druckvorgänge) oder vielleicht, wenn sie gerade fertig war, einer Form der *Description des arts et métiers* (1000 Druckvorgänge). Deshalb erscheinen häufig Zahlen wie 12.000, 14.000 und 13.000 in den Berechnungen der Druckerleistung. Trotz ihrer Unregelmäßigkeit enthielt die Arbeit Kombinationen verschiedener Aufgaben, deren jede einen bestimmten Punkt der Anstrengung erforderte. Innerhalb bestimmter Grenzen konnten die Leute die Aufgaben nach Belieben kombinieren, indem sie mehr oder weniger Formen nahmen. Die Arbeitseinheiten bestimmten die Leistung, und im allgemeinen blieb die Arbeit an den Aufträgen orientiert – das heißt, die Leute arbeiteten, um so viele Bogen zu setzen oder so viele tausend Exemplare zu drucken, und nicht, um einen bestimmten Lohnstandard zu erreichen oder die Stunden einer Standardarbeitswoche auszufüllen.

Die nichtstandardisierte Arbeit muß sich psychologisch beträchtlich von der Arbeit unterschieden haben, die damals den arbeitenden Klassen in England auferlegt wurde.[64] Der Arbeitsrhythmus in den Fabriken wurde durch Uhren und Glocken bestimmt, durch das Öffnen und Schließen der Tore, durch Geldstrafen und Züchtigungen, und schließlich durch den Produktionsprozeß selbst; denn später, bei der Fließbandproduktion, wurden die Leute auf Handreichungen reduziert, und die Arbeit strömte in einem endlosen, undifferenzierten Fluß an ihnen vorüber. Die Setzer und Drucker der STN arbeiteten nach ihrem eigenen Rhythmus. Sie übten einige Kontrolle über ihre Arbeit aus. Und wenn sie am Ende ihrer langen, unregelmäßigen Wochen Lohn und Rechnung prüften, können sie sogar mit einem Gefühl der Befriedigung auf die Druckbogen, die sie setzten, und auf die Tausende, die sie druckten, zurückgeblickt haben.

Drucken: Technologie und menschliches Element

Um nicht in eine romantisierende Deutung zu verfallen, muß man hinzufügen, daß die Beherrschung des Produktionsprozesses nicht bedeutet, daß die Arbeiter eine besondere Zuneigung zu den wirklichen Herren entwickelt hätten. Die »Bourgeois« hatten die meiste Macht in der Hand und manipulierten sie durch brutales Anstellen und

Entlassen, während die Arbeiter mit den wenigen Tricks darauf reagierten, die ihnen zur Verfügung standen. Sie kündigten, sie schwindelten beim Reisegeld, sie sammelten kleine Vorschüsse auf die Arbeit der nächsten Woche (*salé*) und verschwanden dann,[65] und manchmal spionierten sie für Konkurrenten oder für die Polizei. Obwohl sie einigen Stolz auf gute Handwerksarbeit gefühlt haben mochten, machten sie Abstriche und Kompromisse bei der Qualität, wenn das die Arbeit erleichterte. Die Ergebnisse können in jedem Exemplar der Enzyklopädie heute noch beobachtet werden – klare, deutliche Typographie in der Regel, aber schräge Ränder hier, fehlpaginierte Seiten da, ungleicher Zeilenabstand (Register), häßliche Zwischenräume, Druckfehler und Flecken oder verschmierte Abzüge – all das sind Zeugnisse der Tätigkeit anonymer Handwerker vor zwei Jahrhunderten.

Manchmal läßt diese Anonymität sich durchbrechen. So enthält z.B. die Seite 635 in Band 15 der Quartausgabe im Exemplar der Stadtbibliothek Neuchâtel einen höchst lebendigen Daumenabdruck, der mit größter Wahrscheinlichkeit von einem der Drucker der STN stammt. Das Lohnbuch sagt, daß der Drucker dieser Seite (Druckbogen 4 L) ein gewisser »Bonnemain« war – offensichtlich ein Spitzname und ein besonders unpassender im Vergleich mit Maltête und Maron. Ein Brief eines Druckermeisters Tonnet in Dôle erläutert, wie Bonnemain in den Betrieb der STN kam. Er stammte aus der Normandie, war dunkelhaarig, hatte eine Laufbahn mit Hindernissen in den Pariser Druckereien hinter sich, bevor er nach Lyon ging, wo er mit der Familie Kindelem – Vater, Mutter und Sohn – ankam, die auf einer typographischen Tour de France von Betrieb zu Betrieb zog. Nachdem sie in Lyon einige Liederlichkeiten (*quelques coquineries*) begangen hatten, wählten die Kindelems und Bonnemain zusammen die Landstraße und tauchten wohl in der kleinen Werkstatt in Dôle auf, wo Tonnet Heiligenleben für die Hausierer der Franche-Comté druckte. Tonnet stellte Vater Kindelem und Bonnemain bei einer seiner Pressen an, und Kindelem junior am Setzkasten. Das ging aber nicht lange gut so, denn Tonnet entdeckte ein »widerliches Komplott«, in das auch sein Ladenmädchen verwickelt war, die eine Schwäche für den jungen Kindelem hatte. Tonnet wollte sie allesamt entlassen, sobald sie das *Leben der heiligen Anna* fertiggedruckt hatten. Aber sie kamen ihm zuvor. Nachdem sie einen Wochenlohn und einen Vorschuß für die nächste Woche bekommen hatten, warfen sie 1000 halbgedruckte Bogen unter Bonnemains Presse und verließen die Stadt in verschiedenen Richtungen. Der junge Kindelem lief mit dem Mädchen davon, seine Eltern ließen 200 Exemplare einer Devotionalschrift mitgehen, die sie unterwegs verkauften – so zumindest stellt Tonnet es dar. Er schrieb, um die STN vor der Gruppe zu warnen, die sich nach Berichten in ihrer Werkstatt wieder zusammengefunden hatte, und er schlug das Thema der Solidarität der Arbeitgeber an: »Ich gerate in das Unglück eines Chefs, der nicht alle Arbeit selbst tun kann ... Wir müssen uns unter uns Druckherren gegenseitig warnen vor einigen Spitzbuben, die sich unter unseren Arbeitern befinden.«[67]

Die STN wird Tonnets Darstellung des Zwischenfalls nicht ganz wörtlich genommen haben, da er selbst ein verrufener Charakter war. Er betrog bei den Rechnungen der Bücher, die er kaufte, und das waren oft pornographische oder aufrührerische Schriften, die er unter der Decke seines Handels mit volkstümlichen Erbauungsschriften verhökerte. Aber seine Warnung konnte gar nichts bewirken, da sie in Neuchâtel erst eintraf, als die Kindelems schon wieder aufgebrochen waren. Das Lohnbuch zeigt, daß der Vater im Sommer 1777 sieben Wochen unter dem Namen Rodolphe, den er auch in Lyon benutzte, gearbeitet hatte. Der Sohn war nur drei Wochen beschäftigt, und er muß unter unklaren Umständen gegangen sein, denn der letzte Eintrag mit seinem Namen, am 6. September 1777, bemerkt, daß Spineux ihm einen Wochenlohn gekürzt hatte. Da er in unklare Verhältnisse geraten war, ging er wahrscheinlich auf Arbeitssuche in andere Schweizer Druckereien und ließ dann seine Eltern nachkommen. Vielleicht begleitete ihn auch Tonnets Ladenmädchen, zumindest auf einigen Stationen der vielbenutzten Landstraßen von Neuchâtel nach Yverdon, Lausanne, Genf und Lyon. Bonnemain aber blieb an seiner Presse von August 1777 bis März 1779, und das war eine der längsten Fristen bei den Männern, die die Enzyklopädie druckten. Offensichtlich gefiel ihm Neuchâtel so gut, daß er mit seinen Wanderkameraden brach, und er gefiel der STN so sehr, daß sie ihn behielt, obwohl sie Tonnet versicherte, daß sie ihren Betrieb von solch »schlechter Gesellschaft« reinigen wolle.[68]

Wenn man das Leben hinter einem Fingerabdruck der Enzyklopädie sieht, so bekommt man ein Gespür dafür, wie die Menschen sich durch die dunklen Kanäle der Geschichte der Arbeiterklasse bewegten, aber Bonnemains Daumenabdruck läßt sich auch wegen seiner typographischen Bedeutung untersuchen. Er veranschaulicht eine Sache, die im Zeitalter der Automatisierung schwer zu würdigen ist:

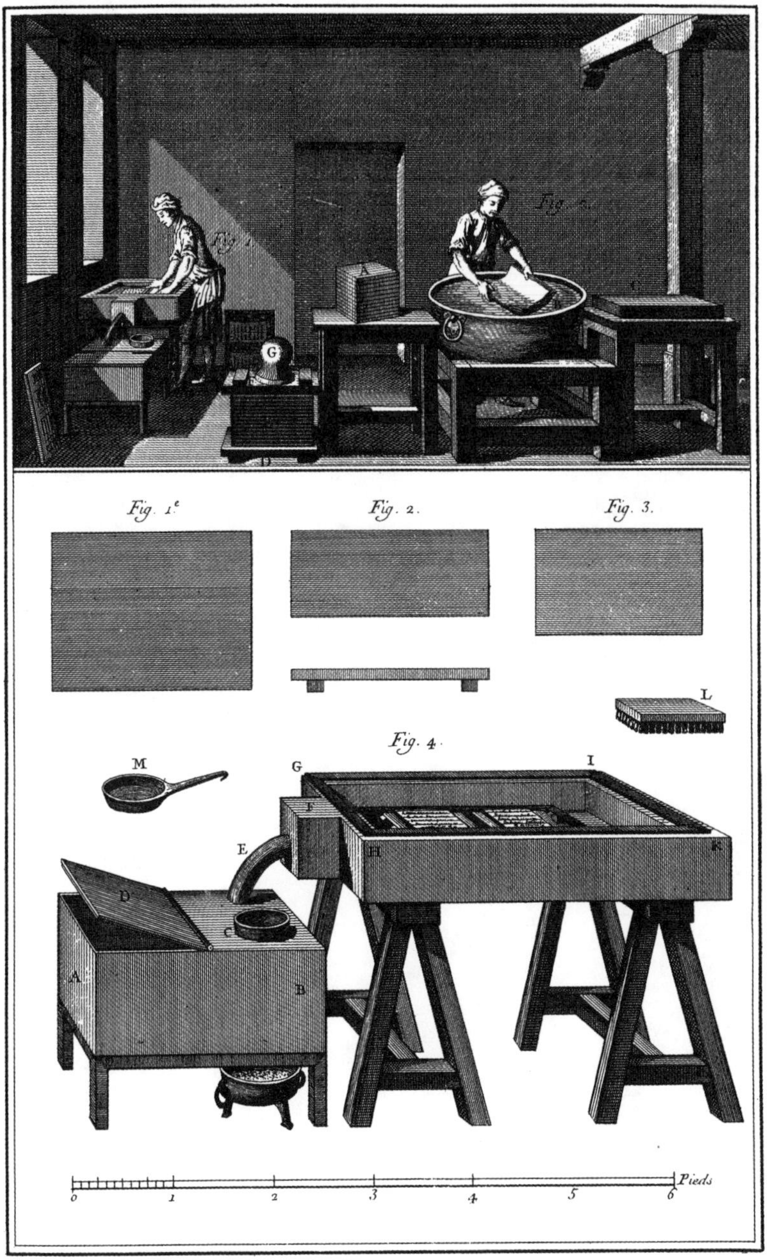

In der Druckerei werden die Bogen geweicht, um die Druckfarbe besser aufzunehmen.

Die Drucker des Ancien Régime hinterließen ihre Spur in ihren Büchern – buchstäblich, wie in Bonnemains Fall, und im übertragenen Sinn in allen anderen Fällen. Denn jeder Arbeiter stempelte jede Seite mit ein wenig von seiner Individualität, und die Qualität seiner Handwerksarbeit bestimmte den Erfolg des Produkts.

Bonnemains Fingerabdruck stammte wirklich von einem typographischen Trick. Wenn sie die Form im Rahmen übermäßig mit Druckerschwärze einfärbten, mußten er und sein Geselle nicht so kräftig an der Stange der Presse (dem Preßbengel) ziehen, um einen Druck zu erhalten. Aber die übermäßige Druckerschwärze kam leicht an ihre Finger und verschmierte die Bogen während der Handhabe. Dieses Manöver entging Spineux' Aufmerksamkeit, aber nicht der von Duplain, der eine ziemlich heftige Rüge an die STN schickte: »Seit einigen Tagen haben wir aus Genf Nachricht, daß Ihr Band schlecht gearbeitet ist. Wir schrieben das erst der Eifersucht der Arbeiter zu, die von Ihnen nach Genf gegangen sind. Aber wir waren höchst erstaunt, beim Erhalt Ihrer Bogen zu sehen, obwohl das schon ausgewählte sind, daß sie von Arbeitern abgezogen wurden, die wohl dazu taugen, Wasser aus dem Brunnen zu ziehen, aber nicht den Preßbengel. Wir bemerken, daß kraftlose oder faule Arme viel Druckerschwärze auf die Formen geben, um weniger Mühe beim Abzug zu haben. Mit einem Wort, meine Herren, können wir Ihnen sagen, wenn alles so ist, dann wird unser Unternehmen sehr dabei leiden. Ihr Faktor, der Geschmack für den Schriftsatz hat, hat wohl nie die Augen bei den Pressen. Wir verhehlen Ihnen nicht, daß uns das großes Bedauern bereitet und daß wir Ihnen absolut keinen weiteren Band geben, wenn das Ende nicht besser ist.«[69]

Die STN, die gelernt hatte, solche Ausbrüche von Duplain zu gewärtigen, wendete diesen Angriff ab, indem sie freundlich antwortete. Sie habe nicht nur achtbare Arbeit mit dem Band 6 geleistet, antwortete sie, sondern auch die anderen Druckereien hatten in den Bänden 1 bis 4 gepfuscht: »Wie wir es vorausgesehen hatten, mein Herr, hat uns die sorgfältige und detaillierte Untersuchung der unter Ihrer Aufsicht gedruckten ersten vier Bände der *Enzyklopädie,* die wir gerade angestellt haben, dazu geführt, so viele Fehler aller Arten darin zu entdekken, daß wir darüber zutiefst bestürzt sind und immer mehr den Stil Ihres letzten Schreibens bewundern, wenn wir es mit solchen Meisterwerken zusammenhalten. Viel zu schwarze Seiten. Andere und in großer Zahl sind derart blaß, daß sie fast unlesbar sind, vielfache

»Mönche« (besudelte Bogen), »Pasteten« (verschobene Formen), mangelndes Register (Zeilenübereinstimmung der Vorder- und Rückseite), auf der ersten Seite graue Lettern, die nie wieder gebraucht werden, verschiedene Überschriften und Zeilenabstände, im 3. Band Fehlpaginierungen, doppelte Bogenbezeichnungen, die Markierbuchstaben aus verschiedenen Schriftgrößen, die Buchstabenrechnung sehr schlecht ausgeführt, alle Zeilen mit griechischen Lettern sind schief gedruckt usw., usw.«[70]

Inzwischen vertraute die STN Panckoucke und d'Arnal an, daß ihre Druckarbeiten verbesserungsbedürftig seien, obwohl sie Duplain keine Mängel eingestand. Bei ihm, erklärte sie, sei scharfer Angriff die beste Verteidigung.[71] Die typographische Auseinandersetzung wütete mehrere Wochen lang auf dem Postwege. Duplain schrieb, der Band der STN sei so »abscheulich«, daß er die Verkaufskampagne ruinieren würde, und er drohte ihn zurückzuweisen.[72] Die STN erwiderte, daß sie besser als seine anderen Drucker gearbeitet habe, und daß er einen Vorwand suche, um seine Rechnung nicht zu bezahlen. Schließlich bezahlte er, und der Streit zog vorüber.[73] Aber es war eine bezeichnende Episode, die erweist, welche Bedeutung die Verleger der äußeren Erscheinung ihrer Bücher zumaßen.

Ihre Sorge galt dem Ökonomischen, nicht dem Ästhetischen. Sie nahmen an, daß ein schlecht gemachtes Buch sich nicht verkaufen würde – und sie hatten recht. Es gab nicht nur Beschwerden von Kunden, sondern potentielle Subskribenten weigerten sich, die Quartausgabe zu kaufen, nur weil sie nicht gut genug gedruckt war. Die Arbeitsgewohnheiten von Bonnemain und seinen Gesellen hatte unmittelbare Auswirkung auf den literarischen Markt, wie die STN aus Briefen wie dem folgenden von einem Subskribenten in Saint-Dizier erfahren mußte: »Mehrere Personen meiner Bekanntschaft wollten auf die Enzyklopädie subskribieren, wurden aber beim Anblick der vielfältigen Nachlässigkeiten Ihrer Drucker, deren Finger fast auf jedem Bogen abgedruckt sind, davon abgeschreckt.«[74]

Mithin gab es in der Zeit des handgemachten Buches ein typographisches Bewußtsein, daß einige Zeit nach der Heraufkunft des automatischen Setzens und Druckens verschwunden ist.[75] Für den, der sich heute für Typographie interessiert, bilden die Unvollkommenheiten, die im 18. Jahrhundert Verleger und Käufer in Zorn brachten, etwas vom Zauber der alten Bücher. Jede Seite, jede Zeile hatte ihre Individualität. Jeder Buchstabe trägt das Zeichen einer Verrichtung, die jemand wie Bonnemain ausführte. Es wäre jedoch irreführend, sich die Buchherstellung im Ancien Régime als wildgewordene Idiosynkrasie vorzustellen, denn die Drucker arbeiteten innerhalb eines Systems technischer Zwänge, und die Technik der Buchherstellung blieb vom 16. bis zum 19. Jahrhundert im wesentlichen die gleiche.[76]

Wie ihre Vorgänger zur Zeit der Renaissance stellten die Setzer der STN die Zeilen her, indem sie Lettern aus dem Setzkasten in den Winkelhaken setzten; sie bildeten Seiten, indem sie die Zeilen aus dem Winkelhaken auf die Satzschiffe schoben; und sie machten Seitenformen, indem sie die Seiten im Rahmen montierten. Ihre Arbeit an der *Enzyklopädie* unterschied sich von der der Schriftsetzer im 16. Jahrhundert in Antwerpen – und vielleicht sogar von der im 15. Jahrhundert in Mainz – nur in einem: sie war nach dem *Paquet*-System organisiert. Aber Paquet (Bündel)-Produktion meinte die Arbeitsteilung und nicht veränderte Technologie. Es erhöhte die Geschwindigkeit, mit der ein Text gesetzt werden konnte, weil die Paquetiers gleichzeitig daran arbeiteten, getrennte Teile eines auseinandergenommenen Manuskripts zu setzen.

Da die Direktoren der STN so viele Bände der *Enzyklopädie* wie möglich drucken wollten, war Geschwindigkeit wichtig für sie. Sie zogen sogar Setzer von anderen Arbeiten ab, um verschiedene Teams von Paquetiers im Frühjahr 1777 zu bilden, als die Druckereien sich darum bewarben, Duplains letzte Aufträge zu ergattern. In der Woche, die mit dem 24. April endete, hatte die STN z. B. drei Teams und einen einzelnen Setzer, Albert, die am Band 19 der dritten Auflage arbeiteten, und sie setzten 14 und einen halben Bogen, eine außerordentliche Leistung in der Zeit des Handsatzes. Verschiedene Varianten dieses »Genossenschaft« genannten Systems waren in den größeren Druckereien des 19. Jahrhunderts vorherrschend. Weiter ließ sich die Arbeit des Schriftsatzes in Richtung Geschwindigkeit und Effizienz vor der Einführung der Mechanisierung nicht treiben, die mit den ersten Kaltmetallmaschinen in den 1820er Jahren einsetzte und vor allem durch die erstmals 1886 eingesetzte Linotype, die automatisch die Zwischenräume ausschließende Zeilensetz- und Gießmaschine, ihren Fortgang nahm, bis hin zu den heute üblichen elektronischen Setzmaschinen.

Auch das Drucken veränderte seine Technik nicht vor der Zylinderdruckmaschine 1814 und den Dampfschnellpressen ab 1823. Die *Enzyklopädie* wurde auf der altehrwürdigen gewöhnlichen Druckerpresse gedruckt, so wie man Bücher auch in den zwei oder drei Jahrhunderten davor gedruckt hatte. Die Druckmannschaften von zwei Männern arbeiteten von Stößen feuchten Papiers, das am Vortag eingeweicht und aufgeschichtet wurde. Nach einer guten Menge vorbereitender Tätigkeiten – die Druckerschwärze aufarbeiten, die Druckballen färben und die Presse vorbereiten – begann die Mannschaft mit dem Ziehen und Schlagen. Der Schläger oder »der Zweite« verteilte Druckerschwärze über die Oberfläche der Druckballen, indem er sie gegeneinander bewegte. Dann färbte oder »schlug« er die Formen, die in einem beweglichen Kasten oder »Sarg« auf dem horizontalen Wagen der offenen Presse befestigt wurden. Inzwischen plazierte der Zieher oder »der Erste« einen Bogen auf einem Pergamentrahmen, dem »Tympan«, der an einem Scharnier über der Form hing. Er schloß die Presse durch einen weiteren Rahmen, die »Frisquette« über dem Bogen und klappte beide Rahmen mit dem Bogen über die Form. Dann schob er die Form halb unter den Tiegel, einen flachen Block, der an einem Zapfen im vertikalen Teil der Presse hing. Indem er den »Preßbengel« zog, bewegte er den Zapfen wie eine Schraube in einer Schraubenmutter, preßte damit den Tiegel auf den Rücken des Rahmens und bedruckte das Papier zwischen dem Rahmen und den Lettern. Nachdem er die andere Hälfte der Form unter den Tiegel geschoben hatte, bedruckte er sie, zog die Form heraus, öffnete die Rahmen und legte den frisch bedruckten Bogen auf einen neuen Stapel. Nach einer bestimmten Zahl (250 Bogen) wechselten die Männer die Rollen. Und wenn eine Seite der Bogen (»Schöndruck«) bedruckt war, wurde die andere mit der zweiten Form bedruckt (»Widerdruck«), gewöhnlich von einer anderen Mannschaft.

Drucken war harte Arbeit. Die Form mit der einen Hand vor und zurückzuschieben, während die andere den Preßbengel zog, erforderte Kraft und Ausdauer – daher war der Spitzname für die Drucker »Bär« (*Ours*), im Gegensatz zu den flinkfingerigen »Affen« (*Singe*)[74], den Setzern. Der Druck der Quartausgabe der Enzyklopädie muß besonders hart gewesen sein, weil die Auflage so hoch war – 6000, plus 150 darüber hinaus, um verdorbene Bogen zu ersetzen, im Falle der kombinierten ersten und zweiten Auflage. Bei so viel Ziehen und Heben schafften die Drucker manchmal nur einen oder zwei Bogen die Woche. Aber sie folgten nie einem zusammenhängenden Plan, denn sie arbeiteten in unregelmäßiger Gangart und nahmen die Formen, wie die Setzer sie fertig machten und druckten die Enzyklopädie

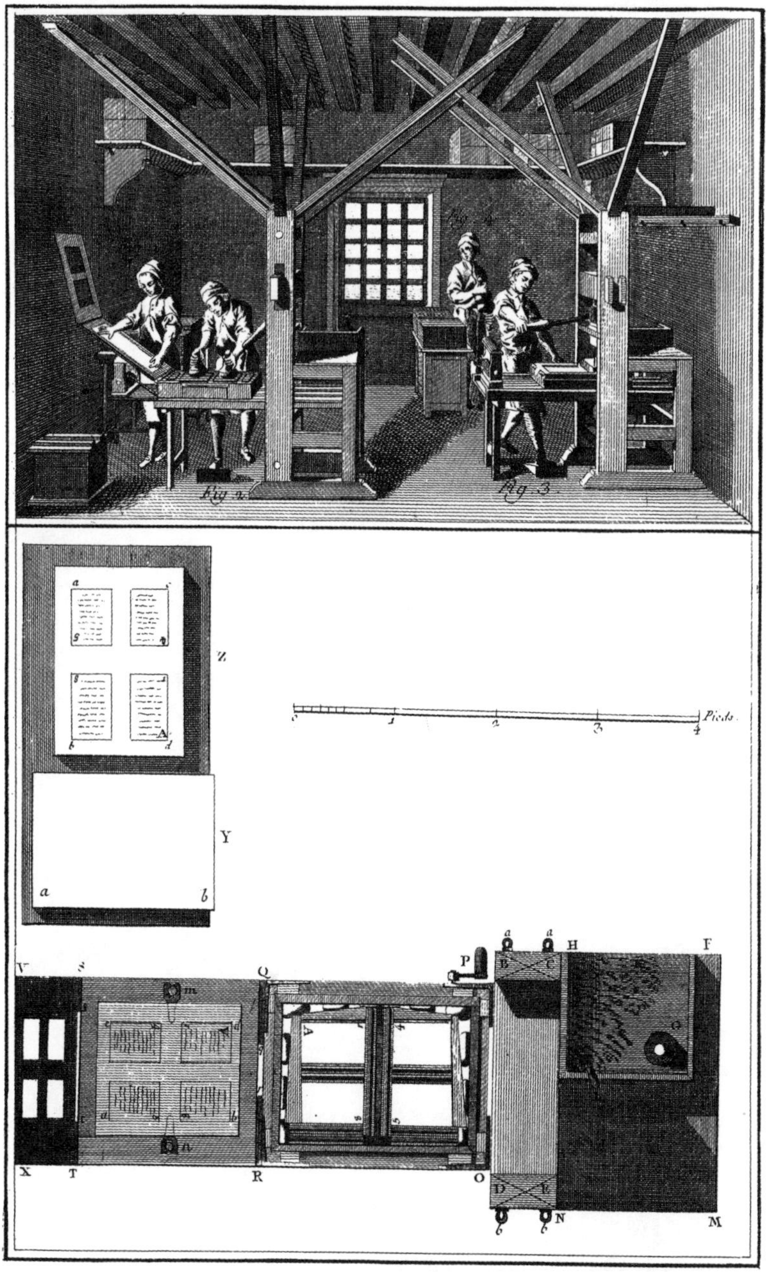

Der Drucker links spannt einen Bogen in den Rahmen, der zweite gibt mit den Ballen Farbe auf die Lettern, rechts zieht der vordere den Preßbengel, der hintere färbt die Ballen und prüft, ob der Druck gleichmäßig ausgefallen ist.

zusammen mit der Bibel und anderen Drucksachen.[78] Deshalb konnte der Fluß der Arbeit zwischen den beiden Hälften der Druckerei äußerst kompliziert werden, besonders wenn verschiedene Mannschaften von Paquetiers *Enzyklopädie* setzten, wie in der Woche vom 24. April 1779. Durch diese Organisation der Arbeit in Gruppen am Setzkasten und in beweglichen Mannschaften an der Presse nötigte die STN die Herstellung der *Enzyklopädie* bis an die äußersten Grenzen einer Technologie, die im wesentlichen dreihundert Jahre lang unverändert geblieben war.

In der ersten Septemberwoche wechselte die STN, sowie sie Duplains Anweisung vom 27. August erhalten hatte, von 4000 Exemplaren auf 6000 Exemplare. Zu dieser Zeit hatte Maltêtes Paquetier-Mannschaft gerade das Ende des ersten Alphabets erreicht (23 Bogen), und die Drucker waren wenige Bogen hinter ihnen und hatten den Bogen V beendet. Die Setzer arbeiteten ganz normal weiter, vom Bogen Z bis zu 2 D (»DD«). Aber die Drucker nahmen die Bogen T und V noch einmal vor (es gab kein U und W im 23-Buchstaben-Alphabet der Drucker) und druckten 2000, und machten dann mit Bogen X in der erhöhten Auflage von 6000 weiter. Sie konnten die Bogen R und S nicht von den Formen nachdrucken, die sie in der vorausgegangenen Woche benutzt hatten, da die Seiten schon »abgesetzt« (die Lettern in die Setzkästen zurückgelegt) waren, ehe Duplains Brief eingetroffen war. Somit läßt sich genau der Punkt kenntlich machen, wo eine Auflage in die andere übergeht.

Von jetzt an gingen Satz und Druck ihren gewöhnlichen erratischen Gang weiter, und die ganze Firma produzierte zwischen 4 und 8 Bogen in der Woche bis zum 13. Dezember, als der letzte Bogen 5 I (»IIIII« oder »Iiiii«) abgezogen wurde. Aber in den letzten sechs Wochen mußten die Setzer die Bogen von A bis S, von denen nur 4000 Exemplare gedruckt worden waren, neu setzen. Spineux ordnete ein paar Paquetiers von der Hauptgruppe ab, die damals unter Bertho arbeitete, um die zusätzliche Arbeit zu tun. Aus irgendwelchen Gründen begannen sie das Manuskript in der Mitte, bei Bogen K, und trafen in der letzten Woche mit Berthos Mannschaft zusammen, wobei sie mit dem Anfang aufhörten, bei Bogen A bis E. Die Drucker folgten, wohin die Setzer führten, gewöhnlich im Abstand von ein oder zwei Bogen. So entstand die Enzyklopädie nicht auf geradlinigem Wege, und die Produktionsmuster entsprechen nicht dem Aufbau der Bände, die heute in den Bibliotheken konsultiert werden können, wo die Bogensignaturen von A bis Z laufen und eine Ausgabe auch einer »Auflage« zu entsprechen scheint.

So mühevoll, Zeile für Zeile und Bogen für Bogen, brachte die STN in zwei Jahren fünf Bände der Enzyklopädie heraus. Gleichzeitig schafften andere Druckereien auf die gleiche Weise und gelegentlich mit den gleichen Arbeitern die übrigen 67 Bände der drei Quart-»Auflagen«. Die menschliche Wirklichkeit dieses ganzen Prozesses läßt sich nicht aus Diagrammen der Arbeitsverteilung oder gar von den Tafeln der Enzyklopädie selbst ablesen, wo die Drucker wie Puppen aussehen: ausdruckslos und einander identisch drehen sie Kurbeln und ziehen die Preßbengel, als bewohnten sie ein unbeflecktes, mechanisches Utopia.[79] Wirkliche Druckereien waren schmutzig, laut und aufrührerisch – und das waren die wirklichen Drucker auch. Die Pressen kreischten und stöhnten. Die Druckballen, die mit uringetränkter Wolle gefüllt waren, hatten einen strengen Geruch. Die Männer wateten durch filziges Papier, nahmen kräftige Schlucke Wein und trommelten mit ihren Winkelhaken aus purer Freude am Lärm gegen die Setzkästen, brüllten und zankten, wenn es Gelegenheit dazu gab, und quälten die Lehrbuben mit groben Scherzen. Wenn der jüngste Lehrling an der Presse dran war, konnte man den Preßbengel mit Leim oder Druckerschwärze einschmieren oder weiße Flecken auf dem Druckbogen hervorbringen, indem man heimlich mit dem Finger Druckerschwärze von der eingefärbten Form wischte; und von einem neuen Lehrling am Setzkasten konnte man immer verlangen, daß er die Druckerschwärze aus dem Auge eines großen P säubere, das in Wirklichkeit ein Paragraphenzeichen ohne Auge oder ein »Fliegenbein« war.

Das Ausmaß von Unruhe und Unfug läßt sich nur schwer einschätzen, da die Druckereibesitzer das in ihrer Korrespondenz nicht erwähnen. Aber andere Quellen wie Handbücher des Druckgewerbes enthalten so viele Imperative dessen, was Arbeiter nicht tun sollten – vor allem Essen, Trinken und Prügeln in der Werkstatt –, daß man daraus ein Negativbild ihres wirklichen Verhaltens konstruieren kann. Dieses Bild entspricht den wenigen Berichten aus erster Hand, besonders in den Autobiographien von Benjamin Franklin und Restif de la Bretonne und in den »Verlorenen Illusionen« von Balzac. Und die literarischen Beschreibungen entsprechen wiederum den Eindrükken, die man vom Slang der Drucker hat, der aus Wörterbüchern des 18. Jahrhunderts zusammengestellt werden kann und der Themen betont wie das Lärmen (*donner la huée*), derbe Späße (*faire une copie*),

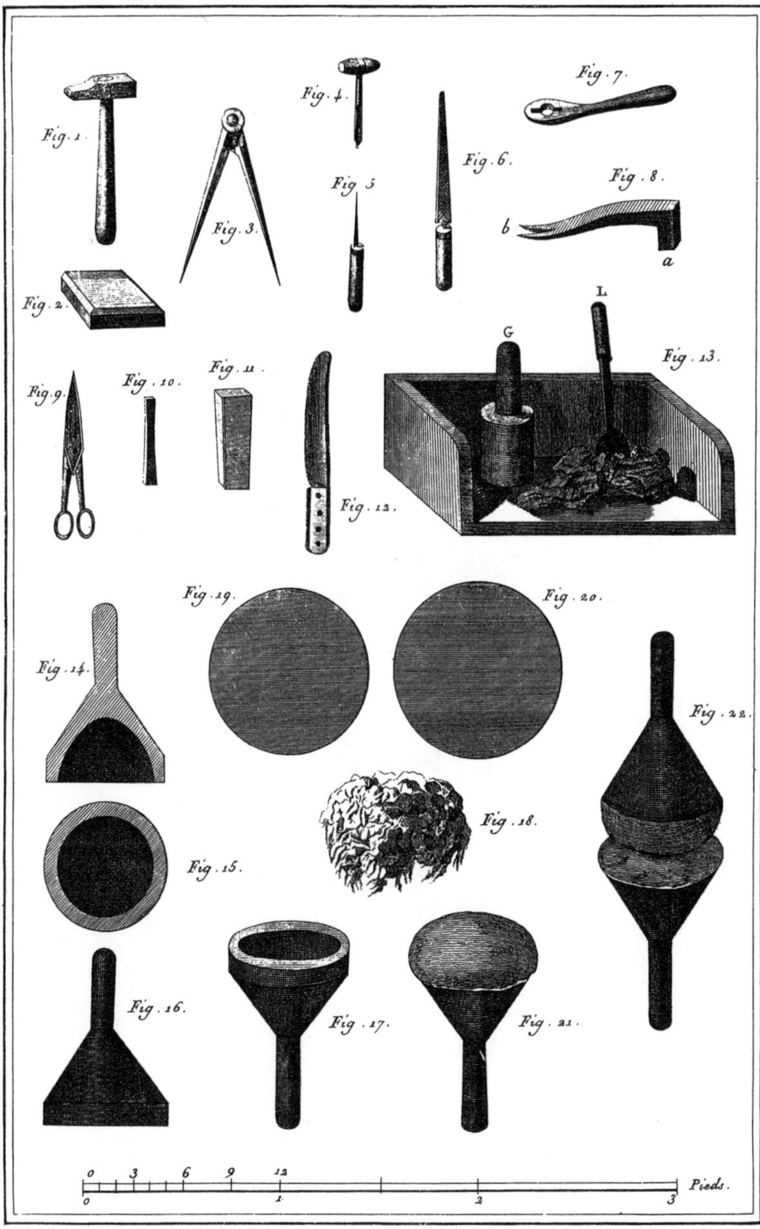

Die Werkzeuge des Druckers,
unten die Druckballen.

Kneiptouren (*faire la déroute*), Trunkenheit (*prendre la barbe*), Streit (*prendre la chèvre*), Schulden (*faire des loups*), Schwänzen (*promener sa chape*) und Arbeitslosigkeit (*emporter son Saint Jean*).[80]

Wie widersätzlich sich die Männer, die die *Enzyklopädie* herstellten, betragen oder nicht betragen haben, gewiß ähnelten sie nicht den auf den Tafeln dargestellten Automaten. Sie könnten in Balzacs »Menschlicher Komödie« ihren Platz gefunden haben. Spineux z. B., der fürchtete, daß sein Schwager ihn um eine Erbschaft in Lüttich brachte und daß seine Frau ihn in Paris betrog, während er die Arbeiter in Neuchâtel beaufsichtigte. Kein Wunder, daß er die Tricks der Drucker nicht bemerkte, da seine Familiensorgen ihn fast krank machten. »Spineux hat mir heute früh einen Brief geschrieben, der seine Generalbeichte enthält und anzeigt, daß sich ihm der Kopf dreht«, schrieb Bertrand an Ostervald in Paris. »Ich fürchte, wir verlieren den armen Jungen.«[81] Schließlich schaffte es Spineux bis ans Ende der *Enzyklopädie*-Arbeiten, aber er benötigte die Hilfe eines weiteren Vorarbeiters, Colas, der selbst Probleme hatte. Colas hatte seine Frau in Genf zurückgelassen und zog mit seinem Sohn, der als Drucker und Setzer arbeitete, und mit einer eindrucksvollen Garderobe, die 23 Hemden, elf Paar seidener Strümpfe, drei vollständige Anzüge, vier Paar Hosen und sechzehn Taschentücher umfaßte, durch die französischen und Schweizer Druckereien. Er muß der bestgekleidete Mann im Betrieb gewesen sein, aber er hatte nie Geld. Obwohl er von der STN 18 Livres die Woche erhielt, blieb er nur drei Monate in Neuchâtel, und er mußte seine Wirtin anpumpen und eine goldene Uhr als Sicherheit hinterlassen, um die Reise zu seiner nächsten Anstellung in Cellots Druckerei in der Rue Dauphine in Paris zu bezahlen. Er war es leid geworden, in Gasthäusern zu leben, klagte er: »Ich möchte einen festen Platz finden, um nicht mehr herumziehen zu müssen.« Auch litt er an »quälendem Kummer« – ein Ergebnis, wie es scheint, schlechter Beziehungen zu anderen Arbeitern. »Meine Liebe zur Arbeit, der große Zeitaufwand, meine Aufmerksamkeit darauf, daß kein Arbeiter seine Zeit vergeudet oder schlecht arbeitet, hat nicht immer Anerkennung unter meinen Zunftgenossen gefunden«,[82] hatte er in seinem Bewerbungsbrief an die STN geschrieben.

Überlegenheit dieser Art kam nicht gut an bei den Arbeitern, die mit den Varianten der Disziplinlosigkeit antworten konnten, die ihr Argot verherrlichte: *joberie, copies, romestuques, bais* und *grattes.* Die Arbeit konnte auch durch eine Keilerei in der Kneipe, ein Leichenbegängnis, einen Wanderbettler, einen Hahnenkampf, eine Hinrichtung am Galgen oder ein anderes dramatisches Ereignis unterbrochen werden. Im Juli 1781 kam einer der früheren Drucker der STN, Jean Thomas, der drei Jahre zuvor für die *Enzyklopädie* gearbeitet hatte, sehr eilig mit einer neuen Braut aus Genf und dem Vormund der Braut auf den Fersen. Der Vormund hatte versucht, die Ehe mit der Begründung zu verhindern, Thomas sei Katholik und das Mädchen Kalvinistin; er bat nach ihrem Entweichen die STN, das Mädchen aus ihrem Versteck auszuliefern, während er Thomas mit einem Haftbefehl verfolgte. Die Akten der STN enthüllen nicht, wie die Sache ausging, aber der Zwischenfall muß die Schandmäuler in der Druckerei wochenlang in Bewegung gehalten haben.[83]

Obwohl solche Episoden zu den Besonderheiten in der Korrespondenz der STN gehören, können die gewöhnlichen Briefe aufschlußreicher sein, denn manchmal erwähnen sie die Freundes- und Familienbande der Arbeiter, den gewöhnlichen Stoff, aus dem gewöhnliches Leben gemacht ist. Im Juli 1779 z. B. erhielt die STN eine Bitte um Nachrichten über einen ihrer jungen Setzer, Orres (Oreste?) Champy. Fünf Monate vorher hatte er sowohl seinen Onkel, der jenseits der Grenze in Arbois lebte, und seinen Vater, der etwas weiter entfernt in Frankreich wohnte, davon unterrichtet, daß er unter Blutspucken leide. Der Onkel hatte ihn gedrängt, sich bis Ostern »gut zu halten«, dann könnte er nach Arbois kommen, um sich auszuruhen und bekocht zu werden. Aber Orres hatte nicht geantwortet; so schrieb der Onkel an die STN, da er selbst einen beunruhigten Brief vom Vater des Jungen bekommen hatte, »wo er mir sagt, daß er sehr unruhig und in Sorge um den jungen Mann sei. Wenn Sie, meine Herren, mich durch eine Antwort beehren und mir sagen könnten, was sie von dem Jungen denken, ob er krank ist oder nicht, was er tut oder was aus ihm geworden ist, so verpflichteten Sie unendlich den Vater und den Onkel.«[84]

Diese Leute hatten Familien. Sie kamen irgendwoher – mit Leidenschaften, Problemen, Hoffnungen und Sorgen. Obwohl die meisten von ihnen unwiederbringlich in der Vergangenheit verschwunden sind, bildeten sie während ihres Lebens kein gesichtsloses Proletariat. Sie brachten ihre eigene kulturelle Welt mit zur Arbeit – eine Welt, die sich kaum mit der Aufklärung berührte, wenn man vom Winkelhaken und vom Preßbengel einmal absieht – und sie arbeiteten auf ihre Weise und prägten der physischen Erscheinung der *Enzyklopädie* etwas von ihrer Individualität auf, so wie Diderot ihrem Text seinen Geist einflößte.

[V]

VERBREITUNG

ENCYCLOPEDIE,

OU

DICTIONNAIRE RAISONNÉ

DES SCIENCES,

DES ARTS ET DES MÉTIERS,

PAR UNE SOCIÉTÉ DE GENS DE LETTRES.

Mis en ordre & publié par M. *DIDEROT*, de l'Académie Royale des Sciences & des Belles-Lettres de Pruſſe; & quant à la PARTIE MATHÉMATIQUE, par M. *D'ALEMBERT*, de l'Académie Royale des Sciences de Paris, de celle de Pruſſe, & de la Société Royale de Londres.

Tantùm ſeries juncturaque pollet,
Tantùm de medio ſumptis accedit honoris! HORAT.

TOME PREMIER.

A PARIS,

Chez
BRIASSON, *rue Saint Jacques, à la Science.*
DAVID l'aîné, *rue Saint Jacques, à la Plume d'or.*
LE BRETON, Imprimeur ordinaire du Roy, *rue de la Harpe.*
DURAND, *rue Saint Jacques, à Saint Landry, & au Griffon.*

M. DCC. LI.

AVEC APPROBATION ET PRIVILEGE DU ROY.

Das Titelblatt des ersten Bandes der Originalausgabe der Enzyklopädie (Pariser Folio).

Gedruckte Bogen hatten einen langen Weg, bis sie die Bücherregale der Subskribenten erreichten. Sie mußten nicht nur zusammengetragen, gefaltet, geheftet, beschnitten und gebunden werden, bevor sie wie ein Buch aussahen, sie hatten auch große Transportwege zu überwinden – von den Druckereien in Duplains Lagerhäusern in Lyon, aus Lyon in die Läden der Buchhändler überall in Europa, und von den Buchhändlern zu den individuellen Subskribenten, mit Haltestellen längs des Weges in Zwischenlagern, Zollhäusern, Innungslagern und Steuerbüros. Der kommerzielle Kreislauf war nicht vollendet, bevor die individuellen Subskribenten die Buchhändler bezahlten, die Buchhändler Duplain, und Duplain den Gewinn mit seinen Partnern teilte, als die Schlußabrechnung aufgestellt wurde. Alle diese Druckbogen rumpelten über die Landstraßen Europas, begleitet von Frachtbriefen, Fakturen, Zollerklärungen und Steuerformularen und kreuzten sich mit Wechseln, Protestbriefen und gerichtlichen Vorladungen – diese Papierwogen brandeten über Europa und drohten zeitweise, die Unternehmer unter sich zu begraben, die sie in den Kanälen des Kommerzes zu halten versuchten und es schließlich schafften, die Aufklärung zu verbreiten.

Organisationsprobleme und Polemiken

Das meiste Papier ging durch Duplains Hauptquartier in Lyon, das bald aus allen Nähten platzte. Nachdem Duplain die STN mehrere Monate lang wegen der säumigen Lieferungen getadelt hatte, wies er sie plötzlich im Dezember 1778 an, sie aufzuhalten. Er hatte keinen Stapelraum mehr: »Wir können absolut keinen Druckbogen mehr lagern oder in Empfang nehmen, wenn wir uns nicht aus unseren eigenen Wohnungen jagen und sie damit möblieren.«[1] Zur gleichen Zeit machte er sich Sorgen, ob die finanzielle Grundlage des Unternehmens hielt, denn er mußte enorme Summen in bar an Papiermüller und Drucker zahlen, während sich Subskribenten und Buchhändler Zeit ließen mit dem Bezahlen. Einmal in dieses Gedränge geraten, war es ihm unmöglich, mehrere Rechnungen der STN zu bezahlen: »Wir haben sehr wohl die Ehre gehabt, Ihnen gegenüber zu bemerken, daß das Geld hier von einer schrecklichen Seltenheit ist, daß unsere Buchhändler Zeit fordern und wir schließlich keine Steine aus ihnen pressen können. Der Schwung, mit dem wir die Unternehmung führen, fordert Auslagen, mit denen wir nicht rechneten.«[2] Beständiges Pfuschen in Duplains Lager und bei dem Versand erschwerte dieses Problem, denn Kunden, die falsche oder fehlerhafte Lieferungen erhielten, weigerten sich, die Rechnungen zu bezahlen. Diese Weigerungen führten zum Austausch ärgerlicher Briefe – Duplain war nicht der höflichste Briefschreiber – und sogar zu gerichtlichen Klagen, die Duplains Bürde noch erschwerten.

Im März 1778 war die Last unerträglich geworden, und einer seiner Angestellten beklagte sich bei der STN über »die Schwierigkeiten, mit denen wir überladen sind … die Vielzahl der Sendungen steigt uns über den Kopf. Es ist wohl sechs Monate, daß Herr Duplain keinen Fuß auf die Straße setzen konnte.«[3] Eine Woche später unterrichtete Duplain die STN, daß er die Buchhaltung der Quartausgabe einer Kaufmannsfirma übertragen habe, der Witwe von Antoine Merlino und Söhnen, die sich auch in seinen Geschäftsanteil eingekauft hatten: »Wir entledigen uns der Einzelheiten im Bank- und Rechnungswesen, und trotzdem sind wir überlastet, trotz der fünfzehn Personen, die wir mindestens haben.«[4] Tatsächlich war Duplains Mannschaft nicht besonders zahlreich und wurde mit der Arbeit nicht fertig. Als Favarger während seiner Handelsreise 1778 nach Marseille kam, berichtete er der STN, »Einige Buchhändler, die ich traf, sagen mir, sie haben wiederholt falsche Bände erhalten und dabei noch viele Bogen, die unsauber sind und Fehler haben. Es scheint, daß Duplain zu wenig Leute beschäftigt, denn er hat nur die beiden Brüder Le Roy als Angestellte, Buchhalter, und der ältere Le Roy ist fast ständig auf Reisen. Im Lager hat er zwei Lagenmacher (die aus den Druckbogen die Bücher »zusammenschlagen«), drei Frauen zum Kollationieren und seinen Bedienten zum Stapeln usw.«[5] Als Favarger sechs Wochen später nach Bordeaux kam, entdeckte er, daß die örtlichen Buchhändler sich verabredet hatten und zusammen ihre Zahlungen zurückhielten, bis Duplain die Fehler und Unordnung in seinen Lieferungen berichtigt hatte.[6] Duplain antwortete auf diese Proteste mit gerichtlichen Drohungen; und statt seine Mannschaft zu vergrößern und umzuorganisieren, trieb er sie härter an. Nachdem die STN sich beklagte, wie seine Lagerarbeiter die Bände zusammenschlugen und die Lieferungen beaufsichtigten, antwortete er, »Wir sagen Ihnen, daß man erst kollationieren muß, ehe man versendet, daß unsere Leute die Bände 21, 22, 23 (d. h. der ersten beiden Auflagen) abschließen, die Bände 3 und 4 (der dritten Auflage) fertig gemacht haben, die ab-

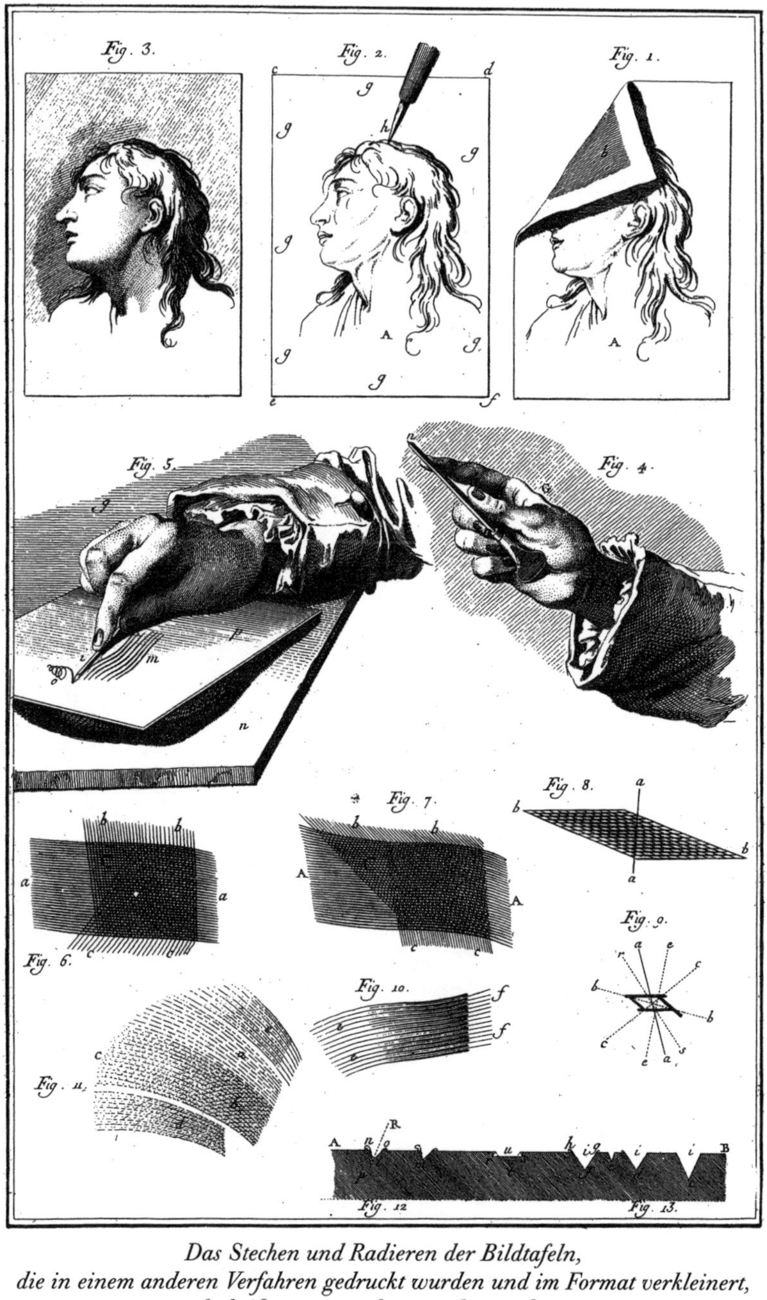

Das Stechen und Radieren der Bildtafeln,
die in einem anderen Verfahren gedruckt wurden und im Format verkleinert,
da heißt neu gestochen werden mußten.

geschickt sind, und sich an 24, 25, 26 und danach an 5, 6, 7, 8 machen. Sie werden unserer immensen Arbeit sehr wenig gerecht und kalkulieren kaum das Ausmaß. Wissen Sie nicht, daß man bei jedem Band fast 1800 Ries kollationieren muß?«[7] Alle Briefe von und über Duplain vermitteln den Eindruck eines Besessenen, der in der *Enzyklopädie* die Chance seines Lebens erblickte und sich selbst bis zum Zerreißen antrieb, um sie, soweit es irgend ging, auszubeuten.

Der Mangel an Dokumenten macht es schwierig, mehr über Duplains Rolle als Organisator zu sagen, außer was die Öffentlichkeitsarbeit betrifft. Dieser Aspekt seiner Aufgaben betraf nicht nur den Verkauf, sondern den Kampf mit einem grundlegenden Problem, das den Markt zu verderben drohte: wie sollte man die Subskribenten überreden, 36 Textbände zu bezahlen, nachdem man versprochen hatte, ihnen 29 zu liefern. Wie schon dargestellt, versuchte Duplain, sich um diese Schwierigkeit mit heimlichen Textkürzungen herumzumanövrieren und mit Änderungen in den Subskriptionsbedingungen. Aber er war noch nicht weit damit gekommen, als seine gesamte Position in der damals vielleicht am meisten verbreiteten französischsprachigen Zeitschrift bloßgestellt wurde, in den *Annales politiques, civiles et littéraires du dix-huitième siècle* von Nicolas-Simon-Henri Linguet. Unter der Schlagzeile »Verlegerräubereien neuer Art« warnte Linguet die Welt, daß die Verleger der Quartausgabe den vollen Text gar nicht in 29 Bände pressen könnten. Sie müßten entweder die Hälfte weglassen oder den Umfang ihrer Ausgabe verdoppeln und dann große Summen zusätzlicher Gelder von ihren Subskribenten verlangen. Linguet war nicht der Ansicht, daß Diderots »Enzyklopädische Rhapsodie« – eine nachlässige Kompilation schlechter Philosophie mit plagiierten Abhandlungen – überhaupt einer neuen Auflage bedurfte. Wenn das Publikum eine kaufen wolle, so sollte es sein Geld für die *Enzyklopädie von Yverdon* ausgeben, ein gutes, billiges Werk, aus dem das Gift von Diderot und d'Alembert entfernt worden war. Aber koste es was es wolle – und sie würde gewaltig viel kosten – sollte es die Quartausgabe vermeiden. Denn die Quartausgabe war ein Betrug, und der Betrug ließ sich in einem Worte zusammenfassen: Panckoucke. »Dieses Manöver überrascht ganz und gar nicht, wenn man weiß, daß es der Verleger Panckoucke ist, der sich unter der Maske des Druckers Pellet verbirgt; nie hat es einen Partisanen, im Krieg oder in den Finanzen, gegeben, der so fruchtbar ist an Listen dieser Art wie der Verleger Panckoucke.«[8]

Wie in den meisten Polemiken im Journalismus des 18. Jahrhunderts steckte mehr dahinter als zum Vorschein kam. Linguets Haß auf die Philosophen ging weit zurück und war im Jahr zuvor in einer Attacke gegen La Harpe und die restliche »Sekte« im *Journal de politique et de littérature* explodiert. Damals gab Panckoucke die Zeitschrift heraus, und Linguet war der Redakteur – aber nicht lange, denn eine Kabale der Philosophen und Akademiemitglieder überredete Panckoucke, ihn zu entlassen und durch keinen anderen als durch La Harpe zu ersetzen. Dieser Zwischenfall führte zur Gründung der *Annales,* die Linguet von London aus publizierte und mit Deklamationen gegen Panckoucke und seine philosophischen Freunde füllte. Der Streit hatte auch eine kommerzielle Seite, denn Linguets neue Zeitschrift wurde ein spektakulärer Erfolg und schnitt in den Markt des *Journal de politique et de littérature,* das Panckoucke im Juni 1778 mit dem *Mercure* vereinigte. Darüber hinaus war Linguets Hauptauslieferer auf dem Kontinent die Firma von Pierre Gosse im Haag, die auch den Verkauf der *Encyclopédie d'Yverdon* betrieb. Gosse muß sehr froh über Linguets Angriff auf die Quartausgabe gewesen sein, wenn er sie nicht selbst angeregt hatte, da die Quartausgabe seine Versuche hintertrieb, die letzten Exemplare der *Encyclopédie d'Yverdon* zu verkaufen, gerade wie schon 1769 Panckouckes Folio-Ausgabe seine Kampagne zum Verkauf der ersten Exemplare gestört hatte.[9]

Durch die Kombination so vieler – persönlicher, ideologischer und kommerzieller – entzündlicher Elemente, hatte Linguets Ausbruch Wirkungen im gesamten Buchhandel. Die STN erhielt mehrere Briefe von Subskribenten, deren Vertrauen in die Quartausgabe erschüttert war, und sie verhandelte mit ihnen, so gut es ging. So versicherte sie einem Kunden in La Rochelle, der sich Sorgen machte, für Zusatzbände zahlen zu müssen, daß die ganze Angelegenheit als eine persönliche Rache abgetan werden könnte: »Sollten Sie sich etwa die Berechnung des Narren Linguet zu eigen gemacht haben, der durch unversöhnlichen Haß gegen den armen Panckoucke verblendet ist und im Glauben, es sei allein dessen Affäre, sich gegen ihn die ausschweifendsten Reden erlaubt hat, über die die Leute vom Fach spotten und es ihm auch deutlich gesagt haben?«[10] Und einen Buchhändler in Neapel, den Hintergedanken über eine Spekulation mit 15 Subskriptionen quälten, versuchte sie mit verkaufsstrategischen Gesprächen zu trösten: »Außer daß, wie jedermann weiß, es der Charakter dieses berühmten Mannes ist, von jedermann Schlechtes zu sagen, halten wir ihm vertrauensvoll eine öffentlich bekannte Tatsache entgegen. Wir haben derzeit 6000 Ausgaben auf Subskriptionslisten plaziert und sind genötigt, eine dritte Subskription zu eröffnen, um die neue Nachfrage zu befriedigen. Es wäre wohl seltsam, wenn unter einer so großen Zahl von Interessenten keiner so viel gesunden Verstand besessen hätte, um den Einwand vorauszusehen, den dieser moderne Aristarch sich eingebildet hat.«[11]

Diese Argumente bildeten, wie die STN wohl wußte, keine starke Verteidigung, und deshalb versuchte sie, weitere Angriffe an der Quelle abzuwürgen. Sie wandte sich nicht unmittelbar an Linguet, sondern an seinen Hauptmitarbeiter, Jacques Mallet du Pan, der eine Schweizer Ausgabe der *Annales* leitete, die bei einem anderen mit der STN konkurrierenden *Enzyklopädie*-Verleger, der Société typographique de Lausanne, gedruckt wurde. Wegen seiner persönlichen Freundschaft mit Ostervald war Mallet den Neuenburgern mehr verbunden als den Lausannern, und ihm gelang es tatsächlich, Linguets Kampagne gegen die Quartausgabe zu beenden.[12]

Inzwischen hatte Linguet jedoch den Markt für die Quartausgabe ziemlich geschädigt, und Duplain mußte nach Auswegen suchen, um das wiedergutzumachen. Panckoucke hatte eine Runde sanfter Öffentlichkeitsarbeit vorgeschlagen. »Ich habe Duplain angewiesen, was er antworten müsse«[13], unterrichtete er die STN. »Seine Antwort muß allgemein sein und darf weder Linguet noch die *Annales* erwähnen.« Entsprechend erschien im 11. Band eine Mitteilung, die auf Linguets Beschuldigungen antwortete, ohne sie oder ihren Autor zu nennen, indem sie den Fall der Quartausgabe positiv darstellte: »Wir sind mit unseren Subskribenten eine feierliche und unantastbare Verpflichtung eingegangen, ihnen alle Bände, die die Zahl 36 überschreiten würden, kostenlos zu liefern.« Mit anderen Worten, was Linguet als Schwindel denunziert hatte, sollte als Bonus verstanden werden, besonders, da die einzelnen Bände 200 Seiten mehr umfaßten als vorgesehen. Aber wer sollte die sieben Zusatzbände ab Band 29 bis 36 bezahlen, ein Objekt von 70 Livres pro Ausgabe und mehr als eine halbe Million Livres für alle drei Auflagen? Duplain versuchte, diese Schwierigkeit als Vorteil für die Subskribenten aufzubauen, indem er eine weitere »feierliche Verpflichtung« in einem Rundbrief verkündete und eine Mitteilung im 18. Band: Die Subskribenten hätten nur 33 Bände zu bezahlen und würden die übrigen als zusätzlichen Bonus erhalten. Durch diesen Anfall von Großmut erhöhte er tatsächlich den

Endpreis von 344 auf 384 Livres. Da er nicht erwarten konnte, daß die Erhöhung unbemerkt blieb, ging er zum Angriff über und attackierte alle Feinde der Quartausgabe in einer Breitseite von *Mémoire*: »Vergebens wollten Menschen in schlechter Absicht diese Auflage in Verruf bringen; man bemerkt leicht, daß ein Motiv der Feindseligkeit und niedere Eifersucht ihr schändliches Vorgehen geleitet haben, die ihre ungerechten Vorhaben nur scheitern lassen können.«[14]

Duplains Ton und Taktik hatten klar gewechselt: jetzt nannte er Linguet, rührte an den Streit mit Panckoucke und widerlegte das typographische Argument im einzelnen (Linguet hatte die Schriftgröße der Quartausgabe falsch eingeschätzt und den Bandumfang unterschätzt). Er kehrte zum Angriff zurück in einer Mitteilung zum 19. Band der Quartausgabe, der die gleichen Themen wiederholte, während er versuchte, seine exponierte Flanke durch ein neues Manöver zu decken. Duplain schrieb als »Pellet« und kündigte einen Wechsel im Eigentum an der dritten Auflage an: »In dem Verlangen, dem Eifer meiner früheren Subskribenten zu willfahren, habe ich mit der Société typographique de Neuchâtel verhandelt. Indem sie bei dieser dritten Auflage an meine Stelle tritt, läßt sie mir die Zeit und die Sorgfalt, welche an die beiden ersten Auflagen zu wenden ich mir zu einer heiligen Pflicht gemacht habe.« Die STN bestätigte in einem gedruckten Rundbrief vom 24. Juli 1778, daß sie Pellet aufgekauft habe. Ein weiterer Rundbrief und ein Prospekt folgten am 10. November, während Duplain ähnliche Ankündigungen von Lyon aus versandte. Alle diese Werbedrucksachen betonten, daß die Quartausgabe der STN sogar, wenn möglich, noch besser ediert würde als die von Pellet. Beide Ausgaben würden alles aus der Originalausgabe und einiges darüber hinaus enthalten (»Zusätze« ebenso wie das ungekürzte *Supplément*), und die Subskribenten hätten lediglich für 32 Bände zu zahlen. Diese Kriegslist hatte eine doppelte Absicht: Sie sollte den Verkauf fördern, indem sie die dritte »Auflage« von den typographischen und editorischen Fehlern der beiden ersten befreite, und sie änderte die Subskriptionsbedingungen, so daß kein Kunde behaupten konnte, er habe nur für 29 Bände abgeschlossen.[15]

Die STN unterstützte Duplains Betrug begeistert, denn sie erwartete, drei weitere Bände zum Drucken zu erhalten, wenn sie der dritten Auflage ihren Namen lieh. Wie schon erwähnt, druckte sie aber nur einen; und trotz der Behauptungen ihrer Werbeanzeigen übertraf die neue Quartausgabe ihre Vorgängerinnen im Reichtum an Druckfehlern. Während die STN über die Deformierungen der dritten Auflage noch mit den Zähnen knirschte, ging Duplain daran, eine vierte anzukündigen. Unter Pellets Firmennamen erklärte er, er wolle eine weitere Auflage veröffentlichen, um diejenigen zufriedenzustellen, die sich nicht rechtzeitig einschreiben konnten, um die ersten drei zu erwerben. Aber er könne eine Auflage von 400 Exemplaren nicht wirtschaftlich herstellen und deshalb müsse er die letzten Subskribenten mit 10 Livres für jeden der drei Bände belasten, die er den ersten Subskribenten umsonst gegeben habe, und brachte damit den Preis der letzten Quarto auf 414 Livres statt auf 384.[16] Duplain schickte den Text dieser Ankündigung an die STN mit der Anweisung, ihn in holländischen und Schweizer Zeitschriften zu veröffentlichen. Er betrachtete sie lediglich als eine List »um die Subskribenten mehr und mehr zu ködern«, wie er erklärte. Die Verkaufskampagne für die dritte Auflage war tatsächlich bei etwa 300 Subskriptionen unter ihrer Nennzahl zum Stehen gekommen, und er mußte die Subskribenten der ersten beiden Auflagen überzeugen, daß sie einen Rabatt erhielten, wenn sie drei Zusatzbände frei bekamen, statt betrogen zu werden, indem sie vier Bände zusätzlich bezahlen mußten.[17]

Wahrscheinlich verfolgte Duplains Ankündigung einen noch abwegigeren Zweck, nämlich seine Partner zu überzeugen, daß er alles tat, um den unverkaufbaren Rest der dritten Auflage loszuwerden. Die STN verstand es so – als lobenswerten Versuch, gerichtliche Klagen abzuwehren, während sie den Kunden Beine machte, die letzten Subskriptionen zu kaufen.[18] Panckoucke jedoch tadelte Duplain; nicht weil er etwas dagegen hatte, das Publikum zu belügen, sondern weil er glaubte, die Maßnahme zöge nicht: »Die Ankündigung Pellets ist eine Scharlatanerie, von der ich nicht glaube, daß sich jemand davon täuschen läßt.«[19] Der Erfolg des Manövers läßt sich nicht berechnen, aber er brachte den Verkauf der Quartausgabe in angemessenem Stil zu Ende mit einer Runde lügenhafter Werbung.

Verkauf

All diese Finten und Scheinkämpfe mit Zeitschriftenanzeigen bringen uns auf zwei weitere Fragen: Wie verkauften Verleger im 18. Jahrhundert ihre Bücher, und was enthüllen ihre Verkaufskampagnen über den literarischen Markt? Zugestanden, man muß diese Fragen mit einem »Vorsicht!« versehen. Die *Enzyklopädie* war kein typisches Buch, und ihre Subskriptionskampagne kann nicht als typisches Beispiel des Buchverkaufs angesehen werden. 1777 war die *Enzyklopädie* im allgemeinen Bewußtsein zu einer Verkörperung der Aufklärung geworden. Sie hatte so viele Auseinandersetzungen erregt, daß die Verleger der späteren Auflagen keine Mühe hatten, ihren Namen bekannt zu machen. Tatsächlich wurde ihr Name von anderen Verlegern als Verkaufshilfe benutzt, die von ihrem Erfolg zehren wollten, indem sie ihre Bücher als Enzyklopädien anboten. Das Register der Gesuche um Privileg, das die Buchhändler der Pariser Innung führten, zeigt eine Flut von Anträgen um 1770, enzyklopädische Werke zu veröffentlichen, einschließlich einer *Encyclopédie économique,* einer *Encyclopédie médicale,* einer *Encyclopédie mathématique,* einer *Encyclopédie domestique, économique, rurale et marchande,* einer *Encyclopédie militaire,* einer *Encyclopédie littéraire,* einer *Encyclopédie des dieux et des héros* und einer *Encyclopédie des dames.*[20] Aber weit davon entfernt, auf dieser Welle der Bekanntheit zu gleiten und das Buch sich selbst verkaufen zu lassen, arbeiteten die Verleger der Quartausgabe fieberhaft, um so viele Exemplare wie möglich abzusetzen. Ihre Verkaufskampagne ist bezeichnend für das Verständnis des Verlagswesens im 18. Jahrhundert, da sie die üblichen Techniken ihres Gewerbes verwendeten. Sie verteilten Prospekte und Rundbriefe, setzten Anzeigen in Zeitschriften, schoben Verkaufsgespräche in ihre Geschäftskorrespondenz und schickten Reisende weit herum auf der Suche nach Subskriptionen.

Die Verleger benutzten diese gängigen Techniken, ohne sie zu koordinieren oder ihren Effekt zu berechnen. Sie fühlten offensichtlich nicht das Bedürfnis, besondere Verkaufsstrategien auszuarbeiten, sondern vermuteten, die gesamte Assoziation würde davon profitieren, wenn jeder Partner das Publikum mit aller ihm zur Verfügung stehenden Propaganda beschösse und dabei feuerte, wie es ihm gefiel. »Man muß Mitteilung um Mitteilung verbreiten und sich nicht enttäuschen lassen«[21], mahnte Panckoucke die STN im Dezember 1778, als die Nachfrage zurückzugehen schien. Duplain betonte den gleichen Punkt: »Es laufen keine Subskriptionen mehr ein, und wenn wir trotz 200 abgeschickter Briefe uns an einem Engpaß befinden, werden wir genötigt, ins Lager zu setzen. Haben Sie doch bitte die Güte, die Anzeigen zu wiederholen, neue Anstrengungen zu machen und in ihren Zeitungen davon zu sprechen.«[22] Die Flut der Subskriptionen lieferte eine ungefähre Bedarfsanzeige und half, die Verkaufspolitik zu koordinieren. So entschied sich Duplain nicht, mit der dritten Auflage anzufangen, ehe er nicht eine zufriedenstellende Antwort auf einen Rundbrief erhielt, der ankündigte, Pellet habe schon mit dem Druck begonnen.[23] Aber die Nachfrage nach der Quartausgabe überraschte ihre Verleger, und sie hatten nie eine klare Vorstellung von ihrem Ausmaß. Tatsächlich hatte jeder nur einen ungefähren Begriff davon, was die anderen zur Verkaufsförderung taten. Sie stellten alle ihre eigenen Prospekte her und plazierten ihre eigenen Anzeigen. Duplain konsultierte seine Partner nicht, ehe er seine fingierte vierte Auflage ankündigte. Die STN druckte einen langen Rundbrief über die dritte Auflage, den sie an sich selbst richtete und mit Pellet unterzeichnete, ohne Duplain und Panckoucke zu unterrichten, von Pellet ganz zu schweigen, der es gewohnt war, daß andere ihm Worte in den Mund legten.[24] Panckoucke verschickte ähnliche Rundbriefe von Paris aus und delegierte dann den Verkauf in seinem Bereich an den Pariser Buchhändler Laporte und ließ ihn so zwei Instanzen von Duplains zentraler Operation in Lyon entfernt. Alle drei Hauptpartner sandten Handelsreisende in die französischen Provinzen, aber ohne ihre Wege zu koordinieren, so daß sich die Verkäufer gelegentlich in die Haare gerieten. Favarger verkaufte nur wenige Subskriptionen während seiner Tour im Süden und in Zentralfrankreich 1778, da er sich, ohne es zu wissen, auf den Spuren von Duplains Agenten Amable Le Roy bewegte, der das meiste vom Verkauf abgeerntet hatte. Le Roy beklagte sich dann, daß Favarger die Ernte verderbe, weil er den Subskribenten erzählte, sie könnten mit der Bezahlung warten. Und Panckouckes Mann kam fast mit leeren Händen von einer Tour im Norden zurück, da er in die Rivalität zwischen Pariser und Provinzhändlern geraten war: »Mein Handlungsreisender hat überhaupt nichts erreicht. Er wird in einigen Tagen hier sein. Er hat die Normandie, die Bretagne gesehen, hat mir ungefähr 600 Livres ausgegeben und bringt Bestellungen für 1500 Livres insgesamt. Man hat ihn fast überall als Spion angesehen. Die Buchhändler der Provinz lieben überhaupt nicht die Reisenden der Pariser Buchhändler. Die aus Lyon und aus Rouen haben Vorkehrungen aller Art getroffen.«[25]

Natürlich arbeiteten die Partner nicht immer mit verqueren Absichten. Panckoucke applaudierte dem Erfolg eines von Duplains früheren Reisenden, der 395 Subskriptionen auf einer Tour verkauft hatte, und er billigte Duplains Entscheidung, Subskriptionen zu locken durch das Angebot von Gratis-Kupferstichen von Diderot und d'Alembert:

»Das ist eine gern gesehene Ausgabe, die eine gute Wirkung erzielen kann.«[26] Indem Duplain alle Subskriptionen von Lyon aus bearbeitete, behielt er die Kontrolle über das gesamte Unternehmen. Und da sie die gleichen Bedingungen bei ihren Verkäufen beachteten, die fast ausschließlich an Weiterverkäufer und nicht an private Individuen gingen, wirkten die Partner zusammen, statt sich Konkurrenz zu machen. Die Vorauszahlungen wurden nicht als Provision verstreut, sondern gingen an Duplain, der damit teils die Herstellungskosten bestritt und den Rest, den Anteilen entsprechend, an die Gesellschafter verteilte. Die Partner neigten dazu, ihre Verkaufskampagnen auf verschiedene Gebiete auszurichten, selbst wenn ihre Verkäufer sich dabei in die Quere kamen. Panckoucke konzentrierte sich auf Paris, Duplain auf die Provinzen und auf Südeuropa und die STN auf Nordeuropa. Wenn Duplain eine allgemeine Mitteilung machen wollte, schickte er sie daher an die STN mit der Bitte, sie in den Zeitschriften zu veröffentlichen, die sie für den »Norden« wirkungsvoll hielten, ein Begriff, den er vage auf das Gebiet von England bis Rußland anwendete.[27]

Diese Werbung kostete sehr wenig – ein weiteres Zeichen für den relativ primitiven Charakter des Marketing im 18. Jahrhundert. Favarger ritt ein Pferd zuschanden während seiner Verkaufsreise durch Frankreich, aber die STN schrieb das Tier leicht als Verlust ab mit 96 Livres. Die Gesamtkosten der fünfmonatigen Reise waren beträchtlich – 1289 Livres und 240 Livres Lohn für Favarger – aber nur ein Bruchteil davon kann der Enzyklopädie zugerechnet werden, denn Favarger kassierte auch Rechnungen, richtete Schmuggelwege ein, knüpfte Beziehungen mit neuen Buchhändlern an und verkaufte alle anderen Bücher aus dem Lager der STN.[28]

Die STN berechnete der Gesellschaft nur 18 Livres für die Herstellung von 1500 Exemplaren eines vierseitigen »Grand Prospectus« im November 1778 für die dritte Auflage.[29] Duplain druckte seine eigene Fassung in Lyon, und die STN druckte bei mehreren Gelegenheiten 2060 Exemplare zwischen November 1778 und Januar 1780 nach. Sie druckte auch einen kleinen Prospekt auf einem Blatt, der mit der *Gazette de Berne* verteilt wurde und 300 Rundbriefe, die sie an ein Netz von Buchhändlern schickte.[30] Da Duplains andere Drucker auch Prospekte herausgaben, ist es wahrscheinlich, daß sie genügend produzierten, um jeden Buchhändler in Europa mit einem Dutzend davon oder mehr zu versorgen und die Kanäle des Buchhandels zu fluten.

Mit einem Ries Papier und der Tagesarbeit eines Setzers und einer Druckmannschaft konnte die STN leicht tausend Prospekte für 12 Livres herstellen.

Anzeigen in Zeitschriften waren ebenso billig. Die STN setzte eine ganzseitige Anzeige in die *Gazette de Berne* – 36 Zeilen in klein Cicero – für nur 7 Livres, 10 Sous. Ähnliche Anzeigen in den Zeitungen von Basel und Schaffhausen kosteten 6 oder 7 Livres, und fast acht Seiten Verkaufsgespräch in dem hauseigenen *Journal helvétique* der STN kostete die Gesellschaft nur 6 Livres. Diese Preise sind schwer zu bewerten bei dem dürftigen Forschungsstand französischsprachiger Periodica im 18. Jahrhundert. Aber nach modernen Standards war die Verbreitung der Zeitungen gering. 1778 erstreckten sich die Auflagen von 7000 im Falle des *Mercure* bis herab zu 250 beim *Journal helvétique*. Die *Gazette de Leyde* hatte wahrscheinlich beträchtlichen Einfluß im »Norden«, wenn man das aus den häufigen Verweisen in der Korrespondenz der STN schließen kann. 1779 berechnete sie nur 26 Livres für eine halbseitige Anzeige, 25 Zeilen in klein Cicero. Die STN bezahlte ebenso etwa ein Livre die Zeile für drei weitere Anzeigen der Quartausgabe, die sie 1777 und 1778 in die *Gazette de Leyde* setzte.[31] Aber sie mußte fast das Doppelte (38 Shilling) für zwei halbseitige Anzeigen im weitverbreiteten Londoner *Morning-Herald* bezahlen (nur zwei Zeilen galten der Quartausgabe, das übrige der *Description des arts et métiers*). Buchhändler, die mit der Quartausgabe spekulierten, machten ihre eigene Werbung. Téron in Genf z. B. veröffentlichte fünf Anzeigen in der *Gazette de Leyde* und vier in der *Gazette de Berne* zwischen 1777 und 1779. Die Gesamtwerbekosten für die Quartausgabe können also nicht berechnet werden, aber sie waren nicht sehr hoch. Die STN allein setzte zehn Anzeigen in fünf Zeitungen für etwa 120 Livres – weniger als ein Drittel des Preises einer *Enzyklopädie*. Die Summe erscheint unbedeutend aus heutiger Sicht, aber sie bewirkte nach den Maßstäben des 18. Jahrhunderts eine bedeutende Publizität.

Die Begriffe, die man im 20. Jahrhundert von Werbung entwickelt hat, passen nicht zur Praxis des Ancien Régime, und es wäre anachronistisch, in den Papieren der Verleger der Quartausgabe zu blättern, um ein Werbebudget oder Berichte über Marktforschung zu finden. Die Verleger konnten sehr viel mehr Anzeigen in Zeitungen setzen, aber es wäre ihnen nie eingefallen, daß man die »Medien« mit einer »Kampagne« sättigen könnte. Sie begnügten sich mit ein paar *Anzeigen* – das heißt buchstäblich damit, in einzelnen Ausgaben eines halben

Dutzend Zeitungen anzuzeigen, daß ihr Produkt zu einem bestimmten Preis auf eine gewisse Weise erworben werden konnte.[32]

Diese Anzeigen verfaßten sie aber nicht aufs Geratewohl. Duplain schrieb seinen eigenen Text und schickte ihn nach Neuchâtel mit der strikten Anweisung, daß er unverändert gedruckt werden solle: »Wir schicken Ihnen beiliegend eine Mitteilung, die so in die Zeitungen von Bern oder andere, die Sie kennen, einzurücken sind, ohne etwas daran zu ändern.«[33] In diesem Fall zeigte der Text die fingierte vierte Auflage mit der Schutzbehauptung an, »Pellet« habe nahezu 400 Bestellungen mehr als er ausführen könne, während tatsächlich der wirkliche Unternehmer der Quartausgabe, Duplain, gerade seine Partner, die ebenfalls verborgen blieben, davon in Kenntnis gesetzt hatte, daß die Verkäufe der dritten »Auflage«, die in Wirklichkeit die zweite war, um 300 Subskriptionen zu niedrig war – und selbst diese Nachricht war falsch. Da er ein so komplexes Lügengewebe fabriziert hatte, konnte Duplain kein Wort davon wegnehmen. Mit scheinbarer Arglosigkeit begann die Anzeige folgendermaßen: »Jean-Léonard Pellet, Drucker in Genf und Verleger der *Enzyklopädie* in Quarto, zeigt an, daß die Arbeit der Redakteure völlig beendet ist und daß seine Ausgabe insgesamt 36 Textbände und 3 Tafelbände umfaßt. Er macht sich eine heilige Pflicht daraus, die Versprechen zu halten, die er am Kopf der Bände 11, 13 und 17 abgegeben hat. Folglich erhalten die Herren Subskribenten drei Textbände gratis.«[34]

Duplain entwickelte seinen wichtigsten Punkt – die Anzeige der neuen Auflage, die als Folie gedacht war, um den Bedingungen der älteren Auflagen ein besseres Aussehen zu geben – erst weiter hinten im Text. Diese indirekte Art entsprach dem zufälligen, briefartigen Stil des Journalismus im 18. Jahrhundert. Pellet sprach die »Herren Subskribenten« direkt an, in der höflichen Form der 3. Person, als würde er lediglich eine Mitteilung machen. Seine Stimme klang wie die der Journalisten selbst, denn die Zeitschriften waren als offene Briefe konzipiert. Sie präsentierten ihre Nachrichten geradezu, ohne Schlagzeilen oder besondere Aufmachung, wie so viele Briefe zwischen gewöhnlichen Korrespondenten und dem *Gazetier*, dem Redakteur. Anzeigen, die schlicht *Annonces* oder *Avis* hießen, waren kaum von Meldungen zu unterscheiden, obwohl sie gewöhnlich in den französischen Zeitschriften am Ende standen. Alles um sie herum gab ihnen das Aussehen des Zufälligen und Vertraulichen, genau das Richtige für systematisch Falsches.

Der Druck der Stiche:
die Druckfarbe ist nur in den Vertiefungen der Metallplatte,
deren Oberfläche von allen Farbspuren bei jedem Druckgang gereinigt wird.

Die Richtung der Verkaufsgipfel der Verleger deutete an, auf welchem Wege sie erwarteten, daß die Enzyklopädie das Lesepublikum anspreche. Sie hätten es als hervorragendes Nachschlagewerk oder als ein Manifest der Aufklärung präsentieren können. Beides hätte die Bedeutung der Ideologie in ihrer Wahrnehmung des Publikums angezeigt. Tatsächlich kombinierten sie Themen auf noch bezeichnendere Weise, wie es den ersten Sätzen ihres Hauptprospektes zu entnehmen ist, den sie bei den meisten ihrer Anzeigen nachdruckten, einschließlich bei der »Mitteilung der neuen Verleger« am Kopf des ersten Bandes der Quartausgabe: »Die beiden Schriftsteller, die das Projekt der *Enzyklopädie* entwarfen, machten sie zur Bibliothek des Mannes von Geschmack, des Philosophen und des Gelehrten. Dieses erspart es uns, die meisten anderen zu lesen. Wenn seine Herausgeber den menschlichen Geist aufklären, so erstaunen sie oft durch die ungeheure Vielfalt ihrer Kenntnisse und noch öfter durch die Neuheit, die Tiefe und die systematische Ordnung ihrer Ideen. Niemand hat besser als sie die Kunst verstanden, von den Folgen zu den Prinzipien aufzusteigen, die Wahrheit von der Vermischung mit den Irrtümern zu befreien und dem Mißbrauch der Wörter zu begegnen, der die wichtigste Quelle davon ist, der Erinnerung, die die Vorstellungen sammelt, ebenso Anstrengungen zu ersparen wie dem Verstand, der sie verbindet, und der Einbildungskraft, die sie schöner macht. Dieses wahrhaft philosophische Vorgehen mußte die Fortschritte der Vernunft beschleunigen, und seit einigen Jahren bewegt man sich mit Riesenschritten auf einer Bahn, die sie bereitet haben, und auf der sie oft Dornen in Blumen verwandelten.«

Eine Quartausgabe im Bücherschrank würde die Qualitäten ihres Besitzers in drei Hinsichten beweisen: als Mann von Geschmack, als Mann der Wissenschaft und als Philosoph. Diese Rollen waren keineswegs unvereinbar, sondern ergänzten einander, und, was am besten war, sie waren leicht zu spielen. Diderot und d'Alembert hatten so angenehme Pfade durch die dürren Einöden des Wissens gelegt, daß man ihnen nur zu folgen brauchte, hier und da Halt machen konnte, um die Blumen am Wege zu genießen, und doch noch die Befriedigung empfand, zur intellektuellen Avantgarde zu gehören. Man brauchte nicht einmal viele andere Bücher zu lesen, da die *Enzyklopädie* eine Bibliothek in sich darstellte. Die Verleger zählten die Bücher nicht auf, die sie überflüssig machte, aber jeder, der die *Einleitende Abhandlung* aufschlug, konnte leicht den Unterschied zwischen den gewichtigen Bänden überlieferter Gelehrsamkeit und dem modernen, stromlinienförmigen Modell bemerken. Moderne Wissenschaft bedeutete Aufklärung; der Prospekt machte diesen Punkt nicht allein dadurch deutlich, daß er die Vernunft und den fortschreitenden Gang der Philosophie beschwor, sondern auch dadurch, daß er die Erkenntnis der Tätigkeit der drei Vermögen, Erinnerung, Verstand und Einbildungskraft zuschreibt, genau so, wie d'Alembert es in der *Einleitenden Abhandlung* getan hatte. Er deutete diese Punkte zart an, ohne Fahnenschwenken für Bacon oder Locke oder die Rhetorik von der Vernichtung des Aberglaubens.

Anstatt die Herausforderung zu betonen, die die *Enzyklopädie* für die geltenden Werte darstellte, betonte er die Leichtigkeit, mit welcher die Subskribenten gelehrt und zugleich zu Trägern des Fortschritts werden konnten. Diderot und d'Alembert ließen diese Eigenschaften untrennbar erscheinen – ein sauberer Trick, wie das Verwandeln von Dornen in Blumen, das die Verleger für ihre Propaganda übernahmen. Diese wollten ja *Enzyklopädien* verkaufen und sie nicht schwierig erscheinen lassen, und die Autoren des Werkes hatten ihr wichtigstes Verkaufsargument geliefert: Es war sowohl ein Kompendium des Wissens wie ein Vehikel der Aufklärung. Zu fragen, ob es die Leser des 18. Jahrhunderts als das eine oder andere ansprach, hieße, die Hauptsache zu verfehlen, denn es sollte sie in beider Hinsicht ansprechen – durch die Männer, die sie schrieben, und durch die, die sie verkauften. So verbreiteten die Anzeigen, volkstümlich und vereinfacht, die Botschaft des Buches; sie entstellten sie nicht. Und dadurch bezeugten sie die Ausbreitung eines gewissen kulturellen Umgangstons. Die Verleger rechneten darauf, daß viele Menschen die Quartausgabe lediglich kaufen würden, um auf der Höhe der intellektuellen Mode zu erscheinen. Der Prospekt legte nicht nur nahe, daß jeder Eigentümer der *Enzyklopädie* sich selbst als Philosophen bezeichnen konnte, Ostervald legte die Strategie der Ausbeutung des intellektuellen Snobismus sogar ausdrücklich offen in einem Brief an Panckoucke: »Man muß langsam alle, die sich bei uns eindecken, in zwei Klassen unterscheiden und einordnen: Die einen sind Gelehrte oder Neugierige, die sich mit Hilfe dieser Kompilation unterrichten wollen; die anderen werden nur von der Eitelkeit bestimmt und rühmen sich des Besitzes eines so bekannten Werkes.«[35]

Intellektueller Snobismus scheint zu dieser Zeit eine neue Erscheinung gewesen zu sein, vielleicht deshalb, weil die Intellektuellen gerade begonnen hatten, beim allgemeinen Publikum Gehör zu finden. In jedem Fall ist es bezeichnend, daß die Suche auf der Seite der *Enzyklopädie* zu stehen begannen, während das Buch offiziell immer noch illegal war. In Zeitungen, die in Frankreich gedruckt wurden, durfte es nicht angezeigt werden, obwohl die ausländischen Zeitungen wie die *Gazette de Leyde,* die im Königreich weit verbreitet waren, Anzeigen brachten. Duplain mußte seine Operation hinter Schweizer Titelblättern verborgen halten, und sogar die Prospekte mußten nach Schweizer Herkunft aussehen. »Es brauchte Gänge, Beschwichtigungen und Maßnahmen, um die Erlaubnis *maßvoller* Verbreitung des Prospektes und so *als käme er aus Neuchâtel* zu erlangen«,[36] informierte Panckoucke die STN. Sie erhielt verschiedene Briefe von Buchhändlern, die Angst hatten, die Quartausgabe zu verkaufen, und ihre Antworten zeigten, obwohl sie Sicherheit ausstrahlten, die Grenzen der Legitimität des Buches: »Obwohl es ein Verbot dieses Werkes von seiten der Behörden gab, sind wir völlig sicher, daß seine Durchsetzung suspendiert wurde und daß es überhaupt keine Befürchtungen für die Händler gibt, besonders wenn sie in der Hauptstadt mit Vorsicht verfahren.«[37] Die Regierung konnte nicht offen auf die Verfolgung der Enzyklopädie verzichten, ohne den Anschein zu erwecken, sie billige die Gedankenwelt des Buches. Damit hatten die Verleger den besten Teil aus beiden Welten: Sie konnten auf den Reiz illegaler Literatur zählen, während sie den nicht zugestandenen Schutz der Autoritäten ausbeuteten. Aber der wichtigste Punkt bei ihrem Verkauf betrifft die Art, wie die Enzyklopädie im späten 18. Jahrhundert präsentiert und wahrgenommen wurde. Das Interesse stieg gleich am Anfang mit den Auseinandersetzungen sprunghaft an; dann verbreitete es sich durch Europa auf den Wogen des Skandalerfolgs, und ihre Feinde hielten den Skandal durch weitere Attacken in Gang. Weit davon entfernt, sich zu einem neutralen Nachschlagewerk zu entwickeln, blieb sie bis zur Revolution offiziell verdammt. Ihre Illegalität erwies sich weiterhin als so erfolgversprechend für das Geschäft, daß die STN um weitere behördliche Verordnungen gegen sie betete.[38]

Buchhändler

Die Publizität und die Polemiken zeigen, wie die Enzyklopädie von ihren Zeitgenossen wahrgenommen wurde, als sie in einer relativ billigen Form auf dem Markt erschien. Aber der Verkauf selbst erforderte weit mehr als die Produktion von Propaganda. Er spielte sich auf zwei Ebenen ab: Die Verleger verkauften Subskriptionen an die Buchhändler, und die Buchhändler verkauften sie an die einzelnen Kunden. Dieses Verkaufsverfahren in zwei Stufen erfordert auch zwei Kommunikationssysteme. Die Verleger und Buchhändler schickten allgemeine Botschaften an das Publikum, und sie tauschten kommerzielle Nachrichten durch ihr eigenes Netzwerk aus, ein Handelsinformationssystem, das durch Briefwechsel, persönliche Besuche und reisende Agenten funktionierte.

Dieser Prozeß brachte den Vermittler in eine strategische Position. Weit davon entfernt, Verkaufsorganisationen zu halten, die auf nationaler Ebene operieren könnten, besaßen die Verleger nur Kontore, kleine Büros im Hause mit einem Buchhalter und ein oder zwei Angestellten. Aber nach Jahren im Geschäft hatten sie überall im Einzelhandel ausgedehnte Kontakte aufgebaut. Sie zielten daher mit ihrer Verkaufskampagne vor allem auf die Einzelhändler, die den Verkauf auf der lokalen Ebene betrieben. »Man kann bei den wichtigsten Buchhändlern jeder Stadt subskribieren«[39] lautete die Formel, mit der die Anzeigen für die Quartausgabe ebenso wie für die meisten anderen Bücher endeten – »in jeder guten Buchhandlung«. Um die Buchhändler zu bewegen, energisch als Enzyklopädieverkäufer zu wirken, bewilligten die Verleger ihnen große Gewinnanteile. Die Händler kauften ihre Quartausgabe für 294 Livres und verkauften sie für 384 und erhielten auf zwölf Bestellungen je ein Freiexemplar. Wenn sie ein rundes Dutzend (13) verkauften, verdienten sie 1464 Livres, das Äquivalent für den Lohn von zwei Jahren bei einem Drucker im Tagelohn und ein Profit von 41 Prozent bei einer Investition von 3528 Livres. Wie bedeutend der Verkaufsdiskont war, geht klar aus ihren Briefen hervor. Gaston in Toulouse z. B. schrieb der STN, daß er große Anstrengungen unternommen habe, Subskriptionen zu verkaufen, denn »wenn der Nachlaß ehrlich ist, fürchtet man die Ausgabe für eine Kampagne nicht, um sich weit herum die Subskribenten zu verschaffen.«[40]

Auch die STN schrieb den Erfolg der Quartausgabe der Unterstützung der Buchhändler zu und erklärte diese Unterstützung mit dem

Gewinn, den sie dabei machten.[41] In ihrer Geschäftskorrespondenz hielt sie sie dazu an, das Buch härter zu verkaufen, und kehrte dabei immer wieder zu dem gleichen Punkt zurück: Mit den Quartbänden, die sie für 7 Livres, 10 Sous kauften und für 10 Livres verkauften, könnten sie ein Mordsgeschäft machen. »Wir haben es uns zur allgemeinen Maxime gemacht, alle Buchhändler mit denen wir arbeiten, gut verdienen zu lassen«,[42] erklärte sie Abert in Avallon und fügte suggestiv hinzu, daß Aberts Kollegen im nahen Dijon in wenigen Monaten 100 Subskriptionen verkauft hätten. Währenddessen ermahnte sie die Buchhändler in Dijon, ihren Kollegen in Besançon nachzueifern, die noch mehr verkauft hätten, und sie spornte einen Händler in Besançon an, der hinter den anderen zurückblieb: »Verlangt bei Ihnen niemand die Quartausgabe der *Enzyklopädie*? Wir glauben, daß sie der einzige Buchhändler in Frankreich und selbst darüber hinaus sind, der nicht damit spekuliert hätte. Ihr Gewinn ist sicher.«[43] Durch Briefe dieser Art, Dutzende von Briefen jede Woche, erreichten die Verleger am meisten.

Die Buchhändler produzierten noch mehr Propaganda am anderen Ende. Sie rückten Anzeigen in Lokalzeitungen, verschickten Prospekte, die die Verleger lieferten, und sprachen über die Quartausgabe, wenn Kunden in ihre Läden kamen. Tonnet in Dôle bevorzugte Plakate: »Es wäre nicht übel, wenn sie ein Plakat in großen Lettern beilegten, damit ich es vor meinem Laden anschlagen kann, wie es auch alle Ihre Korrespondenten tun sollten.«[44] Charle in Meaux verließ sich auf die *Affiches de la Brie* und auf den massiven Einsatz von Prospekten: »Wenn ich sie in unserer Gegend mit Sorgfalt verteile, könnte ich wohl 24 statt 12 Subskriptionen für sie gewinnen.«[45] Und einige Händler produzierten sogar selbst Prospekte. Die Società letteraria e tipografica in Neapel ließ einen eleganten zweiseitigen Prospekt auf italienisch zirkulieren, der zu Subskriptionen einlud.[46] Die Werbung für die Quartausgabe schoß so überall in Europa wie Pilze aus dem Boden, und die lokalen Buchhändler, die mit allen verfügbaren Tricks arbeiteten, taten das meiste für den Verkauf. Wie aber sah die Quartausgabe aus ihrem Blickwinkel aus, und wie verstanden sie ihre Rolle im Verbreitungsprozeß?

Diese Fragen lassen sich auf zwei Wegen verfolgen: anhand der Briefe der Buchhändler und anhand der Berichte Favargers über den Verkauf während seiner Handelsreise im Jahre 1778. Die Lektüre der Briefe ist etwas enttäuschend, da sich die Buchhändler nicht über ihre literarischen Vorstellungen und über die Beziehungen zu den Kunden äußern. Sie pflegten einen knappen Geschäftston und hielten sich strikt an die Themen, die sie und ihre Lieferanten beschäftigten: Liefervereinbarungen, Zahlungsschwierigkeiten und die Qualität der Ware. Aber das zeigt auch, was die *Enzyklopädie* aus ihrem Blickwinkel war. Sie sahen in ihr zuallererst eine Chance, in einem Gewerbe den Kopf über Wasser zu halten, in dem ständig Leute untergingen. Diese verbissene und strikt ökonomische Sicht des Buches fand sich vor allem bei den kleineren Händlern, wie man aus einigen Beispielen aus der Gegend um Nancy erfährt.

Fournier in Saint-Dizier, einer Stadt von 6500 Seelen in West-Lothringen, schätzte sich glücklich: Er hatte ein kleines Vermögen. Seine Frau wollte, daß er es in Land anlege, aber er dachte, er täte es besser in *Enzyklopädien* – vorausgesetzt, man räume ihm Sonderkonditionen ein. Bekäme er einen Diskont von 94 Livres pro Ausgabe zu dem freien dreizehnten Exemplar, schrieb er der STN, dann würde er das Geld bar auf den Tisch legen. Das war eine Versuchung, denn Barzahlungen waren rar in einem Gewerbe, das an Liquidität litt, und Fournier glaubte, er könne zwei dutzend Subskriptionen verkaufen. Die STN konnte sich aber darauf nicht einlassen, denn wenn einer der Gesellschafter der Quartausgabe von den festen Großhandelspreisen abwich, würden sie mit Bitten um Sonderrabatte überschwemmt. So setzte sich am Ende Fourniers Frau durch, und er verkaufte nur drei Ausgaben zum üblichen Preis.[47]

Währenddessen füllte in Joinville, einer Stadt von 3000 Einwohnern in der Nähe, der örtliche Buchhändler de Gaulle seine Briefe mit Klagen über die Transportkosten. »Wie sollte ich denn für ein Exemplar der *Enzyklopädie* subskribieren?« fragt er. »Die Häfen und die Wegerechte nähmen mir den Gewinn weg.« Obwohl er schließlich eine Subskription verkaufte, hielt er Joinville für einen schlechten Markt für Bücher. Die Leute zögen es vor, ihr Geld für Wandteppiche auszugeben, erklärte er: »Ich habe das Unglück, in einer Stadt zu leben, wo es nicht viel Neugierige gibt.«[48]

Ein wenig weiter nördlich, in Verdun, einer Stadt von 10.000 Einwohnern, arbeitete der Buchhändler Mondon hart dafür, ein Dutzend Subskriptionen zu verkaufen, um in den Genuß des freien dreizehnten Exemplars zu kommen. Der Prospekt bewirkte eine vielversprechende Reaktion bei seinen Kunden, besonders bei den Offizieren der beiden dort stationierten Regimenter, berichtete er. Innerhalb vier Monaten hatte er acht *Enzyklopädien* verkauft, und nach der Ankündigung der dritten Auflage, vier weitere. Aber dann kamen Schwierigkeiten. Duplains erste Sendungen enthielten nicht genügend Exemplare der ersten Bände, so daß Mondon einige seiner Kunden vor den anderen beliefern mußte. »Ich bin in Verlegenheit«, schrieb er der STN. »Welchen meiner Subskribenten ziehe ich vor? Es sind alles Personen des ersten Ranges.« Dann verlor Duplain Mondons Bestellung für die dritte Auflage. Als er sie endlich fand, schickte er doppelt so viele Exemplare wie Mondon verlangt hatte. Und als Mondon die Sendung prüfte, entdeckte er, daß alles wertlos war, da mindestens 200 Bogen durch Feuchtigkeit und unsachgemäße Behandlung verdorben waren. Als Duplain die fehlerhaften Bogen nicht ersetzte und sich kaum dazu herabließ, seine Briefe zu beantworten, versuchte Mondon die STN zur Intervention zu bewegen. Duplain kümmere sich nicht mehr um die kleinen Buchhändler und habe die Kontrolle über die Quartausgabe verloren, sobald sie ein Riesenunternehmen geworden war, klagte er. Und das Schlimmste von allem, Duplain habe sich geweigert, ihm das freie dreizehnte Exemplar zu geben, mit dem Vorwand, vier seiner zwölf Exemplare seien von der dritten Auflage, die ein getrenntes Geschäft sei. »Sie sollten sich vor Augen halten, daß es in einer kleinen Stadt wie dieser schwierig war, ohne Eifer und viele Wege eine Anzahl Subskriptionen zu verkaufen. Ich gestehe Ihnen, daß ich es in der Hoffnung auf das 13. Exemplar getan habe.« Alle diese Schwierigkeiten schufen Probleme mit Mondons Kunden, die sich zu bezahlen weigerten, bis sie vollständige und fehlerfreie Exemplare erhalten hatten. Und schließlich brachte der Einbruch im Buchhandel und die Abreise vieler Truppen zum amerikanischen Unabhängigkeitskrieg Mondon an den Rand des Bankrotts. »Ich erachte es nicht als Demütigung, wenn ich Ihnen gestehe, wie wenig Glück ich habe. Als Familienvater muß ich auf meine Verpflichtungen achten und sie respektieren ... Der Handel ist hier völlig zusammengebrochen. Kein Stand kann seinen Absatz ohne die Truppen festsetzen, und dazu sind wir nicht in der Lage, seit der elende Krieg uns alle unsere Ressourcen nimmt ... Ich bin außerstande zu bezahlen: sechs Kinder und der geringe Geschäftsgang lassen mich nur Kummer erwarten.«[49]

Das waren die Drangsale der Kleinstadtbuchhändler. Die großen Händler stöhnten nicht wegen der Zahlungen, aber auch sie behandelten die *Enzyklopädie* ausschließlich als eine Gelegenheit, Geld zu verdienen. Machuel in Rouen rühmte die Nachfrage nach der Quartausgabe als »lukrativ«[50]. Mathieu in Nancy schrieb, er erwarte, eine große Zahl von Subskriptionen zu verkaufen, und tat es auch, ohne näher auf Einzelheiten einzugehen.[51] Bergeret in Bordeaux, Chevrier in Poitiers, Letourmy in Orléans, Rigaud in Montpellier und Buchet in Nîmes sprachen ähnlich über die Quartausgabe. Sie behandelten sie stets als Bestseller, analysierten aber nie die Gründe für ihren Erfolg. Stattdessen manövrierten sie, um Sonderkonditionen herauszuschlagen – geheimen Diskont oder Bevorzugung bei den Lieferungen – und füllten ihre Briefe mit Klagen über Duplain. Rigaud z. B. versuchte, die STN gegen Duplain auszuspielen, um ein weiteres Freiexemplar zu bekommen als Belohnung für über hundert Subskriptionen, die er gesammelt hatte. Die STN schob seine Bitte mit dem Hinweis beiseite, was dieser Erfolg für ihn bedeute: »Auch wir müssen Sie zu Ihrem Erfolg beglückwünschen wegen des Gewinnes, den er Ihnen bringt.« Und er antwortete mit einigen wütenden Klagen über die Qualität der beiden ersten »Auflagen«: »Das Papier findet man grau und ungleich, die Buchstaben abgebraucht, die Korrekturen schlecht besorgt, denn das Werk wimmelt von Druckfehlern. Schließlich ist die *Einleitende Abhandlung* im ersten Band niederträchtig ausgeführt, das heißt, abgebrauchte Lettern auf sehr schlechtem Papier usw. Wenn man so weitermacht, wird es Auseinandersetzungen und wahrscheinlich Prozesse mit den Subskribenten geben, die sich unablässig beklagen und schließlich Krach schlagen werden.«[52]

Schließlich illustrieren die Briefe der Buchhändler, wie ihr Handelsnetz funktionierte. Angesichts der Gefahr, in das Kreuzfeuer sich bekämpfender Verlagskonsortien zu geraten oder in dem Wirbelsturm falscher Ankündigungen unterzugehen, mußten sie wissen, was die Verleger wirklich taten. Ein obskurer kleiner Händler wie Lair in Blois fand es außerordentlich schwierig, zu einer klaren Sicht der Dinge zu gelangen. Im Dezember 1773 hörte er – fälschlich –, daß die Arbeit am *Supplément* Diderots Rußlandreise wegen – der gar nichts damit zu tun hatte – festgefahren sei; so entschied er sich, Félices *Encyclopédie d'Yverdon* zu bestellen. Im März 1777 erreichten ihn die Nachrichten von der Existenz der Quartausgabe, obwohl er – fälschlich – glaubte, sie werde in Bouillon veröffentlicht und sei ein billiger Nachdruck von Félices Ausgabe. Er bevorzugte die Quartausgabe, bis er Linguets Angriff gegen sie in den *Annales* las, der ihn überzeugte, daß Pellet und Panckoucke ihre Subskribenten betrügen wollten, und daß er nach alledem Félice treu bleiben solle. Aber sein Glaube wurde erschüttert, als er Gerüchte über den Plan erfuhr, eine Fassung der *Encyclopédie méthodique* in Lüttich zu publizieren. Favarger klärte schließlich die Lage, als er auf seiner Geschäftsreise 1778 nach Blois kam; indem er ihm aber den wahren Charakter der Quartausgabe enthüllte, verdeckte er den der *Méthodique,* da er nicht wollte, daß die neue *Enzyklopädie* den Markt für die alte ruiniere. Deshalb überzeugte er Lair, daß das Projekt der *Méthodique* eine leere Spekulation sei, obwohl Panckoucke es schon übernommen hatte und dabei war, es in Paris zu verwirklichen.«[53]

Bedeutende Buchhändler, die an den Knotenpunkten des Informationsnetzes angesiedelt waren, hatten es viel leichter, auf dem laufenden zu bleiben. Jean Mossy, ein mächtiger und geschickter Händler in Marseille, wußte sechs Wochen, nachdem die STN den Vertrag von Dijon akzeptiert hatte, alles über die Beziehungen zwischen Neuchâtel und Lyon, aber er zögerte, Subskriptionen für die Quartausgabe zu sammeln, da er erst sichergehen wollte, welche der konkurrierenden Ausgaben die Regierung begünstige. »Was Ihre neue Ausgabe der Enzyklopädie in Quarto betrifft«, schrieb er im Mai 1777 an die STN, »so weiß ich noch nicht, was ich sagen soll. Wir haben strikte Anweisung der Regierung, uns nicht in den Verkauf oder die Subskription dieses Werkes zu mischen. Außerdem spricht man von einer anderen Ausgabe, die die Regierung begünstigen will, und die auch in Quarto sein soll. Man muß Geduld haben, um zu sehen, worauf all das hinausläuft.« Einen Monat später hatte Mossy erfahren, daß die Regierung Duplains Quartausgabe unterstützte, und weitere drei Monate später hatte er Duplains Motiv durchschaut: »Ich ahne, daß diese Unternehmung mit einem Franzosen verbunden ist und daß der Lust hat, das Geschäft nach dieser Operation aufzugeben.«[54]

Die Buchhändler stützten sich vor allem auf ihr Informationsnetz, um zu vermeiden, alte Ausgaben zu erhalten, wenn neue den Markt zu erobern drohten. Sobald Sens in Toulouse von der Quartausgabe hörte, machte er eine Bestellung für die zweite Folio-Ausgabe rückgängig; und sobald Carez in Toul von der *Méthodique* erfuhr, bestellte er die Quartausgabe wieder ab.[55] Die Buchhändler tauschten auch andere Informationen aus, so etwa über die Zahlungsfähigkeit ihrer Konkurrenten und die Richtungsänderungen der Regierungspolitik.

Es überrascht nicht, daß die Buchhändler in ihren Geschäftsbriefen nur als Geschäftsleute erscheinen, aber sie waren auch Agenten der Kultur, die als Treffpunkt zwischen literarischem Angebot und Nachfrage wirkten. Wenn ein Verlagsvertreter in die Stadt kam, besprachen sie oft den Publikumsgeschmack für die Literatur, und ihre Gespräche beeinflußten oft die Entscheidung des Verlegers, was den Nachdruck lohne und welche Gattungen man stärker ins Programm nehmen solle. Favarger sondierte 1778 auf seiner Tour de France von Buchladen zu Buchladen, wohin er auch kam, die literarische Nachfrage. Sein Tagebuch und die Briefe bilden einen Überblick über den *Enzyklopädie*-Markt, den man in dem Maße verfolgen kann, wie er rundherum in Frankreich vorankam.

In Lyon z. B. sprachen die Buchhändler von nichts anderem als dem Erfolg der Quartausgabe, obwohl sie sehr vorsichtig waren, nicht zu viel in ihrem Gespräch durchblicken zu lassen. Nach einer Besprechung in der mächtigen Firma Périsse Frères berichtete Favarger der STN, »Ihre Gedanken über die Quarto-*Enzyklopädie* konnte ich nicht herausbringen. Sie sind sehr reserviert, diese Herren. Aber sie sind doch bereit zu sagen, daß in ganz Lyon neben ein paar mickrigen Sachen nichts als die Enzyklopädie unter der Presse ist.« In Vienne war die Witwe Vedeilhé voller Enthusiasmus: »Sie hat 48 Exemplare der *Enzyklopädie* in Quarto untergebracht, und es ist in Vienne genau wie in Lyon: man kauft außer diesem kein Buch mehr.« Ähnlich war es in Grenoble, wo die Witwe Giroud sagte, sie habe 26 Subskriptionen verkauft und könne zwei Dutzend weitere loswerden, wenn Félice überredet werden könnte, ein paar unvollständige Ausgaben seiner *Encyclopédie d'Yverdon* zurückzunehmen. Nachdem sie die ersten vierzehn Bände erhalten hatten, machten ihre Kunden ihre Subskriptionen rückgängig, und sie wollten nun Félices *Enzyklopädie* für die der STN aufgeben. Weiter südlich geriet Favarger in eine ziemliche Einöde.

»In Valence macht Aurel noch am meisten, aber er hat Sorgen mit der Familie und verdient kaum noch ... In Viviers gibt es überhaupt keinen Buchhändler. Ein ambulanter Händler aus dem Vivarais, dessen Namen und Wohnung ich nicht einmal erfahren konnte, bringt dort wie in Montélimar drei- oder viermal im Jahr Bücher zum Verkauf. In Orange gibt es nur Touït, Perückenmacher von Beruf, der nur Meßbücher und nichts anderes verkauft. Calamel, den man im Almanach der Buchhändler findet, ist ein Stoffhändler, der früher Bücher verkauft hat, aber keine mehr vorrätig hält.«

Carpentras hatte nicht einen Buchhändler, bezog aber, wie andere kleine Städte der Gegend, seinen Bedarf von den Raubdruckern im päpstlichen Territorium von Avignon. In Avignon wurde Favarger als

Feind und Spion angesehen, und die Reise wurde noch gefährlicher auf dem Weg nach Toulon, weil arbeitslose Seidenweber sich dem Straßenraub gewidmet hatten. Favarger kam sicher durch, aber in Toulon fand er nur drei Buchhändler, die ihm erzählten, daß es um ihr Gewerbe so schlimm bestellt sei, daß sie nur noch Navigationsbücher verkaufen konnten. Das Geschäft blühte hingegen in Marseilles, Nîmes und Montpellier. Hérisson in Carcassonne hatte seine Bestellungen der Oktavausgabe rückgängig gemacht zugunsten der Quarto. Und Fuzier in Pézenas und Odezenes & Sohn in Morbillon schienen auch geneigt, zur Quartausgabe überzugehen. Die Quartausgabe hatte in Toulouse alles überrundet, obwohl Favarger fand, die Stadt sei ein »Zentrum der Bigotterie« und ihre Buchhändler eine Sammlung von Schurken, die einander durch gegenseitige Denunziation bei der Polizei auszuschalten versuchten. Der Buchbinder Gaston hatte durch das Angebot kostenlosen Einbindens 80 bis 85 Subskriptionen für die Quartausgabe beisammen, aber die Buchhändler-Innung hatte ihn gezwungen, sie alle aufzugeben, da er als Nicht-Mitglied der Innung kein Recht habe, Bücher zu verkaufen. Auch in Bordeaux verkaufte sich die Quartausgabe gut, trotz einer Baisse im örtlichen Buchhandel, den die Händler dem amerikanischen Krieg zuschrieben. Nachdem er weiter nördlich durch La Rochelle kam, wo er keine großen Geschäfte machte, und durch Poitiers, »eine für jeden Handel dürftige Stadt«, kehrte Favarger durch das Tal der Loire, das ebenfalls eine Enttäuschung war, nach Hause zurück. Sein Tagebuch enthält eine Reihe von Einträgen wie »Saumur, nichts« und »Chinon, noch weniger«. Die drei Brüder L'Etourmy beherrschten den Handel im Loire-Tal von ihren Stützpunkten Tours, Blois und Orléans aus; es gelang Favarger aber nicht, sie zu gewinnen, und das Geschäft mit den meisten der kleinen Händler, die mit verbotenen Büchern spekulierten, aber ihre Rechnungen nicht bezahlten, wie er von den örtlichen Kaufleuten erfuhr, war wenig verlockend. Nachdem er Dijon und Besançon inspiziert hatte, zwei der größten Märkte für die Quartausgabe, kehrte er nach fünf Monaten und Hunderten von Stunden Verkaufsgesprächen wieder nach Neuchâtel zurück.[56]

Die Gespräche in den Buchläden sind nicht rekonstruierbar, aber man kann doch aus Favargers Briefen etwas von der Atmosphäre dort erfahren. Die großen Händler in Lyon fand er schwierig und distanziert: »Sie haben nie Zeit, einem zuzuhören. Es scheint als haben sie Kaiserreiche zu regieren.« Die Buchhändler in Toulouse bevorzugten einen eher südlichen Geschäftsstil: »Wenn man sein Angebot gemacht hat, so sagen sie einem, man werde den Katalog prüfen usw. mit der Bitte wiederzukommen. Also kommt man 3 oder 4 mal wieder, und der Chef ist nicht da. Wenn er da ist, hat er keine Zeit gehabt, die Vorschläge durchzusehen. Also muß man wiederkommen, warum? Meistens für nichts. Alle sind so. Ein Fremder muß ständig zwischen einem Ende der Stadt und dem anderen laufen, und das vormittags, denn nach dem Essen findet man kaum einen der Herren im Laden.«

Hatte er endlich seine Kunden beim Kragen, so machte Favarger nicht nur ein paar Verkäufe, sondern zog wertvolle Informationen aus ihnen. Zum Beispiel stieß er überall auf starke Nachfrage nach Rousseau: »Jeder fragt mich nach den *Bekenntnissen* von J.-J. Rousseau. Man glaubt fest, daß es sie gibt, nicht in Paris, aber vielleicht in Holland. Von diesem Buch könnte man 3000 verkaufen, wenn man der erste wäre ... Man ist überall ungeduldig, Neuigkeiten von diesem Autor zu hören. Vielleicht, und das ist sicher, würde sich eine vermehrte Ausgabe seiner Werke gut verkaufen.«[57] Diese Begeisterung war rein kommerzieller Natur. Persönlicher Geschmack und Werte schienen auf die Bücherliebe der Händler keinen Einfluß zu haben. Wie André in Versailles ausdrückte: »Ich vernachlässige nicht das Angebot an Büchern, die ich nie lesen würde, und das einzig deshalb, weil man mit der Menge leben muß und weil das beste Buch für einen Buchhändler dasjenige ist, das sich verkauft.«[58] Nur einmal traf Favarger einen Buchhändler, der Gesinnung in seinem Geschäft bewies: »Arles. Gaudion ist Goldes wert, aber ein sonderbarer Mensch ... Als ich ihm von der Bibel und von der Enzyklopädie gesprochen habe, antwortet er mir, er sei ein zu guter Katholik, um zwei so gottlose Bücher verbreiten zu wollen, daß man ihm alle Enzyklopädien angeboten habe, er sich aber wohl hüte, sie zu bestellen.«[59] Überall sonst hatte Favarger gefunden, daß die Buchhändler den Boom der *Enzyklopädie* mit Wohlgefallen begrüßten. Aber die Nachfrage schwankte. Sie schien am schwächsten in entfernten Orten im Binnenland – im Bergland des Südens, im Berry, Poitou und Teilen der Vendée – und am stärksten in einem riesigen Halbkreis, der das Rhônetal hinunter und dann die Garonne entlang lief. Im allgemeinen hatten Favargers Sondierungen somit bestätigt, was alle anderen für die Verleger erreichbaren Informationen sagten: die *Enzyklopädie* hatte den Handel im Sturm erobert.

»Grand public« ist einer der Ausdrücke, den man in Frankreich verwendet, um zu sagen, daß man unerforschtes Land der Herrschaft der vernünftigen Rede unterworfen hat. In der Tat weiß man sehr wenig über die Ausdehnung, die Zusammensetzung und den Geschmack des Bücherpublikums in der frühen Neuzeit, als die Lesefähigkeit der Massen und die Marktforschung noch nicht existierten. Duplain schoß ins Dunkle, als er seine Prospekte und Verlagsvertreter losschickte; aber jedesmal, wenn er von der Nachfrage nach *Enzyklopädien* erfuhr, notierte er das. Seine Subskriptionsliste enthielt im Prinzip alle Quartausgaben (8010 Exemplare) und etwa 60 Prozent aller *Enzyklopädien,* die vor 1789 in Frankreich verkauft wurden. Wenn man seine Liste in eine Landkarte einzeichnet, erhält man ein klares Bild des Enzyklopädiemarktes im Frankreich des 18. Jahrhunderts.

Jeder Versuch, das Bild der Verkäufe zu erklären, gerät leicht auf Abwege: die Begründung kann in sich zusammenbrechen, wo die statistische Basis zu schmal ist, oder ins Abseits geraten bei der Verfolgung falscher Korrelationen. Aber die Erforschung Frankreichs im Ancien Régime ist so weit fortgeschritten, daß man sich auf eine Art von Kulturgeographie stützen kann, um einen Erklärungsversuch vorzuschlagen.[60] Im allgemeinen scheint es klar, daß die Quartausgabe jeden Winkel des Landes erreichte, einschließlich der abgelegenen Gebiete im Baskenland und im Massif Central. Ihre Verbreitung entsprach sehr deutlich der Bevölkerungsdichte auf nationaler Ebene, trotz bedeutender Unterschiede von Stadt zu Stadt. Die Verkäufe konzentrierten sich auf die großen Provinzhauptstädte und verstreuten sich um die kleineren Städte in sekundären Verbreitungszonen, aber sie beweisen nicht die Existenz einer »Maggiolo-Linie« der Lesefähigkeit, die einen halbliteraten Südsüdwesten von einem fortschrittlichen Nordnordosten trennte. Statt dessen zeigt die Karte (s. S. 363) einen »fruchtbaren Halbmond« von *Enzyklopädien,* der sich von Lyon über Nîmes, Montpellier, Toulouse bis nach Bordeaux, genau dort, wo Favarger den Markt am reichsten fand, durch den Süden zieht. Und tatsächlich würde man ja auch keine starke Korrelation zwischen minimaler Lesefähigkeit – der bloßen Fähigkeit, einen Heiratsvertrag zu unterzeichnen, den Maggiolos Studie als Kriterium ansetzt – und den höheren Fähigkeiten, die die Benutzung der *Enzyklopädie* voraussetzt, erwarten. So mag es nicht bezeichnend sein, daß die Quartausgabe im nordöstlichen Frankreich, wo Maggiolo die Lesefähigkeit am entwickeltsten fand, nur schwachen Erfolg hatte. Aber Maggiolos Daten wurden mit einigen Modifikationen in neueren Studien über Schulbildung im 18. Jahrhundert bestätigt; und diese Studien zeigen, daß Volks- und Oberschulen dort am seltensten waren, wo der Verkauf der Quartausgabe am schwächsten war – das heißt, in dem südwestlichen Kreis, den Loire und Garonne bilden, mit Limoges als Zentrum, und seitlichen Streifen kultureller Wüste, die durch die Bretagne und die Landes gingen.[61]

Es ist schwierig, die Verkäufe mit den Städten zu korrelieren, da städtische Zentren im Ancien Régime so viele verschiedene Charakteristika hatten, und es wäre willkürlich, den Erfolg der Quartausgabe eher dem einem als dem anderen Element der Bevölkerung zuzuschreiben. Bordeaux z. B. war der Sitz eines Parlements, einer Intendantur, eines Erzbischofs, einer Akademie und eines Hafens. Da es die vierte Stelle in der Bevölkerungszahl und im Verkauf der Quartausgaben einnimmt, scheint dieser Zufall des Verkaufs kaum überraschend; aber er kann nicht einfach dadurch erklärt werden, daß man Bordeaux als Zentrum der Justiz, Verwaltung, Religion, der Kultur und des Kommerz etikettiert, denn es war all das zugleich. Gewisse Charakteristika wiegen in manchen kleineren Städten mehr. In den meisten Fällen entspricht die Bevölkerungszahl nicht dem Verkauf der Quartausgabe, selbst wenn man die genannten verzerrenden Faktoren mit einkalkuliert. Wenn die Unterschiede in die gleiche Richtung deuten, kann man es wagen, einige Vermutungen über die Art des Marktes der *Enzyklopädie* auszusprechen. Ich beschränke mich hier auf die Fälle, in denen der Verkauf in keinem Verhältnis zur Bevölkerungszahl steht, und gebe an, ob die Stadt Sitz eines Parlements, einer Verwaltungsbehörde und einer Akademie war. Die folgende Tafel faßt Städte mit ähnlicher Bevölkerungszahl und unterschiedlicher Subskription paarweise zusammen:

	Bevölkerung	Subskriptionen	Parlement	Akademie	Verwaltungsbehörde
Bordeaux	92.966	356	x	x	x
Nantes	77.226	38			x
Lille	61.647	28			x
Toulouse	51.689	451	x	x	x
Amiens	39.853	59		x	x
Nancy	30.532	121	x	x	x

	Bevölkerung	Subskriptionen	Parlement	Akademie	Verwaltungsbehörde
Clermont-Ferrand	30.982	13			
Rennes	29.225	218	x		x
Besançon	28.721	388	x	x	x
Toulon	28.170	22			
Brest	22.130	20			
Grenoble	22.129	80	x	x	x
Dijon	22.026	152	x	x	x
Limoges	21.757	3			x

Trotz der Willkürlichkeit, die jede solche Vergleichstabelle enthält, werden doch zwei allgemeine Tendenzen sichtbar: Städte mit im Vergleich zur Bevölkerung hohen Verkäufen waren in der Regel Zentren der Verwaltung und Kultur, und Städte mit geringen Verkäufen im Vergleich zur Bevölkerungszahl waren Zentren des Handels und der Industrie.

Wenn man mit dieser Formel die ganze Subskriptionsliste durchgeht, scheint klar, daß die Quartausgabe sich am besten in den Städten mit Parlement und Akademien verkaufte. Die einzigen Ausnahmen von dieser Regel sind Metz und Aix-en-Provence, Städte mit einem Parlement, die eine ausgesprochen geringe Subskriptionsdichte hatten; aber diese Abweichung läßt sich durch den ungewöhnlichen Charakter ihres Buchhandels erklären. Die mächtige Buchhändlerzunft in Nancy, angeführt von Mathieu und Babin, hatte den Handel in Metz fast zerstört; und die Marseiller, unter der Führung eines aggressiven Buchhändlers namens Mossy, dominierten den Handel in Aix.[62] Die Quartausgabe verkaufte sich ebenfalls gut in Städten mit einer Intendantur und anderen wichtigen administrativen Körperschaften wie den Ständen des Languedoc, die sich in Montpellier versammelten; aber da gibt es zu viele Gegenbeispiele wie Lille und Limoges, um viel auf diese Tendenz zu geben. In einem gewissen Ausmaß blühten die Subskriptionen in protestantischen Städten: Nîmes, Montpellier, Montauban und La Rochelle. Im Fall von Montauban, das Platz 15 an Subskriptionen und Platz 25 in der Bevölkerungszahl einnimmt, scheint die Verbindung zwischen Protestantismus und Enzyklopädismus besonders stark zu sein: 78 der 105 Quartausgaben, die dort verkauft wurden, wurden bei Crosilhes subskribiert, einem Händler, der eine Kundschaft von Hugenotten belieferte und der oft die Werke von Voltaire und Rousseau zusammen mit protestantischen Bibelausgaben und Psalmen bestellte. Buchet und Gaude, die in Nîmes mit Ausnahme von drei Exemplaren alle 212 Subskriptionen sammelten, handelten ebenfalls mit protestantischer und Aufklärungsliteratur; ihre Subskribenten waren vermutlich zu einem großen Teil Hugenotten.[63] Und ein Subskribent, der Hugenotte war, der Kaufmann Bechet de Balan in Sedan, deutete in seiner Bestellung eine Beziehung zwischen seinem religiösen Glauben und seinem Interesse für die *Enzyklopädie* an: »Ich bitte Sie, mir dieses enzyklopädische Wörterbuch zu senden, von dem Sie mir gesprochen haben, sauber in Kalbsleder gebunden, zusammen mit einigen der besten Predigten, die man sonntags im Kreise der Familie in unseren Andachtsstunden lesen kann.«[64] Natürlich bedeutet die besondere Anziehungskraft der *Enzyklopädie* für Hugenotten nicht, daß sie keine Katholiken angezogen hätte. Im Gegenteil verkaufte sie sich in einigen besonders katholischen Städten, die reich mit kirchlichen Institutionen gesegnet waren, wie Angers, Chartres und Auch, ausgesprochen gut. Die Bevölkerung von Angers, einem Verwaltungszentrum mit besonders einflußreichem Klerus[65], betrug nur ein Drittel von der von Nantes, einer großen Handelsstadt nur wenig entfernt die Loire abwärts. Aber in Angers kauften die Leute fast dreimal so viel Quartausgaben wie in Nantes.

Der relative Fehlschlag der Subskriptionskampagne in Nantes – Nantes ist seiner Bevölkerung nach die 6. Stadt, aber die 38. im Verkauf der Quartausgaben – wäre außerordentlich, wenn es in den anderen Hafenstädten nicht ebenso schlecht damit bestellt wäre. Die Quartausgabe verkaufte sich kümmerlich in Le Havre, Brest, Sète und Toulon, und überhaupt nicht in Lorient, Saint-Malo, Cherbourg, Dieppe, Calais und Dünkirchen. In Marseille, Bordeaux und Rouen ging sie ganz gut, aber nicht im Verhältnis zur Bevölkerungszahl. Marseille war die 3. der Bevölkerung nach und die 6. nach Subskriptionen, weit hinter Toulouse und Besançon, die viel kleiner waren. Bordeaux und Rouen waren Sitz von Parlement und Akademien, bei denen ein altmodisches Patriziat den Ton angab, oft unter Ausschluß der Kaufleute. Manufakturstädte nahmen die *Enzyklopädie* noch schlechter auf. Mit Ausnahme von Cambrai verkaufte sich die Quartausgabe in allen großen Textilzentren des Nordens sehr schlecht.

	Bevölkerung	Subskriptionen
Lille	61.467	28
Amiens	39.853	59
Reims	31.779	24
Saint-Omer	20.362	5
Valenciennes	19.016	13
Abbeville	17.660	26
Cambrai	15.608	57
Beauvais	13.183	8
Sedan	10.838	2
Saint-Quentin	10.535	16

Schwerindustrie war in Frankreich um 1780 noch nicht besonders entwickelt, so daß es wenig überrascht, wenn nur wenige *Enzyklopädien* in den künftigen Industriestädten verkauft wurden: 13 in Clermont-Ferrand und Saint-Etienne und gar keine in Roubaix, Tourcoing und Mulhouse. Es gab einige Manufakturen in wenigen Städten mit hohem Verkauf – Metallverarbeitung in Grenoble, Textilien in Tours, Nîmes und Montpellier. Aber der einzige Fall eines Zentrums von Manufakturen und Handel, wo der Verkauf der Quartausgabe unverhältnismäßig hoch über der Bevölkerungszahl lag, war Lyon. Lyon war jedoch nicht nur deshalb ein Sonderfall, weil es das Hauptquartier der ganzen Unternehmung war, sondern weil Duplain sich, wie man sehen wird, in die Subskribentenjagd im heimischen Territorium selbst einmischte.

Die Versuchung ist groß, eine allgemeine Hypothese zu wagen: Die *Enzyklopädie* sprach weniger die Kaufleute und Manufakturfabrikanten an als vielmehr ein unterschiedlich zusammengesetztes Publikum von Adligen, Klerikern und der »Bourgeoisie des Ancien Régime« – das heißt, Würdenträger, Rentiers, höhere Beamte und Berufsgruppen, die sich von dem modernen Industriebürgertum unterscheiden.[66] Somit stellen Besançon und Lille gewiß gegensätzliche Extreme auf dem literarischen Marktplatz dar: auf der einen Seite eine altmodische Stadt, die mit den Institutionen von Staat und Kirche überzogen ist, und auf der anderen eine Stadt, unbelastet von Traditionen, bereit zum Sprung in das 19. Jahrhundert.[67] Es erscheint befremdlich, daß die *Enzyklopädie* sich so viel besser im altmodischen Besançon als im modernen Lille verkauft hat – es sei denn, man sieht das Buch eher als das repräsentative Produkt des Ancien Régime an, denn als ein prophetisches Werk über neue Zeit. Gewiß geben Spekulationen anhand der Karte und den etwas zufälligen Relationen zwischen Verkaufsraten und Städten noch kein Material für gültige Schlußfolgerungen. Man kann sie nur benutzen, um eine Hypothese zu formulieren – die *Enzyklopädie* sprach in erster Linie eine gemischte traditionelle Elite an und weniger die Handels- und Industriebourgeoisie – die man anhand von zwei erhaltenen Beweisquellen prüfen kann: der Subskriptionsliste der Franche-Comté, mit der genauen sozialen Verteilung der Quartausgabe, und den Briefen der Buchhändler, die vereinzelt Licht auf die Leser dieser Ausgabe werfen.

Subskribenten, eine Fallstudie

Besançon war erst 1674 zum Königreich Frankreich gekommen und hatte in den hundert Jahren seitdem eine Gruppe von Institutionen erhalten, die es als ein vollkommenes Beispiel einer Provinzhauptstadt des Alten Reiches erscheinen lassen – ein Militär-»Gouvernement«, ein »Parlement« (Gerichtshof zur Registrierung königlicher Erlasse), ein Finanzamt, eine Akademie, eine Universität und eine Anzahl von Gerichtshöfen und Steuerämtern. Es waren in der Tat so viele, daß die Stadt nur aus Behörden zu bestehen schien. Außer einer Textilmanufaktur, die 28 Handwerker beschäftigte, beherbergte sie keine Industrie von Bedeutung, und ihr Geschäftsleben bestand vor allem darin, die Bedürfnisse der Soldaten, Parlementsräte, Anwälte und königlichen Beamten zu befriedigen, die unmittelbar nach Ludwig XIV. in die Stadt gezogen waren, ihre Bevölkerung verdoppelt und ihr Aussehen verändert hatten. Elegante Stadthäuser, im Stil Louis XV. und Louis XVI. entstanden längs der vier Hauptstraßen, die zwischen der imponierenden, neoklassischen Intendantur im Süden und der großen St. Pauls-Kaserne parallel durch die Innenstadt laufen. Religiöse Bauwerke entstanden in solchem Ausmaß, daß vielleicht ein Viertel der Grundfläche innerhalb der Stadtmauern der Kirche gehörte – das heißt, dem Erzbistum und dem Kathedralkapitel, den sieben reich ausgestatteten Pfarreien – die Kirche St. Pierre besaß einundvierzig Priester, und zu ihr gehörten 68 Kapellen – und etwa einem Dutzend Klöster und Konvente. Man konnte in Besançon kaum eine Straße überqueren, ohne jemanden zu sehen, der entweder eine Robe oder einen Degen trug. Etwa einer von je vierzig Einwohnern gehörte dem Ordens- oder weltlichen Klerus an, und jeder siebte diente in der Armee. (1789 war die Bevölkerung auf 32.000 gestiegen, von denen etwa 800 Geistliche waren und 4500 Soldaten.) Der örtliche *Almanach* läßt den Eindruck entstehen, daß die Stadt nur aus Mönchen, Priestern, Soldaten, Richtern, Anwälten und Beamten bestand. Er führt 73 Parlementsräte und 18 weitere Beamte des Parlements auf, 157 Anwälte, 37 Mitglieder des Landvogteigerichts, 17 Steuereinnehmer, 22 Mitglieder des Finanzbüros einschließlich 10 Beamter des königlichen Schatzes, 16 hohe Beamte der Intendantur, 19 städtische Ratsbeamten und Aldermänner, 15 Verwaltungsbeamte in der Steuerdirektion und so weiter durch einen Irrgarten von Ämtern in den *Eaux et Forêts* (Gewässer- und Forstdirektion), den königlichen Domänen und Wäldern, durch die Régie Générale, die Pulver- und Salpeterdirektion, die Münze, die Stadtgerichtsbarkeit und manch andere. Diese Männer saßen in der Akademie von Besançon, förderten das Theater, gehörten einer ihrer drei Freimaurerlogen an und schickten ihre Söhne auf das blühende (ehemals Jesuiten-)Kolleg und auf die Universität.

Aber wer las dort Bücher? Um 1780 konnte die große Mehrheit der »Bisontins« lesen – 95 Prozent der Männer und 60 Prozent der Frauen; und die Stadt besaß eine öffentliche Bibliothek und ein *Cabinet littéraire* ebenso wie vier Buchhändler. Obwohl man wenig weiß über das kulturelle Leben der Handwerker, Ladenbesitzer und anderen »kleinen Leute«, die die Hauptmasse der Bevölkerung ausmachten, so blieben sie wahrscheinlich sehr katholisch, denn Lokalhistoriker betonen, daß die Gegenreformation in dieser Provinz und ihrer Hauptstadt bis ans Ende des Jahrhunderts eine mächtige Kraft blieb, die vom Jansenismus oder der Aufklärung nicht behindert wurde. Kurz, Besançon vor der Revolution scheint eine geschlossene und konservative kleine Welt gewesen zu sein – ein Vorposten bourbonischer Bürokratie in einer entlegenen und etwas zurückgebliebenen Provinz, der letzte Ort eigentlich, dem man große Chancen als Markt für die *Enzyklopädie* einräumen würde.[68]

Den führenden Buchhändlern der Stadt, Charmet und Lépagnez d. J., erschien der Markt nicht vielversprechend, zumindest auf den ersten Blick. »Dieses Buch hatte an manchen Orten Erfolg, hier scheint es ihn mir nicht zu haben«, bemerkte Charmet. Er versuchte gar nicht erst, Subskriptionen zu verkaufen, und Lépagnez zweifelte, ob er mehr als zwei Dutzend verkaufen könne.[69] Als Lépagnez aber seine Kunden ein paar Wochen lang sondiert hatte, wurde ihm klar, daß er die Nachfrage unterschätzt hatte. Er bat die STN Anfang Juni 1777, ihm schnell soviele Kataloge wie möglich zu senden, und in den nächsten sechs Monaten sind seine Briefe ein Maßstab für die Ausbreitung eines Enzyklopädiefiebers in ganz Besançon und seinem Hinterland. Am 10. Juni hatte er seine zwei Dutzend Subskriptionen verkauft und glaubte, er könne vier Dutzend loswerden. Am 20. Juli hatte er 48 verkauft und am 30. Juni 72, obwohl er ihres schlechten Papiers wegen gar nicht gewagt hatte, die Prospekte der STN zu verwenden. Anziehende Prospekte auf gutem Papier waren für seine Verkaufskampagne wesentlich, erklärte er; deshalb hatte er seine eigenen gedruckt, da er hoffte, noch mehr Subskriptionen zusammenzubekommen.[70] Am 22. August hatte er 154 verkauft, eine Woche später erwartete er, die 200er Grenze zu überschreiten, Ende September hatte er 260 erreicht, und es ging kräftig weiter. Als er am 19. November 338 verkauft hatte, meldete er, er wolle für kein anderes Buch Subskriptionen sammeln, bis »das Feuer der *Enzyklopädie* vorüber ist«.

Für ein Jahr wurde er auf diesem Punkt angehalten – nicht weil die Nachfrage gesättigt wäre, behauptete er, sondern wegen Laserres heimlichen Kürzungen: »Wenn man so anständig gewesen wäre, nichts von der ersten Auflage zu unterdrücken, so hätte ich wirklich 600 plazieren können, und ich hätte keine Vorwürfe bekommen, während ich nun nur 300 plaziert habe und ständig Vorwürfe bekomme. Das ist eine Tatsache.«[71] Offensichtlich legten viele Kunden Wert auf den Text ebenso wie auf das Papier, worauf er gedruckt war, und die Angriffe auf die Quartausgabe hatten sie erschreckt. Tatsächlich sammelten Lépagnez und ein assoziierter Buchhändler in Dôle, Chaboz, weitere 52 Subskriptionen, was insgesamt 390 ergab und den Markt schließlich erschöpfte. »Da meine kleine Provinz mit 390 Exemplaren ihrer *Enzyklopädie* in Quarto gespickt ist ... ist es unmöglich, noch für eine weitere Platz zu finden. Sie müssen sehr zufrieden sein«,[72] schloß Lépagnez im Dezember 1779.

Inzwischen hatte er 100 Subskriptionen für eine Ausgabe von Rousseaus Werken gesammelt, die die Société typographique in Genf veröffentlichte, und er erwartete 100 weitere zu verkaufen, obwohl er klagte, daß der Buchhandel in eine ernste Baisse gesunken sei.[73] Sein Konkurrent hatte ihm das Feld der *Enzyklopädie* überlassen, handelte aber kräftig mit den Werken von Holbach, Helvétius und La Mettrie, dank der Protektion des Intendanten Bourgeois de Boynes, der bereit war, fiktive Exemplare konfiszierter Bücher gegen greifbare Komplimente (*des civilités palpables*) verbrennen zu lassen – und darunter verstand er besonders eingebundene Ausgaben der Philosophen, die er für seine eigene Bibliothek behielt.[74] Die Aufklärung war aus dieser traditionsreichen Stadt nicht etwa ausgeschlossen, sondern war eingedrungen und hatte sogar ihre mächtigsten und angesehensten Repräsentanten gewonnen.

Das Ausmaß dieser Durchdringung läßt sich aus einer Subskriptionsliste ermessen, die Lépagnez 1777 veröffentlichte, als er 253 Subskriptionen beieinander hatte. Da Duplains Listen zeigen, daß Lépagnez' Endsumme von 390 Subskriptionen – die 52 von Chaboz gesammelten eingeschlossen – die einzigen in der Franche-Comté verkauften waren, deckt Lépagnez' Liste 65 Prozent der Quartausgaben in dieser Provinz. Sie ist besonders wertvoll, weil sie nahezu alle Subskribenten mit ihrem Stand (*qualité*) oder ihrer Beschäftigung identifiziert.[75] Von den 253 von Lépagnez aufgeführten Subskribenten kamen 137 aus Besançon, die übrigen aus kleineren Städten, vor allem Dôle, Pontarlier, Poligny, Vesoul, Arbois, Lons-le-Saunier, Gray und Auxonne.

Etwa die Hälfte der Quarto-Kunden in Besançon und zwei Fünftel der übrigen in der Franche-Comté gehörten den privilegierten Ständen an. Die Listen mögen sie etwas überrepräsentieren, da einige der Offiziere und Parlementsräte möglicherweise zu Unrecht als Adlige klassifiziert wurden. Aber dieser Spielraum möglichen Irrtums ist zu gering, um die Proportionen zu verändern, und die Bedeutung der »*Privilégiés*« erscheint sogar noch größer, wenn man ihre Minoritätenstellung in der Gesamtbevölkerung betrachtet. [76] Dagegen erscheinen die Handwerker, Ladenbesitzer, Tagelöhner und Bedienten, die drei Viertel der Bevölkerung Besançons ausmachten, überhaupt nicht unter den Subskribenten der Quartausgabe, und auch nicht die Bauern und Ladenbesitzer, die den Großteil der Bevölkerung in der übrigen Provinz ausmachten. Die »kleinen Leute« konnten sich das Buch einfach nicht kaufen. Wenn es sie interessierte, so konnten sie es in dem »Cabinet littéraire« oder Leseclub, den Lépagnez hielt, konsultieren, und ein paar von ihnen mochten in der unbestimmten Kategorie der Liste verborgen sein. Die Enzyklopädie sprach aber vor allem die traditionelle Elite an – die Männer der kirchlichen, militärischen und juristischen Institutionen Besançons. Und, beiläufig, es waren Männer; nur drei Frauen stehen auf Lépagnez Liste von 253 Subskribenten.

In einer Garnisonsstadt wie Besançon war es wahrscheinlich, Subskribenten aus den höheren Rängen der Armee zu finden, aber man sollte nicht erwarten, so viele Geistliche unter den Subskribenten eines Werkes zu finden, das auf dem Index stand. Da waren sie aber, Ordens- und Weltgeistliche – nicht nur sieben Domherren der Bischofsstadt (*chanoines de la Métropole*), sondern auch neun Pfarrherren entlegener Städte und Dörfer. Vielleicht waren es gebildete Männer, imstande, den Antiklerikalismus der *Enzyklopädie* zu übersehen, um ihren intellektuellen Reichtum zu genießen, vielleicht wendeten sie aber auch einige ihrer schärfsten Bemerkungen gegen ihre eigenen Oberen, denn ideologische Gärstoffe breiteten sich im niederen Klerus am Vorabend der Revolution aus, und die Quartausgabe fand keine Kunden unter den Prälaten der Franche-Comté. Da die Gegenreformation mit ungewöhnlicher Kraft durch diese Provinz gefegt war, scheint es trotzdem erstaunlich, daß 19 Prozent der Subskribenten außerhalb der Provinzhauptstadt Kleriker gewesen sein sollen. Man fragt sich, was dem Pfarrer Blanchot von Bourguignon-la-Charité und dem Pfarrer Porcherot von Joux durch die Köpfe ging, wenn sie die Seiten ihrer Quartausgaben umblätterten.

Die Parlements hatten die Enzyklopädie ebenso lauthals wie die Kirche verdammt, aber 22 Subskribenten in Besançon waren mit seinem Parlement verbunden, 13 Räte und 3 Präsidenten inklusive. Das Buch übte einen großen Reiz auf Juristen aus, nicht nur in Besançon, wo 14 Prozent der örtlichen Anwälte es kauften, sondern auch in kleineren Städten, wo Anwälte die größte Subskribentengruppe bildeten. Vier der achtzehn Ärzte in Besançon subskribierten, gefolgt von verschiedenen anderen Berufen – Militär-Ingenieure und Architekten, ein Notar, ein Apotheker und der Direktor von Besançons bedeutendem Kolleg. Königliche Beamte subskribierten fast ebenso stark wie Geistliche und Juristen, und die Quartausgabe erreichte damit einige bedeutende Persönlichkeiten in der Machtstruktur der Provinz, einschließlich zweier *Lieutenant-Criminels,* drei der zwölf *Subdélégués* und zwei der vier Intendantursekretäre, wenn nicht gar der Intendant selbst. Unter Geschäftsleuten außerhalb von Besançon schien sie nicht gut zu gehen (nur 3 von 116 Subskribenten), aber in Besançon waren doch ein Dutzend Kaufleute dabei, ein Steuerpächter (*Directeur général des Fermes*) und der einzige Industrielle, Détray, der eine kleine Textilfabrik hatte.

Zwei dieser Geschäftsleute, Détray und Chazerand, dienten 1793 in der Stadtverwaltung, und ein Subskribent, Rambour, *Contrôleur des entrées de la ville,* führte die eher milde Version einer Jakobinerbewegung in Besançon. Zwei Subskribenten, die Domherren der Bischofskirche waren, spielten ebenfalls eine führende Rolle in der Revolution, die eine Spaltung zwischen dem höheren und dem niederen Klerus in der Provinz erzeugte. Der Abbé Millot wurde zum Deputierten der Generalstände gewählt, trat aber zurück und half 1790 die Stadtverwaltung zu bilden. Und der Abbé Seguin wurde – mit dem Schwur auf die revolutionäre Verfassung – Bischof, Deputierter des Konvents und Präsident des Departementaldirektoriums. Die vierzehn Deputierten zu den Generalständen vom Dritten Stand der Franche-Comté umfaßten drei Subskribenten (Bidault, Lieutenant-Criminel beim Landvogteigericht in Poligny, Blanc und Grenot, beide Anwälte in Besançon), und ihre Zusammensetzung ist ein Hinweis auf die Bedeutung der Juristen bei der Revolution in der Franche-Comté, denn sie bestan den aus sechs Landvogtei-Beamten, sieben Anwälten und einem Notar. Natürlich wurden andere Subskribenten, besonders die vom reaktionären Parlement, wahrscheinlich Konterrevolutionäre und Emigrés. Die Folgerung wäre absurd, weil einige künftige Revolutionäre in der Subskriptionsliste identifiziert werden können, die Subskribenten im allgemeinen für pro-revolutionär zu halten – ebenso wie es irreführend wäre, zu viel daraus deuten zu wollen, daß die Subskribenten in Besançon primär aus dem Adel stammten. Woher sonst hätten sie denn stammen sollen? Aber signifikant scheint es zu sein, daß ein so beträchtlicher Anteil der führenden Elite in einer so entlegenen Provinz gewünscht haben sollte, die Enzyklopädie zu kaufen, und daß er es so ernstlich tat. Das »Feuer der Enzyklopädie«, wie Lépagnez es nannte, brannte am hellsten bei den traditionell führenden Köpfen der Provinzgesellschaft.

Verbreitung in Frankreich

Kann der Fall der Franche-Comté die Hypothese stützen, daß die *Enzyklopädie* das Handelsbürgertum wenig angesprochen hat? Nicht völlig, denn obwohl die meisten Quartausgaben in Besançon von Privilegierten und Bürgern des Ancien Régime gekauft wurden, so ging doch ein kleiner Anteil auch an die in dieser Stadt kleine Gruppe der Kaufleute. Gewiß kann man allgemeine Deutungen nicht auf so geringes statistisches Datenmaterial stützen, und man kann auch nicht Besançon als typisch für Frankreich setzen. Der Partikularismus ging so weit im Ancien Régime, daß keine zwei Provinzen die gleichen kulturellen Strukturen hatten, und »Frankreich« selbst war ein geographischer Begriff, der oft auf das Pariser Becken oder die Ile de France angewendet wurde. Der Markt der *Enzyklopädie* ging über die regionalen Grenzen hinaus, und etwas von seinem allgemeinen Charakter läßt sich aus dem Geschäftsbriefwechsel entnehmen. Obwohl Buchhändler selten über ihre Kunden schrieben, machten doch die Kaufleute, die nebenher mit Büchern handelten, einige Bemerkungen über das Lesepublikum in ihren Briefen. Merkwürdigerweise kamen ihre schlimmsten Kunden aus ihrem eigenen Stand – es waren andere Kaufleute, wie folgende Beispiele zeigen:

Barre, ein Kaufmann in Nantes: »Die Geschäftsleute denken kaum an Literatur.«

Gosselin, ein Kaufmann in Lille: »Ich zweifle nicht, mein Herr, daß Sie im übrigen Frankreich ausreichende Entschädigung finden für den geringen Geschmack an Literatur, der in unserer Stadt herrscht. Wir beginnen erst, uns aus dieser Lethargie zu lösen, die Europa mehrere Jahrhunderte lang in Ketten gehalten hat. Unser Klima und mehr noch unser Boden sind nicht fruchtbar für Leute, die sich den Studien widmen, und noch vor fünfzig Jahren fand man nicht eine passable Bibliothek in ganz Lille.«

Bechet de Balan, ein Kaufmann in Sedan: »Unsere Stadt hat keine Liebhaber der Literatur zu bieten. Die Buchhändler hier tun nichts … und ich sage zur Schande meiner Mitbürger, daß der Geist des Tuchhandels und des Raffens das einzige ist, was sie auszeichnet. Sie würden es nicht glauben, mein Herr, daß man sogar die Talente mißachtet und die Erziehung der Kinder vernachlässigt. Die erfreulichen Künste scheinen ihnen unnütz zu sein.«

Volland, »ehemaliger Offizier der Königin« in Bar-le-Duc: »Ich glaube kaum, daß Sie hier Quartausgaben verkaufen, nachdem ich sie hier jedem angeboten habe und bisher niemand ein Exemplar wollte. Sie sind gieriger auf das Geschäft als auf die Lektüre, und die Erziehung wird hier völlig vernachlässigt … Sie werden hier keinen Absatz für Ihre Bücher finden. Die Herren Adligen sind nicht reich, und die Geschäftsleute lassen ihre Kinder lieber lernen, daß 5 plus 4 = 9 ergibt, weniger 2 bleibt 7, als sie zu Schöngeistern zu bilden.«[77]

Diese Bemerkungen mögen nicht mehr als ein soziales Vorurteil darstellen, aber sie wurden von Kaufleuten über Kaufleute gemacht. Die Briefschreiber versuchten nicht, die Direktoren der STN zu beeindrucken, die auch Kaufleute waren, und in der umfangreichen Korrespondenz der STN gibt es keine anderen Briefe, die sich auf einen bestimmten Mangel an Nachfrage für Literatur bei einer anderen sozialen Gruppe beziehen. Darüber hinaus kamen die Briefe, die die kulturelle Zurückgebliebenheit der Kaufleute beklagen, alle aus Städten, wo der Verkauf der Quartausgabe unverhältnismäßig gering war. Die STN erfuhr nie etwas über die Buchkaufgewohnheiten der Händler in Lyon und Marseille. Der Buchhändler Caldesaigue in Marseille notierte sogar die Berufe seiner ersten 13 Subskribenten, und darunter waren neun Kaufleute.

Die übrigen Erwähnungen individueller Subskribenten in der Korrespondenz der STN betreffen alle Amtsträger und Adlige[78], sie sind aber zu spärlich und verstreut, um signifikant zu sein, von zwei Fällen abgesehen, welche die Verbreitung der Enzyklopädie in gewissen Milieus dank dem Einschreiten gutplazierter Individuen zeigen. Der erste dieser Mittelsmänner war ein Artilleriehauptmann in Saint-Dizier, Champmorin de Varannes. Er arrangierte den Verkauf von vier Quartausgaben an andere Offiziere und erbot sich selbst als Verteiler der Bücher der STN in militärischen Kreisen, wo, wie er schrieb, ein großes Interesse an den Schriften Rousseaus bestand. Obwohl sein Vorschlag zu nichts führte, illustriert er die starke Nachfrage nach Aufklärungsliteratur bei Armeeoffizieren, die sich auch aus den Briefen der Buchhändler in Garnisonsstädten wie Besançon, Metz, Verdun und Montpellier ergibt. Der zweite informelle *Enzyklopädie*-Verkäufer für die STN war Boisgibault, ein Freund Ostervalds und Parlementsrat in Paris, der selbst eine Ausgabe erwarb und drei andere an Kollegen im Parlement verkaufte. Er war nicht wie Champmorin auf Provision aus, sondern arrangierte die Verkäufe »aus dem brennenden Wunsch heraus, an der Förderung der Wissenschaften mitzuwirken und um ein Buch zu verbreiten, das deren Arsenal ist.« Boisgibault schrieb das als Bewunderer von Turgot und Malesherbes und auch der Schweiz, die er zu bereisen hoffte, um »das köstliche Schauspiel der Freiheit und des edlen Stolzes zu genießen, die sie allen Menschen einflößt, denen sie Gleichheit verleiht.« Sein Beitrag zur Verbreitung der *Enzyklopädie* drückte eine ideologische Bindung aus, die vorwiegend rhetorisch gewesen sein mag, sich aber ziemlich weit bei den jüngeren Parlementsräten ausgebreitet hatte, deren Opposition gegen die Regierung 1787 und 1788 entscheidend dafür war, daß sich die Revolution so überstürzte.[79]

Wenn es gewiß scheint, daß die *Enzyklopädie* ihre Anziehungskraft bis an die Spitze der französischen Regierung ausübte, so ist es unmöglich, genau zu wissen, wo die Verbreitung des Buches in den unteren Schichten haltmachte. Nur einmal erwähnte ein Korrespondent der STN den Preis als Hinderungsgrund für die Verbreitung. Ein protestantischer Schullehrer in Caen, der Leib und Seele durch einen kleinen, heimlichen Buchhandel zusammenhielt – obwohl er sich lediglich beschrieb als »schlichten Privatmann, der eine Anzahl junger Protestanten in Pension hat, die er zu nützlichen und tugendhaften Bürgern zu machen wünscht«[80] – schrieb der STN, daß er zu arm sei, um die Quartausgabe zu kaufen. Viele französische Literaten müssen aus dem gleichen Grunde von der Subskriptionsliste ausgeschlossen gewesen sein, aber Tausende von ihnen gehörten einem der *Cabinets littéraires* an, wo sie lesen konnten soviel sie wollten für die bescheidene Summe von anderthalb Livres pro Monat. Buchhändler eröffneten häufig solche Leseklubs einfach dadurch, daß sie ein paar Zeitschriften hielten und ihren Buchbestand als Bibliothek nahmen, und richteten ein Hinterzimmer als Leseraum ein. Obwohl schwer zu erfahren ist, was in ihnen vorging, so scheint es doch wahrscheinlich, daß die Lesekabinette wichtige Zentren für die Verbreitung von Ideen im späten 18. Jahrhundert wurden. 1777 bezog Nicolas Gerlache, ein kleiner Buchhändler in Metz, fast die Hälfte seines Einkommens aus seinem Kabinett. Es hatte 379 Mitglieder, und seine Bibliothek enthielt die Quartausgabe der *Enzyklopädie* ebenso wie einen guten Bestand an illegaler Literatur.[81] Choppin in Bar-le-Duc schrieb der STN, daß er die Quartausgabe speziell für sein Lesekabinett bestelle. Es stand dort gemeinsam mit Rousseaus Werken, mit dem *Système de la nature,* dem *Compère Matthieu,* mit der *Vie privée de Louis XV.* und anderen verbotenen Büchern, die Choppin ebenfalls bei der STN kaufte, denn er erklärte, »das sind die Arten von Büchern, für die ich den meisten Bedarf habe.«[82] Buchet in Nîmes, Lair in Blois und Charmet in Besançon bestellten die gleichen Bücher für ihre Lesekabinette; verschiedene andere Buchhändler, die mit der Quartausgabe handelten, taten das gleiche; und unter ihren Kunden waren wohl viele Leser mit bescheidenen Mitteln. So hatte Mercier es im *Tableau de Paris* beschrieben: »Sollten Sie keine Bibliothek haben? So vergraben Sie sich für 4 Sous in ein Lesekabinett, und dort lesen Sie während eines ganzen Nachmittags von der massiven *Enzyklopädie* angefangen bis zu den fliegenden Blättern.«[83]

Was also läßt sich über die Leserschaft der Quartausgabe in Frankreich schließen? Die Subskriptionen verkauften sich gut beim Amts- und Schwertadel – besonders bei Parlementsräten und Armeeoffizieren. Sie verkauften sich noch besser bei bürgerlichen Berufen – Juristen vor allem, aber auch Verwaltungsbeamten und Klerikern. Aber sie verkauften sich schlecht bei Leuten, die von Handel und Industrie lebten, zumindest im Norden und Nordosten und in den meisten Hafenstädten außer Lyon und Marseille. Das Beispiel von Besançon, wo die Kaufleute eine kleine, aber bezeichnende Minorität der Subskribenten bildeten, sollte freilich mißtrauisch gegenüber der Gleichung machen, die Handel mit literarischem Desinteresse identifiziert. Die Gleichung schien aber für einige der Korrespondenten der STN Geltung zu haben, und mehrere andere nannten nur Amtsträger, wenn sie ihre Subskribenten identifizierten. Trotz des unklaren Charakters des Beweismaterials scheint es so, als hätte die *Enzyklopädie* eine weit größere Anziehungskraft für das Bürgertum des Ancien Régime gehabt als für das Handels- und Industriebürgertum. Dieses Beweismaterial wird dünner, wenn man nach der Verbreitung der *Enzyklopädie* beim gemeinen Volke fragt. Kleinhändler und Handwerker hatten durch die Lesekabinette oder durch Leihen Zugang, und einige von ihnen mögen in der Lage gewesen sein, die Oktavausgabe zu erwerben, als sie endlich auf den französischen Markt drang, sie werden aber nie in einer der Quellen erwähnt. Obwohl die Möglichkeit nicht auszuschließen ist, daß die *Enzyklopädie* viele Leser in den unteren Mittelklassen erreichte, zog sie vor allem die traditionelle Elite an – die Leute, die Verwaltung und kulturelles Leben in den Provinzhauptstädten und den kleinen Städten bestimmten.

[VI]

ABRECHNUNGEN

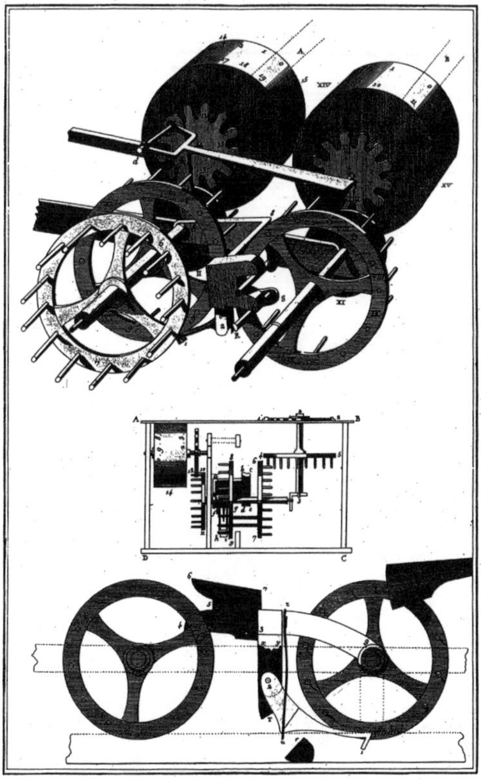

Pascals Rechenmaschine

Im Januar 1780 kamen die Partner der Quartausgabe in Lyon zusammen, um ihre Geschäfte zu begleichen. Da sie die Unternehmung von Anfang an konspirativ geführt hatten, brachten sie sie in einer dramatischen Auflösung zu Ende, die wert ist, verfolgt zu werden, nicht nur, weil sie etwas vom Geist des frühmodernen Kapitalismus enthüllt, sondern auch als Episode einer vor-Balzacschen *Comédie Humaine* – oder als »Bürgerliches Trauerspiel«, wie Diderot es aufgefaßt hätte.

Der letzte Aufzug bei der Spekulation mit der Quartausgabe begann im Oktober 1778. Zu diesem Zeitpunkt hatten Panckoucke und seine Partner die rivalisierenden, teils fingierten, teils wirklichen *Enzyklopädien* aus Genf, Avignon, Toulouse, Lyon, Lausanne, Bern und Lüttich aus dem Felde geschlagen. Ihre eigene *Enzyklopädie* hatte sich von Projekt zu Projekt und von Auflage zu Auflage entwickelt und war bei jedem Schritt gewinnträchtiger und schwerer zu organisieren geworden. Im Sommer 1778 war sie für eine Weile fast außer Kontrolle geraten. Aber der Abschluß der Auseinandersetzungen um den Vertrag am 10. Oktober 1778 ließ es den Verlegern der Quartausgabe als möglich erscheinen, »die schönste Unternehmung, die es je im Buchhandel gab«,[1] zu einem Happy-End zu bringen: die Lyoner waren ausgekauft, die Oktav-Gruppe zog sich aus Frankreich zurück, die Lütticher hatten Frieden gemacht, und Duplain hatte Panckouckes Vorstellungen für eine dritte Quartausgabe akzeptiert. Offensichtlich blieb nichts mehr zu tun, außer der Herstellung und dem Versand der Schlußbände, dem Einkassieren der letzten Zahlungen und der Verteilung der Gewinne. Der Vertrag von Dijon schrieb die Verfahren der Geschäftsabwicklung vor. Er schrieb sogar vor, daß die Gesellschafter sich alle sechs Monate träfen, um die Rechnungen zu überprüfen, obwohl sie sich tatsächlich nur zweimal trafen – im Februar 1779, als Duplain einen Zwischenbericht über den Stand der Spekulationen gab, und im Februar 1780, als die Gesellschafter sie liquidierten. Aber die Quartausgabe kam nicht in der vorgesehenen Weise zu Ende, und ihr Ende paßte nicht in die zwölf Monate zwischen den beiden Treffen. Sobald die Verleger den Auftrag für die dritte Auflage unterzeichneten, schwoll die Intrige wieder an. Es gelang ihnen nicht, im Februar 1779 ihre Konflikte zu lösen. Und ihre Schlußabrechnung führte zu einer Explosion.

Die verborgene Spaltung 1778

Duplain, der oft glanzvolle Verkaufsideen für die *Enzyklopädie* hatte, schlug im Juni 1778 vor, daß er und Panckoucke je 500 Exemplare der dritten Auflage auf eigene Rechnung verkauften. Der Vorschlag hatte den Vorteil, seine Geschäfte in Lyon zu vereinfachen, da er ihm erlaubte, über Hunderte von Quartausgaben en bloc zu verfügen, statt mit Dutzenden von Buchhändlern und individuellen Subskribenten zu verhandeln. Und er gefiel Panckoucke, weil Duplain ihm versprach, ihm den reichen Pariser Markt zu überlassen. Panckoucke wollte nicht nur den Großhandel in der Hauptstadt monopolisieren, er wollte auch jeder Schwierigkeit ledig sein, seine 500 Exemplare los zu werden, denn er wollte 208 davon der STN für ihre 5/12 Anteile und je 41 an Plomteux und Regnault für ihr 1/12 geben. Die Verkäufe boomten zu dieser Zeit. Es schien keine Gefahr zu bestehen, daß die Gesellschafter zu Konkurrenten statt zu Mitarbeitern würden, und so akzeptierte Panckoucke Duplains Vorschlag im Juli.[2]

Anfang November schickte Duplain folgenden Brief an Batilliot, den auf Buchhandelsspekulationen spezialisierten Bankier: »Ich biete Ihnen ein schönes Geschäft an, mein lieber Freund, aber unter der Bedingung, daß niemand etwas davon erfährt, selbst unser gemeinsamer Freund Panckoucke. Nehmen Sie ein oder zwei Bücherhausierer, die das Vertrauen des Publikums haben, und beauftragen Sie sie, Subskriptionen auf die *Enzyklopädie* von Pellet zu sammeln, deren Prospekt ich Ihnen schicke. Teilen Sie den Gewinn mit ihnen. Sie sehen, sobald Sie 13 plaziert haben, haben Sie einen Gewinn von über 1400 Livres. Sie sagen, oder besser, Ihre Leute sagen, daß die ersten vier Bände in Genf zum Verkauf stehen. Sie erwähnen mich keinesfalls … Ich kümmere mich darum, sie in Paris durch den Zoll zu bringen. Verbrennen Sie diesen Brief.«

Anstatt diesen Brief zu verbrennen, gab ihn Batilliot an Panckoucke weiter, und Panckoucke schickte eine Kopie nach Neuchâtel, wobei er seinen Kommentar auf eine scharfe Bemerkung beschränkte: der Brief enthülle die »Schurkenseele von Duplain«. Er bewies auch, daß der Kampf um den Markt der *Enzyklopädie* einen geheimen Krieg zwischen den Partnern der Quartausgabe neben dem offenen Krieg zwischen ihnen und den rivalisierenden Verlegern hervorgebracht hatte. Geheimhaltung war die erste Verteidigungslinie, die Panckoucke von der STN forderte. Duplain durfte nicht wissen, daß sie Bescheid wußten. Während er in ihr Territorium einbrach, mußten sie eine Gegenkampagne starten und alles beschuldigende Beweismaterial, das sie finden konnten, bis zu dem Augenblick hüten, da sie es am wirkungsvollsten gegen ihn verwenden konnten. Ein offener Bruch in diesem Moment konnte die ganze Spekulation verderben. Warum aber hatte Duplain diesen Stoß in den Rücken versucht, und warum hatte Batilliot ihn Panckoucke enthüllt?[3]

Batilliots Rolle ist leicht zu erklären: Panckoucke hatte ihn gerade vor dem Bankrott gerettet. »Er wird nicht zugrunde gehen«, schrieb Panckoucke der STN. »Aber er steht deshalb in meiner Schuld.« Duplain scheint von der gegensätzlichen Motivation aus gehandelt zu haben: Rache, verbunden mit dem Wunsch, sich auf Kosten seines Partners zu bereichern. Er spürte seine Niederlage beim Feilschen um den Vertrag für die dritte Auflage, und er glaubte, Anspruch auf einen größeren Anteil am Gewinn zu haben. Hatte er nicht die ganze Operation durchgeführt? Hatte er nicht die Subskriptionen gesammelt, den Druck organisiert, die Lieferungen versandt, die Kunden zum Zahlen gedrängt und sich ganz allgemein bis zur Erschöpfung angestrengt, während Panckoucke in Paris von Projekten träumte und die STN wegen ihres Druckanteils jammerte? Er hatte die größte verlegerische Spekulation des Jahrhunderts allein durchgeführt. Seine Partner waren dabei allenfalls Hindernisse. Die Verträge sprachen ihnen aber die halben Gewinne zu. Nun gut, so würde er sich selbst zu seinem gerechten Anteil verhelfen, selbst wenn er dafür auf zweifelhafte Methoden zurückgreifen mußte. Natürlich legte Duplain diesen Entscheidungsprozeß nie schriftlich nieder. Seine Taten sprechen aber für sich selbst, und seine Haltung spricht manchmal aus im Zorn geschriebenen Briefen, besonders während seines Streits mit der STN wegen der Druckqualität von Band 6: »Wie, meine Herren, Sie setzen uns der Gefahr aus, in einem Augenblick sowohl unser Vermögen wie eine reiche Spekulation zu verlieren, indem sie einen Band so abscheulich schlecht drucken, und es soll uns nicht einmal erlaubt sein, uns zu beklagen? Wenn wir es mit zu bitteren Worten getan haben, so deshalb, weil wir wirklich betroffen waren und weil ein überladenes Herz Erleichterung braucht. Wir arbeiten Tag und Nacht für den Erfolg des Geschäfts, und es hat den Anschein, meine Herren, als täten Sie alles, was Sie können, um ihn zu zerstören.«[5]

Die Partner näherten sich daher dem ersten Gesellschaftertreffen, als bereiteten sie einen Bürgerkrieg vor. Vom November an hatten

Panckoucke und die Neuenburger einen konspirativen Ton in ihren Briefen über Duplain, während sie in ihren Briefen an ihn freundlich und geschäftsmäßig blieben. »Wir müssen unsere Vorsichtsmaßnahmen bezüglich Duplain in einer Weise treffen, daß er nicht einmal vermuten könnte, daß man ihm mißtraut«, schrieb die STN an Panckoucke. »Wir müssen auch den geringsten Argwohn verdecken«, tönte das Echo von seiten Panckouckes.[6] In dieser Zeit kam auch ein neuer Ton in Duplains Briefe. Statt sich über das unerschöpfliche Verkaufspotential der Quartausgabe zu wundern, warnte er plötzlich seine Partner, daß die Nachfrage nach ihr verschwunden sei. Die Flut der Subskriptionen sei versiegt, informierte er die STN am 10. November 1778. Jeder der Partner solle die höchste Anstrengung aufwenden, Rundbriefe zu verbreiten, Anzeigen zu veröffentlichen und das Buch in seiner Geschäftskorrespondenz zu lancieren. Duplain selbst hatte gerade 200 Rundbriefe verschickt; wenn sie keine neuen Subskriptionen brächten, würden den Partnern die Quartausgaben in ihren Lagerhäusern über die Jahre hin verfaulen. Duplains Briefe betonten auch seine Schwierigkeiten, die Subskribenten zum Zahlen zu bewegen, während er seine eigenen Kassen leere, um seine Druck- und Papierrechnungen zu begleichen. Am 1. Dezember schrieb er der STN, daß er mit 150.000 Livres im Rückstand sei. Je näher das Treffen rückte, da er den Partnern seine Rechnungen vorlegen sollte, desto schlimmer schien es um die Spekulation zu stehen.

Panckoucke ließ sich durch Duplains Jammern nicht aus der Ruhe bringen. Er wußte, daß man im Buchhandel eine ganze Menge »ehrlicher Beute« zugestehen mußte, und er vertraute darauf, daß Duplain nicht bis zum offenen Betrug gehen würde: »Duplain wird die ganze Geschäftigkeit seiner Seele darauf wenden, die Gewinne zu erhöhen, aber er wird nicht den Fonds unterschlagen.«[7] Die STN hegte jedoch den Verdacht, daß Duplain heimlich Extra-Exemplare der dritten Auflage drucken lasse, um sie unterderhand zu verkaufen.[8] Regnault, der heimlich für Panckoucke in Lyon observierte, berichtete, daß die dritte Auflage in mehr Exemplaren gedruckt werde, als der Vertrag festlegte. Da begann Panckoucke unruhig zu werden: »Wir haben es mit einem sehr raffinierten und sehr gierigen Menschen zu tun, der nichts Besseres vorhat als uns zu überraschen.« Panckouckes eigene Bemühungen, die Quartausgabe in Paris zu verkaufen, hatten einen schlechten Anfang genommen, und er fürchtete immer noch, Duplain habe durch heimliche Verkaufskampagnen die Sahne abgeschöpft. Daher verlangte er, daß Duplain die dritte Auflage um 300 Exemplare reduziere oder zumindest die Vereinbarung, die 1000 Exemplare zu verteilen, zurücknehme. »Man muß ihn dazu nötigen, ihn dazu zwingen«, schrieb er beunruhigt an die STN. Aber Duplain wollte nicht weichen. Er bestand darauf, daß beide die Vereinbarung und die Auflagenhöhe einhielten, auch wenn der Markt gesättigt sei.[9]

Zunächst versuchte Panckoucke sich dadurch zu sichern, daß er die Platten zurückhielt.[10] Aber wie die STN einwandte, würde diese Taktik Duplain nicht abschrecken, wenn er sie ernsthaft zu betrügen beabsichtige; er würde nur ihren Verdacht vermuten. Tatsächlich brachte es ihn in Wut. Er schob Panckouckes Versäumnis, die Tafeln zu liefern, die Schuld dafür zu, daß viele Subskribenten sich zu bezahlen weigerten; und er schrieb der STN, daß er nie wieder mit Panckoucke Geschäfte machen wolle.[11] Daher konnten Duplains Partner nur wenig tun, außer seine Rechnungen in Lyon lange und genau anzuschauen, während sie versuchten, ihn davon abzuhalten, ihre eigene Verstellung zu durchschauen.

»Ich glaube, daß es ganz wichtig ist, in Lyon nichts merken zu lassen«, riet Pankoucke den Neuenburgern. »Man muß das Hauptbuch sehen, es kalten Blutes untersuchen und anschließend Beobachtungen machen. Ich wünschte, der ruhigste von Ihnen käme nach Lyon, oder es müßten zwei von Ihnen kommen.« Er schlug vor, daß sie gemeinsam im Palais Royal wohnten – »ein großer Gasthof am Quai der Saône, wo man wohl aufgehoben ist« – so daß sie ihr Vorgehen privat besprechen könnten. Die Neuenburger sollten alle ihre Verträge und Briefwechsel mitbringen, im Falle sie in der Auseinandersetzung mit Duplain nicht weiterkämen und Beweise für ihre Argumente brauchten.[12] Die Schweizer Verleger versprachen, Panckouckes Instruktionen zu folgen, obwohl ihnen die ganze Angelegenheit mit jedem Tage unangenehmer wurde. Sie waren in einen neuen Streit mit Duplain über ihre Druckanteile verwickelt und grollten, daß Panckoucke derart von seinen Pariser Spekulationen absorbiert war, daß er den Verkauf der Quartausgabe ebenso vernachlässigte wie ihre Verteidigungsmaßnahmen gegen Duplain. Nicht einmal seine Wahl eines Hotels gefiel ihnen: Das Palais Royal war zu weit von Duplains Geschäft entfernt. Aber sie stimmten zu, Bertrand am 25. Januar hinzuschicken. Panckoucke fühlte das Bedürfnis, angesichts des Gegners dem Verbündeten näher zu sein und bot an, die Reservierungen auf das Hôtel d'Angleterre zu übertragen: »Sollten Sie vor mir in Lyon eintreffen, meine Herren, so bitte ich Sie, nichts allein in Angriff zu nehmen. Wir haben einen harten Strauß vor uns, und Sie können gewiß sein, daß man uns auf alle Weise zu überraschen versuchen wird.«[13]

Anfang Januar bat die STN darum, das Treffen um ein paar Wochen zu verschieben, da Bertrand ernsthaft krank geworden war. Sein Zustand verschlimmerte sich, so daß statt seiner Anfang Februar Ostervald und Bosset nach Lyon reisten. Bald nach ihrer Abreise schrieb er ihnen einen tröstlichen Brief; er könne wieder schreiben, ohne zu sehr an Kopfschmerzen zu leiden. Aber bald nach ihrer Rückkehr, am Morgen des 24. Februar, starb er in seinem Bett. Er war vierzig Jahre alt und hinterließ drei Kinder und eine Witwe, Ostervalds jüngere Tochter Elisabeth. Bertrand hatte schwer dafür gearbeitet, die STN zum Erfolg zu bringen. Er war ein Mann von großen Kenntnissen und fortschrittlichen Ideen. Hätte er lange genug gelebt, um seine Arbeit an der erweiteren STN-Ausgabe der *Description des art et métiers* und einigen anderen literarischen Projekten zu beenden, so hätte er einen Platz unter den kleineren »Philosophes« gewinnen können. Stattdessen hinterließ er eine Lücke in der Familie Ostervald und in der STN, die sich nur teilweise schloß, als seine Witwe einiges von der Geschäftskorrespondenz übernahm. In einer der seltenen, nichtkommerziellen Bemerkungen in diesem täglichen Marathon des Briefeschreibens erwähnte Ostervald Panckoucke gegenüber seinen Verlust: »Wir haben gerade den Professor Bertrand verloren, unseren Schwiegersohn und Geschäftspartner, der gestern früh an den Folgen eines galligen Fiebers gestorben ist, von dem ihn alle Mittel der Kunst nicht befreien konnten. Es wird Ihnen leicht fallen, sich die Bitterkeit unserer Lage in diesem Augenblick auszumalen. Würdigen Sie uns Ihrer Anteilnahme und ferneren Freundschaft.«[14] Panckoucke antwortete: »Es ist schrecklich, so früh dahingerafft zu werden. Ich weiß, welchen Schmerz, welche Bitterkeit Ihnen ein solcher Verlust bereiten muß.«[15] Einen kurzen Augenblick lang sprachen die Geschäftsleute als Menschen miteinander. Unmittelbar danach nahmen sie das geschäftliche Gespräch wieder auf, denn die Enzyklopädie bewegte sich als Spekulation zu schnell für sie, um innezuhalten und über die dauernden Grundlagen des menschlichen Geschicks nachzusinnen. Sie mußten Inventuraufnahme ihrer Geschäfte in Lyon machen, während Bertrand in Neuchâtel starb.

Duplain dagegen hatte die Partner zu überreden versucht, daß sie das Treffen gar nicht abhalten müßten. Ende Dezember schlug er vor, daß Panckoucke es absage, da es keine Dividenden zu verteilen gäbe. Er hatte die Einnahmen der beiden ersten Auflagen für die Vorbereitung der dritten neu investiert. Es gäbe genügend Gewinn zu verteilen, wenn die dritte Auflage einmal versandt wäre. Und bis dahin brauche sich Panckoucke um die Führung der Finanzen keine Sorgen zu machen, die Duplain seinen Partnern in Lyon überlassen hatte, »den Herren der Firma Witwe Antoine Merlino und Söhne, Herren über eine Million römischer Taler, und ich bin dazu noch ihre Sicherheit Ihnen gegenüber mit drei beträchtlichen Immobilien, welche der Verkauf meines Fonds mir zu akquirieren gestattete. So können Sie auf beiden Ohren ruhig schlafen.« Dieses Ansinnen wies Panckoucke zurück, aber nicht deshalb, weil er an Duplains Solvenz zweifelte. »Ich mache mir keine Sorgen um den Fonds«, erklärte er der STN. »Aber ich erachte es für notwendig, ja unerläßlich, was Duplain auch sagen mag, uns nach Lyon zu begeben, um Abrechnung zu machen. Man darf sich nicht auf alle diese schönen Versprechen verlassen.« Die STN stimmte völlig damit überein: Das Entscheidende war es, Duplain dazu zu bewegen, seine Bücher zu öffnen und eine Abrechnung vorzulegen, »die ganz zur Prüfung und Verifikation aufgestellt« ist.[16]

Was Prüfung und Verifikation genau bedeutete, ist schwer zu sagen. Panckoucke meinte, der Vorgang würde fünf oder sechs Tage in Anspruch nehmen, und erwartete, daß Duplain detaillierte Rechnungen aller Einnahmen und Ausgaben vorlege, mit zusätzlichem Beweismaterial aus Briefen und dem Hauptbuch, im Falle es einer der Partner verlange. Das Ziel der Übung war es, wie die STN es ausdrückte, »klar zu sehen«, und dann eine Akte auszufertigen, die Duplains Rechnungen bestätigte. Diese formale Vereinbarung käme zu den anderen Verträgen im Enzyklopädie-Dossier, das jeder der Partner führte. Es konnte in der endgültigen Abrechnung als Waffe gebraucht werden, weil es Duplain auf eine bestimmte Version des Geschäftsganges festlegte – die Zahl der eingegangenen Subskriptionen, der gedruckten Bände und der an einem bestimmten Datum ausgegebenen und eingenommenen Livres – die er künftig nicht ändern konnte. Kurz, es würde Panckoucke und der STN helfen, sich gegen Betrug zu sichern.

Bedenkt man die Vorwürfe und das Konspirieren unter den Partnern vor dem Treffen, so erscheint die Akte, die sie am Ende unterzeichneten, als seltsames Schriftstück: sie erweckt den Eindruck, daß nichts als Harmonie unter den Partnern geherrscht habe. Die Gesellschafter stimmten alle darin überein, daß die beiden ersten Subskriptionen geschlossen waren. Duplain mußte deshalb Rechnung ablegen über die Differenz der Einnahmen aus 6150 Quartausgaben und ihren Herstellungskosten, die durch seine Verträge mit Panckoucke festgelegt waren. Die Akte protokollierte sodann seine Behauptung, diesen Gewinn für die Kosten der dritten Auflage verwendet zu haben. Sie bescheinigte, daß die dritte Auflage in 2375 Exemplaren gedruckt wurde (4 Ries, 15 Lagen Papier statt der 4 Ries, 16 Lagen im Vertrag vom 10. Oktober 1778) und daß diese Exemplare auf gemeinsame Rechnung (*en société*) verkauft würden, mit Ausnahme der 1000 Exemplare, die Panckoucke und Duplain zu teilen vereinbart hatten. Kein sehr enthüllendes Dokument. Was war bei dem Treffen wirklich vorgegangen?

Die Prüfung von Duplains Rechnungen bot die Gelegenheit zu reichlichem Kuhhandel. Jeder der Gesellschafter hatte seine eigenen Projekte und Prioritäten. Duplain wollte alles einer raschen Abwicklung der Quartausgabe unterordnen, ein Ziel, dem man an sich nichts entgegenhalten konnte, das aber die Teilung der 1000 Exemplare und einige schmerzhafte Reibungen mit der STN einschloß. Weil Duplain alle Einnahmen der Gesellschaft in den Versuch investiert hatte, die dritte Auflage so schnell wie möglich herzustellen, hatte er versäumt, die Rechnungen der STN zu bezahlen. Er hatte sich auch geweigert, ihr einen Anteil am Druck zu geben, denn sein zweites Ziel bestand darin, aus seiner Rolle als Vergeber von Druckaufträgen Gewinn zu ziehen. Die STN wollte bezahlt werden und einen Band für die dritte Auflage zum Druck erhalten und den großen Druckauftrag an Land ziehen, der ihr seit der ursprünglichen Partnerschaft mit Panckoucke stets entgangen war.

Panckouckes Interesse war von der Quartausgabe zur *Encyclopédie méthodique* übergegangen, sehr zum Mißfallen seiner Gesellschafter. Als er in Lyon eintraf, zog er einen Vertrag für diese neue *Enzyklopädie* hervor, den er mit einigen Spekulanten aus Lüttich aufgesetzt hatte und nun durch die Gesellschafter der Quartausgabe ratifizieren lassen wollte. In früheren Verhandlungen mit den Lüttichern hatte Panckoucke vereinbart, ihnen die Platten und den Zugang zum französischen Markt für 205.000 Livres zu verkaufen. Aber dann hatte er den Verkauf rückgängig gemacht, um die *Méthodique* selbst zu übernehmen, wobei er seine Gesellschafter der Quartausgabe als Partner in dem neuen Unternehmen behalten wollte. Die Gesellschafter wollten jedoch nicht ihren Anteil an den 205.000 Livres opfern oder in eine neue Spekulation verwickelt werden, bevor sie sich aus der alten gezogen hatten. Sie ahnten schon, daß Panckoucke ihre Verkaufskampagnen für die dritte Auflage vernachlässigte, und Duplain war wütend über die Langsamkeit beim Druck der Tafeln, während die STN Panckoucke Laxheit bei der Aufsicht über Duplain vorwarf. Kurz, die Gesellschaft schien in viele verschiedene Richtungen auseinanderzubrechen, von denen einige quer zur grundlegenden Spaltung zwischen Duplain und der Panckoucke-Gruppe verliefen. Aber keiner dieser Sprünge kam offen zum Vorschein, und die Gesellschafter flickten die am meisten mitgenommenen Teile ihres Unternehmens, indem sie einander Konzessionen machten.[17]

Panckoucke mußte am meisten nachgeben, und die Schweizer hatten das Nachsehen davon. Da er das Bedürfnis verspürte, sein Bündnis mit der STN zu stärken, schloß er einen Separatvertrag mit Ostervald und Bosset am 13. Februar. Die STN anerkannte ihre Verpflichtung, die 208 Quartausgaben anzunehmen, die ihr von ihrem 5/12 Anteil an Panckouckes 500 zufielen, und sie bestätigte ihre Verpflichtung, die 92.000 Livres zu bezahlen, die sie für ihren ursprünglichen Anteil an Panckouckes Tafeln und Privileg schuldete. Panckoucke, »in dem Wunsche, die Herren der Société typographique zu verpflichten«, gab ihnen einen freien 5/24 Anteil an der Quartausgabe der Registerbände, die er gerade mit Duplain veröffentlichte. Er und Duplain hatten diesen Plan heimlich in ihren Vertrag vom 29. September 1777 genommen. Die einzigen Registerbände, die Panckoucke in seinen Briefen an die Neuenburger erwähnte, waren die der Folio-Ausgabe, die er ihnen im Juni 1777 erfolglos zum Verkauf angeboten hatte. Damals hatte er erklärt, er habe Mouchons originales Manuskript für 30.000 Livres gekauft; für 60.000 wollte er es verkaufen; und er wollte garantieren, daß es 128.000 Livres Gewinn bringe. Die Zeiten hatten sich inzwischen gewandelt. Panckoucke hatte sein Verhältnis zur STN verändert und wünschte nicht, daß sie sich von einer Spekulation ausgeschlossen fühlte, die er hinter ihrem Rücken geplant hatte. Die Spekulation selbst sah so verlockend aus wie je. Das Register bot eine nützliche Übersicht und das alphabetische Inhaltsverzeichnis zu

Diderots umfangreichem Text. Und es schien sich gewiß gut im Quartformat zu verkaufen, da es auf der Woge der Quart-Enzyklopädie verhandelt werden konnte, die so viel erfolgreicher war als die Folios. Panckoucke war überzeugt, daß die meisten Subskribenten der Quartausgabe es kaufen würden und sogar Leute, die gar keine Enzyklopädie besaßen. Sein Geschenk von 5/24 Anteilen an der Unternehmung hatte deshalb beträchtlichen Wert. Und er verpflichtete sich die Neuenburger noch mehr zu Dank durch das Versprechen, bei Duplain zu intervenieren, daß sie das Register, eine Angelegenheit von sechs Quartbänden, zu drucken bekämen.[18]

Duplain, der das Quart-Register ebenso wie die Quart-*Enzyklopädie* organisieren sollte, machte den Neuenburgern Hoffnungen auf den Druckauftrag. Er besänftigte sie auch, indem er verschiedene Wechsel kurz vor dem Treffen bezahlte. Und er gab ihnen einen Band der dritten Auflage zu drucken. Dieses letztere Zugeständnis hielt nicht nur ihre Pressen in Gang, es beruhigte auch ihre Zweifel hinsichtlich der Druckauflage; denn vom eigenen Drucken wußten sie, daß die dritte Auflage wirklich nicht mehr als 2375 Exemplare umfaßte, wie Duplain es in der bei ihrem Treffen aufgesetzten Akte bezeugt hatte. Duplain und die Neuenburger schmiedeten sogar Pläne, die Genfer Ausgabe der Werke Rousseaus gemeinsam in einem Raubdruck herzustellen. Wenn die Neuenburger auch nicht jeglichen Verdacht über »unseren Mann in Lyon« aufgaben, so kehrten sie gewiß mit einem viel besseren Gefühl nach Hause zurück.

Die Sache, die Panckouckes Verhältnis zu Duplain durcheinandergebracht hatte, betraf den Druck der Tafeln, die Aufteilung der 1000 Exemplare und den Vorschlag, die Höhe der dritten Auflage zu reduzieren. Panckoucke gab überall nach. Er ging sogar noch weiter: Er gewährte Duplain einen beständigen 12/24 Anteil an Tafeln und Privileg der *Enzyklopädie* als Ersatz für den zeitlich begrenzten Anteil an der Quartausgabe. Diese Gabe war wohl ebensoviel wert wie das Geschenk für die STN von einem Anteil am Register, denn es gab Duplain Anspruch auf alle davon abzuleitenden Spekulationen, einschließlich der *Encyclopédie méthodique*. Warum war Panckoucke so zuvorkommend? Die STN hatte ihn schon überzeugt, daß er Duplain die Tafeln liefern müsse, und Duplain hatte gezeigt, daß es unvernünftig wäre, die Höhe der dritten Auflage zu reduzieren, da er schon fast die Hälfte davon gedruckt hatte. Vielleicht war es auch schon zu spät, die Vereinbarung über die Aufteilung der 1000 Exemplare aufzuheben, da jeder der Partner seit einem halben Jahr seinen Anteil privat verkauft hatte. Aber Panckoucke hatte Duplains Geschäftsführung so heftig getadelt, daß nur schwer zu begreifen ist, warum er Duplain dafür belohnt haben sollte – außer man zieht die *Encyclopédie méthodique* in Betracht. Mehr als an allem anderen war Panckoucke daran interessiert, daß seine Gesellschafter seinen neuen Vertrag mit den Lüttichern akzeptierten. Indem er Duplain einen beständigen Anteil an Tafeln und Privileg gewährte, wollte er nicht nur Duplains Unterstützung für das neue Unternehmen gewinnen, sondern ihm auch einen Einsatz dabei geben.

Panckoucke und die STN hatten heimlich immer noch ihre Zweifel an Duplains Integrität geäußert. Hat er seine Geschäftsführung so geschickt verteidigt, daß er sie überzeugte? Es gibt keinen Bericht über die Gespräche am Konferenztisch, aber die mit ihm verhandelt hatten – erfahrene Männer wie Favarger und d'Arnal – stimmten darin überein, daß er äußerst gewinnend auftreten konnte. Er wird zweifellos die Gesellschafter davon überzeugt haben, daß sie von einem ernsten Rückgang in der Nachfrage bedroht waren. Sie wußten von ihren eigenen Verkaufskampagnen, daß die Subskriptionsflut fast versiegt war. Deshalb fanden sie wahrscheinlich nichts Verdächtiges an seinem düsteren Bericht über die Aussichten der dritten Auflage. Da er ihren Argwohn hinsichtlich der Auflagenhöhe beruhigte und sich selbst verpflichtete, die Gewinne von allen 6150 Exemplaren der beiden ersten Auflagen aufzustellen, schien er wenig Raum für Veruntreuung zu haben. Und schließlich entdeckten sie eine geheime Waffe zu ihrer Verteidigung. Hinter Duplains Rücken erlangten sie Zugang zu seinem Subskriptionsverzeichnis und kopierten es heimlich. An der Liste selbst war nichts Verdächtiges, sie zählte 7373 Subskriptionen, aber sie konnte die Partner vor Betrug schützen, falls Duplain den Subskriptionsbericht in den Rechnungen fälschte, die er nach der Vollendung der dritten Auflage präsentieren würde, wenn sie wiederum zusammenkämen, um die Gewinne zu teilen und das ganze Unternehmen zu liquidieren.[19]

Das Treffen 1779 in Lyon war deshalb nicht so geradeheraus und freundlich, wie es in der Akte erschien, die die Gesellschafter aufsetzten, ehe sie auseinandergingen. Jeder war mit seinem eigenen Groll und seinen Wünschen angekommen, und jede Sitzung war von Kreuzfeuergefechten und Verdächtigungen belastet. Statt zu explodieren, löste sich die Spannung in einen Prozeß des Projektemachens und

Konzessionenhandelns auf. Die Gesellschafter taten aber im Februar 1779 nichts, um das Mißtrauen zu bereinigen, das die Panckoucke-Gruppe von Duplain entfremdete und das unterschwellig blieb bis zur Schlußabrechnung im Februar 1780.

Die Fehde zwischen Duplain und der STN

Sobald die Gesellschafter vom Gipfeltreffen in Lyon zurückkehrten, bewölkte sich der Himmel erneut. Ihre Geschäftskorrespondenz zeigte, daß es schwieriger denn je geworden war, die Quartausgaben zu verkaufen, und ihre expansive und versöhnliche Tonart war vorbei, als der Markt enger wurde. Gewiß hatten sie eine beispiellose Zahl von Enzyklopädien verkauft. Aber nach dem Februar 1779 begann die Schlußbilanz weniger sensationell auszusehen als sie anfänglich erwartet hatten. Kleinere Beträge gewannen größere Bedeutung. Die STN und Duplain im besonderen verbrachten die nächsten zwölf Monate damit, aufeinander einzuhacken.

Einige Streitpunkte waren trivial. Duplain weigerte sich z. B., 90 Livres, 15 Sous Druckrechnung der STN zu bezahlen, weil er die Titelseite von Band 35 in Lyon neu machen lassen mußte. Die STN hatte es als »dritte Auflage, Genf« gedruckt, was seinem Versuch widersprach, die dritte Auflage als ein neues Neuenburger Produkt erscheinen zu lassen. Die Neuenburger behaupteten, sie seien lediglich der Vorlage, die er ihnen geschickt hatte, treu gefolgt. Deshalb gab es jedesmal, wenn ein Haus dem anderen einen Kontoauszug (*Compte courant*) schickte, von neuem Streit über die Eintragung von 90 Livres, 15 Sous. Gewöhnlich aber stritten Duplain und die STN um bedeutendere Summen. Als die STN für Duplain die Rechnung der Ausgaben für Papier aufstellte, schloß sie einen Betrag für das »Käppchen« (*Chaperon*), die Extra-Lage für jedes Ries Papier ein, das sie gekauft hatte. Ohne es konnten sie keine 500 akzeptablen Bogen von einem Ries Papier, das sie gekauft hatten, drucken. Die STN glaubte sich deshalb berechtigt zur Wiedererstattung ihrer *Chaperon*-Zahlungen, aber Duplain weigerte sich, für mehr als 500 Bogen per Ries Papier belastet zu werden, was einen Unterschied von 1066 Livres für 111 Ries *Chaperon* in den Rechnungen ergab.[20]

Wichtiger noch und schärfer war der Streit um 31 fehlplazierte Quartausgaben. Die STN bestellte am 14. März 1778 52 Ausgaben der

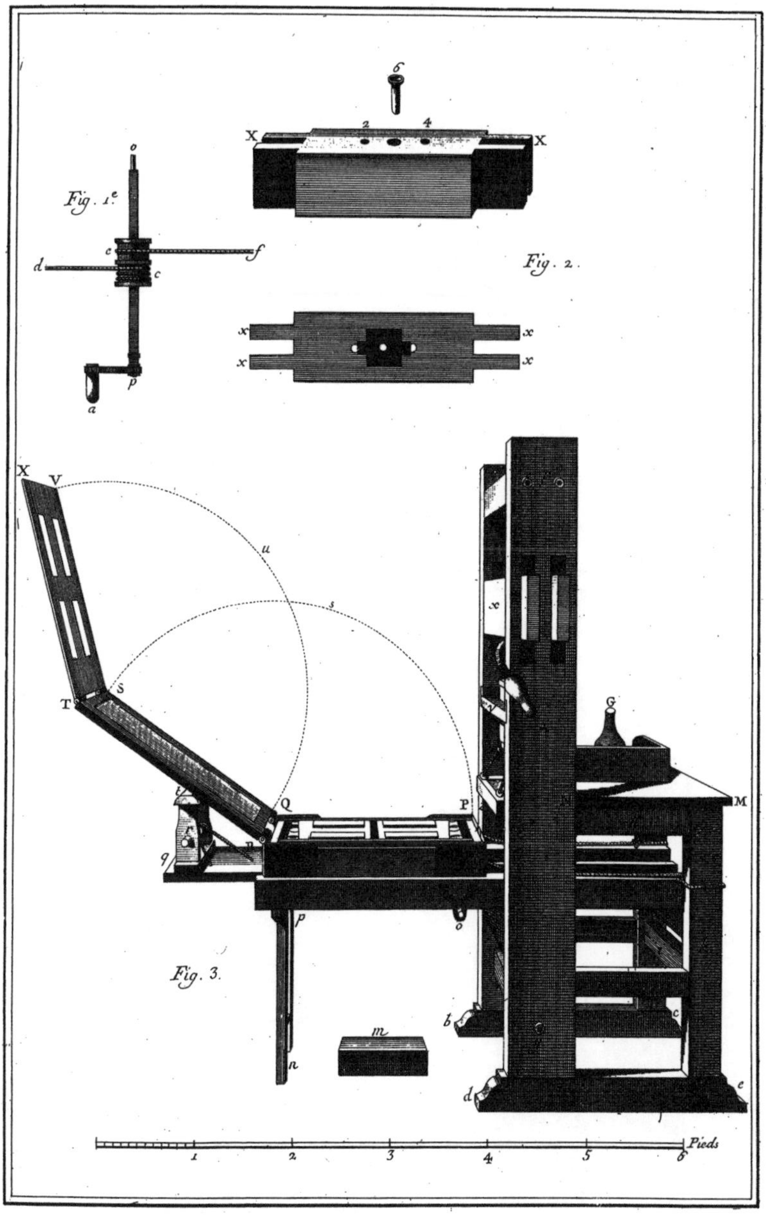

Die Druckerpresse mit dem geöffneten Rahmen,
in den der Papierbogen gespannt wird,
hier mit vier Seitenfenstern für eine Quartausgabe.

dritten Auflage, die ihr als Großhändler berechnet werden sollten und die sie ihren eigenen Kunden weiterleiten wollte, d.h. Individuen, die durch die STN statt direkt bei Duplain bestellt hatten. Bis zum 13. Oktober hörte sie nichts von der Bestellung, als Duplain schrieb, er habe 20 Exemplare von Band 1 und 2 abgeschickt. Die STN antwortete, sie wäre erfreut, diese 20 zu erhalten, brauche aber 32 mehr, um ihre Bestellung von 52 zu vervollständigen. Duplains Packer hatten tatsächlich alle 52 Bände 1 und 2 am 1. Oktober abgeschickt, hatten die STN aber nicht davon unterrichtet, daß sie unterwegs seien. Die folgende Sendung von 20 Bänden war für Subskribenten der beiden ersten Auflagen gedacht, die wegen Koordinationsschwierigkeiten im Versand mit Bänden der dritten Auflage beliefert wurden. Duplain hatte die STN gebeten, diese 20 Subskriptionen auf ihre Rechnung zu nehmen, da sie alte Kunden der STN in Nordeuropa betrafen, die außerhalb seines Handelsbereichs lagen. Daher verstand er die Bitte der STN um weitere 32 Quartausgaben als neue Bestellung, während die STN seine 20 Exemplare als Teillieferung einer alten auffaßte. Deshalb schickte er 32 weitere Bände 1 und 2 nach Neuchâtel, insgesamt also 104 statt 52. Sobald sie Nachricht von der letzten Sendung erhielten, wurde den Neuenburgern der Irrtum klar, und sie erklärten Duplain das doppelte Mißverständnis. Er verdreifachte jedoch die Konfusion dadurch, daß er die Erklärung als einen Versuch auffaßte, sich der Zahlung der 104 Exemplare zu entziehen. Der Rückgang in der Nachfrage erschwerte das Problem, weil keiner der Partner mit zusätzlichen Enzyklopädien belastet werden wollte. Die STN war bereit, die ersten 20 Extra-Exemplare zu übernehmen, weil sie von ihren eigenen Kunden subskribiert worden waren, und sie fand einen Subskribenten für die übrigen 32. Sie weigerte sich aber, die 31 letzten zu akzeptieren, die einen Großhandelswert von 8526 Livres hatten. Duplain wollte nicht nachgeben. Sowie jeder neue Band aus der Presse kam, schickte er 31 unerwünschte Exemplare nach Neuchâtel, und die STN schickte sie zurück. Jeder der Partner debitierte den anderen mit dem Großhandelspreis und den Transportkosten. Und jede neue Lieferung führte zu einem neuen Stoß von Briefen voller Beschimpfungen. Die STN bot an, den Streitfall einem Schiedsrichter vorzulegen, Duplain verweigerte das aber. Er war tatsächlich so verhärtet, daß er nicht guten Glaubens gehandelt zu haben scheint, denn eine zusammenhängende Lektüre der Korrespondenz zeigt, daß er hauptsächlich deshalb zu tadeln war, weil er ein Mißverständnis sich zu einer Fehde auswachsen ließ, die die

Beziehung zwischen ihm und den Neuenburgern bis ans schließliche Ende der Unternehmung vergiftete, als es von vereidigten Schiedsrichtern zugunsten der STN entschieden wurde.[21]

In ihren Rechnungen für 1778 hielten Duplain und die STN einen Kleinkrieg über zwei weitere Dinge am Kochen. Die STN hatte Band 15 der ersten beiden Auflagen gedruckt und in 64 Kisten am 20. Juni durch Pion aus Pontarlier nach Lyon versandt. Am 1. Juli hatte Duplain die Kisten aber noch nicht erhalten, als er die Bände 15, 16 und 17 sowie den Tafelband an die Subskribenten ausliefern wollte. Mit jedem Verzug über den Termin vom 1. Juli hinaus wurde Duplain unruhiger wegen des Bandes der STN. Die Verspätung hatte Folgewirkungen im ganzen Unternehmen. Sie hielt seinen Versand auf; die Verzögerung der Lieferungen bewirkte eine Verspätung der Zahlungen der Subskribenten, die nach der Lieferung fällig waren; und die Verspätung der Zahlungen beeinträchtigte die notwendige Liquidität zur Produktion der weiteren Bände. Bis zum 24. Juli hatte Duplain drei Briefe an Pion geschickt, ohne irgendeine Antwort zu erhalten oder einen Hinweis, was mit der Lieferung aus Neuchâtel passiert sei. Da er nicht länger warten konnte, schickte er einen Angestellten auf die Suche entlang der Landstraße zwischen Pontarlier und Lyon. Der Angestellte stieß in Beaufort auf die Kisten. Pion hatte sich einfach mit der Spedition Zeit genommen und es versäumt, Duplain durch die übliche Mitteilung (*Lettre d'avis*) zu informieren. Auch hatte sein Fuhrmann die Kisten schlecht bedeckt gehalten. Als sie endlich am Ende des Monats ankamen, waren zehn Bogen durch Regenwasser verdorben. Duplain hatte in seiner Wut die 10 Bogen in Lyon nachgedruckt und die STN dafür mit 275 Livres und mit 124 Livres für die Reise seines Angestellten belastet. Er forderte sogar Schadenersatz für den Verlust der Einkünfte eines Monats wegen der Verspätung der Sendung vom 1. Juli – das war 1/2 Prozent Monatszinsen von einem Betrag von 200.000 Livres, also 1000 Livres. Und er wütete gegen die Neuenburger, die ihn mit bis zum Bersten gefüllten Lagerhallen voller *Enzyklopädien* sitzen ließen, die jeden Augenblick konfisziert werden konnten, wenn die örtliche Geistlichkeit sich gegen ihn wendete: »Wir sind überhäuft mit Büchern, unablässig in der Furcht vor einer Anzeige an die Geistlichkeit und in siedendem Öl. Sie allein, meine Herren, verursachen unsere Pein.«[22]

Die Neuenburger antworteten, es sei Pions Schuld und nicht die ihre. Obwohl sie nicht verpflichtet seien, einen festen Termin einzuhalten, hätten sie die Bände rechtzeitig abgeschickt. Entsprechend

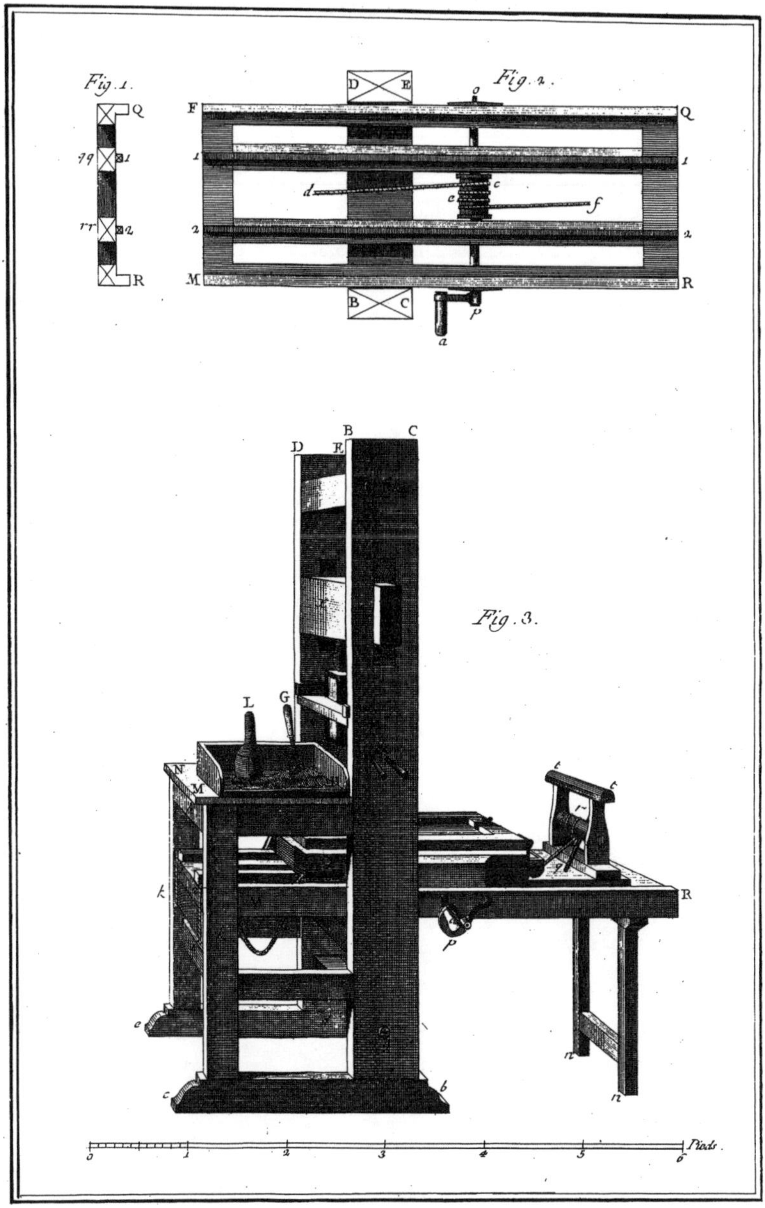

Die Druckerpresse von der anderen Seite gesehen mit geschlossenem Rahmen.

dem Handelsrecht seien die Spediteure und Fuhrleute verantwortlich für Verzögerungen auf der Strecke. Und es gäbe festgesetzte Prozeduren, wie mit beschädigter Ware zu verfahren sei. Duplain hätte ein Protokoll aufsetzen müssen, sobald die Lieferung eintraf, um den Fuhrmann haftbar machen zu können. Die STN haftbar zu machen, sei absurd, denn die Verantwortlichkeit der STN sei beendet, sobald die Lieferung Neuchâtel verlassen habe. Zur Zeit des Treffens in Lyon, im Februar 1779, hatte sich Duplain beruhigt, und er stimmte ihr in diesem Falle stillschweigend zu, indem er ihre Rechnungsaufstellung anerkannte, die sie am 6. Januar vorlegte und die keinen Hinweis auf seine Schadensersatzforderung enthielt. Aber die Strafsummen erschienen erneut auf den Rechnungen, die er später im Jahre 1779 an die STN schickte. Die STN weigerte sich, sie anzuerkennen, und sie waren Anlaß für viele bittere Bemerkungen in der Geschäftskorrespondenz zwischen beiden Häusern bis zur endlichen Liquidation der Quartausgabe, als die Schiedsrichter wiederum zugunsten der STN den Fall entschieden.[23]

Ostervald und Bosset kehrten von der Konferenz im Februar 1779 mit dem ersten Teil des Manuskripts für Band 19 der dritten Auflage in ihrem Gepäck nach Hause zurück. Als sie es zu drucken begannen, bemerkten sie, daß es dieselben Druckfehler enthielt wie Band 19 in den beiden ersten Auflagen. Duplain versuchte aber, die dritte Auflage unter dem Impressum der STN als »der anderen in Ausführung, Korrektur usw. überlegen«[24] zu verkaufen, und der Vertrag dafür gewährte dem Abbé Laserre 3000 Livres, um den Text der früheren Auflagen zu verbessern. Die STN schloß daher, »unser guter Abbé« habe die Summe eingestrichen, ohne irgend etwas dafür zu tun. Sie war unglücklich, ihren Namen einer Enzyklopädie geliehen zu haben, »die von den unzähligen und groben Druckfehlern überquillt, die man aus guten Gründen der Folio-Ausgabe vorwarf, und die ein Mann von gesundem Menschenverstand nie stehengelassen hätte, wenn er sorgfältig gelesen hätte.« Und sie beklagte, daß Duplain sich nicht um die Qualität des Werkes kümmere. Er habe seine Partner um den Lohn für »seinen guten Freund, den Mann der Kirche« ausgequetscht und es dann versäumt, ihn zu beaufsichtigen – ein Versäumnis, das an Mißwirtschaft grenze und den Verkauf der Quartausgabe und das Ansehen der STN schädigen könne.[25]

Die STN hatte aber, wie im vorigen Kapitel dargestellt, noch sehr viel ernstere Klagen über Duplains Geschäftsführung. Sie tadelte ihn für die »Fehlkalkulation eines idiotischen Faktors«,[26] die die Verleger der Quartausgabe kompromittiert hatte, dem Publikum den vollen Text der ursprünglichen 17 Foliobände und der 4 Bände *Supplément* in 29 Quartbänden liefern zu wollen. Das war eine typographische Unmöglichkeit, die Linguet mit den üblichen Breitseiten in der vielleicht meistgelesenen Zeitschrift Europas bloßgestellt hatte. Duplain mußte die Quartausgabe auf 36 Bände ausdehnen und drei davon gratis liefern. Wie konnte er aber die Subskribenten überzeugen, für die verbleibenden vier Extra-Bände zu bezahlen? Als die Gesellschafter der Quartausgabe in die »Krise des Umfangs über 29 Bände hinaus«.[27] rutschten, begannen sie zu zittern; es war ihnen klar, daß sie viele beanstandete Rechnungen, aufgehobene Subskriptionen und gerichtliche Klagen zu gewärtigen hätten – alles wegen Duplain. Tatsächlich schaffte es Duplain nur dadurch, den Text in 36 Bände zu stopfen, daß er dem Band »eine monströse Dicke« gab – 120–130 Bogen (etwa 1000 Seiten) anstatt der 80 bis 90 Bogen (etwa 700 Seiten), die seine Partner bei einem Quartband für angemessen hielten.[28] Da die Subskribenten pro Band bezahlten und da die Drucker pro Bogen bezahlt wurden, drückte diese Taktik auf die Profitrate. Aber sie erhöhte Duplains Gewinne, da er von der Gesellschaft für jeden gedruckten Bogen einen Festpreis bekam – und er ließ sehr viel billiger drucken als er dafür bezahlt wurde, außer bei den Bänden der STN. Er bezog sich auf diese Ausnahme als einen Grund dafür, daß die STN einen Aufschub der Zahlung ihrer Druckrechnungen gewähren möge. In ihrer scharfen Antwort drängte die STN, indem sie sich auf seine Gewinnspanne berief, auf pünktliche Zahlung.[29] Und dann machte sie eine noch schlimmere Entdeckung.

Im Juli 1779 stellte die STN den zweiten Faktor (*second prote*) aus Pellets Druckerei ein, damit er beim Druck helfe, der damals den Band 19 der dritten Auflage erreicht hatte. Der neue Angestellte, Colas, hatte den Druck der beiden ersten Auflagen des gleichen Bandes bei Pellet überwacht. Er war daher imstande zu erklären, warum er in den beiden ersten Auflagen so viele Bogen mehr umfaßte – genau 12 Bogen oder 96 Seiten – als in der dritten, obwohl der Text fast völlig identisch war. Pellet ließ seine Setzer die Zwischenräume zwischen den Wörtern breiter machen und so die Paragraphen dehnen, bis sie eine neue Zeile erreichten (»Druckerswitwen«), um damit so viele Bogen wie möglich zu schinden. Diese Taktik kostete die Gesellschaft 744 Livres, wobei die STN argwöhnte, Pellet teile sie mit Duplain.[30]

Statt diese Dinge mit Duplain zu erörtern, hielten die Gesellschafter die gravierendsten geheim, um ihn bei der Schlußabrechnung durch den inkriminierenden Beweis zu verwirren. Aber sie konnten nicht alle Unzufriedenheit zurückhalten. Neue Probleme tauchten auf, besonders durch Subskribenten, die sich über die Unordnung in Duplains Lieferungen und Rechnungen beklagten. Mitte April z. B. tauschten Duplain und die STN ihren Kontoauszug aus. Jede der Aufstellungen umfaßte die Version einer der beiden Firmen von den Schulden und Außenständen, die der andere während der letzten Monate angesammelt hatte. Die Rechnungen sahen sehr verschieden aus. In einem eng beschriebenen Brief von sieben Seiten bestritt die STN zwölf Punkte in Duplains Rechnung. Da waren die ersten vier Bände der dritten Auflage für den Marquis de Boissac, die zu Heidegger in Zürich hätten geschickt werden sollen statt sie der STN anzulasten: 40 Livres. Da war die Lieferung von 31 Exemplaren der Bände 7 und 8 der ersten Auflage, die Duplain via Genf nach Neuchâtel geschickt hatte statt ihrer Anweisung gemäß auf dem billigeren Weg über Pontarlier: ein Unterschied von 5 Livres, 10 Sous. Dann gab es eine Fehlbuchung für Buchet in Nîmes, der bei Duplain und nicht bei der STN seine 26 Exemplare subskribiert hatte: eine zu streichende Schuld von 288 Livres. Da war die Verspätung von Duplains Lieferung der Bände 5 bis 8 der dritten Auflage an die STN für ihre Subskribenten, die erst lange nach Duplains Rechnung eintraf: 1440 Livres, die von diesem laufenden Konto auf das nächste übertragen werden sollten. Da gab es Duplains zusätzliche Bezahlung einer Lieferung der STN – eine Rechnung, die die STN mit Pion beglichen hatte und die Pions Fuhrmann ein zweites Mal in Lyon kassiert hatte und die Duplain der STN in Rechnung gestellt hatte: weitere 360 Livres Debet, die zu streichen waren. Und so ging es fort – eine Reihe von Verwicklungen, die einzeln nicht so schrecklich ins Gewicht fielen, zusammen aber doch 9151 Livres und mehrere Monate Mißstimmung ergaben.

Duplain wollte keinen Fingerbreit weichen. In einigen Fällen hatte er recht. Buchets 288 Livres Vorauszahlung waren an die STN erfolgt, die sie falsch gebucht hatte und ihren Irrtum eingestand, sobald Duplain ausreichendes Beweismaterial bieten konnte. Die meisten Schwierigkeiten entstanden jedoch aus der Unordnung von Duplains Geschäftsführung in Lyon. Die Gesellschafter erhielten zahlreiche Beschwerden von Subskribenten, deren Enzyklopädien spät eingetroffen waren oder mit fehlenden oder beschädigten Bogen, die

Duplain zu ersetzen verweigerte, oder mit zu vielen Exemplaren des einen Bandes und zu wenigen eines anderen. In seiner Eile, Zahlungen einzutreiben, schrieb Duplain manchmal Wechsel aus auf Buchhändler, die ihre Lieferungen noch gar nicht erhalten hatten. Beklagten sie sich, so drohte er, sie gerichtlich zu verfolgen. Sie schlugen mit Gegendrohungen zurück oder beklagten sich bei seinen Gesellschaftern, die so in Dutzende von Streitigkeiten zwischen Duplain und seinen Subskribenten hineingezogen wurden. Jeder Streit verletzte die Gesellschaft, entweder weil er ihren Gewinn schmälerte oder das Vertrauen der Partner in Duplains Geschäftsführung untergrub. »Die Beschwerden haben sich sehr vervielfacht«, klagte Panckoucke der STN. »Ich habe schreckliche Angst, daß das noch mit Prozessen endet.«[31]

Die STN fand den Umgang mit Duplain besonders schwierig, weil sie in drei Funktionen mit ihm verhandelte: als Gesellschafter, als Großhändler der *Enzyklopädie* und als Drucker. Diese Rollen konnte sie nicht auseinanderhalten. Duplain nahm Summen ein, die der STN von ihren Subskribenten geschuldet wurden, und zog sie ihr von den Druckrechnungen ab. Dann weigerte er sich, diese Rechnungen zu begleichen, weil seine vielfachen Streitpunkte mit der STN wegen Subskriptionen und Lieferungen noch nicht beigelegt waren. Er weigerte sich, ihre Wechsel, die sie auf ihn ausgestellt hatte, zu bezahlen, und zwang sie zu kurzfristigen Anleihen zu hohen Zinsen, um ihren eigenen Verpflichtungen nachzukommen. Einige ihrer Rechnungen bezahlte er, aber nie vollständig, da er stets Fehler darin fand. Im Januar 1779 bezahlte er das meiste, was er ihr für die drei Bände, die sie gedruckt hatte, schuldete, aber im April weigerte er sich, für die beiden letzten zu zahlen und ließ all die Streitigkeiten wieder aufleben, die im Januar bei der Abrechnung beigelegt worden waren. Die April-Rechnung beglich er überhaupt nicht – bis er vom Schiedsgericht bei der Liquidation der Quartausgabe dazu genötigt wurde. Die STN beklagte sich bitter: »Im allgemeinen behandeln sie uns mit einer erstaunlichen Härte. Nach Ihren Ansprüchen würde die Frucht unserer Arbeit auf nichts reduziert ... Wir bitten Sie, uns doch wie den letzten Ihrer Drucker zu behandeln.«[32] Das letzte Jahr der Beziehungen der STN mit Duplain ergab nichts als Zahlungsverweigerung von Wechseln, Streit über Rechnungen und die wachsende Überzeugung auf ihrer Seite, daß Duplain von schlechter Geschäftsführung zum Betrug übergegangen sei.

Duplains Streitigkeiten mit der STN waren ein Symptom für den Wechsel im Charakter der Unternehmung. Die Gesellschafter hatten einander immer mißtraut, aber als sich der Augenblick näherte, da der letzte Bogen abgezogen werden sollte, konspirierten und manövrierten sie mit größerer Intensität, da sie hofften, ein Maximum aus den letzten Zuckungen des Markts herauszuholen. Daß die Nachfrage drastisch zurückgegangen war, war im November 1778 klar geworden, als die STN die Sorge aussprach, daß »alle Ressourcen in Frankreich erschöpft seien«.[33] Favarger verkaufte Ende 1778 auf seiner Reise durch das südliche und mittlere Frankreich nur drei Subskriptionen, und Panckoucke hatte im April 1779 in Paris nur zwölf verkauft. Die Pariser Situation war jedoch ungewöhnlich, da andere Ausgaben den Markt übersättigt hatten und da Panckoucke seine Verkaufskampagne vernachlässigt hatte. Wie Duplain und die STN klagten, hatte er sein Zugehörigkeitsgefühl von der Quartausgabe auf die *Encyclopédie méthodique* übertragen. Obwohl er seine Verpflichtung einhielt, die Veröffentlichung der Prospekte für die *Méthodique* zu verzögern, ließ er ruchbar werden, daß seine Super-Enzyklopädie gut auf dem Wege sei; worauf die STN entgegnete, daß diese Verlautbarungen »dem Äquivalent eines Prospekts« entsprächen.[34] Panckouckes Sorglosigkeit schädigte möglicherweise den Verkauf der Quartausgabe, aber es beeinträchtigte ihn weit weniger als eine andere Form der Widersetzlichkeit unter den Gesellschaftern: geheime Preiskämpfe.

Panckoucke und die STN hatten sich in ihrem Vertrag vom 13. Februar 1779 verpflichtet, den Subskriptionspreis für die Quartausgabe aufrechtzuerhalten. Aber die Teilung der 1000 Exemplare und das Absinken der Nachfrage führten unvermeidlich zur Konkurrenz unter den Gesellschaftern statt zur Kooperation. Bald nach dem Treffen im Februar 1779 verbreitete sich das Gerücht, Plomteux habe Sonderkonditionen für seinen Anteil von Panckouckes 500 Exemplaren angeboten. Duplain warnte, daß jedes Abweichen von den im Prospekt festgelegten Bedingungen den Verkauf der Restauflage ruinieren würden. Zwei Monate später dann hörte Duplain, Regnault verkaufe seinen Anteil mit dem Angebot freien Transports und einjährigem Kredit – eine Verlockung, die auf eine Preisreduktion herauslief und Duplains Versuche unterminierte, bei den Subskribenten zu kassieren. Dieses abweichende Verkaufsverhalten mag zur Verschlechterung von

Regnaults Beziehungen mit Panckoucke beigetragen haben, denn 1777 und 1778 hatte Regnault Panckoucke als Geheimagent in Lyon gedient – seine Hauptaufgabe war es offensichtlich, Duplain auszuspionieren –, und im Juni 1779 wurde ihre Freundschaft durch einen Streit zerstört, der vor Gericht zu enden drohte. Panckoucke selbst wich schließlich von den vorgeschriebenen Konditionen der Subskription ab, obwohl er die Preise seiner Quartexemplare nicht wirklich ermäßigte. Und später im Jahre 1779 begann die STN ihre Kunden mit verschiedenen Verkaufstricks zu versuchen: sechs Monate Kredit, drei Freiexemplare für je 24 Bestellungen statt eines für je zwölf; Gratis-Heftung (die STN berechnete das Broschieren, d.h. Falten und Heften der Bogen, zu 4 Prozent des Großhandelspreises); und kostenlosen Transport bis zur Entfernung von Lyon. Am Jahresende hatte Plomteux, wie berichtet wurde, einige seiner Quartausgaben gegen Bücher getauscht, die sich seiner Meinung nach leichter verkaufen ließen, und einige wenige Quartos in Lyon für 240 Livres verkauft – 54 Livres unter dem ursprünglichen Großhandelspreis. Obwohl es übertrieben wäre zu behaupten, das Ende der Fahnenstange beim Verkauf sei erreicht, so war die Nachfrage 1779 ernsthaft genug zurückgegangen und erhöhte den Druck, der auf den Gesellschaftern lastete. Und während der Druck stieg, versuchte Duplain durch geschicktes Manövrieren über das Rumpfstück der dritten Auflage zu verfügen.[35]

Zuerst bot er an, seinen Anteil an dem Quarto-Register und an der *Encyclopédie méthodique* für die 208 Exemplare zu tauschen, welche die STN als ihre Portion von Panckouckes 500 Exemplaren erworben hatte. Die Schwierigkeiten des Marktes ließen die STN fast darauf eingehen. Panckoucke aber wies sie heimlich an, das Angebot zurückzuweisen, und gründete sein Argument auf Duplains Habgier: »Dieser Herr Duplain ist ein habgieriger Mensch, der das Geld rasend liebt.« Folglich waren 208 Quartausgaben wertvoller als der halbe Anteil an den Registerbänden, die nach Panckouckes Einschätzung 4000 Exemplare verkaufen ließen, und an den ferner liegenden Erwartungen mit der *Méthodique*. Panckoucke war aber damit beschäftigt, Duplain davon abzuhalten, sich selbst von ihren Spekulationen abzuschneiden: »Wie Sie auch verhandeln mögen, Duplain muß Anteilseigner bleiben und vor allem muß man ihn verpflichten, persönlich sich für diese Ausgabe einzusetzen. Duplain brennt darauf, sich zurückzuziehen, und seine Tätigkeit ist notwendig für uns. Ich bitte Sie, mich nicht zu kompromittieren. Duplain verziehe mir nie im Leben, Ihnen einen Ratschlag gegeben zu haben, der seine Interessen kreuzt.« Diese Argumentationslinie überzeugte die Neuenburger. Die Tatsache, daß Duplain das Angebot gemacht hatte, war Grund genug, es abzuweisen, antworteten sie Panckoucke. Und es schien in der Tat merkwürdig, daß Duplain gerade in dem Augenblick mehr Quartausgaben zu akquirieren wünschen sollte, als die Nachfrage am geringsten zu sein schien.[36]

Duplain aber gab nicht auf. Er versuchte tatsächlich, die STN zu zwingen, sein Angebot anzunehmen. Er schickte die ersten acht Bände von den 208 Exemplaren der STN nach Paris statt nach Neuchâtel – ein Schachzug, der nicht nur die Versuche der STN, sie zu verkaufen, durchkreuzte, sondern auch ihren Wert minderte, indem er sie mit 1466 Livres Transportkosten belastete. Die Neuenburger hatten erwartet, die meisten ihrer 208 Exemplare in Nordeuropa zu verkaufen. Angesichts der Kosten der unnützen Reise von Lyon über Paris nach Neuchâtel und der Drohung, daß die nächsten 28 Bände der gleichen Strecke folgen würden, stand zu erwarten, daß sie den leichteren Weg wählten und die Bände Duplain abließen. Duplain drohte nicht offen. Er stellte den Versand nach Paris als Vergeltungsmaßnahme dar. Die STN hatte angeboten, ihre Exemplare mit sechs Monaten Kredit zu verkaufen, erklärte er Panckoucke, und diese Abweichung von den Bestimmungen des Vertrages würde seinen eigenen Verkauf ruinieren. Außerdem habe er mit Panckoucke vereinbart, 500 Quartos für den Pariser Markt zu liefern. Nach Paris würden sie gehen, unabhängig von Panckouckes folgenden Vereinbarungen mit seinen Teilhabern.[37]

Die Neuenburger antworteten, Duplains Argument sei »in allen Punkten falsch«. Nicht nur hatten sie ihre Verpflichtung eingehalten, die Preise zu wahren – sie begannen erst im August 1779 mit Preisreduktionen –, die Vereinbarung, die 1000 Exemplare zu teilen, erfordere auch nicht, daß Panckoucke seinen Anteil in Paris in Empfang nehme. Jede solche Lieferung wäre absurd und würde von Panckoucke und von der STN gemeinsam zurückgewiesen. Die Neuenburger konnten Duplains Handeln nur als Versuch deuten, sie zur Zustimmung zu jeder geheimen Strategie zu nötigen, mit der er den größtmöglichen Profit für sich selbst herausschlage, ohne Rücksicht auf die Kosten für seine Partner. Sie entschlossen sich daher, Widerstand zu leisten und ihren Verdacht geheim zu halten: »Sie haben uns sehr weise geraten, bis zum Ende mit ihm zu heucheln und unsere Unzufriedenheit nicht merken zu lassen. Die Sache wird wahrhaftig von Tag zu Tag schwieriger«, schrieben sie Panckoucke. Sie standen zu ihrer Entscheidung, Duplains Bitte um die 208 Exemplare abzuweisen, und die 1466 Livres unnützer Transportkosten wurden ein weiterer Punkt auf ihrer langen Liste dessen, was sie ihre »Beschwerden gegen Duplain« nannten.[38]

Inzwischen versuchte Duplain, Panckoucke zu überreden, den Rest der dritten Auflage ebenso zu teilen, wie sie es mit den ersten 1000 Exemplaren gemacht hatten. Etwa 450 oder 500 Exemplare waren noch zu verkaufen, sagte er. Er würde sie unter den Gesellschaftern aufteilen, und dieses Mal würde er sie dahin liefern, wo es ihnen gefiele, so daß jeder über seine Exemplare nach Belieben disponieren könne. Etwas sprach für seinen Vorschlag. Er käme einer weiteren Verschlechterung in den Beziehungen der Partner zuvor, da er die Vereinbarung über Preisermäßigungen aufgäbe und es jedem frei stellte, die letzten Quartausgaben zu den für sie günstigsten Bedingungen zu verkaufen. Panckoucke fühlte sich versucht zuzustimmen, obwohl er sich keine Illusionen über Duplains »grenzenlose Habgier« machte, wie er der STN erklärte. Duplain hatte die 208 Exemplare nach Paris geschickt, um die STN vom Markt in der Provinz fernzuhalten, und aus dem gleichen Grunde hatte er sich geweigert, Regnault seine Kopien in Lyon zu geben. Duplain konnte aber noch mehr Wege finden, um ihren Verkauf zu sabotieren; denn er kontrollierte die Maschinerie der Unternehmung in Lyon, und die Gesellschafter konnten, in einer Entfernung von 450 Meilen, nur wenig tun, um ihm Schach zu bieten. Es war zu spät, ihre Verluste bei der Gewinnspanne am Drucken wettzumachen, obwohl Panckoucke versuchen wollte, sie vor größerer Veruntreuung zu schützen, indem er den letzten Tafelband bis zur Schlußabrechnung zurückhielt. Aber sie konnten weiterem Betrug zuvorkommen, indem sie die letzten Exemplare aufteilten und auf eigene Hand verkauften. Das war ein Weg, die Streitigkeiten um die letzten Verkaufs- und Bezahlaktionen beizulegen und die Gesellschaft bis zur Schlußabrechnung beieinanderzuhalten – vorausgesetzt, sie könnten weiterhin ihr Mißtrauen gegen Duplain verbergen. »Im Namen der Freundschaft, kompromittieren Sie mich niemals«, schloß Panckoucke. »Wir haben, trotz der Klagen, zu denen Anlaß besteht, uns bis zur Schlußabrechnung zu vertrösten.«[39]

Die STN sah zwei Einwände gegen Duplains Vorschlag: Sie glaubte, er übertreibe die Zahl unverkaufter Ausgaben, die sie auf 400 statt auf 450-500 schätzte; und sie glaubte, daß er beim Verkauf einen unfairen Vorteil habe, denn er konnte sich der letzten Subskriptionen bemächtigen, die in das Zentralbüro der Gesellschaft einliefen, während sie ihren Anteil auf dem offenen Markt verkaufen müßten, wo die Nachfrage am schwächsten war.[40] Einige Tage später setzte Duplain seinen Vorschlag formell in einen Rundbrief: »Von der dritten Auflage bleibt eine Anzahl von 480 Exemplaren, und wir sehen mit Sorge, daß sie sich nicht mehr verkaufen. Wir glauben, daß es allen Interessierten zum Nutzen gereicht, sich diese Anzahl zu teilen, denn da jeder seine Mittel hat, wird sie schneller vergriffen sein.«[41] Die STN wies diesen Vorschlag geschickt zurück, indem sie Duplain erklärte, er habe so glänzend sieben- oder achttausend Enzyklopädien für die Gesellschaft verkauft, daß sie gewiß sei, er könne auch noch einen bloßen »Schwanz« von 480 verkaufen. Panckoucke schloß sich dieser Haltung an. Er glaubte Duplains Version der Subskriptionen nicht, vertraute er den Neuenburgern an. Deshalb würde er den Vorschlag ablehnen und die Lieferung des dritten Tafelbandes nach Lyon verweigern.[42]

Panckouckes Verzögerungstaktiken brachten Duplain in Wut, der die STN bat, für die Herausgabe der Tafeln zu intervenieren. Die Neuenburger waren damit einverstanden, beharrten aber gleichzeitig darauf, daß Duplain die restlichen Bände ihrer 208 Exemplare in Lyon ausliefere, wo d'Arnal ein Lagerhaus gemietet hatte, um sie unterzubringen. Der Handel zog. Duplain lieferte die Bände an d'Arnal in Lyon statt an Panckoucke in Paris, und die STN überredete Panckoucke, den letzten Tafelband zu senden, mit der Begründung, weiteres Zurückhalten der Tafeln würde Duplain auf ihren Argwohn aufmerksam machen. Die Gesellschafter wichen also im Frühjahr 1779 noch einmal vor einer Konfrontation zurück. Aber ihre Positionen hatten sich verhärtet, ihr Mißtrauen vertieft. Duplain hatte die geheime Zusammenarbeit zwischen Panckoucke und der STN nur verstärkt durch seine Manöver, die meisten Exemplare der dritten Auflage in seine Hände zu bekommen, während paradoxerweise – so jedenfalls schien es – die Nachfrage weiterhin zurückging und der Druck auf die Gesellschafter wuchs, einen Weg zum Verkauf ihrer letzten Enzyklopädien zu finden. Dann, gerade als der Druck unerträglich wurde, trat Duplain mit einem anderen Vorschlag auf.[43]

Die Affäre Perrin

Im Juli 1779 reiste Duplain nach Paris und warnte Panckoucke, daß die Zukunft der dritten Auflage noch schlechter aussehe als es im Februar den Anschein hatte. Die Flut der Subskriptionen war vollständig ausgetrocknet. Es schien gewiß, daß die Gesellschafter auf 400 Quartausgaben sitzen würden, wenn sie sich am Jahresende träfen, um ihre Unternehmung zu liquidieren. Sie würden die überzähligen Exemplare aufteilen und einzeln verkaufen müssen. Aber dann würde es unmöglich sein, sie zu irgendwelchen Konditionen außer als Makulatur zu verkaufen, denn der Markt war schon gesättigt und er würde durch die Veröffentlichung der *Encyclopédie méthodique* im Jahre 1780 endgültig ruiniert. Glücklicherweise hatte Duplain jedoch einen »Unternehmer« gefunden, den das Enzyklopädie-Fieber ergriffen hatte. Er hatte die Einbildungskraft seines Mannes, den er nicht beim Namen nannte, mit der Aussicht auf die Spekulation der letzten Exemplare der Quartausgabe befeuert. So konnten die Gesellschafter ihre ungeliebten Exemplare auf ihn abladen. Gewiß verlange der Unternehmer außerordentliche Konditionen – 156 Livres pro Ausgabe, 53 Prozent des normalen Großhandelspreises – aber sie könnten froh sein, ihre letzten Enzyklopädien um jeden Preis überhaupt loszuwerden. Und er würde eine riesige Menge nehmen – die ganze Restauflage, die sich auf 422 Ausgaben belief.[44]

Panckoucke fand dieses Angebot sehr attraktiv. Er war nicht imstande gewesen, mehr als zwei Dutzend Ausgaben von den etwa 200, die er nach der Aufteilung der 1000 mit Duplain vor einem Jahr zurückbehalten hatte, zu verkaufen, und er wollte die Quartausgabe rasch abwickeln, um seine ganze Aufmerksamkeit der *Encyclopédie méthodique* zuzuwenden. Und es verlangte ihn sehr nach den tadellosen Wechseln, die Duplains Unternehmer versprach und die schon in sechs Monaten fällig wären. Der Unternehmer schien erfreulicherweise über die Risiken des Buchhandels hinwegzusehen, denn er bat nur darum, daß die Prospekte für die *Encyclopédie méthodique* bis August 1780 zurückgehalten würden, während alle Insider der Branche schon wußten, daß das große Werk bald über den Markt hereinbrechen werde. Und Duplain trieb den Vorschlag hart voran, indem er sein großes Talent für Zuckerbrot und Peitsche einsetzte. Er sagte, sein Mann würde Panckouckes ganze Portion der aufgeteilten 1000 Exemplare aufkaufen; verweigerte Panckoucke das, so würde

Duplain seinen Anteil zum halben Preis an den Unternehmer verkaufen, der so die anderen Gesellschafter unterbieten könnte. Panckoucke wußte, daß Duplain ein trickreicher Operateur war, aber er wollte diesen Reichtum an Finten nach außen wenden, damit nicht die Gesellschafter seine Opfer würden. Duplain hatte jemand anderen Huckepack genommen. Es war besser, ihn den Coup landen zu lassen, ehe die Gelegenheit vorüber war. So eine Chance käme nie wieder.[45]

Das war der Ratschlag, den Panckoucke am 3. August 1779 nach Neuchâtel sandte. In einer vertraulichen Nachschrift empfahl er des weiteren, daß die STN eine Bedingung an ihre Zustimmung zu Duplains Angebot knüpfe: Sie solle auf dem Druckauftrag für die Quartausgabe der Registerbände insistieren mit einer Anweisung auf 1000 Livres für editorische Arbeit an jedem der vier Bände. Duplain schickte am gleichen Tag einen Brief, der dieselben Themen anschlug, mit einer vertraulichen Wendung seinerseits. Wenn die Neuenburger seinen Vorschlag abweisen wollten, sollten sie es ihm sagen, aber sie sollten Panckoucke mitteilen, daß sie akzeptiert hätten. Duplain wollte sie dann mit ihrem 5/24 Anteil der übrigen Quartausgaben beliefern, die sie zu ihren Bedingungen hinter Panckouckes Rücken verkaufen könnten. Aber er drängte sie, seinem Vorschlag zuzustimmen, damit sie die Quartausgabe rasch liquidieren und an die Spekulation mit der *Encyclopédie méthodique* und den Registerbänden gehen könnten.

Die STN entschied sich, lieber gegen Duplain zu manövrieren, wie Panckoucke ihr empfohlen hatte, als Panckoucke zu hintergehen, wie Duplain ihr nahelegte. Sie schickte ihre Zustimmung mit der Bedingung, daß Duplain sie die Register drucken lasse. Duplain stimmte zu und bemerkte, die Entscheidung, die überzähligen 400 zu verkaufen sehe nun weiser denn je aus, da die Nachfrage vollständig versiegt sei.[46] Zwei Verträge hielten den Verkauf fest. Der erste vom 3. August 1779 betraf nur Panckoucke und Duplain. Panckoucke verpflichtete sich selbst, die Transaktion, die Duplain mit dem Unternehmer arrangieren sollte, zu akzeptieren – der wurde nur als »man« bezeichnet – und Duplain sollte die Wechsel erhalten, die »man« für die verbleibenden Quartbände geben würde, Panckouckes ebenso wie die der anderen, für 156 Livres die Ausgabe. Der zweite Vertrag mit Datum vom 13. August enthüllte, daß »man« ein »Herr Perrin, Kommissionär in Lyon« war. Duplain bestätigte, 65.832 Livres in Perrins Wechseln für 422 Exemplare der Quartausgabe erhalten zu haben, und Perrin würde weitere 24.000 Livres für die 160 Exemplare bezahlen, die Panckoucke in Paris zu seiner Disposition hielt.[47]

Statt die Gesellschafter vor dem mörderischen Streit zu bewahren, wie Panckoucke gehofft hatte, brachte der Handel mit Perrin sie an den Rand des Bürgerkrieges. Er verwickelte die STN und Duplain in einen Streit über den Druck der Registerbände und bestärkte schließlich Panckoucke und die STN in ihrem Verdacht, daß Duplain sie betrüge. Der Druckauftrag bedeutete der STN sehr viel, denn sie mußte ihren Betrieb in Gang halten, nachdem sie ihren letzten Band der Enzyklopädie im Mai beendet hatte. Bis August mußte sie ihre halbe Belegschaft entlassen, aber sie behielt eine »Auslese guter Arbeiter« in der Hoffnung, einen genügend großen Druckauftrag zu erhalten, der »unsere müßigen Pressen« beschäftige.[48] Seit Februar erwartete sie, daß diese Beschäftigung in Form der Registerbände käme. Sie hatte eingehende Vorbereitungen für das Werk getroffen und Schriftarten, Kosten, Auflage, Prospekte und andere Einzelheiten in einer Reihe von Briefen mit Panckoucke erörtert. Und Panckoucke wiegte sie in dem Glauben, Duplain gäbe ihnen den Auftrag. Duplain plante aber, die Registerbände so herzustellen, wie er die Textbände hergestellt hatte; das heißt, er wollte aus seiner Rolle als Vermittler Gewinn ziehen, indem er den Druck an Firmen vergab, die für ihn in Lyon zu Billigpreisen arbeiteten. Nur widerstrebend akzeptierte er die Bedingung der STN für ihre Zustimmung zum Perrin-Handel, und sobald er die Zustimmung hatte, begann er von seiner Verpflichtung hinsichtlich des Druckauftrags zurückzuweichen. Er sagte der STN, sie müßte die Arbeit so billig ausführen wie der billigste seiner Lyoner Drucker und erklärte ganz unverblümt, daß er sich zu einer Senkung der Druckausgaben berechtigt fühle, als Belohnung für seinen Erfolg als Unternehmer. Er hatte schon 1500 Subskriptionen für die Registerbände beisammen, sagte er, und er erwartete noch mehr zu bekommen, sobald er ihren Prospekt veröffentlicht habe. Die Neuenburger protestierten sofort, daß diese neue Forderung den Perrin-Vertrag verletze, aber Duplain wollte nicht weichen. Wenn sie seine Bedingungen zurückwiesen, schrieb er, könnten sie aus dem Perrin-Handel aussteigen und ihre 5/24 Anteile von Perrins 422 Quartausgaben nehmen. Perrin gäbe sie liebend gern zurück, denn er beginne zu merken, daß sie unverkaufbar seien. Aus dem gleichen Grunde konnten die Neuenburger, wie Duplain wohl wußte, nicht wünschen, ihr eigenes Lager an Quartausgaben zu vergrößern. Und sie konnten auch nicht lange einen großen Betrieb ohne großen Druckauftrag aufrechterhalten. Daher gaben sie nach und willigten ein, zu seinen Bedingungen zu arbeiten. Sie erhielten den Auftrag aber nie, da er den Druck aufschob, und wenn sie sich beschwerten, so beantwortete er ihre Briefe nicht mehr. Damit gaben die Registerbände Stoff für ein weiteres Dossier, das bei der Liquidierung in Lyon zu erörtern war.[49]

Während die STN mit Duplain um die Registerbände rang, versuchte Panckoucke, den sich entziehenden Perrin zu fassen zu bekommen. Perrin erwies sich als schwierig im Umgang, weil er, gemäß Duplain, verlangte, daß Panckoucke den Transport seiner 160 Ausgaben von Paris nach Lyon bezahle. Panckoucke weigerte sich mit der Begründung, der Vertrag vom 13. August verpflichte ihn nur, Perrins Quartausgaben in Paris »zu seiner Verfügung« zu halten. Aber Perrin wollte, gemäß Duplain, aus dem Handel aussteigen, wenn Panckoucke nicht die Transportkosten trage, die gewiß sehr hoch waren. Tatsächlich warnte Duplain, daß Perrin nach einer Entschuldigung suche, den Handel rückgängig zu machen. Panckoucke verharrte aber auf seinem Standpunkt, obwohl Perrin mit gerichtlicher Verfolgung drohte – gemäß Duplain.

»Gemäß Duplain« schien die einzige Form zu sein, in der Perrin sich zu artikulieren vermochte. Panckoucke verhandelte nie direkt mit Perrin und erfuhr nicht einmal seinen Namen, bis Duplain ihn in einem Brief beschrieb als »ein gewisser Herr Perrin, Kommissionär in Straßburg, der ein Haus in Lyon besitzt, eines, glaube ich, in Paris, und schließlich ein äußerst reicher Mann ist, in dessen Auftrag ich Ihnen antworte«.[50] Das klang verdächtig vage für Panckoucke, der inzwischen gelernt hatte, allen Mitteilungen aus Lyon zu mißtrauen. »Ich wäre Ihnen sehr verpflichtet«, schrieb er an die STN, »wenn Sie sich, unterderhand, durch Herrn d'Arnal informieren ließen, ob dieser Herr Perrin existiert, wenn es nicht nur ein Deckname ist. Das ist ein Schelmenstreich Duplains, den wir nicht dulden dürfen, da wir in den Verkauf dieser Exemplare nur einwilligten, weil er uns versichert hat, sie ließen sich überhaupt nicht mehr verkaufen, und weil er uns sogar bedroht hat, wenn wir diesem Verkauf nicht zustimmen wollten, entschlossen zu sein, seine Exemplare zu diesem Preis zu verkaufen. Bitten Sie Herrn d'Arnal, Erkundigungen in voller Geheimhaltung einzuziehen. Wir dürfen nicht dulden, die Narren des so habgierigen Duplain zu sein.«

In einem Postscriptum erinnerte Panckoucke die STN daran, bei ihrer Strategie zu bleiben, keinerlei Argwohn zu erregen: »Wenn die

Informationen des Herrn d'Arnal meinem Verdacht entsprechen, muß man sie streng geheim halten, Duplain vorangehen lassen usw.«[51]

Industriespionage ist keine Erfindung des 20. Jahrhunderts und war auch bei der Spekulation mit der *Enzyklopädie* nicht neu. Von Anfang an hatten die Gesellschafter der Quartausgabe sich gegenseitig ausspioniert. Während ihrer ersten Verhandlungen mit Panckoucke hatte die STN geheime Nachforschungen über ihn angestellt, wobei sie seine Nachbarn als Informanten und Perregaux als Agenten benutzte. Sie beauftragte den Untergrundbuchhändler Quandet de Lachenal 1781 mit einer weiteren Nachforschung. Panckoucke hatte vertrauliche Berichte über Duplains Operationen von Regnault erhalten, und Louis Marcinhes hielt die STN über die Aktivitäten in den Genfer Druckhäusern auf dem laufenden. Betriebsspionage scheint es überall im Buchhandel des 18. Jahrhunderts gegeben zu haben. Das Wort Spion erscheint häufig in der Korrespondenz der Buchhändler und auch in den Titeln einiger ihrer populärsten Bücher: *L'Espion turc, L'Espion anglais, L'Espion dévalisé*. Es bezeichnete ein weites Feld von Tätigkeiten, einige davon eher unschuldiger Art. Wie viele Handlungsreisende spionierte Favarger, wenn er Arbeiter ausfragte, in Verkaufslisten zu spicken versuchte und frisch gedruckte Bogen stahl. Ernster war die Praxis, Arbeiter zu bestechen, daß sie Druckbogen für Raubdrucke verschafften. Die STN warnte Beaumarchais, daß die Drucker in Kehl gewiß Bogen seiner Voltaire-Ausgabe an Raubdrucker lieferten, die ihn unterbieten wollten. Sie hielt ihre Kunden auch dazu an, vor Doppelagenten im Untergrund-Buchhandel auf der Hut zu sein – Männern wie Desauges in Paris, Poinçot in Versailles und Mallet in Troyes, die illegale Bücher bestellten und die Lieferanten der Polizei übergaben. Die französische Polizei hatte sogar Agenten im eigenen Betrieb der STN, laut Berichten von Jacques-Pierre Brissot, der wahrscheinlich selbst ein Polizeispion war. Das Spionieren war zu einer so gewöhnlichen Tätigkeit geworden, daß es der STN ganz natürlich erschien, einen Mann in Duplains Firma zu setzen. Sie hatte in der Tat von d'Arnal geheime Informationen über den Betrieb erhalten, zwei Jahre bevor Panckoucke darum bat, Perrin zu observieren, und daher bat sie d'Arnal, die Nachforschungen anzustellen.[52]

Die STN teilte Panckouckes Argwohn hinsichtlich Perrin: »Je mehr wir die Angelegenheit des Verkaufs prüfen … desto mehr Dunkelheiten, ja Widersprüche und verdächtige Vorgehensweisen entdecken wir darin.«[53] Nachdem d'Arnal die Instruktionen der STN erhalten hatte, antwortete er, daß er die Aufgabe übernähme, obwohl sie nicht leicht sein werde: »Sie geben uns da, meine Herren, einen sehr schwer auszuführenden Auftrag. Wie soll man, ohne sich zu kompromittieren, fragen können und nachforschen, vor allem, wenn man dafür bekannt ist, mit Ihnen in Geschäftsbeziehungen zu stehen? Sie begreifen, meine Herren, daß wir gerade dadurch denen sehr verdächtig sind, die uns einige Aufklärungen geben könnten. Indessen haben wir einen Freund beauftragt, der sehr mit Herrn Perrin liiert ist, uns seine Hilfe zu gewähren, um besagten Herrn zu sondieren. Er wird das möglichste Geschick anwenden, um besagtem Herrn sein Geheimnis zu entreißen, und wenn es ihm nicht gelingt, so wird sich niemand schmeicheln können, Erfolg zu haben. Aber da besagter Perrin Auftraggeber des Herrn Dxxx ist, wird ihm aus diesem Grunde sehr daran liegen, sich ihm freundlich zu erweisen. Es ist sehr zu befürchten, daß er sich nicht leicht entschließt, ihn zu verraten. Sobald unser Spion irgendeine Entdeckung gemacht hat, werden wir uns beeilen, Sie zu unterrichten.«[54]

D'Arnal fügte hinzu, daß Perrin eine Speditionsfirma leite, Carmaignac und Perrin, die als sehr wohlhabend gelte und gewiß in Straßburg eine Niederlassung habe. Es kam ihm höchst unwahrscheinlich vor, daß ein Spediteur Verlagsgeschäfte mache, und daher stimmte er der Hypothese zu, daß Duplain seinen Speditionsagenten als Strohmann benutze. Aber er müßte mit äußerster Vorsicht herangehen. Deshalb hielt d'Arnal sich im Hintergrund. Er riet seinem Spion, sorgfältig vorzugehen und ein gelegentliches Treffen mit Perrin abzuwarten, da ein eigener Besuch Verdacht erwecken würde.[55] Am 10. Oktober hatten sie sich noch nicht getroffen, dem letzten Datum, da »Dxxx« in d'Arnals Briefen erwähnt wird, sofern sie sich im Archiv der STN erhalten haben. An diesem Punkt verschwindet d'Arnals Mann aus der Korrespondenz. Er kann aber sehr wohl Ostervald und Bosset vier Monate später, als sie zur Schlußabrechnung nach Lyon kamen, eine wichtige Information gegeben haben. D'Arnal kämpfte während dieses ganzen Treffens mit Duplain an ihrer Seite. Es gibt aber keinen Bericht über seine Tätigkeit. Mithin läßt sich nur sagen, daß die Schlußphase der Geschichte der Quartausgabe eine Spionageoperation umfaßte, die von zwei Gesellschaftern gegen den Geschäftsführer der Unternehmung gerichtet war.[56]

Während d'Arnal seine Nachforschungen in Lyon fortsetzte, häuften Panckoucke und die STN ihrerseits weiterhin Beweismaterial gegen

Duplain an. Die STN erfuhr von einem französischen Buchhändler, daß Duplain vor dem Perrin-Handel behauptet habe, die dritte Auflage sei praktisch verkauft – eine unschuldige Bemerkung vielleicht, aber eine, die die STN sich wundern ließ, woher denn dann 422 Exemplare kämen.[57] Panckoucke entdeckte ein gedrucktes Flugblatt, das bei französischen Buchhändlern zirkuliert hatte und das die Quartausgabe in Pellets Namen zu einem Diskontpreis anbot. Er schloß, daß es sich um eine Verkaufskampagne Duplains unterderhand handeln müsse, ähnlich der Batilliots im November 1778: »Ich bin überzeugt, daß Pellet nur der Deckname Duplains ist, und daß Perrin nur ein Strohmann oder wie Pellet ein Deckname ist. Schließlich, sagen Sie nichts und lassen Sie ihn handeln. Wenn dieser Verkauf (d. h. der Perrin-Handel) nicht reell ist, dann muß er Rechenschaft ablegen.«[58] Warum aber sollte Duplain seine Bemühungen fortsetzen, Quartausgaben zu erwerben und zu verkaufen, wenn die Nachfrage erschöpft war und die Lieferung an Perrin übergegangen, so wunderten sich die Gesellschafter. Duplains heimliches Marketing wurde besonders Panckoucke unerträglich, als dieser im Oktober ein Exemplar des Prospekts für die Registerbände erhielt, den Duplain verfaßt und publiziert hatte, ohne die Gesellschafter zu konsultieren. Er rühmte Duplains Quartoregister, indem er das Folioregister schlecht machte, das Panckoucke gerade fertig gedruckt hatte – ein völlig sinnloser Schlag gegen eine von Panckouckes Nebenspekulationen, der diesen aber sehr in Wut brachte.[59]

Als die Gesellschafter mit ihrem Argwohn und Ärger kaum noch an sich halten konnten, schickte Duplain ihnen einen Vorschlag, noch mehr Quartausgaben an Perrin zu verkaufen mit einem höchst suspekten »Aperçu« des gegenwärtigen Stands der Verkäufe:

6589	verschieden plaziert
500	an Herrn Panckoucke zurück
500	an mich (Duplain)
422	verkauft entspr. der letzten Vereinbarung zu 156 Livres (an Perrin)
8011[60]	

8011 war eine bedeutende Zahl für das Unternehmen der Quartausgabe. Es war Duplains Angabe für die Herstellungszahl verkaufbarer Enzyklopädien – die Anzahl vollständiger Exemplare, die er aus den Druckbogen der Drucker zusammengestellt hatte, die Zahl, die er anbot und für die er Rechnung zu legen bereit war. Die Verträge für die drei Auflagen hatten die Druckauflage mit 8550 angegeben, und spätere Dokumente gaben an, daß tatsächlich 8525 Exemplare gedruckt wurden. Warum also eine solche Differenz zwischen der Anzahl hergestellter Quartausgaben und der Zahl derer, die Duplain verkauft zu haben behauptete? Duplain vermied eine Diskussion der Herstellungszahlen, deutete aber an, daß seine Drucker ihm Material für weit mehr als 8011 Exemplare lieferten, weil er die Zahl der akkumulierten *Défets* (fehlerhafte Bogen) betonte, die beim Druck, Transport oder Lagern verdorben wurden. Da ein verdorbener Bogen einen Band und ein Band eine Ausgabe ruinieren konnte, hatte Duplain seine Arbeiter all jene verdorbenen Bogen beiseite legen lassen, die sie in den Lieferungen fanden, die aus mehr als zwanzig Betrieben, die die 36 Bände der drei Auflagen druckten, in seine Lager strömten. All diese Enzyklopädien auszupacken, zu prüfen, zusammenzulegen, zu lagern und zu versenden war eine vielfältige Arbeit. Duplains Angestellte arbeiteten in Verwirrung und Hast und verdarben noch mehr Ausgaben. Am Ende, sagte er, füllten sie zwei Lagerhäuser mit *Défets*. Aber 100 bis 130 Ausgaben konnten gerettet werden, vielleicht sogar mehr, wenn man ein paar fehlende Bogen nachdruckte. Duplain schlug daher vor, die Gesellschafter mögen ihn autorisieren, eine Schnipsel-Edition zusammenzustücken und die neuen Quartausgaben zu 156 Livres die Ausgabe zu verkaufen. Perrin könne interessiert sein sie zu verkaufen.[61]

Duplain erklärte nicht, warum die Gesellschafter mehr Geld ausgeben sollten, um mehr *Enzyklopädien* ausgerechnet zu dem Zeitpunkt zu produzieren, als die Nachfrage zu Ende schien. Er erklärte auch nicht, warum Perrin bereit sei, weitere einhundert Quartausgaben so rasch nach der Entdeckung zu kaufen – gemäß Duplain – daß es für die früher von ihm erworbenen keinen Markt gebe. Am befremdlichsten von allem war Duplains Behauptung, nur 6589 der 8011 Exemplare seien an Subskribenten verkauft; denn die geheime Subskribentenliste, die die Neuenburger im Februar 1779 aus seinen Büchern kopiert hatten, zählte 7373 Subskriptionsverkäufe. Sogar die Zahl von 8011 vollständigen Exemplaren schien fragwürdig, denn Duplain hatte darauf bestanden, daß Panckoucke die Tafeln in der viel höheren Auflage von 8600 drucke. »Ich habe die Grobaufstellung der von Herrn Duplain versandten Exemplare erhalten«, schrieb Panckoucke an die STN nach Erhalt des »Aperçu«. »Die Tafeln sind das Thermometer des Verkaufs. Man zieht 8600 davon ab. Setzen wir die in Lyon gemachte Rechnung von 8309 als genau an und fügen 130 oder 150 aus dem Défets hinzu, so nähern wir uns weit mehr der genauen Zahl, sind aber weit von der Rechnung des Herrn D. entfernt. All das läßt sich nur vor Ort verifizieren.« Nur eine Erklärung schien bei all den Puzzles und Paradoxien aufzugehen: Duplain hatte die Unternehmung zu einem gigantischen Spiel mit der Gutgläubigkeit seiner Partner gemacht.[62]

Panckoucke und die STN hatten sich diese Sicht der Dinge im Herbst 1779 zu eigen gemacht. Sie trieben aber weiter mit Duplain Handel, so als ahnten sie nichts. Sie wiesen seinen Vorschlag der Schnipsel-Edition zurück, wahrten aber in ihrer Korrespondenz mit ihm einen höflichen Geschäftston, während sie ihrem Ärger in ihren Briefen untereinander Luft machten. Das war eine schwer durchzuhaltende Rolle, besonders für die Neuenburger, die Panckoucke klagten: »Wir bemerken, daß wir im allgemeinen ständig in der Defensive sind und einzig damit beschäftigt, die Stöße zu parieren, die er auszuteilen beliebt. Diese Lage ist keinesfalls die vorteilhafteste. Haben wir nichts in der Hand, womit wir gegen ihn ein wenig offensiver vorgehen können?«[63] Ihr Wunsch zurückzuschlagen war im Juni fast unbezähmbar geworden, als sie eine letzte Runde ihrer finanziellen Streitigkeiten mit Duplain durchfochten. Als sie den Druck ihres letzten Bandes beendet hatten, teilten sie ihm mit, daß seine Schuld auf 35.000 Livres gestiegen sei. Duplain antwortete, er schulde 6000 Livres und weigerte sich, die 29.000 Livres in Wechseln der STN zu begleichen. Die STN versuchte, ihre Rechnungen durch d'Arnal einzutreiben und protestierte, »man kann nicht grausamer verfahren, als sie es mit uns tun«.[64] Aber d'Arnal antwortete, Duplain behaupte, »schließlich habe er nichts mit Ihnen zu schaffen, meine Herren, und es sei aus reiner Gefälligkeit, daß er die Briefe beantworte, die Sie ihm schrieben«.[65] Bald danach beantwortete Duplain die meisten Briefe der STN nicht mehr, während er die meisten ihrer Rechnungen zurückwies. Der STN blieb wenig anderes übrig, als auf die Vergeltung bei der Schlußabrechnung zu warten, während sie heimlich bei Panckoucke Dampf abließ, der freundlich antwortete.

PANCKOUCKE: »Ich bin überzeugt, daß dieser Perrin nur ein imaginärer Mann ist oder zumindest ein Deckname. D. ist habgierig und er hat nicht die geringsten Skrupel. Man muß sich wohl die Exemplare verkaufen lassen, und dann verlangen wir Abrechnung, da der Verkauf an Perrin nicht stattgefunden hat ... Handeln Sie so, daß Duplain keinen Verdacht schöpft.«

STN: »Alles läuft darauf hinaus, Ihre Vermutungen hinsichtlich unseres Gesellschafters zu stützen, der letzten Endes der wirkliche Käufer der verkauften Exemplare zu sein scheint, und wir haben Anlaß zu der Hoffnung, daß unsere Freunde in Lyon noch etwas in dieser Sache entdecken. Aber wie es damit auch stehen mag, wir können bei der letzten Abrechnung nicht verfehlen, die Wahrheit zu erfahren ... Wir werden kein Sterbenswörtchen verlauten lassen bis zu der glücklicherweise nicht mehr fernen Entscheidungsstunde.«

PANCKOUCKE: »Ich denke stets, daß dieser Perrin ein Strohmann ist. Duplain hält uns zum Narren. Ich werde mich nicht durch seine Habgier täuschen lassen.«

So setzte sich der Dialog fort, ein Verdacht, der sich auf einen Verdacht stützt, eine Intrige, die mit einer Intrige verwickelt ist, und die Komplotte und kleineren Schliche akkumulierten sich, bis sich alles auf einen Punkt zugespitzt hatte: die Schlußabrechnung in Lyon im Februar 1780.[66]

Anatomie eines Betrugs

Duplain und seine Gesellschafter stritten 16 Tage lang um die Abrechnung – bis zum 12. Februar, als sie eine allgemeine Saldierung vereinbarten. Dann verhandelten die STN und Duplain weiter über ihre besonderen Rechnungen, die schließlich durch ein Schiedsgericht am 21. Februar entschieden wurden. Fast ein Monat schwierigen und leidenschaftlichen Ringens; und um ihn zu rekonstruieren, haben wir nur die über Bord geworfenen Stücke, die in seinem Kielwasser schwammen und die Ostervald und Bosset auffischten und in ihrem Gepäck nach Hause brachten. In einem der Briefe, die Bosset schrieb, als der Sturm tobte, beklagte er sich, die Rechnungen aus »Duplains Lumpen« erstellen zu müssen.[67] Der Historiker muß aus Bossets eigenen Papierschnitzeln arbeiten, Lumpen von Lumpen: Notizen, die während der Debatten aufgezeichnet wurden, Summen, die bei den strategischen Sitzungen hingekritzelt wurden, und Erinnerungshilfen, die in kritischen Augenblicken auf das Papier geworfen wurden. Bei der Abwesenheit zusammenhängender Quellen und bei dem Interesse an Klarheit scheint es das beste, mit einer Zusammenfassung all des Schwindels zu beginnen, den Duplains Partner entdeckten, obwohl die Entdeckungen in verschiedenen Stadien eines langen, verworrenen Kampfes geschahen.[68]

Der belastendste Beweis, den Duplains Gesellschafter nach Lyon brachten, war die Subskriptionsliste, die sie im Jahr zuvor heimlich aus seinen Büchern kopiert hatten. Diese Waffe hielten sie in Reserve und zwangen Duplain, selbst eine Liste vorzuweisen, um seine Fassung der finanziellen Lage zu rechtfertigen. Dann kehrten sie in ihr Gasthaus zurück, verglichen die beiden Listen und entdeckten einen gewaltigen Betrug. Dank Bossets Randbemerkungen zu seiner Kopie der geheimen Liste kann man die Unterschlagung verfolgen, Subskription für Subskription, wie Duplains Partner sie entwirrten. Jedesmal, wenn Bosset einen Eintrag auf der ersten Liste (der geheimen von 1779), der sich nicht auf der zweiten befand (der gefälschten von 1780), ausgemacht hatte, vermerkte er die Zahl der fehlenden Subskriptionen am Rande. So bedeutete »4 ... Bergeret in Bordeaux 58 Subskriptionen«, daß Bergeret bis zum Februar 1779 58 Subskriptionen gekauft, Duplain ihm aber 1780 nur 54 zugeschrieben hatte. Am rechten Rand notierte Bosset Subskriptionen, die Duplain aufgeführt hatte, die aber ihrer Aufmerksamkeit entgangen waren, als sie 1779 ihre geheime Liste kompiliert hatten. So bedeutete »Witwe Brun in Nantes 4 Subskriptionen ... 1«, daß Duplain der Witwe Brun 5 Subskriptionen gutgeschrieben hatte, obwohl die Gesellschafter nur 4 in seinen Büchern gefunden hatten. Bosset addierte diese Zahlen auf dem rechten Rand: 137. Dann addierte er diese Summe mit der Gesamtsumme der geheimen Liste: 137 + 7873 = 8010 – nur eins weniger als die 8011, die gemäß Duplains Schlußbericht ihr gesamter Fonds betragen habe. Obwohl Bosset diese letzte fehlende Quartausgabe nie gefunden hat, war er doch imstande, jede andere *Enzyklopädie* auf Duplains Liste nachzuweisen. Und indem er die Zahlen auf dem linken Rand addierte, konnte er genau belegen, wie viele Subskriptionen Duplain verheimlicht hatte: 978.

Die geheime Liste umfaßte die 500 Quartausgaben, die Panckoucke von den mit Duplain geteilten 1000 genommen hatte, sie erwähnte aber nicht Duplains 500 oder Perrins 422. Als Duplain seinen Gesellschaftern gegenüber im Februar 1779 den Kollaps der Subskriptionen beklagte, wußte er also, daß alle drei Auflagen ausverkauft waren, mit Ausnahme der 500 Exemplare, die er Panckoucke hingeworfen hatte. Er hatte die Verkäufe verheimlicht, um den vollen Betrag für sie einzunehmen, während er nichts für die 500 Quartos bezahlte, die er im Namen der Gesellschaft verkaufte, und nur die Hälfte für die 422 vermittels Perrin. Die Subskriptionsflut war wirklich 1779 zurückgegangen, aber es tröpfelten weiterhin genügend Bestellungen ein, damit Duplain den Betrug in einem kühneren Schlag ausführen konnte. Er posierte als Perrin und machte das Angebot, Panckouckes nicht verkaufte Enzyklopädien (166 Ausgaben) zum halben Preis zurückzukaufen. Und als Panckoucke zustimmte, versuchte Duplain, noch mehr Diskont-Quartos für »Perrin« zu besorgen, indem er aus den *Défets* 200 Ausgaben barg. Die Gesellschafter wiesen das zurück, weil sie sich schließlich darüber klar geworden waren, daß Perrin ein Strohmann war. Duplains »Aperçu« vom Oktober 1779, das sich später als genauer Vorblick auf seine abschließende Version der Subskriptionen erwies, zeigte, daß die drei Auflagen lediglich 8011 Exemplare erbracht und daß nur 6589 davon unmittelbar an die Subskribenten verkauft wurden, während die übrigen 1422 an Panckoucke (500), Duplain (500) und Perrin (422) gegangen seien. Die Gesellschafter konnten dadurch, daß sie einfach die 7373 Subskriptionen auf ihrer geheimen Liste aufrechneten, das Ausmaß des Betrugs ermessen. Zu dieser Zeit wirkte Duplains Versuch, ein paar Livres mehr aus dem Perrin-Schwindel zu wringen, fast komisch. Er drohte, daß Perrin klagen würde, wenn Panckoucke nicht den Transport der 166 Ausgaben bezahlte, die von Paris nach Lyon zurückgehen sollten. Panckoucke war gern bereit, einen Strohmann vor Gericht zu treffen; er täuschte aber den Wunsch vor, eine Konfrontation zu vermeiden, stimmte zu, den Verkauf der 166 Exemplare rückgängig zu machen und verbarg weiterhin sein Wissen von Perrins Identität, um Duplain bei dem Treffen im Februar 1780 aus dem Hinterhalt zu überfallen.[69]

Der Hinterhalt konnte nur wirken, wenn die Anti-Duplain-Fraktion die Gültigkeit ihrer geheimen Liste beweisen konnte. D'Arnals Spion mag Perrin zum Sprechen gebracht haben, aber wahrscheinlich gab er Ostervald und Bosset einen mündlichen Bericht über die Ergebnisse seiner Nachforschungen, und es gibt keine Unterlagen davon. Sobald Duplain jedoch einmal seine eigene Subskriptionsliste vorlegte, konnten die Gesellschafter den Betrug nachweisen. Sie schrieben Briefe an verschiedene Buchhändler, deren Subskriptionen nach dem Vergleich beider Listen gefälscht worden waren. Die Briefe fragten einfach, wie viele Quartausgaben jeder Buchhändler erworben hatte, und die Antworten bestätigten Bossets Berechnungen. Damit besaß die

Panckoucke-Gruppe unwiderlegliche Beweise, daß Duplain sie um Subskriptionen im Werte von 287.532 Livres betrogen hatte.[70]

Sobald Panckoucke und seine Partner Duplains Liste von 1780 in die Hände bekamen, hatten sie Gelegenheit, einen ihrer interessantesten Einträge zu prüfen: »Audambron de Salasy & Jossinet 535 Subskriptionen für 494.« Das bedeutete, daß die Lyoner Firma Audambron und Jossinet für 494 Quartausgaben subskribiert hatte, zum üblichen Großhandelspreis für Buchhändler von 294 Livres plus einem Freiexemplar für je zwölf Subskriptionen, was eine Gesamtsumme von 535 ergab. Ebendiese Firma erschien auf der geheimen Liste von 1779 mit »535 für 535«, d.h., als habe sie insgesamt 535 Quartausgaben subskribiert ohne den Bonus. Die geheime Liste nannte nicht den Preis der Subskriptionen, aber da sie örtlichen Verkauf betrafen, gibt es gute Gründe für den Verdacht, daß sie zum Endpreis statt zum Großhandelspreis berechnet wurden. Audambron und Jossinet waren nicht Buchhändler, sondern Geschäftsleute wie Perrin. Und wie bei Perrin hatte es allen Anschein, als fungierten sie als falsche Front, hinter der Duplain heimlich auf Kosten der Gesellschafter Geschäfte gemacht hatte. Die Panckoucke-Gruppe fragte daher Audambron und Jossinet. Sie entdeckte, daß deren Firma überhaupt keine Subskriptionen entgegengenommen hatte, sondern lediglich als Duplains lokale Verkaufsagentur fungierte, die bereit war, für ihn mit einer Provision von 15 Sous pro Band oder 7,5 Prozent vom Großhandelspreis zu arbeiten statt der 25 Prozent Gewinn, die der Einzelhändler erhielt. Mithin hatte Duplain bei den Verkäufen in Lyon ebenso betrogen, wie er versucht hatte, durch die Mittlerrolle Batilliots bei den Pariser Verkäufen zu betrügen.[71] Er hatte 535 Quartausgaben zu je 384 Livres (205.440 Livres) verkauft anstatt 494 Quartos zu je 294 Livres (145.236), und dabei die Gesellschaft um 60.204 Livres betrogen.

Da Duplain zweimal Strohmänner benutzt hatte, um heimliche Verkäufe zu verbergen, schien es auch möglich, daß er mehr als die 8011 in seinen Rechnungen erwähnten Exemplare verkauft hatte. Seine Gesellschafter wußten nicht einmal, wie viele Quartausgaben er gedruckt hatte, obwohl die Gesamtauflage wahrscheinlich bei 8525 lag. In diesem Falle hatte Duplain 514 unvollständige Ausgaben – eine Anzahl, die übertrieben erschien (6 Prozent der Auflage). Hatte Duplain einige dieser 514 Quartausgaben heimlich verkauft? Sein Angebot, 200 davon für einen weiteren Diskontverkauf zu retten, klang verdächtig, besonders da die 200 Exemplare auf der Haben-Seite seiner Rechnungen mit 30.000 Livres wieder auftauchten. Sie hätten zum Großhandelspreis (die freien dreizehnten abgerechnet) 54.390 gekostet. So konnte Duplain seine Partner um weitere 54.390 Livres betrogen haben. Sie glaubten das. In der Aufstellung seines Betrugs rechneten sie diese Summe zum »Rest der Auflage, der gewiß verkauft ist«. Aber ohne eine echte Subskriptionsliste von 1780 konnten sie den Fall nicht beweisen, und sie mußten die Beschuldigung auf sträfliche Nachlässigkeit reduzieren, wie sie in einem »Beschwerden gegen Herrn Duplain« betitelten Memorandum erklärten, das seine allgemeine Geschäftsführung der Unternehmung angriff. Als Duplain die Gesellschaft aller Wahrscheinlichkeit nach um die *Défets* betrogen hatte, die zu retten gewesen wären, verkaufte er das Übrige, einen riesigen Berg Makulatur, für 20.000 Livres an Jossinet. Und zum Verdruß der STN verkaufte er auch die Spekulation auf die Quartausgabe der Registerbände für 50.000 Livres an seinen Partner Amable Le Roy. Alle diese Manöver und Manipulationen standen hinter Duplains Version der Einnahmen der Gesellschaft, die insgesamt 1.851.588 Livres betrugen.[72]

Duplains Version der Ausgaben schien ebenfalls verdächtig. Die Verträge berechtigten ihn dazu, aus seiner Rolle als Vermittler beim Druck einiges Geld zu machen, da sie für jeden Bogen feste Preise ansetzten ohne Rücksicht auf die wirklichen Kosten. Er scheint aber die Grenzen der branchenüblichen Profitmacherei überschritten zu haben. Er sagte Favarger, daß er bei den beiden ersten Auflagen vom Druck jedes Bandes 1500 Livres eingenommen habe; es kann mehr gewesen sein, da die STN einen Durchschnitt von 5612 Livres Gewinn bei den vier Bänden hatte, die sie zum vertraglich festgesetzten Preis für diese Auflagen druckte. Seine Gewinnspanne war bei der dritten Auflage sogar noch größer. Mithin hat er wahrscheinlich beim Druck ein Plus von insgesamt etwa 75.000 Livres gemacht.[73]

Die Gesellschafter hatten kein Mittel, Duplain zu zwingen, diese Summe wieder herauszugeben, aber sie hatten Beweise, daß er die Zahl der Bogen absichtlich vermehrt hatte, um seinen Profit aus der Differenzsumme auf ihre Kosten zu erhöhen. Wie oben berichtet, wußte die STN von ihrem Hilfsfaktor, der in Pellets Druckerei an der Enzyklopädie gearbeitet hatte, daß Pellet betrügerische Techniken des Zeilenschindens und Absätzemachens angewendet hatte, die unerheblich erscheinen mochten, den Band 19 aber um 96 unnötige

Seiten aufbliesen, was 744 Livres kostete. Da Pellet Hand in Hand mit Duplain arbeitete, erschien es als wahrscheinlich, daß sie bei diesem Schwindel zusammengewirkt hatten und daß Duplain mit anderen Druckern ähnliche Vereinbarungen getroffen hatte. Die STN klagte diese »sträfliche Nachsicht« in ihren »Beschwerden gegen Herrn Duplain« an. Sie machte Duplain dafür verantwortlich, die Bände bei weitem zu dick gemacht zu haben – bis zu 136 Bogen pro Band statt der 110–115, die sie beim Quartformat als Maximum ansah, und der ursprünglich geplanten 90, »was seine Rechnung als Drucker, aber keineswegs die der Unternehmung förderte«.

Nachdem Duplain die Bände aufgepolstert hatte, polsterte er sein Ausgabenkonto. Am 28. Januar legte er eine »Allgemeine Abrechnung der Kosten jedes Bandes« vor, ein befremdliches Dokument, da er den Einzelband, nicht die Ausgabe im ganzen, als Einheit nahm, um seine Unkosten aufzuführen. So belastete er die Gesellschaft mit 37.214 Livres Druckkosten für den 1. Band in allen drei Auflagen, 33.590 Livres für den Druck von Band 2 usw., insgesamt 1.361.385 Livres. Er bekam einen Festpreis für jeden Druckbogen, die Bogenzahl pro Band variierte aber. Wenn er die Auflagen zusammenwarf, konnte er ein paar fiktive Bogen in die Kosten für jeden Band schieben, ohne Verdacht zu erwecken. Die Gesellschafter hatten aber ohne sein Wissen seit mehr als einem Jahr nach solchen Schiebereien Ausschau gehalten. Sie nahmen seine »Allgemeine Abrechnung« mit in ihr Gasthaus, machten eine Kopie der ersten, zweiten und dritten »Auflage« davon und begannen Druckbogen zu zählen. Man kann sie sich zwischen Stößen von Quartausgaben vorstellen, wie sie Bogen für Bogen zweiundsiebzig Bände durchblätterten und Bosset Zahlen zuriefen, der seine Zählung auf einem Zettel notierte, auf einen anderen Rechnungen kritzelte und sein Ergebnis in einer einfachen arithmetischen Form darstellte:

1.361.385 (Duplains angegebene Kosten, in Livres)
1.234.296 wirkliche Ausgaben
____
127.089 zuviel[74]

Zusätzlich zu den Druckkosten hatte Duplain viele andere Posten auf der Soll-Seite aufgeführt. Er notierte 3000 Livres für die Verwendung von Pellets Namen auf der Titelseite, 27.000 Livres für die Auslösung an Barret und Grabit, 33.150 Livres an Laserre für die Vorbereitung des Manuskripts für die beiden ersten Auflagen und weitere 3000

Livres für seine Arbeit an der dritten Auflage. Dieses letzte Debet fand die STN besonders fragwürdig, da sie glaubte, Laserre habe überhaupt keine neue Arbeit am Manuskript der dritten Auflage geleistet. Aber 3000 Livres waren nur ein Tropfen verglichen mit Duplains Ausgabenbewilligungen, die soviel Streit bei den Vertragsverhandlungen für die dritte Auflage verursacht hatten. Panckoucke hatte eingewilligt, die Summe für Duplains Ausgaben auf 16.000 Livres zu setzen. Duplain setzte aber eine Klausel in den Vertrag, die seinen Anspruch anerkannte, »unendlich höhere Ausgaben ...« gehabt zu haben und ihn mit einer »Versicherungs«-Provision zu entschädigen. Es wurde ihm zugestanden, die Gesellschaft mit den Transportkosten der dritten Auflage von Lyon nach Genf zu belasten, obwohl er vorhatte, sie in Lyon zu behalten. Dieser Posten war als Gebühr für die Verantwortung bei möglichen Verlusten durch Zugriffe der Lyoner Behörden auf seine Druckerei konstruiert. Die wirkliche Gefahr bestand aber nicht darin, daß die Behörden die Bücher konfiszierten, sondern daß Duplain diese Gebühr in die Höhe trieb. Der Vertrag setzte keinen Festpreis für seine Versicherungsleistung an, obwohl die Gesellschafter die Summe leicht hätten berechnen können, wenn sie die normalen Transportkosten pro Zentner als Multiplikator für das geschätzte Frachtgewicht der Bände angesetzt hätten. »Nicht die Feder genommen zu haben, um es zu berechnen, wird uns teuer zu stehen kommen«, schrieben die Neuenburger an ihr Büro zu Hause am 10. Februar 1780. Duplain forderte 104.000 Livres für den fiktiven Transport, und sie sahen nicht, wie sie diesen Schlag parieren sollten. Sie brachten weiter vor, daß er »entsetzliche Opfer« verlange, »so etwa, ihm 60.000 Livres zu geringen Zinsen zu leihen«. Er hatte seine Ausgaben schamlos gespickt, klagten sie, und kämpfte gegen jeden Versuch, sie abzuspecken.[75]

Schließlich wollten die Gesellschafter Entschädigung für Duplains schlechte allgemeine Geschäftsführung. Jeder von ihnen war mit Klagen von Kunden überhäuft worden, wenn die Quartausgaben spät kamen oder mit fehlenden Bänden und mit beschädigten Bogen oder übertriebenen Verpackungs- und Frachtkosten. In seiner Eile, die Enzyklopädien zu versenden und bezahlt zu bekommen, hatte Duplain Chaos in seinen Lagern und Lieferungen produziert. Er weigerte sich, beschädigte Bogen zu ersetzen und sogar Bitten um Ersatz zu beantworten. Er schrieb die Wechsel auf die Subskribenten schneller als die Subskribenten bezahlen konnten. Wenn sie um Aufschub der Zahlungen baten, drohte er mit gerichtlicher Verfolgung. Inzwischen hatte er die Gesellschaft in Prozesse mit Subskribenten verwickelt, die einen Vertrag für 29 Bände unterzeichnet hatten und Rechnungen für 33 erhielten, dank seiner Fehlberechnung der erforderlichen Bandzahl, um den Folio-Text und die Supplemente in das Quartformat zu bringen. Jedesmal wenn er pfuschte, gab er den Buchhändlern einen willkommenen Vorwand, ihre Zahlungen zu verweigern; denn einige seiner Subskribenten waren ebenso skrupellos wie er, und andere waren zahlungsunfähig, weil sie inzwischen bankrott waren. So fügte Duplain, als er den Gesellschaftern den Finanzbericht übergab, seinen Rechnungen noch eine Liste bei, die erblassen ließ: »Liste der Schuldner, die M.Duplain als insolvent oder als Schikaneure betrachtet«: weitere 128.000 Livres, die von ihrem Gewinn abzuziehen waren.[76]

Jeder der Gesellschafter war mit seiner eigenen Aufstellung der »Beschwerden« gegen Duplain angekommen. Panckoucke wollte eine Abrechnung der 160 Quartausgaben, die Duplain sich zu kaufen verpflichtet hatte, während er sich als Perrin maskierte. Die STN brachte ein enormes Dossier von Beschwerden wegen ihrer unbezahlten Druckerrechnungen, die im Lauf der Abrechnungen entschieden werden mußten. Und Plomteux grollte, weil er glaubte, Duplain halte Gewinne fest, die ein halbes Jahr früher verteilt werden mußten.[77] Duplains Zurückhalten der Gewinne beunruhigte seine Partner. Er hatte alle Auslagen bezahlt, alle Einnahmen eingenommen und alle Verzweigungen einer so ausgedehnten und komplexen Finanzaffäre kontrolliert, die ihm breiten Raum gab, sein ganzes Talent zur Veruntreuung auszuspielen. Das Gesamtvolumen seines Betrugs ist schwer zu beziffern. Die Gesellschafter konnten beweisen, daß er sie um mindestens 171.684 Livres hintergangen hatte. Diese Summe wurde seinen Anstrengungen nicht gerecht, die sie wahrscheinlich doppelt so viel kosteten.[78] Aber auch 171.684 Livres waren im 18. Jahrhundert eine enorme Summe. Die Drucker der STN erhielten gewöhnlich 12 Livres Lohn die Woche – relativ hohe Löhne, die tatsächlich fast so hoch waren, wie die der gelernten Arbeiter in Paris. Duplains Betrug entsprach dem, was sechs oder sieben von ihnen in ihrem ganzen Leben verdienen würden. Und er kam auf eine wahrscheinlich noch höhere Summe, weil er seine Spuren verwischte, indem er die Rechnungen in Unordnung brachte. Er folgte dabei der allgemeinen Strategie, das Haben zu verringern und das Soll aufzublähen, so daß die Bilanz den geringstmöglichen Gewinn aufwies, der unter die Gesellschafter bei der Schlußabrechnung aufzuteilen wäre. Als sie in Lyon eintrafen, wußten sie, daß sie der entgegengesetzten Linie zu folgen hätten und zeigen müßten, wie groß das wirkliche Einkommen und wie gering die tatsächlichen Ausgaben waren und wieviel Profit Duplain in die eigene Tasche gewirtschaftet hatte.

Abschließende Konfrontation in Lyon

Das ganze Ausmaß von Duplains Betrügereien wurde seinen Partnern erst im Laufe ihrer langen und schwierigen Debatten deutlich. Sie hatten aber seine wichtigsten Unterschlagungen vor ihrer Ankunft aufgedeckt und kamen in der Erwartung, mehr zu finden. Nachdem sie mehr als ein Jahr lang die Fäden seiner Intrigen zueinandergefügt hatten, hofften sie, aus seinen Rechnungen genügend zusätzliche Beweise zu bekommen, um ihn bei der Schlußabrechnung zu überführen.

Sie trafen die üblichen Vorbereitungen hinsichtlich Postkutschen, Hotelzimmern und strategischer Absprachen. Panckoucke, der stilvoll zu reisen liebte, verwarf den Vorschlag der STN, im Hotel d'Angleterre zu reservieren, wo sie während ihres letzten Treffens gewohnt hatten. Er zog das Palais-Royal vor, ein großes Gasthaus mit Blick über die Saône. Schließlich einigten sie sich auf Le Parc, wo d'Arnal eine Dreizimmer-Suite entsprechend Panckouckes Angaben reservierte. »Ich wünschte, daß das Appartement gutes Licht hat und zur Straße geht. Wir waren im Hotel d'Angleterre ziemlich traurig untergebracht.« Plomteux teilte die Suite mit Panckoucke und reiste mit ihm von Paris an. Ostervald und Bosset richteten es so ein, daß sie von Neuchâtel aus am gleichen Tag eintrafen. Um die Manöver mit ihren Alliierten zu koordinieren, nahmen sie Zimmer im gleichen Gasthaus. Und um Beweisstücke bei der Hand zu haben, kamen sie bis an die Zähne bewaffnet mit Verträgen und Korrespondenz. Nachdem sie am 26. oder 27. Januar ihr Hauptquartier bezogen hatten, war die Anti-Duplain-Streitmacht am 28. kampfbereit.[79]

Währenddessen bereitete Duplain seine Rechnungen vor. Die STN versuchte, ihn zur Eile anzutreiben, aber ohne Erfolg. »Sie können sich wohl vorstellen, daß das nicht das Werk von drei Minuten ist«,[80] protestierte er bei Panckoucke. Die Neuenburger hatten das Treffen im November abhalten wollen, weil sie sich Sorgen machten, die

Einnahme von den Subskriptionen in Duplains Händen zu lassen, und weil sie ihren Anteil bald benötigten, um gewichtige Schulden im Dezember zu bezahlen. Duplain wollte sich aber nicht darauf einlassen. Er weigerte sich, eine abschließende Reihe von Wechseln zu bezahlen, die die STN auf ihn ausgestellt hatte, und zwang sie so, 30.000 Livres aufzunehmen, um ihre Rechnungen mit d'Arnal zu begleichen. Und er bestand darauf, daß er nicht vor Februar seine Buchhaltung in Ordnung bringen und die Zahlungen für die Lieferungen der letzten Bände eintreiben könne. »Ich glaube, mit dem Verkauf, dem Druck und der Buchführung von 8000 Enzyklopädien in 18 bis 21 Monaten das Unmögliche getan zu haben«,[81] schrieb er Panckoucke. »Ihre Schweizer sind gierige Menschen. Ich hoffe, sie werden satt werden, aber ich zweifle doch stark daran. Es hängen, dessen bin ich sicher, noch 400.000 Livres in der Luft.« Im letzten Brief, den er an die STN schrieb, mit Datum vom 16. Januar 1780, betonte er noch einmal die Schwierigkeiten, eine so gewaltige Unternehmung so rasch liquidiert zu haben, und warnte sie, daß es in Lyon zu einem harten Feilschen käme: »Ich habe mehr Arbeit als ich leisten kann. Sie können Ende dieses Monats kommen. Ich hoffe, bis dahin so weit zu sein, Herrn Panckoucke eine annähernd vollständige Abrechnung liefern zu können. Es stehen noch enorme Summen aus, und sie werden davon durch die Rechenschaft, die Sie darüber Herrn Panckoucke ablegen werden, überzeugt. Man durfte nicht auf den Kopf gefallen sein, um in drei Jahren 8000 Enzyklopädien zu verkaufen, zu drucken, zu realisieren und imstande zu sein, sie abzurechnen. Ich wiederhole Ihnen, meine Herren, was ich Herrn Panckoucke geschrieben habe, daß meine Abrechnung dem Vertrag völlig konform sein wird, und wie ich von ihm keine Obole mehr verlange als mir der Vertrag konzediert, so werde ich auch um keinen Groschen von meinen Rechten weichen.«

Formal umfaßte die Abrechnung, wie Duplains Brief andeutete, nur die beiden Signatare des Vertrags von Dijon. Aber jeder von ihnen hatte Anteile seiner Hälfte weitergegeben: Duplain an Merlino in Giverdy, Amable und Thomas Le Roy und vielleicht noch einige Lyoner; Panckoucke an die STN, Plomteux und Regnault. Die Schlußabrechnung konnte daher als Generalversammlung der Anteilseigner betrachtet werden. Tatsächlich aber war es eine Konfrontation zweier Lager.[82]

Die Schlacht begann am 28. Januar 1780. »Wir haben schon einige rauhe Szenen wegen unserer Rechnungen mit Herrn Duplain gehabt«,[83] schrieben Ostervald und Bosset am folgenden Tag nach Hause. »Wie bei den Hahnenkämpfen in England haben sich Panckoucke und Duplain einige starke Attacken geliefert.« Unglücklicherweise schickten sie keine weiteren Schilderungen Schlag um Schlag an Mme Bertrand, die den Betrieb in Neuchâtel hütete und voller »Unruhe über die Krise, in der Ihr Euch befindet« war.[84] Ihre Aufzeichnungen und Notizen machen die allgemeine Strategie aber deutlich. Sie beabsichtigten, ihren Verdacht geheimzuhalten, bis Duplain sich selbst mit einem betrügerischen Bericht über seine Verwaltung kompromittiere. Sie wußten von Duplains »Aperçu« vom Oktober, von der geheimen Subskriptionsliste und wahrscheinlich von den Berichten ihrer Spione, daß Duplain sie im großen Maßstab betrogen hatte. Aber er hatte noch nicht den letzten, entscheidenden Schritt getan: die Vorlage seiner Rechnungen. Sobald er einmal seine Bilanz vorlegte, konnten die Gesellschafter ihn juristisch für jeden Betrug, den sie fanden, verantwortlich machen. Sie konnten ihre eigene Berechnung von Soll und Haben aufstellen und ihre Forderung der Gewinnanteile. Beharrte Duplain auf seiner Version, so konnten sie ihn zwingen, sie durch Belege über Ausgaben und Subskriptionen zu beweisen. Dann konnten sie mit den in ihrem Arsenal im Le Parc wohlverwahrten Gegenbeweisen zurückschlagen. Und wenn sie ihn zwangen, sich zu ergeben, konnten sie ihm ihre Bedingungen für eine Schlußabrechnung aufnötigen. Sie waren Geschäftsleute, keine Beamten der Strafverfolgung, und sie wollten ihre Gewinne retten, nicht Duplain hinter Gitter bringen. Um Erfolg zu haben, mußten sie ihre Rolle scharfsinnig spielen, ihr belastendes Material in den wirkungsvollsten Augenblicken präsentieren und Duplain zu weiterer Selbstbezichtigung verlocken, so daß er am Ende vor der Wahl stand, zu bezahlen oder ins Gefängnis zu gehen.

Der 28. Januar 1780 war deshalb ein wichtiges Datum in der Geschichte der *Enzyklopädie*. Duplain legte eine Bilanz vor, die folgende Summen zeigte:

Einnahmen	1.851.588 Livres
Ausgaben	1.718.260
Gewinn	133.328 Livres

Kein ruhmvoller Abschluß für ein Unternehmen, von dem Panckoucke zehnmal so viel Gewinn erwartet hatte. Duplain legte auch die Liste betrügerischer und bankrotter Schuldner vor, die die Dinge noch schwärzer aussehen ließen. Und schließlich versuchte er durch seine »Allgemeine Abrechnung der Kosten für jeden Band« zu zeigen, wie hoch die Druckkosten waren.

Wie oben angedeutet, nahm Bosset die Druckausgaben, zählte die Bogen in den verschiedenen Auflagen und fand, daß Duplain die Druckrechnung mit fiktiven Bogen im Wert von 127.089 Livres gepolstert hatte. Diese Entdeckung brachte die Anti-Duplain-Gruppe in eine ausgezeichnete Position für ihre Gegenattacke. Sie erwies, daß Duplain die Gewinne um fast 100 Prozent unterbewertet hatte, und gab den Gesellschaftern die Chance, aus seinem Betrug auf der Haben-Seite das meiste herauszuholen, indem sie Perrins wahre Identität darlegten. Ein Überraschungsangriff auf beiden Seiten der Bilanz konnte ihn zu Fall bringen. Aber sie müßten den Boden sorgfältig bereiten. So zogen sie sich ins Le Parc zurück und erörterten die Taktik vom 28. Januar bis zum 30. oder 31. Januar.

Zuerst mußte die Panckoucke-Gruppe sich über eine gemeinsame Gegenposition bei den Gewinnen einigen: Wieviel konnten sie von Duplain verlangen, um alles, was er stibitzt hatte, wiederzuerhalten? Panckoucke und Bosset entwarfen Rechnungen, wie sie sich nach der Berichtigung von Duplains Unterschlagungen ausnehmen müßten. Als Basis ihrer Berechnungen nahmen sie die vertraglich angesetzten Kosten und die wirkliche Zahl der pro Band gedruckten Bogen (124 im Druchschnitt) und die Gesamtzahl der *Enzyklopädien* (8011), für die Duplain sich gerade rechenschaftspflichtig erklärt hatte. Bosset, der mehr Finanzier als Literat war, produzierte die vollständigere Fassung. Er gestand nur 20.000 Livres für die »Versicherung« oder die fiktiven Transportkosten zu. Er verlangte einen Abzug von 48.828 Livres für den Perrin-Schwindel. Und er gelangte so zu einem Gesamtgewinn, der um 350.000 Livres höher lag als in Duplains Aufstellung:

Einnahmen	1.946.300	Livres
Ausgaben	1.516.082	
Gewinn	430.218	Livres

Dann addierte Bosset weitere 50.000 Livres für den Verkauf der Quart-Register und 54.390 Livres für die 200 *Enzyklopädien* aus den *Défets*, von denen er annahm, Duplain habe sie zum Großhandelspreis verkauft. Er notierte ferner, daß die Gesellschafter 67.620 Livres mehr beanspruchen konnten, wenn sie beweisen könnten, Duplain habe seine 500 Exemplare im Namen der Gesellschaft verkauft.

Um diese letztere Beschuldigung zu beweisen, brauchten sie Duplains Subskriptionsliste. Duplain hatte sich selbstverständlich geweigert, ihnen eine solche Waffe in die Hand zu geben, aber sie konnten vorbringen, daß sie berechtigt seien, ein detailliertes Inventar der Subskriptionen zu erhalten, um zwischen seiner Version der Abrechnung und ihrer zu entscheiden. Weigerte er sich, so würden sie darauf insistieren, er habe eine halbe Million Livres Profit gemacht statt der angegebenen 133.328. Akzeptierte er, so hätten sie ein entscheidendes Beweisstück für die Sache in der Hand, die sie gegen ihn aufbauten, und sie könnten seine Liste mit ihrer vergleichen. Es war daher wichtig, ihre geheime Liste zurückzuhalten, während sie ihr Wissen über Perrin offenlegten, und auf der Forderung von 500.000 Livres zu beharren, bis Duplain nachgab. »Damit haben wir, so scheint es, die ersten Vergleichsvorschläge, die wir ihm machen können und von denen wir nicht weichen werden, zumindest wenn nicht das Generalinventar, das er uns auf unser Verlangen gibt, uns nicht in den Fall setzt, Abstriche zu machen«, schloß Bosset.[85]

Leider gibt es keinen Bericht über die Sitzung, als Panckoucke Perrins Maske lüftete. Das nächste Dokument in der Reihe über die Konferenz ist ein Brief vom 6. Februar, worin Ostervald und Bosset Mme Bertrand erzählen, daß sie gerade eine Woche heftiger Auseinandersetzungen hinter sich haben: »Was man an einem Tag tut, kann am nächsten zerstört werden ... Wir beschäftigen uns Tag und Nacht damit, und das muß man wohl, wenn man es mit solchen Leuten zu tun hat. Aber wenn es Gott und unserem guten Recht gefällt, so finden wir uns heraus und vielleicht eher, als Duplain es vermutet in seiner erwiesenen Spitzbüberei.« Am gleichen Tag stolperte Duplain endlich in die so sorgfältig für ihn bereitete Falle und zeigte seine Subskriptionsliste vor. Gemäß einem »Auszug der Subskriptionsregister«, der die Liste begleitete, konnte er nur 6589 Subskriptionen abrechnen, neben den 1000 mit Panckoucke geteilten und den 422, die er an Perrin verkauft hatte. Nach Abzug von Geschenkexemplaren und den freien Dreizehnten versicherte er, nur 6074 davon hätten der Gesellschaft irgendeinen Gewinn eingebracht. Wenn er diese Einnahmen mit den Zahlungen Perrins addierte, kam er auf die 1.851.588 Livres, die er ursprünglich als Gesamteinnahme der Unternehmung angegeben hatte. Aber jetzt, nach neuen Gefechtstagen, konnten die Gesellschafter beweisen, daß diese Zahl falsch war.

Sie kehrten ins Le Parc zurück, verglichen Duplains Liste mit der geheimen Liste, die sie in Reserve gehalten hatten, und fanden die fehlenden 978 Enzyklopädien. Dann begannen sie ihre Briefschreibkampagne, um weitere Beweise für die Unterschlagung zu erhalten. Sie setzten offensichtlich d'Arnal und seinen Spion auf die Spuren des Betrugs mit Audambran und Jossinet, der ihnen beim Vergleich der beiden Listen in die Augen sprang. Und sie ließen Plomteux eine Denkschrift ausarbeiten, mit deren Veröffentlichung sie drohten, falls Duplain nicht auf ihre Bedingungen einging.

Sowie die Panckoucke-Gruppe einmal die letzte Salve vorbereitet hatte, war Duplains Niederlage unvermeidlich. Offensichtlich schlugen sie ihn am 11. Februar mit jedem nur auffindbaren belastenden Beweis. Noch hielt Duplain stand. Am Morgen des 12. überfiel Bosset seine Firma mit einem Polizeibeamten, einem Gerichtsvollzieher und einem Anwalt, die seine Bücher konfiszierten. An diesem Punkt gab er den Betrug mit Perrin über 48.000 Livres zu, aber mehr wollte er nicht gestehen. Darauf drohten die Gesellschafter, seinen Namen zu ruinieren, indem sie ihn vor Gericht zogen und Plomteux' Denkschrift veröffentlichten, eine erdrückende Anklage der Unterschlagung, Arglist und »unersättlichen Gier«. Sie übten sogar durch seine Familie und seine Freunde Druck auf ihn aus. Und schließlich, am Nachmittag des 12. Februar 1780, kapitulierte Duplain. Er willigte ein, seinen Gesellschaftern 200.000 Livres zu zahlen, wenn sie seinen Betrug unter den Teppich kehrten, wo er bis auf den heutigen Tag geblieben ist.[86]

Auflösung

Am 13. Februar schickten Ostervald und Bosset die gute Nachricht an Mme Bertrand: »Wir beeilen uns, Madame, Ihnen mitzuteilen, daß unser Kampf mit Duplain zu Ende ist, der glücklicherweise ohne Blutvergießen ausging.« Sie schätzten sich glücklich, 200.000 Livres von Duplain bekommen zu haben, da er bis ans Ende kämpfte, sie auf 128.000 Livres zu ermäßigen, mit der Begründung – die richtig war – sie alle würden schwere Verluste erleiden bei seinen Versuchen, die letzten Zahlungen einzutreiben und sich aus den Prozessen mit Subskribenten zu winden. Tatsächlich waren 200.000 Livres ein fairer Kompromiß. Es war fast so viel, wie die Gesellschafter erhalten hätten, wenn Duplain ihre ursprüngliche, ziemlich übertriebene Version der Gewinne akzeptiert hätte; und es entsprach einer späteren Version, die sie auf 400.000 Livres ansetzten.[87] Natürlich mußten sie äußerste Maßnahmen ergreifen, um aus dem Durchtriebenen *(le roué)*, wie sie ihn nannten, so viel Geld herauszupressen. Sie griffen zur Erpressung, sowohl in Plomteux' Denkschrift wie in mündlichen Drohungen, daß er »sein Ansehen sowohl hier wie in Paris verliere«.[88] Und sie hatten Zugeständnisse bei untergeordneten Dingen gemacht: bei der Vereinbarung mit den Verlegern der Oktavausgabe der *Enzyklopädie*, den Registerbänden in quarto und den *Défets*. Alle diese Gegenstände wurden in einem Vertrag geklärt, den Panckoucke und Duplain am 12. Februar unterzeichneten und der die Partnerschaft, die sie vor drei Jahren durch den Vertrag von Dijon geschlossen hatten, löste.

Der Vertrag bereitete der Quart-Unternehmung ein angemessenes Ende, denn er war eine legalisierte Lüge. Nachdem Panckoucke die Fassade von Duplains Veruntreuungen heruntergerissen hatte, baute er sie nun wieder auf. Er beglückwünschte Duplain zur »exakten Richtigkeit« seiner Abrechnung, und er hob Duplains Bericht über den Perrin-Verkauf lobend hervor. Panckoucke bezeugte nicht nur die Rechtsgültigkeit des Verkaufs, er erklärte auch Duplains Bereitschaft, die Gesellschafter dafür zu entschädigen als »eine Wirkung der Großzügigkeit seines Vorgehens«. Diese Formel, die wahrscheinlich einiges Gelächter in Panckouckes Quartier erregte, bedeutete in Wirklichkeit, daß Duplain seine Erpresser gekauft hatte.

Der Vertrag hielt fest, daß Duplain Panckoucke 176.000 Livres in Wechseln bezahlt hatte, die in drei Abschlagszahlungen bis August 1782 fällig würden. Die restlichen 24.000 Livres kamen von den Verlegern der Oktavausgabe. Wie oben berichtet, hatten sie in Lyon antichambriert, um ihren Krieg mit der Quarto-Gesellschaft zu einem Ende zu bringen. Sie hatten Duplain ihre 24.000 Livres unter der Bedingung gezahlt, daß er Panckoucke dafür gewänne, ihnen den französischen Markt zu öffnen. Panckoucke war dazu bereit, nahm die Wechsel, tauschte sie gegen Oktavausgaben und verkaufte sie zu einem Diskontpreis und ruinierte so den Markt, den er aufgegeben hatte.

Die *Encyclopédie méthodique* erschien ebenfalls in diesem Vertrag, weil Panckoucke bestätigte, daß Duplain die 12/48 Anteile behielt, die er ihm gewährt hatte. Als Duplain später diese Interessen für 12.000 Livres an seinen alten Strohmann Jossinet verkaufte, half die *Méthodique* wie die Oktavausgabe, den Schlag abzufedern, den er bei der

Liquidierung der Quartausgabe erhielt. Duplain fand auch Beruhigung bei der Vereinbarung über die Quartausgabe der Registerbände. Er hatte diese zusätzliche Spekulation Barret für 50.000 Livres übertragen – nachdem der Streit über Barrets Raubdrucke beschwichtigt worden war. Durch den Vertrag vom 12. Februar lieferte Panckoucke seinen Anteil an den Registerbänden aus und nahm damit auch der STN ihren Teil und die Hoffnung auf den Druckauftrag. Gemäß Bossets Aufzeichnungen hatte Duplain auch seine zwei Lagerhäuser voll *Défets*-Exemplare für 20.000 Livres an Jossinet verkauft, aber möglicherweise kamen sie in den Besitz von Amable Le Roy, der die Geschäftsführung der Unternehmung in den letzten Phasen der Liquidation übernahm. Schließlich profitierte Duplain auch von den Verkäufen der überzähligen etwa 200 Quartausgaben, die nach dem Versand der 8011 übrig waren. Er selbst bewertete sie mit 30.000 Livres. Und wenn man nach seiner Vergangenheit urteilt, so kann er noch sehr viel Masse und Veruntreuungen verborgen haben. Denn trotz des Sieges der Panckoucke-Gruppe ging Duplain aus seiner Spekulation mit der Quartausgabe als reicher Mann hervor.[89]

Er konnte sein Vermögen freilich nicht als gesichert betrachten, solange er sich nicht mit der STN verglichen hatte. Ostervald und Bosset waren mit so vielen komplizierten »Beschwerden« gegen Duplain nach Lyon gekommen, daß sie sich mit der Unausweichlichkeit einer gerichtlichen Klärung befreundet hatten. Wie sollten sie ihn aber wegen seiner Geschäftsführung eines Unternehmens belangen, das vom Parlement in Paris, von der französischen Geistlichkeit, dem König und dem Papst verurteilt worden war? Es war für die französischen Behörden eine Sache, die Verbreitung der *Enzyklopädie* zu dulden, aber eine ganz andere, seine Existenz vor Gericht zu legitimieren. Glücklicherweise war dieses Problem im Vertrag für die dritte Auflage vorgesehen, der die Gesellschafter verpflichtete, alle Nichtübereinstimmungen einem Schiedsgericht zu unterwerfen. Duplain bestätigte diese Verpflichtung in einem Papier, das er am 14. Februar unterzeichnete. Vier Tage später akzeptierten beide Seiten eine Vereinbarung über das Verfahren. Jede Partei sollte zwei Schiedsrichter benennen; und sollte das Viererkomitee bei einer Entscheidung nicht übereinstimmen, würde es einen einzigen Schlichter wählen, der sie zu begleichen hätte. Jede Partei würde ihre eigene Version der STN-Duplain-Abrechnung mit den Beweisstücken vorlegen und eine Widerlegung der Abrechnung des Kontrahenten. Die Schiedsleute würden dann die Widerlegung der Widerlegungen zulassen und die Entscheidung fällen. Das Verfahren war billig und wirkungsvoll, ganz im Gegensatz zum offiziellen Rechtssystem, und es enthüllt einen bedeutenden Zug des halblegalen und heimlichen Buchhandels: Das System konnte nicht nach dem Prinzip der Ganovenehre funktionieren. Die Buchhändler betrogen einander so offenkundig, daß sie ihre eigenen para-legalen Institutionen entwickelt hatten, um einander in Schach zu halten. Anders ließ sich ihr Geschäft nicht betreiben. Die institutionelle Konstruktion antwortete einem sozialen Bedürfnis jenseits der Schranken des Rechts.[90]

Wieviel genau Duplain der STN im Februar 1780 schuldete, ergibt sich nicht klar aus dem Sumpf konfligierender Ansprüche. Duplain bestritt nicht die Druck- und Papierkosten, die vertraglich festgelegt waren und die Hauptmasse der Ansprüche der STN bildeten. Mithin wurden diese Posten beiseite gesetzt und die Differenzen auf die in den letzten beiden Jahren akkumulierten Streitfälle begrenzt. Dieses Verfahren ließ Meinungsverschiedenheiten breiten Raum, denn gemäß der Abrechnung der STN schuldete Duplain ihr 23.531 Livres, 18 Sous, und gemäß Duplains Abrechnung war die STN mit 17.619 Livres, 18 Sous und 3 Deniers in seiner Schuld. Duplain kam durch Taschenspielereien mit dem Soll und Haben zu diesem Ergebnis, besonders bei den 8526 Livres Soll für die strittigen 31 Exemplare. Seine Behauptungen konnten aber den Beweisstücken, die die STN aus ihrer Geschäftskorrespondenz beibrachte, nicht standhalten, und die Schiedsleute befanden, er habe alle Extra-Exemplare zurückzunehmen, die er nach Neuchâtel geschickt hatte, und den Transport zu bezahlen.

Neben diesem Streit und einigen anderen, die sich lösen ließen, blieben beide Seiten über etwa 8000 Livres verschiedener Auffassung. Sie stimmten in gar nichts überein, das in den letzten beiden Jahren ihre Streitigkeiten erregt hatte, von der Forderung der STN nach Entschädigung für ihr *Chaperon* (1066 Livres) bis hin zu Duplains Forderung der Reisekosten seines Angestellten (124 Livres). Die STN verlangte ferner Entschädigung für zwei neue Rechnungsposten. Erstens belastete sie Duplain mit allen Ausgaben d'Arnals: 434 Livres Maklergebühren, Proteste und Zinsen für die dringende Geldaufnahme, die sich aus Duplains Weigerung ergeben hatte, die Wechsel einzulösen. Zweitens baute sie ein kluges, aber etwas schelmisches Argument auf den Betrug von Audambron und Jossinet. Duplain hatte tatsächlich eine Buchhändlerprovision von 25 Prozent bei den 535 Quartausgaben genommen, die er betrügerisch Audambron und Jossinet zum Großhandelspreis debitiert hatte. Deshalb beanspruchte die STN die Forderung auf einen 25 Prozent-Rabatt für die Subskriptionen, die sie gesammelt hatte, obwohl sie diese ursprünglich im Namen der Gesellschaft und nicht als Großhändler zusammengebracht hatte. Es wäre vernünftig gewesen, diesen Punkt durch Duplains Indemnität und die allgemeine Liquidation vom 12. Februar als erledigt anzusehen, aber Ostervald und Bosset wollten jeden Sous, der aus Duplain herauszubringen war, herausquetschen. Also benutzten sie sein Bekenntnis als Grundlage, ihm weitere 4740 Livres Schuld anzuschreiben. Dann faßten sie alle ihre Argumente zusammen zu einem eindrucksvollen Tableau: auf der linken Seite sechs gigantische »Irrtümer bei unserem Soll in der Rechnung des Herrn Joseph Duplain«, auf der rechten Seite vier ebenfalls große »Auslassungen auf unserer Haben-Seite«. Sie legten diesem Blatt eine siebenseitige »Denkschrift gegen Herrn Duplain« und einige andere Dokumente zur Stützung bei. Nachdem sie ihren Ärger so viele Monate lang unterdrückt hatten, hatten die Neuenburger endlich eine Chance, ihrer Wut freien Lauf zu lassen, Gerechtigkeit für jede Unbill zu fordern und ihren Gesellschafter als Spitzbuben bloßzustellen.

Wie gut sich Duplain verteidigte, ist schwer zu sagen, da seine Widerlegungen nicht erhalten sind. Aber er argumentierte aus einer schwachen Position, nachdem er schon gezwungen war, seine mangelhafte Geschäftsführung des Unternehmens insgesamt einzugestehen. Offensichtlich versuchte er eine Gegenattacke mit dem Argument, daß seine Fehlhandlungen nicht schlimmer als die der Neuenburger seien: Sie hatten seine Bemühungen hintertrieben, bei den Subskribenten zu kassieren, indem sie heimlich befreundete Buchhändler ermutigten, die Zahlung zu verweigern, und sie hatten versucht, seine Nebenspekulation mit den Registerbänden zu ruinieren, indem sie heimlich planten, einen Raubdruck herzustellen. Bosset leugnete diese Beschuldigungen in einem Schriftstück vom 14. Februar, und Duplain gelang es offensichtlich nicht, sie zu erhärten. Obwohl die zweite der Wahrheit nahe kam.

Die vier Schiedsmänner, sämtlich angesehene Anwälte und Kaufleute, legten am 21. Februar einen einmütigen, fünfzehnseitigen Schiedsspruch (*Sentence arbitrale*) vor. Da sie Vereinbarungen über einzelne Geldsummen trafen, statt Schuld oder Unschuld zuzuerkennen, urteilten sie nicht über Duplains Moralität; aber sie zeigten, was sie von ihm hielten, indem sie fast allen Forderungen der STN nachgaben. Sie verlangten, daß Duplain 56.600 Livres bezahle, nur 2.400 weniger als Ostervalds und Bossets Maximalforderung. Die Neuenburger schrieben triumphierend nach Hause, daß sie mehr erhielten, als sie erwartet hatten. Und endlich hatten sie ihre Bilanz über die Quartausgabe geschlossen: »Wir müssen Gott loben, daß er uns so da herausgezogen hat.«[91]

Epilog

Die STN hatte stets, von ihrem Geschäftsbeginn 1769 an, die Hoffnung gehegt, durch eine Spekulation mit der *Enzyklopädie* reich zu werden. Als 1776 ihre Chance kam, investierte sie einen großen Teil ihres Kapitals in Panckouckes ursprüngliche Unternehmung, den Plan des Folio-Nachdrucks, in der Hoffnung, von dem großen Druckauftrag ebenso zu profitieren wie von dem halben Anteil an der Verlagsgesellschaft. Als Panckoucke aber zu manövrieren fortfuhr, einige Projekte zerschlug und andere zusammenstückelte, sah die STN ihren Anteil schwinden: von 1/2 am Nachdruck zu 5/12 an der Neufassung und 5/24 bei der Quartausgabe – um gar nicht von den 5/48 bei der *Encyclopédie méthodique* zu reden. Noch enttäuschender war es, daß die Druckaufträge den Neuenburgern durch die Finger gingen. Sie hatten ihre Betriebsgröße verdoppelt, um 1776 unmittelbar mit dem Nachdruck zu beginnen. Aber sie mußten diesen Auftrag verschieben, während Panckoucke die Neufassung organisierte, die sie ihrerseits gezwungen waren beiseite zu stellen, als er mit Duplain über die Quartausgabe handelseinig wurde. Duplain gestattete ihnen nur, fünf Bände von seiner gigantischen Unternehmung zu drucken, aber sie trösteten sich mit der Erwartung, daß sie später an die Neufassung kämen. Panckoucke zerstörte diese Illusion schließlich im Juni 1778 durch eine Vereinbarung mit einigen Lüttichern, die den ersten Plan für eine *Encyclopédie méthodique* entwickelten. Er erpreßte 105.000 Livres von ihnen dafür, daß er die Neufassung aufgab und den französischen Markt öffnete. Aber ein Jahr später wendete er seine Politik noch einmal in einer zweiten Vereinbarung mit den Lüttichern. Dieses Mal gab er das Geld auf und übernahm die *Méthodique* – ein sauberer Trick, aber einer, der die STN ohne irgendeine Entschädigung für den

Verlust ihres Druckauftrags ließ. Dann versuchte Panckoucke, die Neuenburger mit anderen Projekten zu befriedigen: ein Plan für eine zusätzliche Ausgabe der Tafeln zur *Enzyklopädie*, eine Spekulation mit den Werken Rousseaus und der Druckauftrag für die Quartausgabe der Registerbände. Jedes einzelne verdampfte, sogar das letztere, das beim abschließenden Treffen in Lyon an Duplain ging, gerade als die Gesellschafter seine Treulosigkeit bloßgestellt hatten. Am Ende schlossen die Neuenburger, daß sie die Pappkameraden beim *Enzyklopädie*-Abenteuer gespielt hatten. Als Schweizer aus der Kleinstadt wurden sie von den raffiniertesten Geschäftsleuten Frankreichs übertölpelt und ausmanövriert; und sie hatten ihre Lektion gelernt: »Die Buchhändler in Frankreich haben weder Glauben noch Gesetz und wissen nicht einmal zu unterscheiden, was ehrenhaft ist und was nicht.«[92]

Tatsächlich hatte die STN bei ihren *Enzyklopädie*-Spekulationen nicht schlecht agiert. Ihr 5/12 Anteil von Duplains 200.000 Livres-Rechnung ergab 83.666 Livres. Diese Summe plus die Einnahmen aus dem Verkauf von Panckouckes 6000 Foliobänden, die 1770 konfisziert worden waren, brachte sehr wohl die 92.000 Livres wieder ein, die die STN an Panckoucke für seine Rechte, Privileg und Tafeln zu zahlen sich verpflichtet hatte. Nachdem sie sich für ihre ursprüngliche Investition schadlos gehalten hatte, verfügte die STN noch über zwei Gewinnquellen: ihr 5/48 Anteil an der *Encyclopédie méthodique* und die 208 Quartausgaben, die sie bei der Teilung von Panckouckes 500 erhalten hatte. Nach den optimistischsten Berechnungen der Neuenburger, konnte ihr Anteil an der *Méthodique* eines Tages 30.208 Livres wert sein. Aber 1781, als sie in Kapitalnöten waren, verkauften sie ihren Anteil für 8000 Livres an Plomteux. Die 208 Quartausgaben waren ein soliderer Aktivposten, trotz der sinkenden Nachfrage. Die STN bewertete sie mit 250 Livres pro Stück oder mit insgesamt 52.000 Livres, und tatsächlich konnten alle verkauft werden. Ihr Gesamtgewinn belief sich mithin auf etwa 60.000 Livres bei einer Investition von 92.000 Livres – ein Gewinn von 65 Prozent in vier Jahren, oder das Doppelte dessen, was die STN verdient hätte, wenn sie ihr Geld in Leibrenten angelegt haben würde. Die STN verdiente auch ganz hübsch aus ihrem Druckauftrag für Duplain, obwohl ihr schließlicher Gewinn dank seiner Schikanen unmöglich einzuschätzen ist. Als die Neuenburger jedoch all ihr Soll und Haben aufgestellt hatten, fühlten sie sich bitter von ihrer Erfahrung mit der *Enzyklopädie* enttäuscht. Sie hatten ihr

Geld in das erfolgreichste Verlagsunternehmen des Jahrhunderts gesteckt, und ihre Partner hatten das meiste vom Gewinn abgesahnt und ließen sie etwa bei der Hälfte dessen, was sie sich als Verdienst ausgemalt hatten.[93]

Ostervald und Bosset verließen deshalb die Lyoner Konferenz im Februar 1780 mit einem unbefriedigten Appetit nach Profit und Rache. Ihr nächster Halt war Paris, wo sie einige Projekte verfolgten, die ihnen in ihren Verhandlungen mit Panckoucke entgangen waren. Zuerst konzentrierten sie sich auf einen Plan, von den Quart-Registerbänden einen Raubdruck zu machen, was ihnen, wie sie berechneten, 50.000 Livres einbringen konnte, dank der Nachfrage, die der Erfolg der Quartausgabe der *Enzyklopädie* schuf.[94] Die Gesellschafter hatten die Rechte daran Duplain abgetreten, der sie seinerseits den Lyoner Raubdruckern Amable Le Roy und »diesem Spitzbuben Barret« verkaufte.[95] Die Neuenburger hofften, indem sie Le Roy und Barret mit ihrem eigenen Raubdruck unterboten, »endlich all diesen ehrlichen Leuten die Streiche wieder heimzuzahlen, die sie uns bereitet haben«.[96] Sie mußten ihre Gegenraubdruckerei aber geheim halten, da sie nicht nur ihre Absprache mit Duplain verletzte, sondern auch einem formellen Versprechen widersprach, das sie ihm abgelegt hatten und das jede Verwicklung in Spekulationen mit einem rivalisierenden Register ausschloß.[97] Ostervald und Bosset instruierten deshalb ihr Büro zu Hause, vertrauliche Notizen an gewisse Buchhändler der Subskriptionsliste der Quartausgabe zu schicken, die sie vor der Subskription des Le Roy-Barret-Registers warnte, da eine preiswertere Ausgabe in Druck sei. Neuchâtel wandte sich an einige der vertrauenswürdigsten Kunden der STN, einschließlich Lépagnez in Besançon, der 338 Subskriptionen der Quartausgabe der Enzyklopädie gesammelt hatte. Unglücklicherweise für die STN war Lépagnez im Rückstand mit seinen Zahlungen an Duplain; und um Milde zu erlangen, unterrichtete er Duplain von dem Komplott. Duplain warf rasch einen heftigen Brief an Panckoucke hin, der mit Ostervald und Bosset einige harte Worte über die Affäre in Paris wechselte. Die Neuenburger versuchten ihren Raub zu vertuschen, indem sie behaupteten, sie hätten Lépagnez das Angebot vor der Vereinbarung mit Duplain gemacht. Diese durchsichtige Lüge traf aber nicht Panckouckes Haupteinwand, daß nämlich der Verrat der STN Duplain einen Vorwand liefern könnte, die 200.000 Livres der Vereinbarung nicht zu bezahlen. Deshalb mußten die Neuenburger trotz weitgetriebener Vorbereitungen (sie hatten sogar neue

Lettern für das Buch bestellt) das Vorhaben aufgeben und eine weitere demütigende Niederlage einstecken.[98]

Das Fiasko mit den Registerbänden bezeichnete einen Wendepunkt in den Beziehungen der STN mit Panckoucke; bald darauf begann jeder der früheren Verbündeten, den anderen als Feind zu behandeln. Nachdem der Raubdruck der Registerbände fehlgeschlagen war, schmiedeten die Neuenburger zusammen mit der Société typographique von Bern und der von Lausanne Pläne für einen Raubdruck von Panckouckes 23-bändiger Ausgabe von Prévosts *Histoire générale des voyages*.[99] Zur gleichen Zeit verletzte Panckoucke seine Vereinbarung mit Bern und Lausanne, indem er die Preise für die Oktav-Enzyklopädien, die sie ihm überlassen hatten, unterbot und damit den Markt ruinierte, für den sie so teuer bezahlt hatten. Er verweigerte der STN auch einen Anteil am Druck der *Encyclopédie méthodique* und schnappte damit den letzten der Druckaufträge weg, den er ihr als Entschädigung für das Aufgeben des ursprünglichen Nachdruckplans vor der Nase hatte baumeln lassen. An diesem Punkt begann die STN ihre Versuche, ihre Anteile an der *Méthodique* loszuwerden, »um nichts mehr mit einem Manne zu tun zu haben, der unseres Vertrauens so wenig würdig ist«.[100] Als sie ihre 5/48 Anteile an Plomteux verkaufte, zerschnitt sie ihre letzte Verbindung mit Panckoucke, den sie nun als jemanden ansah, »der weder zum Braten noch zum Kochen taugt«, und konzentrierte sich auf die Suche nach »einer schönen Gelegenheit, Rache zu nehmen«[101] für die fünfjährige Partnerschaft, bei der sie den betrogenen Tölpel spielte.

Die Suche führte unmittelbar zu Panckouckes Lieblingsprojekt, der *Encyclopédie méthodique*. Die letzte und umfangreichste der Enzyklopädien des 18. Jahrhunderts hatte zwei mögliche Vorteile gegenüber Diderots Text: Sie konnte die Irrtümer und Auslassungen verbessern, die Diderot selbst zur Verzweiflung gebracht hatten, und sie konnte methodisch sein – d. h., statt der zufälligen Ordnung des Alphabets zu folgen, konnte sie eine systematische Zusammenfassung des menschlichen Wissens bieten, die thematisch aufgebaut und in einer Reihe von Handbüchern statt in einem Wörterbuch untergebracht würde. Dieser Plan erschien Panckoucke derart überlegen, daß er von seiner neuen Enzyklopädie erwartete, sie werde die alten vom Markt drängen, als ob Tausende von Lesern ihre veralteten Modelle, ob in Folio, Quarto oder Oktav, der neuesten Fassung zuliebe wegwerfen wollten, die als die einzige »wahrhafte Enzyklopädie« überall Anerkennung finden würde.[102] Das war ein großer Plan, aber er hatte eine brüchige Stelle, die die Schweizer bald herausfanden. Ein Raubdrucker konnte leicht alles neue originale Material aus dem Text heraussuchen, es alphabetisch ordnen und in allen drei Formaten der früheren Ausgaben als Supplement veröffentlichen. Damit konnten Tausende von Enzyklopädiebesitzern in ganz Europa durch die Anschaffung weniger Ergänzungsbände den Kauf von Panckouckes teurem neuen Werk vermeiden. Und durch einfaches Nachdrucken ließ sich ernten, was Panckoucke gesät hatte.

Merkwürdigerweise erörterten die Schweizer dieses Komplott mit dem Abbé Morellet, der in Panckouckes Kreisen verkehrte und ursprünglich an Suards Neufassung 1776 mitzuarbeiten beabsichtigt hatte. Ostervald hatte Morellet gut kennengelernt, als er in Paris nach Manuskripten suchte, und bat ihn um Rat wegen der Raubdrucke von Panckouckes Verlagsprodukten: Sollte die STN einige der Handbücher, aus denen die *Méthodique* bestand, einzeln nachdrucken, oder sollte sie das ganze Werk attackieren, indem sie das alphabetische *Supplément* produzierte? Morellet antwortete, daß Panckoucke sich gegen die erstere Art von Angriffen dadurch wehren würde, daß er gleichzeitig Teile aller Handbücher herstellte, so daß die gesamte Enzyklopädie auf einmal fertig wäre und die Raubdrucker sich nicht die einzelnen Handbücher nach und nach herauspicken könnten. Bei dem zweiten Plan mußte Morellet zugestehen, daß er funktionieren könnte, sowie die *Méthodique* einmal beendet wäre, aber er glaubte, daß damit die Grenzen traditioneller Handelskriege überschritten würden: »Sie würden der wahrhaft gewaltigen und ihn zu ruinieren fähigen Unternehmung Panckouckes großes Unrecht tun, wenn sie durch Ausführung Ihres Projektes zum Scheitern käme … Es ist einigermaßen unmenschlich, ihm so schweren Schaden zuzufügen.«[103] Die STN konsultierte auch einen ihrer Pariser Agenten, den dürftigen Buchhändler Monory, der den Plan eher erschreckend als tadelnswert fand, da er wie andere kleine Fische im Buchhandel vor Panckouckes Macht zitterte: »Was das Supplement betrifft, das Sie für die *Enzyklopädie* vorschlagen … so seien Sie versichert, daß er alles in seiner Macht Stehende tun wird, um seine Verbreitung zu verhindern; und er kann, wie ich glaube, und aus verschiedenen Gründen, die Sie vermuten können, sehr viel dagegen tun.«[104]

Nachdem die STN das Terrain in Paris sondiert hatte, bereitete sie in Zusammenarbeit mit ihren beiden Verbündeten, der Société typographique von Bern und der von Lausanne, die gegen Panckoucke noch größeren Groll hegten, den Angriff vor. Im Dezember 1783 trafen sich die drei Verschworenen in Yverdon, um die Strategie abzustimmen und einen Prospekt für das Supplement zu entwerfen. Im Januar 1784 hatten sie den Prospekt gedruckt und eine Subskription eröffnet, die sie in der *Gazette de Berne* ankündigten.

»Die typographischen Gesellschaften von Bern und Neuchâtel und Herr J. P. Heubach und Compagnie in Lausanne werden zusammenwirken, um die Ausgaben der *Enzyklopädie* in alphabetischer Ordnung durch ein Supplement zu geringen Kosten für die Bezieher zu vervollständigen und sie der, wohlverstanden, nach Sachgebieten geordneten *Enzyklopädie*, die in Paris gedruckt wird, gleichwertig zu machen. Man findet bei jedem der drei Häuser den Prospekt für dieses Supplement, das sie zur Subskription stellen, mit den Einzelheiten dieses Plans und den Bezugsbedingungen für die drei Formate Folio, Quarto und Oktav. Man wird nur die Anzahl der Subskriptionen drucken.«[105]

Dann schickten sie ihren ersten Erpresserbrief an Panckoucke. Sie erinnerten ihn zunächst an sein unfaires Spiel im Quarto-Oktav-Krieg. Aber sie seien nicht nachtragend, schrieben sie, mit gespielter Zurückhaltung, denn sie wüßten, Geschäft ist Geschäft: »In Verfolg einer für Sie nützlichen Unternehmung haben Sie diesen Gesellschaften (Bern und Lausanne) geschadet; in Verfolg einer ihnen nützenden Unternehmung könnte es sein, daß diese Ihnen nun schaden. Das ist der Lauf der Welt, daß das Wohl des einen nicht zu machen ist, ohne dem anderen ein wenig zu schaden.« Dann erläuterten sie, wie ihre »Unternehmung« Panckouckes geliebter *Encyclopédie méthodique* den Boden unter den Füßen wegzöge – nicht daß sie seinen Markt zerstören wollten wie er den ihren zerstört hatte. Sie wollten lediglich die *Méthodique* für die ärmeren Kunden erschwinglich machen. Die Reichen überließen sie ihm. Sollte er den Eindruck haben, daß sie den Löwenanteil der Nachfrage erhielten, wären sie glücklich, mit ihm eine Vereinbarung auszuhandeln. Vielleicht sollten sie ihre Kräfte vereinen. Er könnte den Verkauf in Frankreich organisieren, während sie das im übrigen Europa täten. Oder, falls er vorzöge, die gesamte Operation zu leiten, könnten sie sich überreden lassen, ihren Plan aufzugeben – falls der Preis stimme. Der Brief troff von Ironie und falscher Biederkeit, und er muß den Männern in Bern, Lausanne und Neuchâtel, die bei den meisten über die französisch-schweizerische Grenze ausgetauschten Schlägen der empfangende Teil gewesen waren, einige Satisfaktion bereitet haben.[106]

In seiner Antwort versuchte Panckoucke, auf Zeit zu spielen. Er könnte den Vorschlag nicht in Betracht ziehen, sagte er, bevor er die *Encyclopédie méthodique* nicht beendet habe.[107] Im März 1784 erhielt Heubach ein Exemplar der ersten Bände der *Encyclopédie méthodique* und schrieb, sie eigneten sich gut für das *Supplément*, dessen Prospekte glänzend aussahen: »Haben Sie gute Nachrichten für das *Supplément*?« fragte er die STN.[108] »Wir erhalten von verschiedenen Seiten sehr zufriedenstellende Nachrichten, und wir hoffen, dieses Projekt im Laufe des Sommers verwirklichen zu können.« Drei Monate später sah es besser als je für das Projekt aus. Die Subskriptionenflut für den Raubdruck hielt offenbar an, denn Heubach teilte weiterhin »sehr ermutigende Briefe« aus seiner Geschäftskorrespondenz mit; und Pierre-Joseph Buchoz von der Akademie der Wissenschaften war bereit, alles naturhistorische Material vorzubereiten.[109] Aber von diesem Zeitpunkt an verschwinden alle Hinweise auf das *Supplément* im Archiv in Neuchâtel. Wie viele Verlagsprojekte wurde es nie verwirklicht – nicht, wie es scheint, weil den Schweizern die Lust auf das Raubdrucken vergangen war, sondern weil Panckoucke nicht genug von seiner neuen Enzyklopädie produzierte, daß es das Plündern lohnte.

Die STN erwies sich deshalb am Ende und trotz ihrer Ansprüche, mit »schweizerischer Offenheit« Geschäfte zu machen, als ebenso halsabschneiderisch wie ihre Gesellschafter. Sie betrog sogar ihre Partner, sobald die ihren Rücken wendeten. Mit Bern und Lausanne plante sie einen Raubdruck von Plomteux' Ausgabe von Raynals *Histoire philosophique et politique des établissements et du commerce des Européens dans les deux Indes*, und sie verletzte eine Verpflichtung gegenüber ihren beiden Schweizer Verbündeten, indem sie heimlich mit der Société typographique in Genf eine Rousseau-Ausgabe plante.[110] Die Neuenburger hatten gelernt, nach den Regeln eines sehr harten Spiels zu spielen, bei dem man betrügt oder betrogen wird, und bei dem sie alle Illusionen verloren, die sie gehabt haben mochten, als sie mit ihren *Enzyklopädie*-Spekulationen begannen. »Man darf nicht mehr Butter als Brot versprechen, nur glauben, was man sieht, und nur auf das zählen, was man mit allen vier Fingern und dem Daumen festhält«,[111] schlossen Ostervald und Bosset nach ihren abschließenden Auseinandersetzungen mit Duplain.

Duplain selbst spielte von allen das schmutzigste Spiel. Die Buchhändler des 18. Jahrhunderts akzeptierten Raubdrucke und heimliche Verbindungen als notwendige Übel, zogen aber eine klare Linie gegenüber Betrug und Unterschlagung. Damit stand selbst nach den laxen ungeschriebenen Gesetzen der Branche Duplain als der eindeutige Schuft des *Enzyklopädie*-Unternehmens da. Für Panckoucke war er »dieser abscheuliche Mensch«, für die STN einfach »der Spitzbube«.[112] Wenn andere Buchhändler ihn erwähnten, beschworen sie das gleiche Bild ungehemmter Raubgier. Jacques Revol behauptete, Duplain habe ihn um 4000 Livres betrogen und dasselbe mit seinem eigenen Vetter, Pierre Joseph Duplain in Paris getan. Pierre Joseph, ein Händler mit illegalen Büchern und Literaturagent, hatte über seinen Vetter in Lyon nichts Gutes zu sagen. Und Revol empfahl sich der STN selbst als Schmuggler mit der Begründung, er treibe die Geschäfte nicht so wie Duplain. Er kenne Duplain seit seiner Kindheit, erklärte er, und fühle nichts als Mißtrauen für ihn.[113] Duplain selbst nahm seinen Ruf der Skrupellosigkeit hin, machte aber die Machinationen seiner Feinde dafür verantwortlich, die ihn mit »den Beinamen des Piraten, Korsaren, Freibeuters« belegt haben, »die man bis zur Übersättigung in platt beleidigenden Schriftchen verschwendet.«[114] Die Meinung im Buchhandel schien einhellig zu sein: er gab den literarischen Piraten in seiner schlimmsten Form ab.

Gab es für diesen Mann nichts sonst als unersättliche Profitgier? Die Frage hatte eine gewisse Faszination sowohl für die Wirtschaftsgeschichte wie für die Geschichte der menschlichen Seele. Sie ist aber schwer zu beantworten, da das zeitgenössische Bild von Duplain einer Karikatur ähnelt und seine Persönlichkeit sich nicht deutlich in seiner Korrespondenz zeigt. Seine Briefe haben einen barschen Stil. Sie kommen schnell zur Sache, auf ungestüme, befehlende Art, als sei Duplain ein General, der vom Schlachtfeld aus Befehle erteilt. Er hatte so viele Angriffe an so vielen Fronten zu führen, daß er leicht einen militärischen Ton annahm. Im Herbst 1778 z. B. verhandelte er mit Panckoucke über den Vertrag für die dritte Auflage, lieferte ihre ersten Bände aus, trieb Zahlungen ein für die früheren Auflagen, plante den Perrin-Schwindel und schrieb folgendermaßen an die STN: »Wir werden erschlagen von Zahlungen, die nicht eingehen, von der Papierversorgung für den Winter, von der dritten Auflage, deren beide erste Bände verkauft werden, und da können wir nicht auch noch Ihre Forderungen begleichen.« »Wir bitten Sie, uns umgehend den Band 24 zu schicken. Wir legen zusammen und kollationieren 21, 22, 23. Wir fügen dieser Sendung alle Ihre Fehldrucke bei. Wir warten darauf, daß Herr Panckoucke den neuen Vertrag unterzeichnet hat, um Ihnen einen neuen Band zu senden, und er wartet, sagt er, daß Sie ihn unterzeichnen. Das betrifft uns gar nicht. Alles was wir Herrn Panckoucke sagen können, ist, daß unsere Unkosten enorm sind ... Wir werden von Wechselprotesten überfallen. Toulouse steht mit 10.000 Livres im Rückstand, aber wir werden das Schiff in den Hafen bringen.«[115] Duplain warf täglich ein Dutzend solcher Anweisungen hin und setzte Bataillone von Papiermachern, Druckern und Finanzleuten in Gang. Seine Kampagne umfaßte Frankreich, die Westschweiz und einen Teil der Niederlande und hatte epische Qualitäten – er wollte den größtmöglichen Profit mit der größten Verlagsunternehmung der Epoche machen.

Der Eigensinn, mit dem er diese Beute verfolgte, gibt etwas von Duplains Wesen zu erkennen. Er war ein Spieler. Er erkannte, daß die Quart-*Enzyklopädie* die Chance seines Lebens war, und er setzte alles, was er besaß, auf diesen Erfolg. Er verkaufte seinen Laden, sein Bücherlager, sein Haus mitsamt den Möbeln und zog in ein möbliertes Zimmer, um sich ausschließlich auf das Hauptgeschäft zu konzentrieren. Nachdem er sich einmal dieser höchsten Spekulation verpflichtet hatte, betrieb er sie mit einer Brutalität, die sogar die Buchhändler von ihm entfremdete, die er nicht betrogen hatte. Aber das kümmerte ihn nicht. Er hatte alles riskiert, er konnte nicht mehr zurück, und am Ende machte er ein Vermögen. Denn selbst nachdem er seinen Gesellschaftern 200.000 Livres bezahlt hatte, war er ein sehr reicher Mann. Es ist unmöglich, seine Profite zu berechnen, aber er verdiente allein aus der Gewinnspanne beim Drucken so viel, daß er sich zurückziehen konnte.[116]

Duplain wollte sich freilich nicht einfach zur Ruhe setzen, sondern ein »adliges« Leben führen; und nachdem er sein Vermögen einmal gemacht hatte, begann er es auszugeben. Zuerst nahm er eine Frau, eine Lyoner Schönheit, die er im März 1777 heiratete, als die erste Auflage seiner *Enzyklopädie* übersubskribiert war und die Partnerschaft mit Panckoucke das Risiko der Konfiszierung beseitigt hatte.[117] Dann unternahm er Lustreisen nach Paris, wo er und seine Braut nach Panckouckes Beobachtung in mißfälligem Luxus lebten. Sie fuhren in einer prachtvollen Kutsche umher und teilten selbst ihren alten Bedienten einen neuen Hauch von Hoheit mit.[118] Dann begann Duplain, seinen Reichtum aus Lyon, wo er nach dem Verkauf seines Geschäftes drei Häuser behalten hatte, auf einen Landsitz zu transferieren, wo er das Leben eines Landedelmanns zu führen gedachte.[119] Und schließlich kaufte er für 115.000 Livres das Amt eines königlichen Haushofmeisters (*Maître d'hôtel du Roi*) – also den Adel. Er wartete dem König in Versailles auf, unterzeichnete seine Briefe mit »Duplain von Sankt Albine« und verbrachte wahrscheinlich seine verbleibenden Jahre bei kleinen Soupers und in Schlössern.[120]

Ein Ereignis beeinträchtigte Duplains Triumph. Am 19. September 1780 unterrichtete Revol die STN: »Madame Duplain ist vor drei Wochen gestorben. Urteilen Sie, welcher Kummer für den Herrn königlichen Haushofmeister. Es scheint dies eine Strafe des Himmels zu sein, um ihn für seine Habgier und seinen Goldrausch auf Kosten von diesem oder jenem zu züchtigen.« Aber drei Jahre später nahm er schon eine neue Frau. »Der Herr Duplain hat sich gerade mit einem Mädchen von siebzehn Jahren verheiratet.«[121] Aus Lyon berichtete L.S. Mercier der STN: »Da er sehr reich ist, macht diese Heirat Aufsehen.«

Hat diese Geschichte noch eine andere Moral? Für den Sozialhistoriker liest sie sich wie eine Erzählung Balzacs: die Geschichte eines bürgerlichen Unternehmers, der seinen Weg ganz nach oben machte und dann sein Vermögen sichtbar verbrauchte, in aristokratischer Verschwendung. In gewisser Weise ist es die Geschichte des französischen Kapitalismus – von begrenzter Expansion und Statusinvestition statt weiterer Produktion. Und die höchste Ironie liegt darin, daß das Vehikel für Duplains Aufstieg in der archaischen Hierarchie Frankreichs, nur wenige Jahre vor ihrer Zerstörung, Diderots *Enzyklopädie* gewesen ist.

Auch Panckoucke lebte in einer Atmosphäre Balzacscher Helden. Tatsächlich ging eine starke Dosis Panckoucke in die Darstellung Dauriats, des Verlagsfürsten und inoffiziellen »Literaturministers« in Balzacs *Verlorenen Illusionen*: »Ich spekuliere in Literatur: ich veröffentliche vierzig Bände zu zehntausend Exemplaren, wie es Panckoucke und die Beaudouin machen. Meine Macht und die Artikel, die ich halte, bewegen eine Affäre von hunderttausend Talern statt einen Band von zweitausend Francs.«[122] Aber anders als Duplain investierte Panckoucke nicht deshalb in Bücher, um sich aus dem Handel zu ziehen. Er hörte nie auf, nach größeren und besseren Spekulationen zu rennen. Er war ein Glücksjäger, aber ihn scheint die Liebe zur Jagd angetrieben zu haben. Und dank seiner Korrespondenz kann man ihm dabei folgen, wie er die *Turgotines* (Staatspapiere) fahren ließ, um eine Gesellschaft mit Duplain in Dijon zu gründen, Rey in Amsterdam auszukaufen, wie er Cramer in Genf Trotz bot und mit Plomteux in Lüttich abschloß. Panckoucke war in jenen fieberhaften Augenblicken am besten, wenn er eine Spekulation abbaute, um eine neue in größerem Maßstab aufzubauen – wenn er plötzlich den Neuenburger Nachdruck verwarf, um eine prachtvolle Neufassung zu konstruieren, oder wenn er plötzlich seine Kriegsabsichten gegen die Lütticher fahren ließ und ihr Projekt übernahm und es in seine Version der *Encyclopédie méthodique* verwandelte. Seine großartigste Tätigkeitszeit kam 1778, als er den Markt für die Werke von Buffon, Voltaire und Rousseau fast aufkaufte, während er sein Monopol der *Enzyklopädie* ausbeutete. Panckoucke sympathisierte mit den Gedanken in diesen Büchern. Er entwickelte enge Bindungen zu den Philosophen und schrieb selbst ein paar philosophische Bücher.[123] Aber letztlich scheint er doch von etwas inspiriert zu sein, was dem Geist der Industrie- und Börsenbarone des 19. Jahrhunderts nahe steht. Er spekulierte, weil Spekulation ein Ziel an sich selbst, eine Lebensform für ihn geworden war. Natürlich wollte er Geld machen, und er war hart im Verhandeln, wie Beaumarchais – der selbst kein einfacher Kunde war – bei ihren Verhandlungen über die Voltaire-Manuskripte erfahren mußte: »Zugunsten des Herrn Panckoucke kann ich Ihnen nichts Angenehmes sagen: Sein Verhalten mir gegenüber ist hart bis zur Unehrlichkeit. Herr Panckoucke ist *Belgier* und zehnmal *Belgier*.«[124] Aber Panckoucke besaß nichts von jener engstirnigen Schlauheit, die Duplain charakterisierte. Plomteux, der ihn nahe kannte, beschreibt Panckoucke als »zu beschäftigt und zu zerstreut«[125]; und Duplain nannte ihn einen »Visionär« – ein pejorativ gemeinter Begriff, der aber doch dem Ehrgeiz des größten Impresarios der Aufklärung gerecht wird.

Anmerkungen

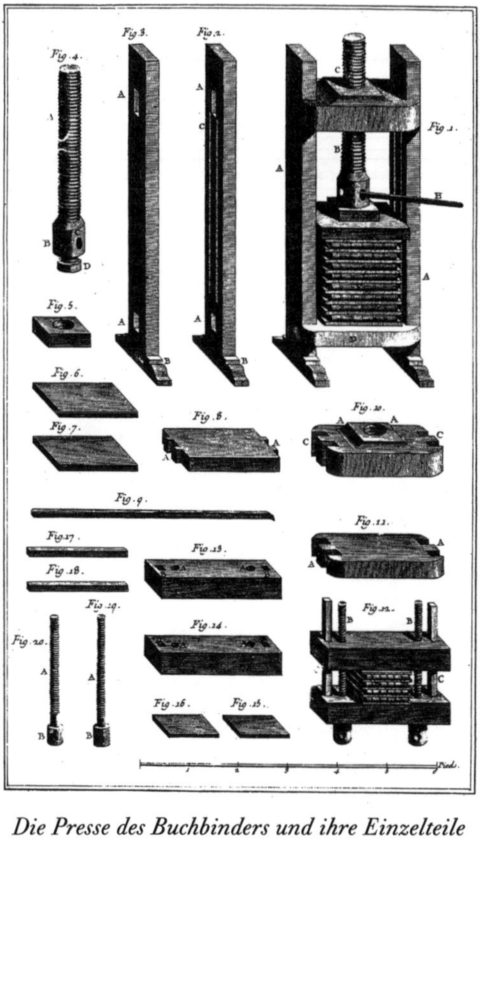

Die Presse des Buchbinders und ihre Einzelteile

[1]

EINLEITUNG: DIE BIOGRAPHIE EINES BUCHES

1. Beispiele für verschiedene Forschungsfelder in diesem Bereich und Literaturhinweise in der Bibliographischen Notiz.

2. Das heißt natürlich nicht, daß die Verlagsgeschichte den Inhalt der Bücher ignorieren könnte. Im Gegenteil ist es die Absicht dieser Studie, das Verständnis nicht nur von Texten, sondern der Bedeutung der Texte für ihr Publikum zu bestimmten Zeiten herauszuarbeiten. Zur Literatur über die *Enzyklopädie,* besonders in ihren frühen Auflagen, siehe die *Bibliographische Notiz.*

3. *Arrêt du Conseil* (Ratserlaß) vom 3. Februar 1752, zit. bei John Lough, *The »Encyclopédie«,* London, New York 1971, S. 21. Loughs Buch gibt einen guten Überblick über die frühe Geschichte der Enzyklopädie. Es wird ergänzt durch die Arbeiten von Watts, Proust und Wilson, in der Bibliogr. Notiz.

4. *Arrêt du Conseil* vom 8. März 1759, zit. ebd. S. 26.

5. Diderot schrieb seine Kritik für Charles Joseph Panckoucke, einen Verleger, der 1768 um die Erlaubnis nachsuchte, eine völlig revidierte Ausgabe der *Enzyklopädie* zu drucken. Das Original von Diderots Denkschrift ist nicht erhalten, ein Teil davon wurde jedoch während des Prozesses von Luneau de Boisjermain veröffentlicht und in Diderot, *Œuvres complètes,* hg. v. J. Assézat u. M. Tourneux, Paris, 1875–77, Bd. 20, S. 129–133 nachgedruckt.

6. Albert Soboul, *Encyclopédie ou Dict ...,* Paris 1952, S. 7–24.

7. Jacques Proust, »Questions sur l'*Encyclopédie*«, in: *Revue d'histoire littéraire de la France,* Jg. 72 (Jan.-Feb. 1972), S. 45. Prousts »Revolution« würde offensichtlich von einer sozialen Analyse der Enzyklopädisten zu einer strukturalistischen Analyse ihrer Texte fortschreiten.

8. Diese Prozentzahlen wurden nach den Informationen über die Mitarbeiter berechnet, nach Jacques Proust, *Diderot et l'Encyclopédie,* Paris 1962, Ndr. 1982, Kap. 1 und Annexe 1, und nach John Lough, *The Contributors to the »Encyclopédie«,* London 1973.

9. Die Verleger behaupteten, drei Viertel der Auflage gehe an ausländische Subskribenten, aber sie übertrieben vielleicht die Bedeutung der Exportverkäufe, um gegen Luneau anzudeuten, daß sie mit einer Verbesserung der Handelsbilanz für den Wohlstand der ganzen Nation tätig waren. Siehe John Lough, »Luneau de Boisjermain v. the Publishers of the *Encyclopédie*«, in: *Studies on Voltaire and the Eighteenth Century,* hg. v. Theodore Bestermann, Bd. 23 (1963), S. 132 f.

10. Diese Schätzungen gründen sich auf Fragmente von Verlegerabrechnungen und anderes, mit dem Fall Luneau zusammenhängendes Material, später publiziert von Louis-Philippe May, »Histoire et sources de l'Encyclopédie d'après le registre de délibérations et de comptes des éditeurs et un mémoire inédit«, in: *Revue de synthèse,* Bd. 15 (1938), S. 7–110, Ralph H.

Bowen, »The Encyclopédie as a Business Venture« (vgl. Bibliogr. Notiz), S. 19f., behauptet, diese Dokumente bestätigten Diderots Streitpunkt, die Einnahmen hätten 4.000.000 Livres betragen, die Ausgaben 1.500.000 und die Gewinne 2.500.000 Livres. Luneau manipulierte jedoch das Beweismaterial, um nahezulegen, daß die Verleger die Subskribenten geprellt hatten, und eine genauere Durchsicht Loughs (Luneau, zit. Anm. 9, S. 167) ergibt, daß die Ausgaben wahrscheinlich zumindest 2.205.839 betrugen. Tatsächlich ist Luneaus Material zu strittig, um Schlußfolgerungen zu erlauben, besonders da Schwierigkeiten beim Eintreiben von Rechnungen schwer in die Profite der Verleger des 18. Jahrhunderts einschnitten, die sie in ihren Abrechnungen unter Rubriken wie »Außenstände« und »schlechte Schuldner« anführten.

11. Die Texte der Verträge und Zusätze bei May, »Histoire ..., S. 15–17, 25.

12. Lough, Luneau (zit. Anm. 9), S. 133–140.

13. Durand starb 1763, und die restlichen Partner teilten seinen 1/6 Anteil, so daß Le Breton 1768 10/18 der Spekulation besaß, David und Briasson je 4/18. Panckoucke und seine beiden Partner erwarben je 1/3 der neuen Spekulation. Der folgende Überblick über die Verlagsgeschichte der Encyclopédie und des Supplément von 1768 bis 1776 folgt hauptsächlich den Arbeiten von Watts, Lough, Clément und Birn, vgl. Bibliogr. Notiz.

14. In ihrer Korrespondenz sprechen die Verleger gewöhnlich von *Supplément* im Singular, wie es auch auf der Titelseite heißt, gelegentlich aber auch im Plural *Suppléments*.

15. In einem Brief an die STN vom 16. Juli 1779 sagte Félice, er drucke 1600 Exemplare. Am 18. Januar 1771 unterrichtete Gosse die STN, daß er 3/4 der Auflage und die Société typographique von Bern 1/4 gekauft habe. In einem Brief vom 30. Juli 1771 bemerkt er, er habe die gesamte Auflage übernommen. Sein Sohn, Pierre Gosse junior, der 1774 sein Nachfolger wurde, schrieb der STN am 16. Juli 1779, daß er noch alle 1600 Exemplare erhalte, als Félice sich dem Ende seiner Arbeit näherte. Diese und alle folgenden Hinweise auf die STN stammen aus den Papieren der Société typographique de Neuchâtel, Bibliothèque de la Ville de Neuchâtel, wenn nicht anders angegeben.

16. Zunächst zeigte Voltaire nur Verachtung für Félice und seine *Enzyklopädie.* Voltaire an d'Alembert, 4. Juni 1769, *Voltaire's Correspondance,* hg. v. Th. Bestermann, Genf 1962, Bd. 72, S. 60. Aber 1771 kam er zu dem Urteil, Félice mache es besser als Panckoucke, ebd. Bd. 77, S. 163.

17. Gosse an die STN, 18. Jan., 1. Juli und 30. Juli 1771. Weiteres über Félice und seine Konflikte mit den rivalisierenden *Enzyklopädie*-Verlegern bei E. Maccabez, *F. B. de Félice (1723–1789) et son Encyclopédie (Yverdon 1770–1780),* Basel 1903, und J. P. Perret, *Les imprimeries d'Yverdon au XVIIe et au XVIIIe siècle,* Lausanne 1945.

18. Cramer an Rousseau, 23. Juli 1771, zit. bei John Lough, *Essays on the »Encyclopédie« of Diderot and d'Alembert,* London 1968, S. 88.

19. Der volle Text der Verträge, die Panckoucke, Cramer und de Tournes in Genf am 13. Juni 1775 unterzeichneten, bei Lough, *Essays* (Anm. 18), S. 102–108.

20. Am Tage von Diderots Verhaftung, dem 24. Juli 1749, appellierten die Verleger an den Grafen d'Argenson, den zuständigen Minister, in dem sie ökonomische Konsequenzen betonten: »Dieses Werk, das uns zumindest zweihundertfünfzigtausend Livres kostet, war auf dem Punkt, dem Publikum angekündigt zu werden. Die Verhaftung des Herrn Diderot, des einzigen Gelehrten, den wir zu einer so umfangreichen Unternehmung fähig wissen und der allein den Schlüssel zu dieser ganzen Operation besitzt, kann unseren Ruin herbeiführen.« Den Brief zit. John Lough, *The »Encyclopédie«*, London, New York 1971, S. 18.

21. Rundbrief von Pierre Gosse und Daniel Pinet aus dem Haag, vom 2. August 1769, an die STN geschickt.

22. Panckoucke an Rey, 26. Oktober 1770, zit. ebd. S. 141.

23. Ebd. S. 136. Die vorgesehenen Mitarbeiter, die in der Vereinbarung genannt werden, umfassen d'Alembert für die Physik, Albrecht von Haller für die Anatomie, J.-J. de Lalande und Jean Bernouilli d. J. für die Astronomie, Antoine Louis für die Chirurgie, Antoine Petit für die Medizin, L.-F.-G. Keralio für Taktik, Philibert de Gueneau de Montbéliard für Artillerie, Nicolas de Beauzée für die Grammatik und J.-F. de la Harpe für die Literatur. Nahezu alle diese Männer wurden einige Jahre später von Panckoucke rekrutiert, um für die *Encyclopédie méthodique* zu schreiben, in mancher Hinsicht eine Erweiterung des *Supplément.* Robinet versäumte es, verschiedene der in der Vereinbarung genannten Schriftsteller anzuwerben, und rekrutierte viele andere nicht genannte – insgesamt etwa fünfzig, einschließlich Condorcet und Marmontel sowohl wie Lohnschreiber wie J.-L. Carra und J.-L. Castilhon, die je etwa 400 Artikel verfaßten. Siehe Lough, *The Contributors …*, S. 54–69.

24. Das Privileg des ausschließlichen Rechts, das Werk zwölf Jahre lang zu drucken und nachzudrucken, wurde am 10. Februar 1776 eingetragen ins »Registre des privilèges« der Communauté des libraires et des imprimeurs de Paris (künftig: Buchhändler-Innung.) *Bibliothèque Nationale,* Ms. Fr. 21967, S. 94.

25. Eine generelle Diskussion der verschiedenen Grade der Legalität im Verlagswesen des 18. Jahrhunderts bei Robert Darnton, »Reading, Writing, and Publishing in Eighteenth-Century France: A Case Study in the Sociology of Literature«, in: *Daedalus* (Winter 1971), S. 214–256. Sehr viel über die institutionellen Aspekte des Verlegens ist aus dem *Almanach de l'auteur et du libraire,* Paris 1777, und dem *Almanach de la librairie,* Paris 1781, ebenso wie aus den königlichen Erlassen über den Buchhandel zu lernen: A. J. L. Jourdan, O. O. Decrusy und F. A. Isambert (Hg.) *Recueil général des anciennes lois françaises,* Paris 1822–33, Bd. 16, S. 217–251; Bd. 25, S. 108–128.

26. Diderot, »Au public et aux magistrats«, zit. bei Lough, Luneau

(Anm. 9), S. 132. Strikt gesprochen hob der Ratserlaß vom 8. März 1759 das zweite der drei Privilegien wieder auf, und bei seinem Prozeß argumentierte Luneau de Boisjermain, daß die vertraglichen Verpflichtungen der Verleger, die auf dem letzten Privileg beruhten, deshalb intakt blieben. Sein Argument betraf aber eine technische Einzelheit oder ein Versäumnis des Staatsrats, und das Gericht folgte dem nicht.

27. Panckoucke an Rey, 26. Oktober 1770, in: Clement, *Pierre Rousseau et l'édition des Suppléments de l'Encyclopédie,* S. 140.

28. Der Vertragstext bei Lough, *Essays,* S. 67.

29. STN an Maréchal in Metz, 22. August 1779.

30. *Bibliothèque Nationale,* Ms. Fr. 21967, S. 122, Eintrag vom 29. März 1776.

31. Wie ihre Titelseiten verkündeten, erschienen die Tafeln »avec approbation et privilège du Roi«; ihr Titel, »Recueil de planches sur les sciences, les arts libéraux, et les arts mécaniques, avec leur explication«, deutete aber keine Verbindung zur *Encyclopédie* an, die drei Jahre vor dem Erscheinen ihres ersten Bandes verboten worden war.

32. Gemäß dem Text bei Lough, *Essays,* S. 59 statuierten Le Breton und seine Partner, daß »wir verkaufen für immer an die Herren Dessaint, Panckoucke und Chauchat alle unsere Rechte an den künftigen Nachdrucken der *Encyclopédie,* unsere besagten Rechte mit allem was sie enthalten ...«

33. Der Vertrag vom 26. Juni 1770, bei Lough, *Essays,* S. 67–73 spezifizierte, daß »die Herren Cramer und de Tournes sich nur an dieser gegenwärtigen Auflage von 2000 Exemplaren beteiligen und kein ewiges Eigentumsrecht an den Rechten und Kupfern besagten Werkes beanspruchen.«

34. Artikel 22 des Vertrages im Dossier Marc Michel Rey, Bibliotheek van de Vereeniging ter Bevordering van de Belangen des Boekhandels.

35. Zu Panckouckes Begriff »Combinaisons« Kap. IX. der engl. Originalausgabe.

36. Die *Gazette de Leyde* vom 3. Januar 1777 brachte eine Anzeige der Verleger der Quartausgabe, die besagte, daß die Pariser Folio-Ausgabe damals für 1400 Livres verkauft wurde. Die gleiche Ziffer erscheint oft in der Korrespondenz der STN.

37. Die Druckauflage des *Supplément* wurde durch den Originalvertrag vom 12. April 1771 festgelegt, kann aber später verändert worden sein. Siehe Clément, Birn und Watts in der Bibliogr. Notiz.

38. Am 8. Juni 1777 bemerkte die STN in einem Brief an Droz in Besançon, daß der übliche Preis der Genfer Folio auf 700 Livres gefallen war.

39. Über die Lucca-*Encyclopédie* Salvatore Bongi, »L'Enciclopedia in Lucca« in: *Archivio storico italiano,* 3. Reihe, Bd. 18 (1873), S. 64–90, der wenig zu den kommerziellen Aspekten der Unternehmung zu sagen hat.

40. Über Aubert und seine Beziehungen zum Erzherzog, siehe Ettore Levi-Malvano, »Les éditions toscanes de l'Encyclopédie« in: *Revue de litté-*

rature comparée, III (April–Juni 1923), S. 213–256, und Adriana Lay, *Un editore illuminista: Giuseppe Aubert nel carteggio con Beccaria e Verri,* Turin 1973. Keiner der beiden sagt etwas über Preis und Auflage.

41. Das Sinken des Preises der Quartausgabe berührte nur einige Restexemplare, welche die Verleger am Ende der Unternehmung unter sich aufteilten.

42. Obwohl die Verleger der Oktavausgabe ursprünglich annoncierten, ihre Ausgabe koste in der Subskription 195 Livres, kam sie tatsächlich auf 225. Siehe die *Gazette de Berne* vom 8. April 1780. Während der Verhandlungen mit den Quarto-Verlegern über eine Verkaufsvereinbarung sagten sie übereinstimmend, sie wollten die Druckauflage von 3000 auf 6000 verdoppeln. Société typographique von Lausanne an STN, 16. Oktober und 11. November 1779, und Bérenger in Lausanne an die STN, 23. November 1779. Aber nachdem die Vereinbarung endlich Anfang 1780 getroffen war, berichtet einer der Partner der STN, die Erhöhung der Auflage betrage nur 2500 Exemplare. Ostervald an Bosset (beide STN), 4. Juni 1780: »Ich weiß aus sicherer Quelle, daß die Lausanner und die Berner, die zunächst nur 3000 druckten, jetzt seit der Zugang nach Frankreich erlangt ist, 5500 drucken.«

43. Diese Schätzungen enthalten viele Vermutungen, besonders was die *Chaperons* und das Verhältnis der französischen und nicht-französischen Verkäufe betrifft, wie die Fragezeichen in der Tabelle andeuten.

[II]
DIE GENESIS EINER VERLAGSSPEKULATION

1. STN an Panckoucke, 25. Juli 1769, als Denkschrift in einem Brief der STN an Jean-Frédéric Perregaux vom 25. Juli 1769.

2. Am 22. Dezember 1764 fielen ein Pariser Polizeiinspektor und eine Kompanie französischer Truppen in das theoretisch unabhängige Fürstentum Bouillon ein und verwüsteten drei Druckereien. Vgl. Birn, Pierre Rousseau … (Bibliogr. Notiz), S. 93.

3. Ein vierter Gründer, Jonas-Pierre Berthoud, zog sich nach einem Jahr zurück. Zum Hintergrund der Firma und ihrer Gründer John Jeanprêtre, »Histoire de la Société typographique de Neuchâtel 1769–1798« in: *Musée neuchâtelois* (1949), S. 1–22, und Jacques Rychner, »Les archives de la Société typographique de Neuchâtel« in: *Musée neuchâtelois* (1969), S. 1–24.

4. STN an Perregaux, 25. Juli 1769.

5. Perregaux an STN, 13. September 1769.

6. Ostervald an STN, 2. Juni 1775.

7. Panckoucke an STN, aus Genf, 12. Juni 1775.

8. Cramer und de Tournes hatten 76.451 Livres für nur ein Drittel Anteil

an der 2. Folio-Ausgabe bezahlt, während die STN 108.000 Livres für 1/2 Anteil an der geplanten 3. Auflage und ebenso an den Rechten und Kupfertafeln zahlte.

9. Panckouckes Genfer Gespräche sind nur aus einigen Notizen bekannt, die Bosset unter dem Titel »Observations de M. Bosset sur la refonte« aufzeichnete, STN *Archiv*, Ms. 1233.

10. Über Suard und die Integration der hohen Aufklärung in die unteren Schichten des Ancien Régime siehe Robert Darnton, »The High Enlightenment and the Low-Life of Literature in Prerevolutionary France« in: *Past and Present*, Nr. 51 (1971), S. 81–115.

11. Diderot, *OEuvres complètes*, hg. v. J. Assézat und M. Tourneux, Paris 1875–77, Bd. 20, S. 130. Zum Kontext und der Aufnahme dieser Denkschrift siehe L. P. de Bachaumont et al., *Mémoires secrets pour servir à l'histoire de la République des Lettres en France de 1762 jusqu'à nos jours*, London 1777–89, Eintrag unter dem 29. Juni 1772, künftig zit. als Bachaumont.

12. Panckoucke an STN, 4. August 1776. Die Absicht der Denkschrift wird klar aus einer von oder für Panckoucke geschriebenen Einleitung. Diderot, *Œuvres*, Bd. 20, S. 129 f.

13. Die Fassung der Denkschrift in der Diderot-Ausgabe von Assézat-Tourneux folgte einem veröffentlichten »Factum« (gerichtl. Streitschrift) von Luneau mit einigen Auslassungen und gestrichenen Personennamen. Unglücklicherweise ist das von Panckoucke an die STN geschickte Exemplar nicht in den Papieren der STN. Im Begleitbrief bemängelte Panckoucke nicht die Genauigkeit der Angaben Luneaus, so daß die gedruckte Fassung wahrscheinlich einigermaßen genau ist. Diderot-Forscher haben richtig auf den polemischen Hintergrund der Denkschrift verwiesen, aber nicht ihre Implikationen für Diderots Biographie bemerkt. Panckouckes Brief deutet an, daß Diderot ernstlich erwog, die Herausgeberschaft einer völlig neuen Fassung der *Encyclopédie* zu übernehmen und nicht nur das *Supplément*, trotz des Dementis in der Denkschrift selbst, S. 131.

14. Diderot an Sophie Volland, 31. August (?), in: Ders., *Correspondance*, hg. v. G. Roth, Paris 1955 ff., Bd. 9, S. 123 f. Diderots geringe Sympathie für Panckoucke ergibt sich auch aus einer Bemerkung Ostervalds an Bosset, Brief vom 4. Juni 1780: »Harlé (O.s Schwiegersohn, Kaufmann in St-Quentin) hat vielleicht mit Ihnen darüber gesprochen (über P.) und Ihnen wie mir gesagt, Diderot versichere ihm, das sei ein Mann ohne Treu und Glauben und er erböte sich, das zu beweisen.«

15. Alle im Vertrag Genannten gehörten der Académie française an mit Ausnahme der beiden heute am wenigsten bekannten: Antoine Petit war ein berühmter Arzt und Mitglied der Akademie der Wissenschaften, und Antoine Louis war der angesehene ständige Sekretär der Akademie der Chirurgie. Beide hatten Artikel über Medizin für die ursprüngliche *Enzyklopädie* verfaßt.

16. D'Alembert hat einen Brief der STN beantwortet, der sich nicht

erhalten hat, wie das meiste an Korrespondenz über die *Enzyklopädie* aus dieser Periode.

17. »Mémoire envoyé à Paris le 1e. juin 1777« im Archiv der STN, Dossier »Encyclopédie«; sowie ein späterer Verweis im Brief der STN an Panckoucke vom 8. Februar 1778.

18. Bossets Denkschrift »Observation de M. Bosset sur la refonte« behandelt das von Panckoucke geschickte Material genügend genau, um auf eine gute Kenntnis ihres Inhalts zu schließen, besonders da Panckouckes Vertragsentwürfe die Grundlage der im Archiv der STN erhaltenen Verträge sind.

19. Obwohl Suard den Vertrag für die revidierte Ausgabe am 14. August 1776 anerkannt hatte, akzeptierte er ihre Modifikationen in der Vereinbarung Panckouckes mit der STN erst viel später. Am 4. November 1776 schrieb Panckoucke der STN: »Ich lege die Akte bei, die Herr Suard endlich unterzeichnet hat. Er verlangte Änderungen. Ich habe ihm dargelegt, daß sie zu Verzögerungen führten und daß wir schon zu viel Zeit verloren haben. Ich habe ihm die Notwendigkeit des Paragraphen über Beschäftigungsmangel begreiflich gemacht, den enormen Verlust, den ein Aufschub auch nur von einem Monat bewirkte, usw.«

20. Panckoucke an STN, 4. November 1776. Regnault war einer der wichtigsten Buchhändler in Lyon. Er kaufte offensichtlich 1/12 Anteil am Nachdruck und war bereit, ihn auf die Neufassung umzuwandeln. Siehe Regnault an STN, 27. August 1776. Rey verkaufte sein 1/12 etwas später wieder an Panckoucke. Während seiner kurzen Zeit als Gesellschafter versuchte die STN, Verbindungen mit ihm anzuknüpfen, er wollte aber nicht mit einem Rivalen verbunden sein, der gelegentlich Raubdrucke seiner eigenen Bücher herstellte. Vgl. STN an Rey, 25. Januar 1777, Dossier Marc Michel Rey, Bibliotheek … (Amsterdam).

21. Panckoucke beschrieb seine finanzielle Lage in einem Brief an die STN vom 4. November, und Suard erörterte seine eigenen Tätigkeiten in Briefen vom 18. April 1777 und 11. Januar 1779.

22. Siehe z. B. die Sammlung von Denkschriften in den Archiven der Buchhändler-Innung, *Bibliothèque Nationale,* Ms. Fr. 21833.

23. »Carnet de voyage, 1773, J. E. Bertrand«, STN *Archiv,* Ms. 1058.

24. Emeric David, »Mon voyage de 1787«, ein Tagebuch in der *Bibliothèque de l'Arsénal,* Paris, Ms. 5947.

25. »Mémoire sur la librairie de France fait par le sieur Guy pendant qu'il était à la Bastille«, 8. Februar 1767, *Bibliothèque Nationale,* Ms. Fr. 22123.

26. Jean Schaub an STN, 10. Januar 1775.

27. Panckoucke an STN, 6. November 1779.

28. Pierre-Joseph Duplain handelte kräftig mit illegalen Schriften, bis ein Kollege ihn 1773 denunzierte und ein »Verhaftbrief« (Lettre de Cachet) ihn zur Flucht in die Schweiz nötigte. 1777 taucht er als »Commissionnaire« und Händler unerlaubter Bücher in Paris auf, wo er mit den ertragreichsten

und gefährlichsten verbotenen Büchern und Manuskripten einen Bankrott erfolgreich bezwang. Siehe das Dossier P.-J. Duplain im STN Archiv.

29. Revol an STN, 24. Juni 1780. Amable und Thomas Le Roy waren ebenfalls Lyoner Buchhändler, die mit Duplain bei der Quartausgabe zusammenarbeiteten.

30. Duplain an STN, 3. November 1775. Die übrigen Angaben in diesem Abschnitt stammen aus den 84 Briefen in Duplains Dossier im STN Archiv.

31. Duplain an STN, 3. November 1775, und STN an Duplain, 9. November 1775.

32. Siehe den Text der Erlasse vom 30. August 1777 in *Recueil des anciennes lois françaises,* hg. v. F. A. Isambert u. a., Paris 1822–33, Bd. 25, S. 108–128 und, für eine Erörterung des allgemeinen Problems Innung gegen unternehmerisches Verlegen, Robert Darnton, »Reading, Writing, and Publishing in Eighteenth-Century France: A Case Study in the Sociology of Literature« in: *Daedalus (Winter* 1971), S. 214–256.

33. Perregaux an STN, 17. Dezember 1777.

34. Seiner Andeutung eines Bündnisses mit den Provinzbuchhändlern gegen die Pariser fügt er hinzu: »Die aus Rouen bedankten sich durch Deputationen. Es wäre zu wünschen, daß es in Lyon und den anderen großen Städten auch so käme. Was auch geschieht, diese Erlasse berühren unsere Affäre (die Enzyklopädie) nicht.«

35. »Lettre de M. Panckoucke à Messieurs le président et électeurs de 1791«, Paris, 9. September 1791, S. 23 u. 14.

36. Panckoucke schilderte seine Rolle als Reformer und seine Denkschrift in einigen »Observations de M. Panckoucke«, die er im *Mercure* vom 21. November 1789 veröffentlichte. Er druckte die Denkschrift selbst oder einen Teil – ein vernünftiges Argument für die Begrenzung der Buchprivilege – in der *Encyclopédie méthodique,* Abt. *Jurisprudence,* Bd. 6, S. 813–817.

37. Panckoucke an STN, 7. Juli 1778. In einem Brief an die STN vom 4. November 1776 erklärte Panckoucke. »Ich habe jedes Jahr bei Herrn Duperron, dem Direktor der Imprimerie Royale, Aufträge für 70 bis 80.000 Livres ... Ich bitte Sie zu beachten, daß ich Ende 1777 mehr als 80.000 Livres Vorauszahlungen geleistet hatte.«

38. Panckoucke skizzierte seinen Plan, der d'Alemberts Intervention um die Gunst Friedrichs II. einschloß, in einem Briefentwurf an die STN, der mit dem 25. Dezember 1776 datiert ist, *Bibliothèque publique* ..., Genf, Ms. suppl. 148.

39. Bachaumont, Eintrag unter dem 2. Dezember 1786. Und in seinem Eintrag vom 6. Juli 1778 bemerken die Mémoires secrets, »Der Herr Panckoucke erhebt dank des Diploms, das ihm die Unternehmung des *Mercure* gewährt, die höchsten Prätentionen. Er begnügt sich nicht damit, das *Journal français,* das *Des Dames* und das *De politique et de littérature* verschluckt zu haben; er hätte gern, daß ihm die anderen seiner Vorrangstellung wegen tributpflichtig würden.«

40. STN an Panckoucke, 18. Dezember 1777, und Panckoucke an STN, 22. Dezember 1777.

41. Bachaumont, Eintrag unter dem 5. Dezember 1781.

42. Eine Studie über Politik und Einflußhascherei am Hof Ludwigs XV. und Ludwigs XVI. muß noch geschrieben werden, aber viel zu diesem merkwürdigerweise vernachlässigten Thema ist zu erfahren bei Michel Antoine, *Le conseil du roi sous le règne de Louis XV*, Genf 1970, und J. F. Bosher, *French Finances* 1770–1795: *From Business to Bureaucracy*, Cambridge 1970.

43. Bachaumont, Eintrag vom 17. September 1776. Die Mémoires secrets fanden den Brief so persönlich, daß sie an seiner Echtheit zweifelten, notierten aber: »Man erklärt es damit, daß M. de Vergennes ihn selbst geschrieben habe, aus vollem Herzen.«

44. D.-J. Garat, *Mémoires historiques sur la vie de M. Suard, sur ses écrits, et sur le XVIIIe siècle*, Paris 1820, Bd. 1, S. 274.

45. In seinem Brief vom 9. September 1791 rühmte Panckoucke sich seines Erfolgs bei der Verbreitung der Werke von Voltaire, Rousseau und Raynal: »Ich konnte so gut mit den Ministern des Königs umgehen, daß ich sie diese (Werke) frei im Königreich zirkulieren zu lassen bewog.« (S. 9 und S. 16 über den Verkauf von Raynals *Histoire philosophique* und ähnliche Bemerkungen bei Bachaumont, unter dem 16. Februar 1776). Natürlich zog Panckoucke nicht nur die Fäden, um Aufklärung zu verbreiten. Ein Dokument in der Bodleian Library Oxford, Ms. fr. c. 31, ein Vertrag P.s mit Stoupe vom 7. Mai 1781 zeigt, daß er einen Mehrheitsanteil an einer Genfer Ausgabe der *Histoire philosophique* für etwa 250.000 Livres erwarb. Panckoucke erwähnte in einem Brief an die STN vom 5. August 1777 seine besondere Genehmigung, die Genfer *Enzyklopädie* zu importieren.

46. Barret an STN, 24. Oktober 1779. Vier Jahre später machte die STN Amable Le Roy den gleichen Vorschlag und erhielt die gleiche Antwort (Le Roy an STN, 17. Dezember 1783): »Ich würde nicht zögern, mich für mein Gewerbe zu interessieren, wenn diese Pläne nicht gegen Herrn Panckoucke gerichtet wären, der Günstling aller Minister ist. Er hat ein gültiges Privileg auf dieses Werk, und ich glaube, er würde einen Buchhändler im Lande mit seinem Kredit zerschmettern, der bei Ihrem Projekt beteiligt wäre.«

47. Die Kampagne der STN fand hauptsächlich nach der Zeit ihrer Spekulation mit Panckoucke an der *Enzyklopädie* statt. Verschiedene ihrer Agenten berichteten, daß er jeden Versuch blockiere, eine Genehmigung auszuhandeln. Siehe Thiriot an STN, 5. Mai 1781 (»Panckoucke speit Feuer und Flammen, nichts kommt beim Justizminister voran«) und ähnliche Bemerkungen bei Le Senne an STN, undatiert, wohl Mai 1780.

48. Bachaumont, Eintrag 31. August 1786, sowie 5. und 13. November 1786, 2. Juli 1773 und Appendix, Bd. 27, S. 278 f. Bachaumont ist bei Meinungen verläßlicher als bei Ereignissen, aber für die Historiker ist er außer den Zeitschriften selbst die einzige Quelle. Allgemein: Eugène Hatin,

Histoire politique et littéraire de la presse en France, 8. Bde., Paris 1859–61) und Ders., *Bibliographie historique et critique de la presse périodique française,* Paris 1866, die nicht durch das jüngste Werk ersetzt wurden: Claude Bellanger, Jacques Godechot, Pierre Guiral und Fernand Terrou, *Histoire générale de la Presse française,* Paris 1969, Bd. 1. Zu Panckouckes Finanzkrise 1777 sein Brief vom 9. September 1791, S. 11 u. 29.

49. Panckoucke an STN, 5. Mai 1777. Die STN hatte Panckouckes Hilfe bei der Freilassung konfiszierter Exemplare eines Raubdrucks der *Description des arts et métiers* erbeten. P. verweigerte es mit der Begründung, »es würde mich kompromittieren. Man hat mir die direkte Lieferung in mein Lager von mehreren Ballen *Enzyklopädien* genehmigt. Meine ungerechten Innungsgenossen, die wissen, daß ich mit Ihrem Haus Beziehungen unterhalte, argwöhnten, sie könnten ihre *Arts* enthalten.

50. Panckoucke an STN, 26. Dezember 1776. Regnaults Bericht und die anderen Briefe an und von Panckoucke aus dieser Zeit fehlen im Archiv der STN, aber die Vereinbarung in Dijon und die folgende Korrespondenz der STN machen klar, daß Panckoucke die Quartausgabe als einen solchen kommerziellen Erfolg ansah, daß er dabei lieber kassieren als ihn zerstören wollte.

51. Tatsächlich würde Duplain die nötigen Zahlungen leisten und für den Einsatz seines Kapitals mit einer Verzinsung von 5 Prozent von Panckoucke entschädigt werden, der ihm als Sicherheit einen Schuldschein auf 20.000 Livres gab.

52. Diese Rechnung gründet sich auf die Bestimmungen des Vertrags und stellt Kosten und Einnahmen nach den Plänen von 1777 eher als die schließlichen Zahlen dar, die sich als viel größer erweisen sollten. Die Kosten der Tafeln fehlen allein und lassen sich aus einem »Résumé des frais des planches« entnehmen, das Panckoucke 1780 aufstellte. 4000 Exemplare zum Großhandelspreis ergäben 968.088 Livres, bei dem Maximum an freien dreizehnten Exemplaren. Zum Einzelpreis erbrächten sie 1.376.000 Livres. Panckoucke konnte deshalb mit Einnahmen über einer Million rechnen. Seine Einschätzung der Unkosten ist schwieriger, läßt sich aber ungefähr so vereinfacht darstellen:

Gravieren und Retouchieren der Tafeln	34.916 Livres
Drucken der Tafeln	16.414 Livres
Papier für die Tafeln	17.737 Livres
Satz und Druck des Textes	180.000 Livres
Papier für den Text	237.000 Livres
Duplains Ausgaben in vier Jahren	8.000 Livres
Lohn des Redakteurs, vier Jahre	2.400 Livres
	497.157 Livres

53. Dieser Bericht gründet sich auf Batilliots reiches Dossier von 101 Briefen im STN Archiv. Am 13. März 1778 teilte Batilliot der STN mit, er habe bis auf ein Exemplar alle Genfer *Enzyklopädien* verkauft, obwohl sein

Gewinn damit verloren ging, ihnen durch Schmiergelder den Weg nach Paris freizumachen.

54. Panckoucke an STN, 16. Juni 1777. Indem er den Preis für das Register auf 60.000 Livres setzte, erlaubte sich Panckoucke flotte Sprüche: »Ich habe das Manuskript bei den Gesellschaftern der *Encyclopédie* für 30.000 Livres erworben ... Ich biete Ihnen das Register zum Kauf an, möchte aber meinen Einsatz gern verdoppelt sehen.« Tatsächlich hatte er es von de Tournes für 22.000 Livres gekauft. Siehe den Vertrag bei Lough, *Essays*, S. 104.

55. Panckoucke an STN, 4. November 1776 und 16. Juni 1777.

56. Zitate aus STN an Perregaux, 11. Februar 1777; Perregaux an STN, 19. u. 28. Februar 1777; Ostervald und Bosset an STN, 7. März 1777. Briefe aus Frankreich nannten selten Personen bei Namen, da die französische Regierung gewöhnlich die Post öffnete.

57. Charly Guyot, *De Rousseau à Mirabeau. Pèlerins de Môtiers et prophètes de 89*, Neuchâtel 1936, S. 103. Rousseau hatte in den 1760er Jahren in dieser Landschaft gelebt und sie beschrieben.

58. Verabredungen für die Reise ergeben sich aus der Korrespondenz der STN mit Pelliers und Pochet, »Commissionnaires« in Besançon, im Februar 1777. Über die »Revolution« beim Reisen Guy Arbellot, »La grande mutation des routes de France au milieu du XVIIIe siècle« in: *Annales. E. S. C.* Bd. 28, Mai–Juni 1973, S. 765–791.

59. STN an Perregaux, 11. Februar 1777.

60. Ostervald und Bosset an STN, 12. u. 20. März 1777, ähnlich 23. März.

61. Ostervald und Bosset an STN, 28. Februar 1777. Der »Abbé G.« ist wahrscheinlich Grosier, ein kleinerer Literat, mit dem die STN in Verbindung stand.

62. Bertrand an Ostervald und Bosset, 23. Februar 1777. Bertrands Brief veranschaulicht einen Faktor, der die Verhandlungen frühmoderner Verleger komplizierte: Mißtrauen erschwert durch Fehlwahrnehmung.

63. Ostervald und Bosset an STN, 28. Februar 1777.

64. Der Zusatz drückt diese Vereinbarung etwas elliptisch aus. Panckoucke meint offenbar, der Aufseher des Buchwesens habe Druck auf ihn ausgeübt, die Quartausgabe zu beschleunigen, um den Schaden für Suard und dessen Mitarbeiter so gering wie möglich zu halten.

65. Ostervald und Bosset an STN, 7. März 1777. Das Original führt nur die Anfangsbuchstaben der Eigennamen an.

66. Panckoucke an Duplain, 10. März 1777, *Bibliothèque publ.*, Genf, Ms. suppl. 148.

67. Ostervald und Bosset an STN, 10. März 1777.

68. Ostervald und Bosset an STN, 12. März 1777.

69. Ostervald und Bosset an STN, 20. März 1777.

70. Duplain an Panckoucke, 10. März 1777, in Panckouckes Dossier im STN Archiv.

71. Duplain an Panckoucke, 16. März 1777.

72. Ostervald und Bosset an STN, 24. März 1777.

74. Siehe »Troisième addition à l'acte du 3e juillet 1776« im Appendix der engl. Originalausgabe (A. VIII). Der Vertrag vom 3. Juli 1776 verpflichtete auch die STN, 35.400 Livres in sechs Raten zwischen dem 1. August 1777 und dem 1. November 1778 zu bezahlen, als Leistung für die Hälfte des Wertes der drei Textbände, die Panckoucke aus der Bastille freibekommen hatte. Obwohl die folgenden Vereinbarungen diese Bände fast wertlos machten, hoben sie diese Schuld nicht auf.

75. Ostervald und Bosset an STN, 23. u. 24. März 1777, vgl. den Brief vom 4. April 1777.

[III]
MIT AUFLAGEN JONGLIEREN

1. Panckoucke an STN, 26. Juni und 8. Juli 1777. Vgl. ähnliche Bemerkungen in Panckouckes Briefen an STN, 13. Mai und 16. Juni 1777, und Duplain an STN, 18. August 1777.

2. George B. Watts, »The Swiss Editions of the *Encyclopédie*« in: *Harvard Library Bulletin,* IX (1955), S. 228, gibt eine Vermutung, wie man die »zweite« Auflage zu erklären habe, obwohl er wie andere Gelehrte meinte, Pellet stecke hinter der Sache. Lough stimmt Watts Version der schwierigen Frage zu (*Essays,* S. 36–38). Ausführlich Robert Darnton, »True and False Editions of the Encyclopédie, a Bibliographical Imbroglio« in: Jean-Daniel Candaux u. Bernard Lescaze, *Cinq siècles d'imprimerie genevoise,* 2 Bde. Genf, 1980–81.

3. Duplain faßte seine Anweisungen im Brief an die STN vom 27. August 1777 so: »Wir haben uns entschlossen, 3 Ries, 10 Lagen mehr zu drucken. Folglich möchten Sie, meine Herren, künftig von jedem Bogen, den sie unter die Presse bringen, insgesamt 12 Ries, 6 Lagen drucken, und wenn Sie Ihren Band beendet haben, drucken Sie bitte alles, was schon fertig ist, nach zu lediglich 3 Ries, 10 Lagen.« In einem Brief vom 18. August sagte er, das Drucken des 8. Bandes habe gerade in Lyon begonnen, und die ersten zehn Bände sollten bis September fertig sein, seine Briefe sagen aber nicht deutlich genug, welcher Anteil der ersten Bände nachgesetzt und in 1750 Exemplaren nachgedruckt wurde und wer das tat.

4. Panckoucke an STN, 9. September 1777. Panckoucke fügte hinzu, daß er Duplains Bericht wirklich glaube. »Man muß hoffen, in Paris mindestens 1000 unterzubringen. Der Absatz könnte, wenn er den Provinzen entspricht, doppelt so hoch sein. Duplain hat mir wegen einer Erhöhung der Auflage geschrieben, die wir ihm nicht bestreiten können, selbst wenn wir sie nicht wollen. Ich bin ebenso gewiß wie er, daß man diese 6000 Exemplare unterbringt, und diese Gewißheit muß Sie, meine Herren, überzeugen, daß ich Sie an einem ausgezeichneten Geschäft beteiligt habe, denn bei der Zahl müssen wir unseren Fonds mehr als verdoppeln.«

5. Den neuen Preis von 9 Livres, 5 Sous pro Ries setzte ein Zusatz zum Vertrag von Dijon fest, auf den 15. Mai 1777 datiert. Dieses Dokument fehlt im Archiv der STN, sein Inhalt wird aber durch Panckouckes Vereinbarung mit Duplain am 30. September 1777 klar (§ 4, im Appendix A.XI der engl. Originalausgabe).

6. Panckoucke an STN, 9. September 1777.

7. Der Text dieser Vertragskopie im STN Archiv, Ms. 1233. Ein Brief der STN an Panckoucke vom 3. Mai 1778 zeigt, daß die STN damals die geheimen Abmachungen für das Quart-Register nicht kannte und bereit war, einen ähnlichen Handel mit Panckoucke hinter Duplains Rücken zu machen.

8. Panckoucke an STN, aus Lyon, 9. Oktober 1777.

9. Duplain an STN, 30. September 1777.

10. Der Agent Merlino de Giverdy erzählte Panckoucke im November, daß es genügend Subskriptionen für eine dritte Auflage binnen drei Monaten gebe. Panckoucke gab diese Neuigkeiten nach Neuchâtel mit einer jubelnden Bemerkung der Art, wie sie jetzt alle seine Briefe über die Quartausgabe füllen: »Es ist ein unglaublicher Erfolg« (Panckoucke an STN, 8. November 1777).

11. Duplain an STN, 16. Januar 1778. Der Text fehlt in Duplains Brief und wird nach der *Gazette de Leyde* vom 6. Februar 1778 zitiert, wo die STN ihn druckte.

12. STN an Panckoucke, 25. u. 29. Januar 1778.

13. STN an Panckoucke, 22. Februar 1778.

14. STN an Duplain, 29. März 1778.

15. STN an Panckoucke, 9. April 1778.

16. Ebd.

17. STN an Duplain, 15. April 1778.

18. Duplain an STN, 21. April 1778.

19. STN an Panckoucke, 3. Mai 1778 und STN an Duplain, 2. Mai 1778.

20. Duplain an STN, 9. Februar 1778.

21. Diese Darstellung der Streitigkeiten der STN mit Duplain gründet sich auf d'Arnals dickes Dossier im STN Archiv und auf die Korrespondenz der STN mit Duplain.

22. STN an Panckoucke, 7. Juni 1778.

23. Die wichtigsten Briefe sind die d'Arnals an STN, 12. Juni, STN an d'Arnal, 17. Juni, STN an Duplain, 24. Juni; STN an Duplain, 8. Juli und STN an d'Arnal, 8. Juli 1778.

24. Favargers Tagebuch: »Instructions et renseignements pour J. F. Favarger« befindet sich im STN Archiv, Ms. 1059.

25. STN an Favarger, 11. Juli 1778.

26. Favarger an STN, 15. Juli 1778.

27. Duplain an STN, 10. Juli 1778. Dieser Brief war die Antwort auf einen Brief der STN vom 8. Juli, der möglicherweise das Ultimatum enthielt, seine Rechnungen zu bezahlen.

28. STN an Duplain, 15. Juli 1778.

29. Favarger an STN, 23. Juli 1778.

30. Panckoucke an STN, 26. Juni 1777.

31. Favarger legte dem Brief an die STN vom 23. Juli 1778 einen handschriftlichen Text des Prospektes bei.

32. STN an Duplain, 14. Oktober 1778.

[IV]
BUCHHERSTELLUNG

1. STN an Panckoucke, 20. August 1778.

2. Diese Zahl gründet sich auf die gesamte Druckauflage von 8525 Exemplaren, die die Verträge für die drei Auflagen vorsahen. Die Anzahl vollständiger Ausgaben muß verdorbener Bogen wegen geringer gewesen sein. Panckoucke überwachte den Druck der drei Tafelbände in Paris.

3. Siehe STN an Ranson in La Rochelle, 24. Mai 1778. »Pellet, der nur ein einfacher Drucker ist, ist ein Deckname für uns«; und STN an Graffenried in Avranches, 6. März 1780: »Dieser (Pellet) war nur unser Beauftragter, der einige Bände druckte ... Pellet hatte auch den Auftrag, Subskriptionen zu sammeln, und darauf war sein ganzes Interesse beschränkt.« Pellets Honorar für den Gebrauch seines Namens auf der Titelseite erscheint in Bossets Notizen unter »Ausgaben« der Unternehmung, STN Archiv Ms. 1220. Und Pellets Druckerzeichen erscheint am Ende der Bände 2, 7, 11 und 31 der ersten Auflage der Quartausgabe in der Bibliothèque de la Ville de Neuchâtel. Die einzigen anderen Bände mit Kolophon in diesem Exemplar sind die Bände 3 und 8 (Bassompierre in Genf) und 14 (Société typographique Genf).

4. Duplain an Panckoucke, 16. März 1777 (nach einer Kopie, die P. an die STN schickte) und Barthélemy Chirol in Genf an STN, 17. Juli 1778.

5. Panckoucke hatte zunächst bezweifelt, daß Duplain die Behörden überreden könnte, ihn in Frankreich drucken zu lassen: »Er ersucht um die Genehmigung dafür in Lyon, und ich weiß, daß er sie nicht bekommen wird.« Panckoucke an STN, 4. Juli 1777. Aber am 5. August 1777 berichtete Panckoucke der STN, »Dank der Gesuche hat man Erlaubnis, einige Bände in Lyon zu drucken.«

6. Favarger an STN, 21. Juli 1778.

7. Duplain an STN, 21. Januar 1779: »Hier das Verzeichnis der Pressen, die für die dritte Auflage arbeiten: 6 bei Bélivre, 4 bei Labbe, 4 bei Chavanne, 6 bei Vatan, 8 in Trévoux, 4 bei Goeri, 3 bei Dégoutte, 6 bei Pellet in vierzehn Tagen, 3 bei Cuty, 9 bei Cuchet.«

8. Champmorin in Saint Dizier an STN, 17. Juli 1780.

9. *Gazette de Leyde*, 7. Oktober 1777; vgl. ähnliche Bemerkungen in den Aufzeichnungen vom 3. Januar und 11. Februar 1777.

10. Gemäß ihren Rechnungsbüchern verwendete die STN 1762 Ries für den Band 24 der ersten und zweiten Auflage und 669 Ries für Band 19 der dritten Auflage. Eine Mannschaft von fünf Setzern, die sich ausschließlich darauf konzentrierten, setzten den Text von Band 24 zwischen 6. Juni und 7. November. Die Drucker, deren Zahl wechselte, druckten den Band und vier andere größere Projekte und verschiedene kleine Aufträge, die alle von dem halben Dutzend weiterer Schriftsetzer im Betrieb gesetzt wurden.

11. Über die Erwerbung des »Hauses Brun« durch die STN, um ihren Betrieb für den Druck der *Encyclopédie* zu vergrößern, siehe STN an Pettavel, 22. Juli 1776; Mme. Bertrand (STN) an Bosset, 21. Mai 1780, und Bosset an Mme Bertrand, 29. Mai 1780. Über den Kauf der Pressen die Briefe der STN an la Roche Valtar v. 8. u. 24. September, 6. u. 12. Oktober und 24. November 1776 und 17. September 1777. Favarger inspizierte die Pressen während einer Reise nach Lyon 1776. Er fand sie günstiger als neue Pressen, die ohne kupferne Platten (Tympan) 300 Livres kosten würden und je einen Monat brauchten, bis sie von Tardy, dem besten Pressenbauer der Stadt, hergestellt wären. Favarger an STN, 25. August 1776.

12. Die Verhandlungen über Lettern lassen sich im einzelnen im Dossier Vernange verfolgen, das 21 Briefe und die Antworten der STN enthält, besonders die Briefe vom 26. Juni, 8. Juli und 4. September 1777. Siehe auch STN an Duplain, 26. April 1777, und Bonnant an STN 14. November 1777. Im allgemeinen bestellte die STN Lettern sowohl nach Gewicht wie nach »feuilles« (ein Satz Schriften) und bezahlte etwa 25 Sous für ein Lyoner Pfund von 14 Unzen. Sie schickte Vernange zwei Musterbuchstaben, damit die Höhe konform wäre.

13. Die wichtigsten Briefe in Langlois' Dossier sind: Langlois an STN, 27. Oktober 1777; 22. Januar, 5. Februar, 2. Mai und 17. September 1778. Duplain bestand darauf, daß seine Drucker die beste Pariser Druckerschwärze verwenden: »Verwenden Sie Pariser Druckerschwärze? Es darf keine andere sein, und wenden Sie sich an die Herren Prévost-Langlois, beide Farbenhändler in Paris, ohne weitere Adresse.« Duplain an STN, 9. Februar 1778.

14. Diese Bemerkungen über Papier gründen sich auf das Studium der Dossiers von 23 Papierherstellern (Papetiers) und Papierhändlern (Marchands papetiers) in Neuchâtel, aber sie sind nur eine Skizze des Gegenstandes, der in der Arbeit von Jacques Rychner ausführlich bearbeitet wird: J. Rychner, *Genève et ses typographes vus de Neuchâtel*, 1984. Eine Darstellung aller Aspekte der Buchherstellung mit Literaturverweisen in einer analytischen Bibliographie: Philip Gaskell, *A New Introduction to Bibliography* (New York, Oxford 1972).

15. Panckoucke an STN, 9. Oktober 1777.

16. Duplain an STN, 3. Januar 1778.

17. D'Arnal an STN, 21. Dezember 1777. Die STN versuchte erfolglos, bei sechs der dreizehn Lyoner Papierhändler Papier zu bekommen. In einer

typischen Antwort schrieb einer von ihnen am 6. Dezember 1777: »Diese Papiere sind gegenwärtig sehr selten und wegen der Suche, die Herr Duplain in allen Fabriken anstellen läßt, im Preis gestiegen. Sie kommen zu spät, denn es ist nicht die Jahreszeit dafür.«

18. Der Ausdruck »verheiraten« stammt aus der reichen Fachsprache der Papierhersteller im 18. Jahrhundert. Jean Georges Schertz, ein Straßburger Papierhändler, versprach z. B. in einem Brief an die STN vom 7. September 1778, den gleichen Grad von Weiße bei den Papieren aller Mühlen, die für ihn arbeiteten, zu garantieren: »Wenn es um ein Fädchen daran fehlt, ist der Unterschied so gering, daß man es nicht wahrnimmt. Ich weiß, daß man sie verheiraten können muß.«

19. Die Verwandlung erfolgt, indem man die für eine *Feuille d'édition* (Druckbogen) benötigte Papiermenge durch die Lieferung jedes Händlers teilt. Da jeder Bogen in 6150 Exemplaren gedruckt wurde, erforderte eine Feuille d'édition 12 Ries, 6 Lagen Papier. Dividiert man Schertz' 149 Ries, 10 Lagen durch 12,3, so ergeben sich 12,1 Feuilles d'édition. Ein Archetypus oder Modellexemplar von Band 24 enthielte also 12,1 Bogen von Schertz, obwohl die wirklichen Exemplare mehr oder weniger davon enthalten konnten, je nachdem wie das Papier an die Drucker verteilt wurde. Die lange und mühevolle Aufgabe, das Neuenburger Exemplar zu untersuchen, wurde mit Hilfe von Jacques Rychner vorgenommen, dessen Fähigkeit, Wasserzeichen zu lesen, für ihren Erfolg entscheidend war.

20. Mit einem Scherzwort der Papiermüller unterrichtete Morel die STN am 2. Mai 1778: »Die Papiere, die ich für Sie herstelle, werden kein Zeichen tragen. Sie sind Bastard dem Namen und der Sache nach.«

21. Morel an STN, 30. November 1777 und 2. Mai, 16. Mai und 1. Juli 1778.

22. Gurdat an STN, 2. März 1778.

23. Desgranges an STN, 9. Januar 1779.

24. STN an Laserre, 19. Oktober 1777. Siehe auch STN an Duplain, 20. September 1777: »Hinsichtlich des Manuskripts, das uns ausgeht, wenn wir nicht zwischen heute und in acht Tagen neues erhalten, bitten wir Sie um die Güte, uns damit zu versorgen und zwar so, daß wir immer einige Tage voraus damit versehen sind.«

25. STN an Duplain, 30. Juli 1777.

26. Laserre an STN, 4. August 1777. In einem Brief an die STN vom 1. Oktober 1777 beklagte sich Laserre wieder, hinter seinem Rücken kritisiert zu werden, und versprach, künftig besseres Manuskript liefern zu wollen, da er neue Hilfskräfte (Kopisten und Korrektoren) angestellt habe, und versichern könne, daß der Text dreimal gelesen werde, ehe er an die Drucker geht.

27. STN an Panckoucke, 27. Juli 1777 und 1. Mai 1777.

28. Panckoucke an STN, 8. November 1777.

29. STN an Panckoucke, 16. November 1777.

30. STN an Laserre, 19. Oktober 1777; Laserre an STN, 28. Januar, 6. April, 10. Juni und 24. Oktober 1778; und *Nouveau journal helvétique,* Juli 1778, S. 38–42. Urteilt man nach den Papieren der STN, so waren abgekartete Buchbesprechungen im 18. Jahrhundert so üblich, wie Balzac es für das 19. Jahrhundert behauptete.

31. Laserre an STN, 4. August 1778. Laserre gab seine »Suppressions« (Textauslassungen) mit ähnlichen Worten in einem Brief an die STN vom 10. Juni 1778 zu. Und am 4. August enthüllte er Einzelheiten seiner Editionsarbeit: »Ich erkläre Ihnen förmlich, daß vom 9. Band an aller Text von vier verschiedenen Personen gelesen wird, von denen eine ganz damit beschäftigt ist, die fast stets fehlerhaften Zitate zu überprüfen. Es entgehen trotz dieser Vorkehrungen Fehler. Aber das ist eine notwendige Folge der Übereilung, mit der man zu arbeiten gezwungen ist ... Ich habe auf die *Description* von Herrn Bertrand in fast allen Artikeln der Künste und Gewerbe verwiesen, und auch das wird uns von den Zensoren vorgeworfen, die der Neid gegen uns wappnet.«

32. Die folgende Darstellung beschreibt nur einige Hauptaspekte der Buchherstellung in der STN und will die Darstellung von Jacques Rychner nicht ersetzen. Über zwei Verlage mit vergleichbar reichen Archiven wie die STN siehe D. F.: McKanzie, *The Cambridge University Press,* 1696–1712, Cambridge 1966, 2 Bde., und Leon Voet, *The Golden Compasses,* Amsterdam 1969–72, 2 Bde., über Plantins Presse in Antwerpen im 16. und 17. Jahrhundert.

33. Offray, ein Schriftsetzer, der in Yverdon für Félice arbeitet, an Ducret, einen Setzer der STN, 20. Dezember 1770, zit. bei Jacques Rychner, »A l'ombre des Lumières: coup d'œil sur la main-d'oeuvre de quelques imprimeries du XVIIIème siècle«, *Studies on Voltaire and the Eighteenth Century,* 155 (1976), S. 1949.

34. STN an Claudet, 8. Mai 1777.

35. STN an Perregaux, 24. Juni 1777.

36. Die STN erörterte diese Kriegslisten mit ihren Werbeagenten, besonders dem Pariser Buchhändler Pyre. Siehe Pyre an STN, 16. Juni 1777, und STN an Pyre, 1. Juli 1777.

37. Marcinhes an STN, 11. Juli 1777.

38. Pyre an STN, 16. Juni 1777.

39. Ostervald warnte von einer Geschäftsreise in Frankreich aus die STN, daß einer ihrer Lehrjungen ein Agent der Société typographique von Bern sein könnte. Ostervald an STN, 25. April 1780. Er versuchte auch, sich Beaumarchais zu Dank zu verpflichten, indem er ihn davon unterrichtete, daß die Arbeiter in Beaumarchais' Druckerei in Kehl gern Schmiergelder von Verlegern annähmen, die Vorausexemplare der Kehler Voltaire-Ausgabe wollten, um einen Raubdruck zu veranstalten. Ostervald an Bosset, 3. Mai 1780. Zur gleichen Zeit erhielt die STN Warnungen, daß ihre eigene Druckerei von der Pariser Polizei infiltriert sei. Siehe J.-P. Brissot an STN, 23. April

1781, 26. Juli 1781 und 12. Januar 1782, und dazu Robert Darnton, »The Grub Street Style of Revolution: J.-P. Brissot, Police Spy«, *Journal of Modern History* 40 (1968), S. 322–324.

40. STN an Pyre, 1. Juli 1777, und STN an Bosset, 30. August 1779.

41. STN an Duplain, 2. Juli 1777.

42. Duplain an STN, 10. Dezember 1778.

43. Das STN Archiv enthält ein halbes Dutzend solcher Briefe, die möglicherweise die einzigen Beispiele von Briefen zwischen Arbeitern in der frühen Neuzeit sind. Veröffentlicht bei Jacques Rychner, (Anm. 14).

44. Nicolas Contat (gen. Le Brun), »Anecdotes typographiques d'un garçon imprimeur«, hg. v. Giles Barber, *Oxford Bibliographical Society* 1979, Teil II, Kap. 2. Diese Passage zitiert die schriftliche Lohnübersicht, die im Panier Fleury zirkulierte und den Arbeitern genaue Angaben über Löhne pro Bogen Schriftsatz gab. Z. B.: »Zuerst die gros Romain in Quart, Oktav und Duodez wird bezahlt … mit 3 (Livre), 10 (Sous). Ebenso, Anmerkungen und Zusätze … 4 (Livres), 10 (Sous).«

45. STN an Turkheim in Straßburg, 4. September 1777. Daß der gute Ruf bei den Arbeitern wichtig war, zeigt auch ein Eintrag in Favargers Tagebuch vom 27. Mai 1777, des Handlungsreisenden der STN. Favarger hatte gerade die Berner Société typographique besucht und hoffte, heimlich einige Arbeiter anzuwerben, als er bei den Arbeitern erfuhr, daß die Berner heimlich bei der STN abwarb. »Pfaeler den Jüngeren gesehen, der mich durch ihre Druckerei begleitete, und da Christ und Brosé getroffen, die uns mit ihm verlassen haben. Er konnte sich nicht enthalten, unsere Druckerei vor mir herunterzumachen. Ich hieß ihn schweigen, aber jetzt braucht man nichts mehr zu tun, um die anderen zu verpflichten.« Favarger, Carnet de voyage, STN Archiv, Ms. 1150.

46. Duplainan STN, 28. Mai 1777.

47. Pyre stellte sich selbst in einem Brief an die STN vom 17. September 1777 als »geschworenen Feind der Buchhändler-Zunft« dar. Er war ein kleiner und etwas marginaler Buchhändler, der unter der Oligarchie der großen Kaufherren in der Innung litt. Die wichtigsten Briefe über seine Tätigkeit als Werber für die STN: STN an Pyre, 1. Juni 1777; Pyre an STN, 15. u. 16. Juni und 1. Juli 1777; und STN an Pyre, 1. Juli 1777.

48. Die Lohnbücher, »Banque des ouvriers«, im STN Archiv Ms. 1051, unterrichten über Satz und Druck jedes einzelnen von der STN ausgeführten Bogens von 1770 bis 1782. Sie sind die Hauptquelle für die folgende Darstellung der Arbeiter und ihrer Arbeit.

49. Duplain an STN, 31. Oktober 1777. Die Zahlung des Reisegelds fand nicht immer einen Monat nach der Ankunft statt. In einem Brief an Vernange vom 24. Mai 1777 sagt die STN, sie würde das Reisegeld nach drei Monaten Arbeit auszahlen.

50. Obwohl die Briefe über Werbungen andeuten, daß die Arbeiter wechselten, um besser bezahlt zu werden, spielen sie auch auf flüchtigere

Motivationen an. In einem Brief an Vernange vom 24. Mai 1777 sagt die STN, daß einige kämen, um den örtlichen Wein zu kosten, und in einem Brief an Pyre vom 14. Oktober 1777, daß sie Paris verließen, weil sie »neugierig« seien, die Schweiz zu sehen. Der Setzer Offray schreibt im oben zitierten Brief (Anm. 33), er und seine Kameraden wechselten den Arbeitsplatz aus »Laune« (caprice). Laune blieb nicht auf Drucker beschränkt. Vernange schrieb der STN, 17. August 1777: »Sie wissen so gut wie ich, was es heißt, der Laune der Arbeiter ausgeliefert zu sein. Einer ist mir krank geworden und einer wurde wegen seines Betragens genötigt, die Stadt zu verlassen.« Ähnliche Bemerkungen auch in den Briefen der Papierhersteller.

51. Mme Bertrand an Ostervald und Bosset in Paris, 12. Februar 1780.

52. Das Tief zeigt sich deutlich in den Briefen und Bestellungen, die die STN in den 1780er Jahren von Buchhändlern in ganz Frankreich erhielt. Z. B., am 31. März 1780 schrieb Pierre Machuel aus Rouen: »Der Verkauf ... ist völlig tot und die neuen Kunden – denn die meisten alten sind bankrott – bezahlen nichts und die anständigen bestellen nichts ... Die Lager sind mehr als voll, und man stirbt dabei vor Hunger ... Die einzig Glücklichen sind die Verleger der *Encyclopédie*. Aber für die anderen ist gegenwärtig die Zeit vorbei.«

53. Die Angaben, in ihrer Reihenfolge, stammen aus den Lohnbüchern, Einträge vom 14. Februar und 25. Juli 1778 und 16. Januar und 20. Februar 1779.

54. Pfaehler von der Berner Société typographique an STN, 3. März 1772.

55. Angaben über Löhne in den letzten Jahren des Ancien Régime in Frankreich gibt C.-E. Labrousse, *Esquisse du mouvement des prix et des revenus en France au XVIIIe siècle,* Paris 1932, S. 447–456. Die Schaubilder bei George Rudé, *The Crowd in the French Revolution,* Oxford, 1959, S. 21 f. und 251 sind ebenfalls nützlich, obwohl sie nicht die Zeit vor 1789 betreffen. Mit diesen und anderen Daten unterscheidet Pierre Léon drei Ebenen der Arbeiter im Ancien Régime: die Armen mit weniger als 20 und oft weniger als 10 Sous am Tag; eine mittlere Gruppe mit 20 bis 30 Sous; und eine Elite, die über 30 Sous verdiente. Siehe Léons Beitrag in C.-E. Labrousse u. a., *Histoire économique et sociale de la France,* Paris 1970, Bd. 2, S. 670. Obwohl französische Historiker Schätzungen typischer Tageslöhne geben, haben sie keine statistischen Reihen über Einkünfte über längere Zeiträume hinweg geliefert. Somit lassen sich keine Vergleiche mit dem reichen Material in Neuchâtel ziehen. McKenzie und Voet benutzen auch den Begriff »Arbeiteraristokratie« bei der Erörterung der Löhne der Drucker in Cambridge und Antwerpen. Siehe McKenzie, *The Cambridge University Press,* Bd. 1, S. 83, und Voet, *The Golden Compasses,* Bd. 2, S. 341.

56. In einem Brief an die STN vom 15. April 1780 setzt Pyre die Herstellungskosten für einen Druckbogen in Pica (Cicero) bei einer Auflage von 1000, vermutlich in Oktav, folgendermaßen an:

Satz	8	Livres
Druck, zu 2 Livres 10 Sous pro tausend	5	Livres
Nebenkosten (étoffes)	6–10	Livres
Gewinn	5– 5	Livres
Gesamtkosten	24–15	Livres

Der Drucker Emeric David in Aix stellte fast genau die gleiche Kalkulation an in einem Tagebuch, das er während einer Frankreichreise 1787 führte: »Mon voyage de 1787«, Bibliothèque de l'Arsénal, ms. 5947, fol. 50. Gemäß Contat, *Anecdotes typographiques*, ed. Barber, Teil 1, Kap. 9, verdienten Zeitarbeiter in Paris 50 Sous am Tag, was den 17 Batzen 2 Kreuzern bei der STN für »Conscience«-Arbeit entspricht. Offensichtlich konnten die leistungsfähigeren Setzer in der Schweiz höhere Löhne als die Stückarbeiter verlangen.

57. Die höchste Leistung einer Druckmannschaft in Cambridge im frühen 18. Jahrhundert kam nur auf 20.700 Drucke, aber im allgemeinen schwankte die Leistung der Setzer und Drucker in Cambridge ebenso wild wie die der Leute in Neuchâtel. Siehe McKenzie, *The Cambridge University Press,* Bd. 1, Kap. 4.

58. Lohnbuch für den 29. November 1778. Diese Summe ist die gleiche wie der Lohn für einen halben Tag Zeitarbeit.

59. Bei der Erörterung der Real- oder Effektivlöhne haben Historiker vermutet, daß französische Arbeiter während einer enormen Anzahl unbezahlter Feiertage nicht gearbeitet hätten – 111 jährlich, nach G. M. Jaffé und George Rudé. Rudé, *The Crowd in the French Revolution,* S. 251. Es ist aber unwahrscheinlich, daß viele dieser Feiertage eingehalten wurden. J. J. Lefrançois de Lalande bemerkt in seinem *Art de faire le papier,* Paris 1761, S. 84, »Man setzt 300 Arbeitstage im Jahr an, denn man feiert in diesen Manufakturen nur sonntags und an den Hauptfesten.« Das Lohnbuch der STN gibt keine Auskunft über die Leistung an bestimmten Tagen, aber die *Copie de lettres* der STN zeigt, daß die Angestellten und Direktoren ihre Arbeit auch am 25. Dezember und am 1. Januar nicht aussetzten. Die einzigen Anzeichen für offizielles Feiern in den STN-Papieren sind wenige Eintragungen bescheidener Art im Rechnungsbuch *Petite Caisse,* Ms. 1048. So am 27. Dezember 1777: »eine Flasche für die Arbeiter … 6 (Sous).«

60. Da die Zeitraten konstant blieben, kann die Zahl der von einem Zeitarbeiter gearbeiteten Tage nach seinem wöchentlichen Lohn bestimmt werden. Darüber hinaus notierte Spineux gewöhnlich, wenn Zeitarbeiter nicht die ganze Woche tätig waren – zum Beispiel im Eintrag vom 13. Juni 1778: »Pataud 5 Tage … 87 (Batzen) 2 (Kreuzer).« Er notierte ihre Leistung auch nach Stücken, zog sie als »ouvrage« von der Gesamtsumme der Woche ab und deutete damit an, daß die Leute nur ihren Zeitlohn erhielten und unvollständige Wochen nicht durch Arbeit zum Stücklohn beendeten.

61. Der Artikel »Labeur« in der *Enzyklopädie* deutet die Auftragsorientierung dieser Arbeit an: »Begriff, den die Druckergesellen benutzen; sie

bezeichnen damit ein Manuskript oder ein gedrucktes Exemplar, das eine Folge beträchtlicher Arbeit bildet und in der Lage ist, sie lange in derselben Druckerei zu beschäftigen.«

62. Siehe den Artikel »Prote« von Brullé, dem Faktor in Le Bretons Werkstatt, in der *Enzyklopädie* und die ausführlichere Erörterung der Aufgaben des Faktors bei Contat, *Anecdotes typographiques*, ed. Barber, Teil 1, Kap. 4, und Teil 2, Kap. 10.

63. Um das Gleichgewicht aufrechtzuerhalten, verlangte die STN von ihren Werbern, passende Zahlen von Setzern und Druckern zu schicken. Der Bedarf an Druckern überstieg den an Setzern in Zeiten hoher Auflagen, so wich die STN während des Drucks der *Enzyklopädie* von der üblichen Formel von zwei Setzern für zwei Drucker ab. Am 8. Juli 1777 instruierte sie Vernange: »Wir brauchen 2 Drucker für 1 Setzer.«

64. Als Beispiele historischer Literatur dazu siehe E. P. Thompson, »Time, Work-Discipline, and Industrial Capitalism«, in: *Past and Present*, 38 (1967), S. 56–97; Sidney Pollard, »Factory Discipline in the Industrial Revolution«, in: *Economic History Review*, 2d ser., XVI (1963), S. 254–271; und Neil McKendrick, »Josiah Wedgwood and Factory Discipline«, in: *Historical Journal*, IV (1961), S. 30–55. Als Beispiele von Studien zur Arbeitssoziologie siehe Sigmund Nosow und William H. Form, eds. *Man, Work, and Society. A Reader in the Sociology of Occupations*, New York 1962, und Eugene L. Cass und Frederick G. Zimmer, eds. *Man and Work in Society*, New York 1975.

65. Der Drucker Huché z. B. verließ am 6. Juni 1778 die STN, nachdem er seine »Banque« kassiert hatte für den Druck von einer Form der *Enzyklopädie* und zwei Formen der Bibel. Aber 5 »Marques« (1250 Drucke) der letzten Form der Bibel, die die STN in 3000 Exemplaren druckte, hatte er nicht beendet. So mußte das in der folgenden Woche von Pataux getan werden, und Spineux notierte am 13. Juni ins Lohnbuch: »Pataux – macht den Rest für Huché, 5 Marques … 18 (Batzen), 3 (Kreuzer).«

66. Es besteht kein Zweifel, daß diese Fingerabdrücke von den Druckern und nicht von späteren Lesern der *Encyclopédie* stammen. Die Abdrücke sind mit Druckerschwärze gemacht und verlieren sich oft in durch das Einbinden unzugänglichen Stellen – d. h., sie wurden während des Druckens gemacht. Auch beschweren sich einige Subskribenten darüber, daß sie Exemplare mit Fingerabdrücken der Drucker erhalten haben.

67. Tonnet an STN, 12. November 1777. Nach Tonnets Dossier im STN Archiv zu urteilen, war sein Druck- und Buchgeschäft nicht groß. In der *Gazette de Berne* vom 23. Dezember 1780 teilte er mit, daß es drei Pressen und ein Lager von 40.000 Bänden umfasse und daß er es für 10.000 Livres verkaufe.

68. STN an Tonnet, 16. November 1777. Spineux' Eintrag im Lohnbuch, 6. September 1777: »Den ganzen Lohn von Herrn Kindelem einbehalten.«

69. Duplain an STN, 31. Oktober 1777.

70. STN an Duplain, F. Februar 1778. Ferner sei nicht mit der verabredeten Schrifttype gedruckt worden, es gäbe eingerissene und vergilbte Blätter usw.

71. STN an Panckoucke, 8. Februar 1778.

72. Duplain an STN, 21. Januar 1778: »Sie müssen tatsächlich blind sein, meine Herren, daß sie einen unter Ihren Augen gemachten Band mit so vielen Fehlern aus den Händen geben. Ihr Band 6 ist abscheulich, und zwar derart, daß er die ganze Gesellschaft ruiniert, wenn wir ihn versenden. Aber da die Gesellschaft nicht durch Ihre Nachlässigkeit leiden darf und an dem geringen Sachverstand der Personen, denen Sie die Leitung Ihrer Druckerei anvertrauen, setzen wir Sie in Kenntnis, daß der Band auf Ihre Rechnung gesetzt wird und wir ihn um keinen Preis nehmen. Wenn Ihre Lettern zehn Jahre in Gebrauch wären, käme es nicht so stumpf und verschmiert heraus. Die Arbeiter, die sie beschäftigen, wollten nur Druckbogen herausschinden, und damit es schneller geht und man beim Ziehen Mühe spart, haben sie die Form so stark mit Druckerschwärze eingeschmiert, daß man keinen Druck anwenden muß – aber wie? – wie ein Klecks, ohne Regel, ohne klare Züge ... Wir bitten Sie, alles was Sie tun, absolut aufzuschieben, uns das Manuskript zurückzuschicken, und wir machen weiter. Man hätte Sie nicht mit einer Arbeit beauftragen sollen, zu der Sie nicht imstande waren und die uns mit dem unvermeidlichen Ruin bedroht.«

73. Weitere Einzelheiten über den Streit und seine Beilegung: Duplain an STN, 9. Februar 1778; d'Arnal an STN, 4. Februar 1778, und STN an d'Arnal, 8. Februar 1778. »Da die Affäre geregelt ist, vergessen wir gern, was sein Temperament ihn an Ungehaltenem äußern ließ, in der Hoffnung, er werde künftig nicht die Rücksicht vergessen, die man sich einander schuldet. Wir haben ihm in der Folge zwei Briefe geschrieben, die ihm begreiflich machen, daß wir ebenso gut wie er Druckarbeiten zu beurteilen vermögen.«

74. Champmorin an STN, 26. November 1780.

75. Eine typische Bemerkung über die kommerzielle Bedeutung guter Typographie in einem Brief des Venezianer Buchhändlers Gasparo Storti: »Der Drucker kann zum guten Erfolg viel beitragen.«

76. Eine gute Zusammenfassung bibliographischer Literatur, auf die sich das Folgende stützt, gibt Gaskell, *A New Introduction to Bibliography.*

77. Nach der Überlieferung der Drucker wurde der Name »Bär« von Richelet, einem der ursprünglichen Mitarbeiter der *Enzyklopädie* während der Druckarbeiten für Diderots erste Auflage geprägt. Während Richelet neugedruckte Bogen auf einem Stapel neben der Presse durchsah, ließ einer der Drucker den Preßbengel los, der zurücksprang und Richelet ans Bein schlug. Der brüllte »Bär«, und der Drucker nannte den Schriftsetzer entsprechend »Affe«. Siehe Momoro, *Traité élémentaire de l'imprimerie,* S. 308 f. und Honoré de Balzac, *Verlorene Illusionen (Les illusions perdues,* Paris, Garnier, 1961, S. 4). Richelets Name taucht in den Listen der Mitarbeiter nicht auf, die Listen sind aber auch nicht vollständig.

78. Die Leistung der drei Mannschaften in der Woche vom 24.–29. April 1778 gibt ein letztes Beispiel für die großen Unterschiede. Georget und sein »Second« druckten nur eine Form der *Enzyklopädie* (6000 Drucke) in dieser Woche, während Albert und sein »Second« deren drei schafften (18.000 Drucke) und 525 Drucke des *Journal helvétique*. Gaspard und sein *Second* schafften sehr verschiedene Aufträge: eine Form der *Enzyklopädie* (6000 Drucke), eine von Cooks Reise (1500), eine von Millets *Eléments d'histoire* (2000) und einen Bogen der lokalen *Feuille d'avis* (250 Drucke).

79. Roland Barthes deutet die Tafeln umgekehrt – als besonders menschliche Szenen, eine »Art Legenda aurea des Handwerks«, worin Menschen die Maschinen beherrschen – ohne einen Beweis dafür zu liefern. Roland Barthes, Robert Mauzi, Jean-Pierre Seguin, *L'Univers de l'Encyclopédie,* Paris 1964, S. 11. Natürlich stammt Diderot selbst aus einer Handwerkerfamilie, und den Artikel »Imprimerie« in der *Encyclopédie* verfaßte Brullé, der Faktor in Le Bretons Druckerei. Aber der Text dieses und anderer Artikel sagt kaum etwas über die menschlichen Wesen, die da arbeiten, ihre Bräuche, Scherze und eigenen Redewendungen. Es läßt sich viel darüber sagen, daß die *Encyclopédie* das Ansehen des Handwerks hob, aber es besteht kein Grund, diese Tendenz mit beginnendem Populismus oder revolutionärem Egalitarismus zu verbinden, wie bei C.C. Gillespie in – den schönen Bildbänden – *A Diderot Pictorial Encyclopedia of Trades and Industrie: Manufacturing and the Technical Arts in Plates Selected from l'Encyclopédie,* 2 Bde., New York, Dover, 1959, und Ders., »The Encyclopedia and the Jacobin Philosophy of Science« in: Marshall Clagett (Hrsg.), *Critical Problems in the History of Science* (Madison 1959), S. 255–289. Im Gegenteil, da die *Encyclopédie* handwerkliche Arbeit auf ihre technologische Basis begrenzte oder sie so umformte, wie sie gemäß rationellerer Technik sein sollte, eliminierte sie einen grundlegenden Aspekt: ihre Kultur.

80. Viel über die Atmosphäre in Druckereien des 18. Jahrhunderts erfährt man aus zeitgenössischen Quellen, die in diesem Kapitel durchgängig benutzt wurden, bes. Momoro, *Traité élémentaire de l'imprimerie,* und »Anecdotes typographiques« mit der Fachsprache der Drucker. Siehe auch das Glossar in der *Encyclopédie méthodique, Arts et métiers mécaniques,* Paris 1784, Bd. 3, S. 475–636, und das erste Kapitel in Balzacs *Verlorenen Illusionen.*

81. Bertrand an Ostervald, 23. Februar 1777. Über das verdächtige Betragen von Mme Spineux, die in Paris blieb, als Spineux bei der STN eintrat, siehe Ostervald und Bosset an STN, 28. Februar 1777. Spineux' Dossier enthält viele Familienangelegenheiten.

82. Colas an STN, 15. August 1777; 27. Februar 1779 und 25. August 1779. Colas kann sehr wohl der Faktor »Colas« in: Contat, *Anecdotes typographiques,* hg. v. Barber, Teil 1, Kap. 9: »Das ist ein Original von einem Arbeiter, der den großen Herrn spielt.«

83. Rocca in Genf an STN, 17. Juli 1781, und ein undatierter Brief von Rocca, den die STN am 26. Juli 1781 erhielt.

84. Champy in Arbois an STN, 10. Juli 1779. Obwohl die Antwort der STN fehlt, war der junge Champy wohl nicht ernstlich krank, da das Lohnbuch seine Arbeit ohne Unterbrechung ausweist.

[V]
VERBREITUNG

1. Duplain an STN, 20. Dezember 1778.
2. Duplain an STN, 9. Juni 1778.
3. Duplain und Compagnie an STN, 17. März 1778.
4. Duplain an STN, 24. März 1778.
5. Favarger an STN, 15. August 1778.
6. Favarger an STN, 1. Oktober 1778.
7. Duplain an STN, 20. Dezember 1778.
8. *Annales politiques, civiles, et littéraires du dix-huitième siècle,* Nr. 15, II (1777), S. 465.
9. Einzelnes über diese Polemiken in den Dossiers von Pierre Gosse d. J. & Pinet und dem von Mallet du Pan im STN Archiv und in den *Mémoires secrets* von Bachaumont unter dem 8. August und 17. September 1777 und dem 6. Oktober 1778.
10. STN an Ranson in La Rochelle, 24. Mai 1778.
11. STN an Società letteraria e tipografica di Napoli, 26. Januar 1778. Die STN erklärte, sie wolle die Bandzahl gering halten, indem sie den Umfang vermehrte. Die Wirkung von Linguets Denunziation bei den Neapolitanern ergibt sich aus dem beunruhigten Ton ihres Briefs an die STN, 6. Januar 1778.
12. In einem Brief vom 14. März 1778 versicherte die STN Duplain, »daß man von seiten Linguets keine Gefahr laufe«, und verhandelte mit ihm über Mallet du Pan, und versuchten Vereinbarungen mit ihm zu treffen, während sie gleichzeitig Panckoucke versicherten, »entschlossen zu sein, mit einem solchen keine Beziehung anzuknüpfen«. STN an Linguet, 30. Mai 1778; STN an Charmet in Besançon, 3. Mai 1778; und Mallet an STN, 6. Juni 1778.
13. Panckoucke an STN, 27. November 1777.
14. Undatiert, 2 Seiten, »Mémoire pour les éditeurs de l'Encyclopédie de Genève en 32 vol. format in-4°«.
15. Die zitierten Mitteilungen erscheinen alle auf nichtpaginierten Seiten zu Beginn der Quartbände. Die Rundbriefe sind im STN Archiv, Ms. 1233, ein Exemplar des Prospekts für die dritte Auflage in der Newberry Library, Chicago (Case Wing Z 45.18). Die Gründe für den Wechsel in Duplains Strategie ergeben sich aus den Briefen; Duplain an STN, 10. Juli 1778; STN an Duplain, 15. Juli 1778; und Favarger an STN, 21. u. 23. Juli 1778. Favarger schrieb letzteren Brief auf ein Exemplar von Duplains Prospekt der »Neuchâtel«-Ausgabe, den die STN nachdruckte und unter ihren Kunden verbreitete.

16. Duplain veröffentlichte die Annonce in der *Gazette de Leyde* vom 20. April 1779.

17. Duplain an STN, 31. März 1779. Duplain stimmte die Annonce auf den Zeitpunkt ab, als die Subskribenten die vertraglichen 29 Bände bezahlt hatten und für die Extra-Bände zahlen sollten. Siehe Duplain an STN, 17. April 1779.

18. STN an Panckoucke, 5. April 1779.

19. Panckoucke an STN, 25. April 1779.

20. Register der Privilegs, Bibliothèque Nationale, Ms. fr. 22001, S. 141, 146, 150, 164, 183, 225 und 266. Das Wort »Encyclopédie« gab es natürlich als Titel vor Diderots Werk, aber aus dem Register kann man entnehmen, daß Diderots *Enzyklopädie* den Begriff in Mode brachte.

21. Panckoucke an STN, 22. Dezember 1778.

22. Duplain an STN, 22. Dezember 1778.

23. Duplain an STN, 21. April 1778.

24. *Journal helvétique,* März 1778.

25. Panckoucke an STN, 26. Juni 1777. Über Favargers Schwierigkeiten siehe F. an STN, 23. August 1778, und Duplain an STN, 10. November 1778.

26. Panckoucke an STN, 8. Juli 1777.

27. Am 11. Mai 1777, z. B. schrieb Duplain der STN: »Wir schicken Ihnen beiliegend den Prospekt, den Sie in der gleichen Stückzahl drucken wie die *Gazette de Berne,* indem Sie sich mit dem Redakteur über die Postgebühren einigen ... Der gleiche Prospekt wird Ihnen für den Norden dienen, Deutschland, England, Holland und alle anderen Länder, wohin Sie ihn schicken wollen. Lassen Sie soviel drucken, wie Sie brauchen.«

28. STN Archiv, »Brouillard B«, Eintrag 1. Dezember 1778 und Favargers »Carnet de voyage«, Ms. 1059.

29. STN Archiv, »Brouillard B«, Eintrag 28. November 1778. Eine Kopie des Prospekts ebenfalls in der Newberry Library, wie Anm. 15, und ein Exemplar von Duplains Ausgabe davon in Favargers Dossier im STN Archiv.

30. Die Druckauflage nach dem Lohnbuch, »Banque des ouvriers« Eintragungen unter 31. Oktober 1778; 1. August 1778; 28. November 1778; 5. Juni 1779; 10. Juli 1779 und 22. Januar 1780.

31. Die STN erwähnte diese Ausgaben in einem Brief an Duplain vom 26. Juni 1779. Der Text der halbseitigen Anzeige erschien in der *Gazette de Leyde* vom 20. April 1779. Und die Auflage des *Journal helvétique* wurde nach dem Lohnbuch der STN berechnet. Über die Subskriptionen des *Mercure,* die sich um 1789 verdoppelt haben können, siehe Panckoucke an STN, 21. Juli 1778, wo er sie mit 6500 angibt, und die *Mémoires secrets* vom 6. Oktober 1778, die sie auf 7000 schätzten.

32. Die Kosten für die Anzeigen der STN lassen sich nach dem »Brouillard B«, 8. Februar, 3. Mai, 13. Juni und 28. November 1778 und aus dem »Compte courant« aller Arbeiten für die *Enzyklopädie,* Ms. 1220 berechnen. Jean Baptiste d'Arnal, ein Schweizer Kaufmann in London, schrieb der STN

am 19. April 1782, er habe ihre Anzeige in zwei Ausgaben des »*Morning Herald,* der Zeitung, die am meisten in Mode ist« gesetzt, »und das hat mich 38 Schilling gekostet«. Er legte ein Exemplar bei. Der Text der anderen Anzeigen wurde bei der Durchsicht der *Gazette de Leyde,* der *Gazette de Berne* und des *Journal helvétique* 1777–1780 gewonnen.

33. Duplain an STN, 31. März 1779.

34. *Gazette de Leyde,* 20. April 1779.

35. Ostervald an Panckoucke, 9. Mai 1779.

36. Panckoucke an STN, 22. Dezember 1778. Die begrenzte Tolerierung ihrer Verbreitung bedeutet, daß die Verleger das ideologische Element in den Prospekten und Anzeigen beschränken mußten, sie brauchten es aber nicht gänzlich zu eliminieren.

37. STN an Pyre, 1. Mai 1777.

38. STN an Bosset, 28. August 1779.

39. In diesem Fall stammt die Formel aus einer Anzeige in der *Gazette de Leyde* vom 6. Februar 1778. Manchmal wiesen die Anzeigen das Publikum darauf hin, daß es bei Pellet oder der STN subskribieren konnte, im allgemeinen verwies es sie aber auf die Buchhändler.

40. Gaston an STN, 6. April 1778.

41. STN an Kardinal Valenti in Rom, 12. Juli 1779.

42. STN an Abert, 1. Mai 1777.

43. STN an Charmet, 19. Juni 1777.

44. Tonnet an STN, 8. November 1769. In diesem Fall bezieht Tonnet sich auf ein anderes Werk, die Bemerkung ist aber auch auf die *Encyclopédie* anzuwenden. Buchhändler verschickten auch Mustertitelseiten, obwohl sie diese übliche Verkaufspraxis in der Korrespondenz über die Quartausgabe nicht erwähnen.

45. Charle an STN, 8. Dezember 1777. Die Bemerkung deutet an, wie sehr sich die Buchhändler anstrengten, um das freie dreizehnte Exemplar zu erhalten.

46. Società letteraria e tipografica di Napoli an STN, 17. Februar 1778. Der Brief enthält den Prospekt und erörtert ihn ausführlich.

47. Fournier an STN, 5. Oktober 1777; 30. Mai und 20. Juni 1780.

48. De Gaulle an STN, 3. Mai und 13. August 1777.

49. Mondon an STN, 3. März und 26. September 1778, 9. April 1780.

50. Machuel an STN, 11. April 1779.

51. Mathieu an STN, 30. März 1779.

52. STN an Rigaud, 23. November 1777, und Rigaud an STN, 9. März 1778.

53. Die Folge von Fehlinformationen, die Lair erhielt, läßt sich aus seinen Briefen an die STN rekonstruieren: 14. Dezember 1773; 21. September 1774; 23. März 1777; 15. Mai 1777; 18. Februar und 11. November 1778.

54. Mossy an STN, 16. Mai und 4. August 1777. Die »strikte Anweisung« betraf wahrscheinlich die *Encyclopédie d'Yverdon,* die in Frankreich verboten war und auch in einer Quartausgabe erschien.

55. Carez an STN, 17. Dezember 1781, und Sens an STN, 5. März 1777.

56. Zitate aus Favargers Briefen an die STN vom 21. u. 26. Juli, 2. August, 13. September und 28. Oktober 1778.

57. Favarger an STN, 23. Juli, 13. September und 15. August 1778.

58. André an STN, 22. August 1784.

59. Favarger an STN, 15. August 1778. Gaudion sah Favargers Bibel als gottlos an, weil es eine protestantische Ausgabe war.

60. Quantitative und geographische Studien über Frankreichs Kultur im 18. Jahrhundert gehen zurück auf Daniel Mornet, F. de Dainville und die zitierte Studie von Maggiolo über Lesefähigkeit. Inzwischen gibt es Forschungen über den Buchhandel (siehe bes. François Furet u. a., *Livre et société dans la France du XVIIIe siècle,* Paris, Den Haag 1965–70, 2 Bde.), über Schulbildung (siehe Roger Chartier, Dominique Julia u. Marie-Madeleine Compère, *L'éducation en France du XVIe au XVIIIe siècle,* Paris 1976) und über die geistigen Eliten in der Provinz (Daniel Roche schrieb eine Reihe von Artikeln, die in ein Buch mündeten, *Le siècle des lumières en province. Académies et académiciens provinciaux,* 1680–1789, Paris, Den Haag, 1978). Die folgende Darstellung benutzt alle diese Arbeiten. Zur Bevölkerungsstatistik ist der Zensus von 1806, obwohl er so spät ist, immer noch der verläßlichste Indikator für die Bevölkerungszahl um 1780. Siehe René Le Mée, »Population agglomerée, population éparse au début du XIXe siècle«, in: *Annales de démographie historique* (1971), S. 455–510.

61. Siehe Chartier u. a., *L'éducation en France,* Kap. 2 und 3 und bes. die Karte der von den Brüdern der christlichen Schulen geleiteten Anstalten auf S. 79, die sehr gut mit der Verbreitung der Quartausgabe der *Enzyklopädie* übereinstimmt.

62. Die Quartausgabe verkaufte sich auch schlecht in Kolmar, das ein Conseil Supérieur besaß, und in Straßburg, dem Zentrum des elsäßischen Buchhandels. Der war aber stärker nach Deutschland als nach Frankreich orientiert, obwohl die Elite der Provinz französisiert war. Es kann aber auch sein, daß die Enzyklopädie von Yverdon, die im französischen Kernland strikt verboten war, im Elsaß die Quartausgabe ausstach.

63. Die besondere Mischung protestantischer und aufklärerischer Bücher in den Bestellungen von Buchet, Gaude und Crosilhes wird aus Dutzenden ihrer Briefe an die STN deutlich. Buchet bestellte 26 Exemplare einer protestantischen Bibel und 13 von *Le Christianisme dévoilé.* Am 10. März 1779 beklagte er sich über die strengen Kontrollen der örtlichen Innung, »die nichts in unsere Geschäfte läßt, was unter dem Verdacht steht, verboten zu sein. So wird diese Bibel nicht von dem Fanatiker geduldet, der jetzt diese Untersuchung vornimmt, man macht mir ein Protokoll und untersagt mir für immer den Handel, wenn ich das nicht vorsichtig umgehe.« Nîmes stand mit einer Bevölkerung von 41.195 an elfter Stelle und an neunter im Verkauf – ein gutes Beispiel im Vergleich mit Orléans, das etwas mehr Bevölkerung hatte, aber nur die Hälfte an *Enzyklopädien* kaufte.

64. Bechet de Balan an STN, 9. März 1777.

65. Zur Dominanz der Kirche in Angers siehe John McManners, *French Ecclesiastical Society under the Ancien Régime. A Study of Angers in the Eighteenth Century,* Manchester 1960.

66. Siehe Pierre Goubert, *L'Ancien Régime,* Paris 1969, Bd. 1, Kap. 10.

67. Daß diese beiden Städte die Gegensätze verkörpern, belegen zwei jüngere Studien zur Stadtgeschichte, Claude Fohlen, *Histoire de Besançon,* Paris 1965, und Louis Trenard, *Histoire d'une métropole. Lille, Roubaix, Tourcoing,* Toulouse 1977.

68. Der Bericht stützt sich auf den *Almanach historique de Besançon et de la Franche-Comté pour l'année 1784,* Besançon 1784, und auf Fohlen, *Histoire de Besançon,* der die Stadt dadurch charakterisiert, »daß die philosophischen Ideen relativ wenig eingedrungen waren und wo das Festhalten an Traditionen sehr stark verwurzelt war« (S. 260).

69. Charmet an STN, 12. Mai 1777, und Lépagnez an STN, 13. Mai 1777: »27 Exemplare reichen gut für Besançon, selbst wenn ich überall herumlaufe.«

70. Das Papier der Prospekte diente als Modell für das des Buches, und Lépagnez betonte, daß seine Kunden großen Wert auf die Papierqualität legten, wenn sie etwas kauften.

71. Lépagnez an STN, 28. Februar 1779.

72. Lépagnez an STN, 14. Dezember 1779.

73. Lépagnez an STN, 30. August 1780: »Glauben Sie bitte nicht, daß ich hier großen Umsatz an Büchern habe. Ich schwöre Ihnen, daß nach der *Histoire universelle,* der *Histoire ecclésiastique,* der Geschichte der gallikanischen Kirche, der Bibel von Vance, der *Encyclopédie* und dem Rousseau alles übrige seit zwei Jahren ruht.«

74. Charmet an STN, 18. Oktober 1775.

75. Die Liste wurde gedruckt und in Band 1 der Quartausgabe in der Bibliothèque Nationale eingebunden (Z 2658). John Lough in *Essays* … (London 1968) S. 466–473 hat sie nachgedruckt.

76. Nach ihren hohen Rängen und meist aristokratischen Titeln zu schließen, war unter den militärischen Subskribenten kein Bürgerlicher, wohl aber unter den Mitgliedern des Parlements, meist Räte in diesem traditionalistischen, wenn nicht reaktionären Parlement von Besançon, die teils zu noch nicht erbadeligen Familien gehörten. Daniel Roche schätzt nach Almanachen u. a. Quellen die männliche Bevölkerung Besançons folgendermaßen: Geistlichkeit 9,9 %; Adel 2,4 %; freie Berufe, nichtadlige Amtsträger und Verwaltungsbeamte 4,5 %; bürgerliche Rentiers 3,7 %; Kaufleute und Manufakturisten 2,9 %; Handwerker, Arbeiter, Bediente 76,1 %. *Les lumières en Province,* 3. Teil: Annexes et Illustrations.

77. Barre an STN, 15. September 1781; Gosselin an STN, 7. Juli 1775; Bechet de Balan an STN, 9. März 1777; Volland an STN, 23. Juli 1780. Nachdem Barre den Mangel an literarischem Interesse bei seinen Kaufmannskollegen betont hatte, im Brief vom 15. September 1781, fügte er hinzu: »Indessen

habe ich doch Freunde, die die Literatur nicht verschmähen.« Tatsächlich verkaufte er 16 Quartausgaben. Unter seinen Kunden mögen einige Kaufleute gewesen sein, denn im Brief vom 7. August 1781 bemerkt er: »Alle meine Freunde habe ich versorgt.« Vallet in Nantes jedoch klagte der STN am 19. August 1779, daß er große Schwierigkeiten mit dem Verkauf der *Enzyklopädie* habe, und der Kaufmann Pellutier in Nantes warnte die STN in einem Brief vom 2. Februar 1785, keine Bestellungen von Büchern von Kaufleuten der Karibik zu erwarten, »ein Land, wo man sich zu sehr mit dem Geldverdienen beschäftigt, um noch Geist erwerben zu wollen.«

78. So erhielt die STN z. B. folgende Verkaufsmeldungen: am 9. Juli 1777 von Harlé aus Saint-Quentin die Meldung eines Verkaufs an den Grafen von La Tour du Pin Chambli; am 27. November 1781 von Volland aus Bar-le-Duc den Verkauf an einen adligen Herrn in Bar und an den Ritter von Jobart, reformierter Hauptmann in Nancy; am 12. August 1777 von Robert aus Bar-le-Duc Verkäufe an den Ritter von Longeau, Gendarmerieleutnant in Bar, an den Baron von Bouret, Malteserritter in Bar, an Herrn von Trouville, Kanonikus zu St. Magdalenen in Verdun und an Baudot, königl. Staatsanwalt in Bar; am 7. Februar 1781 von Entretien aus Lunéville einen Verkauf an einen Advokaten; und am 20. März 1789 von Mondon aus Verdun Verkäufe an 8 Personen, »alle ersten Ranges«, einschließlich eines Offiziers des Regiment de Bresse. Am 1. Oktober 1778 meldet Favarger einen Verkauf an Baillas de Lambrède, Kriegsrat in Marmande bei Toulouse; in einer Notiz vom 9. Juni 1780 im Brouillard B notiert die STN einen Verkauf an einen Advokaten Le Gros in Nancy, und Duplain identifizierte in seiner Subskriptionsliste sechs individuelle Subskribenten: »der Pfarrer von Cherier«, »Dusers, Ritter des hl. Ludwig«, »Guiget, Abt vom Croix Rousse in Lyon«, »der Graf d'Orsay in Paris«, »der Graf von Neuilly in Versailles« und »Giraud, Pfarrer in Vichy«.

79. Boisgibault an STN, 11. Juli 1781 und 4. April 1781. Zur Rolle des Parlements vor der Revolution siehe Jean Egret, *La pré-révolution française (1787–1788),* Paris 1962.

80. Chaudepied de Boiviers an STN, 21. Juni 1777.

81. Gerlache schilderte sein Lesekabinett in mehreren Briefen an die STN, bes. in einem undatierten, der im Mai 1777 ankam.

82. Choppin an STN, 25. April und 28. Juli 1780.

83. L. S. Mercier, *Tableau de Paris,* 12 Bde. Amsterdam 1783–89, Bd. 4, 3. Die Verbreitung der Lesekabinette verdient genaueres Studium. Einige weitere Hinweise bei Daniel Mornet, *Les origines intellectuelles de la Révolution française* (1715–1787), 5. Aufl., Paris 1954, S. 310–312.

[VI]
ABRECHNUNGEN

1. STN an Panckoucke, 20. August 1778.

2. STN an Panckoucke, 7. Juni 1778, und Panckoucke an STN, 21. Juli 1778.

3. Panckoucke schickte die Kopie an die STN, Brief vom 6. November 1778 mit folgender Erklärung: »Sie können, meine Herren, aus diesem Brief Duplains Schurkenseele beurteilen. Es war wohl abgesprochen, daß er keine Verhandlungen in Paris führe, nachdem er uns die 500 aufgeladen hat. Sie sehen, wie er Wort hält ... Sie müssen von Ihrer Seite überall hinschreiben, um Subskriptionen in der Provinz zu plazieren. Wir haben keine Zeit zu verlieren ... Erwähnen Sie Duplain gegenüber diesen Brief nicht. Alles wird uns bei Gelegenheit dienlich sein. Eine Verstimmung im Augenblick würde uns nur schaden.«

4. Panckoucke an STN, 22. Dezember 1778. Er deutet an, daß die Rettungsaktion eine größere Affäre war. Zuerst erwähnt er sie am 6. November 1778. »Batilliot hat einen enormen Konkurs, aber er wird sich herausziehen. Wir tun uns zu 5 bis 6 zusammen und zahlen Kaution. Das ist ein tüchtiger Mann, den man retten muß.« Buchhändler waren oft in Bankrotte verwickelt, viele davon betrügerische, so daß sie sich warnten, wenn einer drohte. So warnte Duplain die STN am 22. November 1778, nur wenige Wochen, nachdem er mit Batilliot gegen Panckoucke komplottiert hatte, vor beiden: »Wir sagen Ihnen in der größten Verschwiegenheit und aus Verbundenheit, daß die Firma Milon de la Fosse, Bankiers in Paris, zahlungsunfähig ist und daß Batilliot dort enorme Schulden hat. Wir fürchten sehr die Folgen für unseren Freund Panckoucke, und da wir wissen, daß Sie mit Batilliot handeln, sagen wir Ihnen diese zwei Worte.«

5. Duplain an STN, 9. Februar 1778.

6. STN an Panckoucke, 15. Dezember 1778, und Panckoucke an STN, 3. Januar 1779.

7. Panckoucke an STN, 22. Dezember 1778.

8. STN an Panckoucke, 15. Dezember 1778. Zu dieser Zeit hatte Duplain Panckoucke gebeten, für einige Exemplare der Tafelbände zusätzlich zu sorgen und der STN verweigert, etwas von der dritten Auflage zu drucken – für die Neuenburger zwei Anzeichen, daß die Auflage höher war als behauptet.

9. Panckoucke an STN, 3. Januar 1779. Regnaults Bericht über die Druckauflage, der sich später als ungenau erwies, ist im Brief erwähnt. Panckouckes Forderungen in Briefen an Duplain, 22. und 26. Dezember 1778, *Bibliothèque publique,* Genf, Ms. suppl. 148. Duplain erklärte sein Weigern der STN, 21. Januar 1779. Er bemerkte, daß der Druck der dritten Auflage so weit fortgeschritten sei – er hatte Band 16 erreicht – daß die Gesellschaft viel verlöre, wenn sie die Zahl der Exemplare verringere.

10. Panckoucke an STN, 22. Dezember 1778: »Beim Verkauf kann man uns nicht betrügen. Die Tafeln sind unsere Sicherheit.«

11. Duplain an STN, 20. Dezember 1778: »Endlich gestehen wir Ihnen, daß das unsere Affäre mit ihm war.« Duplain muß einige wütende Briefe an Panckoucke geschrieben haben, nach dessen Brief vom 22. Dezember 1778 an ihn zu urteilen: »Verstehen wir uns, versöhnen wir uns, und zerstören wir uns nicht.« *Bibliothèque publique,* Genf, Ms. suppl. 148.

12. Panckoucke an STN, 22. Dezember 1778.

13. Panckoucke an STN, 7. Januar 1778 (irrtümlich für 1779) als Antwort auf STN, 29. Dezember 1778.

14. Ostervald an Panckoucke, 25. Februar 1779. Ostervald fuhr fort: »So verdrießlich ein solches Ereignis in unseren Umständen auch ist, so bleibt uns doch nur, nach dem bisher verfolgten Plan unsere Geschäfte fortzuführen.«

15. Panckoucke an Ostervald, 7. März 1779.

16. Panckoucke an STN, 11. Januar 1779, mit einer Kopie von Duplains Brief vom 31. Dezember 1778, und STN an Panckoucke, 17. Januar 1779.

17. Die Verhandlungen über die *Encyclopédie méthodique* sind in einem weiteren Kapitel der englischen Originalausgabe dargestellt, »The Ultimate *Encyclopédie*«, S. 395–459.

18. Panckoucke machte der STN sein ursprüngliches Angebot im Brief vom 16. Juni 1777. Er veröffentlichte schließlich die Folio-Ausgabe der Registerbände selbst, in 2 Bänden, die Stoupe 1779 druckte. Siehe Panckouckes Rundbrief vom 31. Juli 1779 und sein Brief an die STN, 21. Juli 1778.

19. Ostervald und Bosset spielten auf das heimliche Abschreiben der Subskriptionsliste in einem Brief an Mme Bertrand an, 13. Februar 1780: »das Register, das wir verstohlen und ohne seinen Verdacht zu erregen, vor einem Jahr genommen haben.« Die Abschrift ist mit Dokumenten über die Treffen in Lyon 1779 und 1780 im STN Archiv. Eines der Dokumente, eine Denkschrift von Plomteux vom Februar 1780 erweist, daß Duplain die dritte Auflage beim Treffen im Februar 1779 in düsteren Farben dargestellt hatte.

20. Folgende Passage aus der »Denkschrift gegen Herrn Duplain«, die die STN den Schiedsleuten vorlegte, ist für die Druckgeschichte und analytische Bibliographie wichtig: »Jedermann weiß, daß bei allen Druckarbeiten verschiedene Papierbogen fehlerhaft sind oder von Arbeitern beschmutzt, verdorben oder zerrissen werden, ohne von den Probeabzügen zu reden. Deshalb liefert der Papierhändler stets eine gewisse Überzahl, und dieses Surplus nennt man »Chapelet« oder »Chaperon« (Käppchen). Hier beruft sich die STN auf einen allgemein üblichen Brauch, den jeder Buchhändler der Stadt den Schiedsrichtern bezeugen kann. Es gibt nur einen Unterschied in der Bogenzahl des Chaperon. Manchmal ist es eine Lage pro Ries, das mindeste ist eine Lage pro zwei Ries«.

21. Diese Angelegenheit wurde in Dutzenden von Briefen und Denkschriften fast zwei Jahre lang erörtert. Die entscheidenden Briefe für das

Mißverständnis sind: STN an Duplain, 16. März 1778; Duplain an STN, 13. Oktober 1778; STN an Duplain, 17. Oktober 1778; Duplain an STN, 20. Oktober 1778 und Duplain an STN, 18. Februar 1779.

22. Duplain an STN, 28. Juli 1778.

23. Die wichtigsten der vielen Briefe und ausgetauschten Abrechnungen sind: STN an Duplain, 15. Juli 1778; Duplain an STN, 24. Juli 1778; Duplain an STN, 28. Juli 1778; STN an Duplain, 28. Juli 1778; Duplain an STN, 7. August 1778; STN an Duplain, 26. August 1778 und Duplain an STN, 2. September 1778.

24. Duplain an STN, 10. Juli 1778.

25. STN an Plomteux, 1. Mai 1779. Zu Laserres Herausgebertätigkeit vgl. »Manuskript« im Kap. IV.

26. Ebd.

27. Duplain an STN, 17. April 1779.

28. STN an Plomteux, 1. Mai 1779.

29. Duplain an STN, 1. Dezember 1778 und STN an Duplain, 5. Dezember 1778: »Wir sind gar nicht in der Laune, Vorauszahlungen zu machen, da wir die Mittel brauchen; und was Ihre Bemerkung zur Gewinnspanne beim Drucken betrifft, so haben Sie, meine Herren, eine viel beträchtlichere bei den Bänden eingenommen, die sie unter dem festgesetzten Preis drucken ließen.«

30. STN an Panckoucke, 25. Februar 1779 und 23. März 1779.

31. Panckoucke an STN, 1. Juni 1779.

32. STN an Duplain, 24. April 1779.

33. STN an Duplain, 22. November 1778. Am 20. November 1778 warnte die STN Panckoucke, »die Provinz ist gesättigt, wie wir von einem Handlungsreisenden erfahren haben, der aus den südlichen Provinzen Frankreichs zurück ist, wo er nur zwei Stück absetzen konnte.«

34. STN an Duplain, 10. April 1779.

35. Die Streitigkeiten über die Preise finden sich in Duplain an STN, 18. Februar 1779; Duplain an STN, 17. April 1779, und STN an Panckoucke, 2. Mai 1779. Regnaults Rolle bleibt dunkel, aber ein Brief der STN vom 6. Juni 1779 an ihn zeigt, daß er und Panckoucke eine gerichtliche Klärung erwarteten.

36. Panckoucke an STN, 7. März 1779, und STN an Panckoucke, 14. März 1779.

37. Duplain an Panckoucke, 12. März 1779, nach einer Abschrift in Panckoucke an STN, 18. März 1779.

38. STN an Panckoucke, 23. März 1779, und 14. März 1779. Auch STN an Duplain, 24. April 1779.

39. Panckoucke an STN, 18. März 1779 mit Abschrift von Duplains Vorschlag an Panckoucke, vom 12. März 1779.

40. STN an Panckoucke, 23. März 1779. Die STN unterstützte Panckouckes Entscheidung, den dritten Tafelband zurückzuhalten »als Vogelscheuche« und versprach, es geheim zu halten.

41. »Lettre commune à Messieurs les intéressés«, 1. April 1779.

42. STN an Duplain, 7. April 1779, und Panckoucke an STN, 25. April 1779.

43. Über diese Abkühlung unter den Gesellschaftern siehe Duplain an STN, 17. April 1779; STN an Duplain, 24. April 1779; STN an Panckoucke, 2. Mai 1779, und Panckoucke an STN, 1. Juni 1779. In diesem letzteren Brief stimmt Panckoucke zu, die Tafeln zu schicken, um ihren Verdacht geheim zu halten und einen offenen Bruch mit Duplain zu vermeiden.

44. Über Zahlen bei diesem Handel, siehe die Verträge vom 3. und 13. August 1779, über die Verhandlungen Panckoucke an STN, 3. August 1779 und Duplain an STN, 3. August 1779.

45. Panckoucke an STN, 3. und 13. August 1779.

46. Duplain an STN, 2. September 1779.

47. Duplain behielt die Originalfassung des Vertrags vom 13. August und sandte Abschriften an die Gesellschafter. Da der Vertrag kein freies dreizehntes Exemplar vorsah, hat Perrin seine Quartausgaben für etwa 60 Prozent des üblichen Großhandelspreises erhalten.

48. STN an Bosset, 30. August 1779, und STN an die Lausanner Société typographique, 1. Juni 1779.

49. Die Vorbereitung der Registerbände für die Quartausgabe ist eine eigene Geschichte, die hier zu erzählen zu weit führte. Sie findet sich in den Briefen ausschließlich des Jahres 1779.

50. Panckoucke an STN, 10. September 1779, zitiert einen gerade von Duplain erhaltenen Brief.

51. Panckoucke an STN, 10. September 1779.

52. Zur Warnung der STN an Beaumarchais siehe Ostervald an Bosset, 2. Mai 1780; über seine Beziehungen zu Brissot siehe Robert Darnton, »The Grub Street Style of Revolution: J.-P. Brissot, Police Spy« in: *Journal of Modern History*, 40 (1968), S. 301–327.

53. STN an Panckoucke, 19. September 1779, Bibliothèque publique, Genf, Ms. suppl. 148.

54. D'Arnal an STN, 24. September 1779.

55. D'Arnal an STN, 28. September 1779.

56. D'Arnal legte die Berichte vielleicht seinem privaten Briefwechsel mit seinem Schwiegervater Bosset bei, der nicht erhalten ist.

57. STN an Panckoucke, 19. September (wie Anm. 53).

58. Panckoucke an STN, 2. Oktober 1779.

59. Panckoucke an STN, 11. Oktober 1779 und STN an Panckoucke, 15. Oktober 1779.

60. Duplain an STN, 11. Oktober 1770.

61. Duplain an STN, 11. Oktober 1779. Er rechnet mit 100 bis 130 Exemplaren aus den *Défets,* die beim Druck oder Packen verdorbene und ebenso überzählige Bogen meinen.

62. Panckoucke an STN, 25. Oktober 1779 und 31. Oktober 1779: »Man druckt die Tafeln der *Encyclopédie* in 8600 Exemplaren. Also gibt es auch 8600 Exemplare der Textbände.«

63. STN an Panckoucke, 9. Mai 1779.

64. STN an d'Arnal, 23. Juni 1779. »Sie« im Plural bedeutet die Firma, wie in Geschäftskorrespondenz üblich.

65. D'Arnal an STN, 27. Juni 1779.

66. Panckoucke an STN, 27. September 1779; STN an Panckoucke, 3. Oktober 1779 und Panckoucke an STN, 15. Oktober 1779.

67. Bosset an Mme Bertrand, 13. Februar 1780.

68. Die meisten der Notizen sind in zwei Dossiers der STN gesammelt, »Procès STN contre Duplain« und »Dossier Encyclopédique«.

69. Panckoucke an STN, 14. November 1779.

70. Zur Briefkampagne Ostervald und Bosset aus Paris an die STN, 10. März 1780: »Man mußte mehrere Briefe aus Lyon schreiben, um uns durch Briefe von Rezensenten die Falschheit des Registers zu bestätigen.«

71. Das STN Archiv enthält keinen vollständigen Bericht von dieser Untersuchung, Notizen im Dossier »Procès STN contre Duplain«.

72. Wie erwähnt, verdächtigten die Gesellschafter Duplain mehrfach vor dem letzten Treffen, Extra-Exemplare gedruckt zu haben.

73. Hinter dieser Schätzung stehen lange Berechnungen. Ein Anhaltspunkt bei Favarger an die STN, 15. Juli 1778: »Er sagt mir, daß er ungefähr 1500 Livres (pro Band) verdiene, wenn er hier statt bei uns drucken lasse.«

74. Die Notizen von Bossets Hand liegen bei der Denkschrift »Dernières Observations ...« im Dossier »Procès STN contre Duplain.«

75. Duplain stellte seine Ausgaben in einem »Premier compte« vom 28. Januar auf; dazu gibt es Notizen von Bosset. Die STN protestierte scharf gegen die 3000 Livres an Laserre für die dritte Auflage.

76. Die Klagen der STN in »Griefs contre M. Duplain«.

77. Plomteux an STN, 16. August 1779.

78. Bei jedem Versuch, Duplains Unterschlagung zu schätzen, muß man berücksichtigen, daß er eine Gesellschaft betrog, deren halben Anteil er formal ja selbst hatte, wie Panckoucke den anderen. Damit waren die wirklichen Kosten für die Gesellschafter die Hälfte des Betrugswertes. Berechnet man die Hälften, so konnten die Gesellschafter folgende Entschädigung verlangen:

77.934 Livres für die verheimlichten 978 Subskriptionen
30.102 Livres für Audambron und Jossinet
63.648 Livres für die fiktiven Bogen.
171.684 Livres

Sie hatten starke Beweise für diese Unterschlagungen und starke Hinweise darauf, daß Duplain bei den Ausgaben sie um weitere 157.000 Livres hintergangen hatte.

79. Über die Vorbereitungen Panckoucke an STN, 22. November 1779 und 6. Januar 1780, und d'Arnal an STN, 11. Januar 1780.

80. Duplain an Panckoucke, 23. November 1779, Abschrift in Panckoucke an STN, 27. November 1779.

81. Duplain an Panckoucke, 27. Dezember 1779, Abschrift in Panckoucke an STN, 2. Januar 1780.

82. Die ganze Ordonnanzrolle der Anteilseigner wechselte von Zeit zu Zeit. In einem Brief nach Hause beschrieben Ostervald und Bosset, 13. Februar 1780, die Anti-Duplain-Gruppe als »wir vier ... auf d'Arnal als Hilfstruppe gestützt« – d. h. Panckoucke, Plomteux und die beiden Neuenburger.

83. Ostervald und Bosset an Mme Bertrand, 29. Januar 1780.

84. Mme Bertrand an Ostervald und Bosset, 5. Februar 1780.

85. »Tableau de ce qui devrait nous revenir de l'entreprise«, eine Skizze zur Taktik, die Bosset als Folgerung aus seinem »Produit net de l'entreprise tel qu'il doit être réellement« entwarf. Eine ähnliche Denkschrift Panckouckes für die STN, im Archiv, »Dossier Encyclopédique«.

86. Über diese letzten Manöver der Brief von Ostervald und Bosset an Mme Bertrand, 13. Februar 1780.

87. »Griefs contre M. Duplain«, setzt den Reingewinn Duplains auf 400.000 Livres an, woraus sich die Forderung der Hälfte gemäß den Anteilen ergibt.

88. Ostervald und Bosset an Mme Bertrand, 13. Februar 1780.

89. Diese Transaktionen werden deutlich aus dem abschließenden Vertrag und begleitenden Dokumenten. Die *Défets* gaben jedoch Anlaß zu einigem verwickelten Streit zwischen Le Roy, der STN, Panckoucke, Duplain, d'Arnal und Revol. Es genügt zu erwähnen, daß die früheren Gesellschafter zwei weitere Jahre mit Gerichtsverhandlungen und Schiedssprüchen beschäftigt waren. Viele Subskribenten erhielten nie Ersatz für verdorbene und fehlende Bogen in ihren Exemplaren, und folglich verweigerten einige die letzten Zahlungen. Le Roy fand sein Lager von *Défets* ungenügend um sie zu beliefern. Und Panckoucke schloß, »Duplain hat uns betrogen, indem er die Vertragsklausel falsifiziert hat. Le Roy hat sich nur verpflichtet, das zu liefern, was die Magazine bieten.« Panckoucke an STN, 22. Januar 1782. Aber schließlich empfahl er Resignation: »Es ist gewiß, daß er (Duplain) seine *Défets*-Lager übergeben hat und daß man dort für uns die vertraglich festgelegte Suche angestellt hat. Zu mehr war er nicht verpflichtet. Beim letzten Übereinkommen in Lyon wurde nicht gesagt, daß er *Défets* liefern müsse, wenn sie fehlen. Von Neudruck war nicht die Rede ... Die unvollständigen Exemplare sind nicht ohne jeden Wert.« Panckoucke an STN, 7. Oktober 1782.

90. Diese Darstellung des Übereinkommens zwischen Duplain und der STN gründet sich auf das Dossier »Procès STN contre Duplain«, das die vertraglichen Vereinbarungen über den Schiedsspruch enthält, datiert vom 14. und 18. Februar 1780, ein halbes Dutzend Denkschriften und Abrechnungen, die die STN den Schiedsleuten vorlegte, und den Schiedsspruch (Sentence arbitrale) vom 21. Februar 1780. Geschäftssachen, die von beratenden Richtern (Juges consulaires) geregelt wurden, waren nicht so kostspielig und langwierig wie die Verfahren bei den Landvogteigerichten

oder den Parlements, Buchhändler und Verleger zogen aber oft das noch wirksamere außergerichtliche Schiedsverfahren vor.

91. Ostervald und Bosset an Mme Bertrand, 28. Februar 1780, und auch 22. Februar 1780. In ihrem »Spruch« identifizierten sich die Schiedsrichter als »Christophe de la Rochette, Advokat, früherer Schöffe; Joseph-Marie Rousset, früherer Schöffe; Claude Odile Joseph Baroud, Advokat beim Parlement, königlicher Rat, Notar in Lyon; Jean-Baptiste Brun, Kaufmann in Lyon.« Sie führten die Argumente von jeder Seite zu jedem Streitfall auf, fällten aber kein Urteil Punkt für Punkt. Die 56.000 Livres, die sie der STN zuerkannten, umfaßten als Pauschalsumme offensichtlich auch Reste von Druckerrechnungen, die Duplain nicht bezahlt hatte. Die Vereinbarungen über die letzten Zahlungen komplizierten sich durch die Weigerung der STN, Duplains Wechsel zu akzeptieren und durch ihren Bedarf an flüssigem Geld. Durch eine verwickelte Reihe von Gegensignaturen und Börsenoperationen verwandelte die STN einen spät fälligen Wechsel Duplains in einen flüssigen Aktivbestand von 50.657 Livres, die sie in ihre belastete Abrechnung mit d'Arnal deponierte. Die Einzelheiten im »Brouillard C«, Eintrag vom 29. Februar 1780.

92. Ostervald und Bosset an STN, 15. Februar 1780. Das Übereinkommen mit den Lüttichern erörtert das Kap. VIII der englischen Originalausgabe, S. 410 ff.

93. Zu diesen Berechnungen Ostervald und Bosset an STN, 13. Februar 1789.

94. Ostervald und Bosset an STN, 28. Februar 1780.

95. Ostervald und Bosset an STN, 15. Februar 1780.

96. Mme Bertrand an Ostervald und Bosset, 27. Februar 1780. Im November 1779 hatten die Neuenburger erwogen, ein Werk Barrets raubzudrucken oder ihn zumindest durch die Drohung damit zu erpressen, und Panckoucke hatte sie ermutigt, um »diesen Piraten zu nötigen, das Geld zu bezahlen, das er uns abgepreßt hat. Das ist ein Mann von bemerkenswerter Treulosigkeit.« Panckoucke an STN, 6. November 1779.

97. Die Stellungnahme in STN an Ostervald und Bosset, 14. Februar 1780.

98. Ostervald und Bosset an STN, 15. März 1780. Ostervald und Bosset berichteten nach Hause, daß Duplain gerade in Paris eingetroffen sei und »sich bitter über uns beklage, womit er recht haben kann«. Ein Jahr später stritten sich Barret und Le Roy so schlimm wegen ihrer gemeinsamen Spekulation mit den Registerbänden, daß sie ihre Differenzen vor Gericht austrugen. Barret gewann den Prozeß und erbot sich dann, Le Roys Verkaufskampagne zu sabotieren, den er als »Nachfolger und würdigen Schüler von Herrn Duplain« charakterisierte, durch heimliche Abmachungen mit der STN. Die Neuenburger hatten aber zu sehr verbrannte Finger von ihrem Handeln mit den drei Lyonesen, als daß sie darauf eingegangen wären. Siehe Barret an STN, 17. Juni 1781.

99. STN an Ostervald und Bosset, undatiert, wahrscheinlich vom April 1780, und Ostervald und Bosset an STN, 14. April 1780.

100. STN an Bosset, 16. Mai 1780. Siehe auch Ostervald an Bosset, 14. Mai 1780.

101. Bosset an STN, 2. Juni 1780, und Ostervald an Bosset, 8. Juni 1780.

102. Panckoucke an STN, 1. Juni 1779.

103. Morellet an STN, 31. Mai 1783. Morellet wandte auch ein, daß der Angriff der STN Panckouckes Autoren, vor allem Marmontel, einen engen Freund von ihm, der bei der STN veröffentlichen wollte, verletzen würde.

104. Monory an STN, 25. Dezember 1783.

105. *Gazette de Berne*, 24. Dezember 1783. Damals hatte Heubach die Lausanner Société typographique als »Jean-Pierre Heubach et Compagnie« reorganisiert. Er beschäftigte Béranger weiter und hielt Verbindung zu den anderen Schweizer Firmen.

106. Am 10. Januar 1784 schickte Heubach der STN eine undatierte Abschrift des Briefes, die Béranger geschrieben hatte. Heubach erklärte, daß Béranger »vergangenen Mittwoch« diesen Vorschlag an Panckoucke mit Zustimmung aus Bern gesandt habe, aber nicht die Zeit hatte, ihn der STN zu unterbreiten. Alle drei Druckereien hatten sich einen Monat zuvor auf das Prinzip geeinigt. Die STN wollte dieses Manöver durch den Raubdruck eines anderen von Panckouckes Büchern verstärken, aber die anderen wandten ein, daß ein zu heftiger Angriff Panckoucke verhandlungsunwillig mache. Société typographique Bern und J.-P. Heubach an STN, 17. Januar 1784.

107. Heubach informierte die STN über Panckouckes Antwort in einem Brief vom 10. Februar 1784. Das ist der letzte Hinweis auf Panckoucke im Archiv in Neuchâtel, der die Beziehungen zur STN abgebrochen hatte.

108. Heubach an STN, 1. März 1784.

109. Heubach an STN, 7. Juni 1784.

110. STN an Ostervald und Bosset, 14. Februar 1780, und Ostervald und Bosset an STN, 8. Februar 1780.

111. Ostervald und Bosset an STN, 20. Februar 1780.

112. Panckoucke an STN, 10. November 1780, und Ostervald und Bosset an STN, 20. Februar 1780. Siehe auch Panckoucke an STN, 6. November 1778, über Duplains »Schurkenseele« und ähnliche Bemerkungen Plomteux' in einem Brief an die STN, 22. März 1781.

113. Revol an STN, 24. Juni und 8. Mai 1780, und Pierre Joseph Duplain an STN, 29. Mai 1782. Vgl. auch Revols Kommentar in einem Brief vom 3. August 1780: »Herr Duplain ließ Herrn Gauthier (Buchhändler in Bourg-en-Bresse) ins Gefängnis setzen. Die Umstände kennen wir nicht.«

114. *Mémoire à consulter et consultation pour le sieur Joseph Duplain, libraire à Lyon,* Lyon 1777, S. 5.

115. Duplain an STN, 15. September und 9. Oktober 1778.

116. Nach den Informationen zu urteilen, die Favarger der STN in einem Brief vom 15. Juli 1778 liefert, verdiente Duplain wahrscheinlich 100.000 Livres beim Druck. Und nach F.Y. Besnard »zieht man sich gern von den Geschäften zurück, wenn man 3000 bis 4000 Livres Rente angehäuft hat«,

d.h. ein Kapital von etwa 80.000 Livres. *Souvenirs d'un nonagénaire,* zit. bei Henri Sée, *La France économique et sociale au XVIIIe siècle,* Paris 1933, S. 162. Duplains Bücher-Groß- und Einzelhandel, den er von seinem Vater geerbt hatte, scheint für Lyoner Verhältnisse ziemlich groß gewesen zu sein. Er verkaufte ihn an Amable Le Roy für eine nicht bekannte Summe. Obwohl die letzten Stadien von Duplains Karriere im Dunkeln liegen, lassen sie sich aus Briefen von Le Roy, Revol, Panckoucke und Bosset und Ostervald zusammensetzen.

117. Am 10. März 1777 schob Panckoucke ein paar Glückwünsche in einen Geschäftsbrief an Duplain: »Sie heiraten, mein lieber Freund, mein Kompliment. Die Zukünftige ist jung, hübsch und liebenswürdig; doppelten Glückwunsch. Die Ehe ist der wahre Glücksstand, wenn man sich wohl zu halten weiß. Ich bitte Sie, meine respektvollen Huldigungen dem Fräulein darzubringen, daß Ihre Frau sein wird, wenn dieser Brief eintrifft. Sprechen wir von unseren Geschäften.« *Bibliothèque publique,* Genf, Ms. suppl. 148.

118. Am 10. Juli 1779 berichtet Panckoucke der STN, daß Duplain und seine Frau auf einem ihrer Ausflüge in Paris waren: »Alle Welt ist ungehalten über Herrn Duplain; seine Verschwendung empört viele Leute.« Der anonyme Verfasser der *Lettre d'un libraire de Lyon à un libraire de Paris* (1. März 1779) bemerkt, S. 9: »Man spricht von den Reichtümern der Pariser Buchhändler, aber gibt es deren zwei, die eine Equipage wie Duplain halten?« Und Revol bemerkte über Comtois, einen von Duplains Bedienten: »Die Diener tragen die Unverfrorenheit des Herrn im Gesicht.« Revol an STN, 25. November 1780.

119. In einem Brief an die STN vom 18. November 1780 beschrieb Revol Duplain als »seine Abreise in die Provinz, wo er sich ansiedeln will, erwartend«. Die Anm. 118 zitierte *Lettre d'un libraire* macht eine flüchtige Bemerkung über »den Herrn Duplain, der vor wenigen Jahren kaum 40.000 Livres hatte und jetzt reich genug ist, um daran zu denken, sich ein Landgut zu kaufen.«

120. Zu Duplains Erhebung in den Adel siehe Panckoucke an STN, 10. Juli und 1. Juni 1779: »Er hat gerade das Amt eines königlichen Haushofmeisters für 115.000 Livres gekauft. Er war 8 bis 10 Tage hier, aber ich habe ihn nur wenige Stunden gesehen. Seine Vorstellung bei Hofe hat alle seine Zeit in Anspruch genommen … Wir haben nicht das Glück gehabt, seine hübsche Frau hier zu haben.« Duplain wird wohl seinen Adel durch den vorangehenden Kauf des nobilitierenden Amtes eines königlichen Sekretärs für 80.000 Livres erworben haben. Das behauptet zumindest die zit. *Lettre d'un libraire,* S. 9, die ihn als reichen Arrivierten darstellt, »der gegenwärtig in Paris ist, um sich ein Amt als Haushofmeister des Königs oder der Königin zu besorgen, das mehr als 100.000 Livres kostet, und der, um sich die für dieses Amt erforderliche Art von Adel zu verschaffen, das Amt eines königlichen Sekretärs für 80.000 Livres kauft.« In einem Brief an Panckoucke vom 24. Juni 1779 hatte die STN ebenfalls angedeutet, daß Duplain zwei Ämter

gekauft habe: »Das ist ein gefährlicher Mann, dem es an Treu und Glauben fehlt ... oder der bei seinen Zahlungen geniert wäre, die zu machen er für sein Sekretärsamt und seine Haushofmeisterstelle verpflichtet ist.«

121. L. S. Mercier an STN, 5. September 1783.

122. *Illusions perdues,* Paris, Garnier, 1961, S. 304, vgl. S. 309: »Dauriat ist ein komischer Kauz, der jährlich für anderthalb Millionen Francs Bücher verkauft, er ist wie ein Literaturminister ... Seine Habgier ist so groß wie die von Barbet und wirkt auf die Massen. Dauriat hat Lebensart, er ist großzügig, aber eitel. Sein Geist setzt sich aus allem zusammen, was er um sich her reden hört; sein Laden ist ein ausgezeichneter Treffpunkt.« Obwohl sich diese Beschreibung auf einen Verleger der Restaurationszeit bezieht, läßt sie sich auch auf Panckoucke und seinen Laden anwenden, wie D.-J. Garat sie beschreibt, *Mémoires historiques sur la vie de M. Suard, sur ses écrits, et sur le XVIIIe siècle,* Paris 1820, Bd. 1, S. 271–275. Der dort erwähnte Panckoucke ist möglicherweise Charles Louis, der Sohn des *Encyclopédie*-Verlegers, aber Balzac wird wohl den Senior vor Augen haben, der in den Verlags- und literarischen Zirkeln, in denen Balzac verkehrte, ehe er 1836 die *Illusions perdues* schrieb, zu einer legendären Gestalt geworden war. Die Autoren und Buchhändler in dem Roman ähneln sehr stark ihren Ahnen im 18. Jahrhundert.

123. Panckoucke übersetzte antike Autoren, schrieb Artikel über Chemie und Biologie und allgemeine Essays, die er in der *Encyclopédie méthodique* veröffentlichte. Eine Liste seiner Veröffentlichungen und ein Bericht über seine Kontakte mit den Philosophen in seiner *Lettre de M. Panckoucke à messieurs le président et électeurs de 1791,* Paris, 9. September 1791. Garat behauptete, ein wenig übertreibend, daß Panckoucke glänzende Beziehungen zu den Philosophen unterhielt und selbst einer hätte werden können. Garat, *Mémoires,* Bd. 1, S. 270–273.

124. Beaumarchais an Jacques-Joseph-Marie Decroix, einen Finanzier aus Lille, der bei den Verhandlungen beteiligt war, 16. August 1780, Bodleian Library, Oxford, Ms. fr. d. 31 (Beaumarchais' Unterstreichung). Vgl. Diderots Meinung, wie Ostervald sie an Bosset, 4. Juni 1780 mitteilt: »Mit einem Wort, ich möchte, daß wir mit diesem Mann (P.) nichts mehr zu tun haben, nachdem was wir sehen. Harlé (O.s Schwiegersohn) hat mit Ihnen vielleicht davon gesprochen und Ihnen wie mir gesagt, daß Diderot ihm versichere, es sei ein Mann ohne Treu und Glauben, und er könne den Beweis dafür erbringen.« Gabriel Cramer beklagte sich bitter über Panckouckes Geschäftsführung der Genfer Folio-Ausgabe und nannte ihn »diesen niedrigen und ungerechten Menschen«. Cramer an Louis Necker de Germagny, 25. Mai 1777 in: Theodore Bestermann (Hrsg.), *Voltaire's Correspondence,* Genf 1965, Bd. 96, S. 189.

125. Plomteux an STN, 16. August 1779.

Bibliographische Notiz

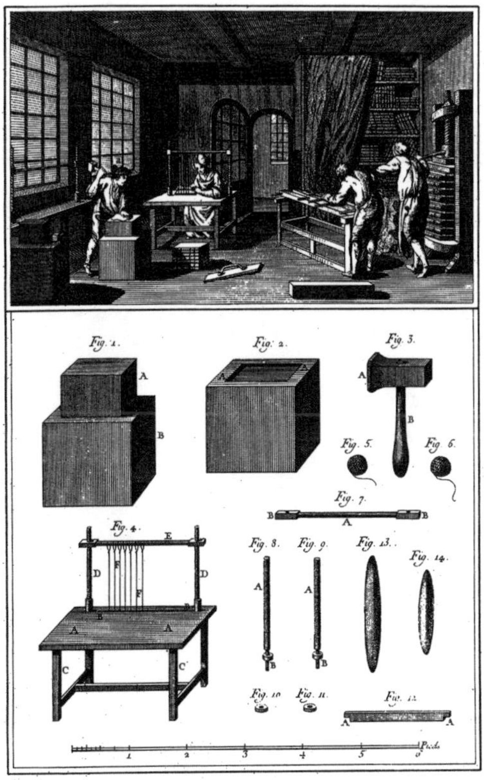

Der Buchblock wird links auf einem Marmorblock zurechtgeklopft, daneben geheftet, beschnitten und nach dem Einleimen in den Einband zum Trocknen gepreßt.

Dieses Buch gründet sich in erster Linie auf das Archiv der Société typographique von Neuchâtel in der Bibliothèque de la Ville de Neuchâtel in der Schweiz. Obwohl es sehr viel über Verleger und Buchhandel im Ancien Régime enthüllt, kann die Neuenburger Sicht der Dinge doch verzerrt sein und wurde durch Forschungsarbeiten in folgenden Archiven ergänzt:

PARIS: Bibliothèque Nationale, Archive de la Chambre syndicale des libraires et imprimeurs de Paris, 21863–4 (Panckoucke und die *Encyclopédie méthodique*, 21933–4 (Konfiszierungen verbotener Bücher), 21958, 21966–7, 22001 (Buchprivilege). Collection Anisson-Duperron, 22073 (Duplain und Witwe Dessaint), 22086 (die *Méthodique*), 22100 (die Konfiszierung der Bände 1–3 von Panckouckes Folio-*Enzyklopädie*).

Archives Nationales, V^1 549, 553, V^6 1145 (die »Direction de la librairie« und die *Méthodique*).

Archives de Paris (früher Archives du Département de la Seine), 5AZ2009, 8AZ278 (Panckoucke, Korrespondenz).

Bilbiothèque historique de la Ville de Paris, Ms. 770–1, 776, 779, 815 (Panckoucke, Korrespondenz).

GENF: Bibliothèque publique et universitaire, Ms. suppl. 148 (Panckoucke, Nachlaß).

Archives d'Etat, Commerce F61–3 (Gosse, Nachlaß).

AMSTERDAM: Bibliotheek van de vereeniging ter bevordering van de belangen des boekhandels, Dossier Marc Michel Rey (*Supplément*, und Genfer Folio).

Universiteits-Bibliotheek, Schenking Diederichs (Pankoucke, Korrespondenz).

OXFORD: Bodleian Library, Ms. French c. 31, d. 32, Don. d. 135 (Panckoucke, Korrespondenz).

CHICAGO (Ill.): Newberry Library, Case Wing Ms. Z311. P188 (Fougeroux de Bondaroy und Panckoucke), Z 45, 18, ser. 7 (Rundbriefe und Buchhändler-Kataloge).

LAWRENCE (Kansas): Kenneth Spencer Research Library, Ms. 99 (Verträge für die *Méthodique*).

Die Literatur über die Enzyklopädisten und die *Encyclopédie* ist heute über die Lagerkapazität so mancher Bibliothek hinausgewachsen und kann deshalb hier nicht zusammengefaßt werden. Zur bibliographischen Orientierung und zum Überblick:

Jacques Proust, *Diderot et l'Encyclopédie*, Paris 1962, Ndr. Genf, Paris 1982, und

Arthur Wilson, *Diderot*, New York 1972.

Trotz der reichen Forschung auf diesem Gebiet blieb die Verlagsgeschichte der *Encyclopédie* im dunkeln, weil es an Quellen fehlte.
Zur Grundinformation über Ursprünge und Entwicklung der ersten Auflage:

Franco Venturi, *Le Origini dell'Enciclopedia,* Florenz 1946.

Douglas H. Gordon u. Norman L. Torrey, *The Censoring of Diderot's Encyclopédie and the Re-established Text,* New York 1947, und

R. N. Schwab, »Inventory of Diderot's Encyclopédie« in: *Studies on Voltaire and the Eighteenth Century,* Bd. 80 (1971).

Einige Bruchstücke aus den Papieren der ursprünglichen Verleger veröffentlichte:

Louis-Philippe May, »Histoire et sources de'Encyclopédie d'après le registre de délibérations et de comptes des éditeurs et un mémoire inédit« in: *Revue de Synthèse,* 15 (1938), S. 1–109. Die Dokumentation ist aber zu dürftig, um eine klare ökonomische Interpretation zu erlauben, wie sie versucht wurde von:

Ralph H. Bowen, »The Encyclopédie as a Business Venture« in: *From the Ancien Régime to the Popular Front: Essays in the History of Modern France in Honor of Shepard B. Clough,* hg. v. Charles K. Warner (New York u. London 1969), S. 1–22, und Norman L. Torrey, »L'Encyclopédie de Diderot, une grande aventure dans le domaine de l'édition« in: *Revue d'histoire littéraire de la France,* 51 (1951), S. 306–317. Wie wenig über die kommerzielle Geschichte und die Leser der ersten Auflage bei der genauen Sichtung aus diesem Material geschlossen werden darf, stellt am besten dar:

John Lough, »Luneau de Boisjermain v. the Publishers of the *Encyclopédie*«, in: *Studies on Voltaire and the Eighteenth Century,* 23 (1963), S. 115–173. Siehe ferner:

Frank A. Kafker, »The Fortunes and Misfortunes of a Leading French Bookseller-Printer: André-François Le Breton, Chief Publisher of the *Encyclopédie*« in: *Studies in Eighteenth-Century Culture,* 5 (1976), S. 371–385.

Die Verlagsgeschichte der folgenden Auflagen begann sichtbar zu werden, nachdem George B. Watts in Genf einige wichtige Briefe und Notariats-Archive fand:

George B. Watts, »Forgotten Folio-Editions of the *Encyclopédie* in: *French Review* 27 (1953–53), S. 22–29, 243–244; »The Swiss Editions of the *Encyclopédie*« in: *Harvard Library Bulletin* 9 (1955), S. 213–235; »The Genevan Folio Reprinting of the *Encyclopédie*« in: *Proceedings of the American Philosophical Society,* 105 (1961), S. 361–367; und »The *Supplément* and the *Table analytique et raisonnée* of the *Encyclopédie*« in: *French Review* 28 (1954–55), S. 4–19.

Beim Studium einiger Unterlagen der Société typographique von Bouillon und von Marc Michel Rey haben Fernand Clément und Raymond F. Birn die Geschichte des *Supplément* und seiner Beziehung zur Genfer Folio-Ausgabe entwirrt:

Fernand Clément, »Pierre Rousseau et l'édition des *Suppléments* de l'*Encyclopédie*« in: *Revue des sciences humaines de la faculté des lettres de l'Université de Lille,* 86 (1957), S. 133–143;

Raymond F. Birn, »Pierre Rousseau and the philosophes de Bouillon« in: *Studies on Voltaire and the Eighteenth Century,* 29 (1964).

John Lough brachte diese Quellen in einer Reihe gutdokumentierter Artikel zusammen, die gesammelt sind in:

J. Lough, *Essays on the Encyclopédie of Diderot and d'Alembert,* London 1968, und *The Encyclopédie in Eighteenth-Century England and Other Studies,* Newcastle upon Tyne 1970. Über die Quart- und Oktavausgaben:

Robert Darnton, »The *Encyclopédie* Wars of Prerevolutionary France« in: *American Historical Review,* 78 (1973), S. 1331–1352, eine vorläufige Skizze dieses Buches. Die Probleme der »fehlenden« Quart- und Oktavausgaben und der »Schnipsel«-Auflagen sind näher erörtert bei Darnton, »True and False Editions of the Encyclopédie, a Bibliographical Imbroglio« in: Jean-Daniel Candaux u. Bernard Lescaze, *Cinq siècles d'imprimerie genevoise,* 2 Bde. Genf 1980–81.

Die Verleger und Schirmherren der italienischen Ausgaben wurden untersucht in:

Salvatore Bongi, »L'*Enciclopedia* in Lucca« in: *Archivio storico italiano,* 3. ser., 18 (1873), S. 64–90;

Ettore Levi-Malvano, »Les éditions toscanes de l'*Encyclopédie*« in: *Revue de littérature comparée,* 3 (1923), S. 213–256; und

Adriana Lay, *Un editore illumnista: Giuseppe Aubert nel carteggio con Beccaria e Verri,* Turin 1973. Wenn keine neuen Quellen entdeckt werden, ist es unwahrscheinlich, daß viel über die Herstellung und Verbreitung der italienischen Enzyklopädien in Erfahrung zu bringen ist. Die Quellenlage zur *Encyclopédie d'Yverdon* ist etwas besser, dank der Forschungen von:

J. P. Perret, *Les imprimeries d'Yverdon au XVIIe et au XVIIIe siècle,* Lausanne 1945, und

E. Maccabez, *F. B. de Félice (1723–1789) et son Encyclopédie (Yverdon 1770–1780),* Basel 1903.

Nur wenige Unterlagen über die *Encyclopédie méthodique* sind in so weit verstreuten Orten wie Amsterdam, Oxford, Paris, Chicago und Lawrence, Kansas, aufgetaucht. Aber der Text der *Méthodique* enthält genügend Material, vor allem die Mitteilungen an die Subskribenten, um seine Verlagsgeschichte zusammenzusetzen. Auch in diesem Fall hat Watts die Wege für weitere Untersuchungen geöffnet:

George B. Watts, »The *Encyclopédie méthodique*« in: *Publications of the Modern Language Association of America,* 73 (1958), S. 348–366 und verschiedene Artikel über Panckoucke, die in einer Biographie gipfeln:

Watts, »Charles Joseph Panckoucke, ›l'Atlas de la librairie française‹ in: *Studies on Voltaire and the Eighteenth Century,* 68 (1969). Über Panckoucke ferner:

David I. Kulstein, »The Ideas of Charles Joseph Panckoucke, Publisher of the *Moniteur Universel,* on the French Revolution« in: *French Historical Studies,* 4 (1966), S. 304–319.

Suzanne Tucoo-Chala, »La diffusion des lumières dans la seconde moitié du XVIIIe siècle: Ch.-J. Panckoucke, un libraire éclairé 1760–1799) in: *Dix-huitième siècle* (1974), S. 115–128.

Suzanne Tucoo-Chala, *Charles Joseph Panckoucke & la librairie française 1736–1789,* Pau und Paris 1977 gibt eine vollständige Darstellung von Panckouckes Laufbahn. Leider erschien es nach Beendigung dieser Studie, und leider ist die Erörterung der *Encyclopédie*-Verkäufe ungenau.

Obwohl es über die Verbreitung der *Encyclopédie* keine Daten außer den oben in Kap. V dargelegten gibt, haben viele Gelehrte versucht, sie nach literarischen Quellen zu skizzieren. Mehrere dieser Studien wurden in einer Sondernummer der *Cahiers de l'Association internationale des études françaises,* Nr. 2 (Mai 1952) veröffentlicht. Siehe besonders die Artikel von Jean Fabre über Polen, von Jean Sarrailh über Spanien und von Gilbert Chinard über Amerika, und in der Folge gründlichere Werke:

Roland Mortier, *Diderot en Allemagne (1750–1850),* Paris 1954, auch deutsch: *Diderot in Deutschland,* Stuttgart 1964. Charly Guyot, *Le rayonnement de l'Encyclopédie en Suisse française,* Neuchâtel 1955.

Soziologische Analysen über die Enzyklopädisten als Gruppe neigen dazu, sich in unrepräsentativen Daten und fehlerhaften Klassifikationsschemata zu verheddern. Die bescheidenste und nützlichste Studie ist die von:

John Lough, *The Contributors to the Encyclopédie,* London 1973. Eine andere Sicht von Charakter und Zahl der Mitarbeiter Diderots bietet:

Jacques Proust, *Diderot et l'Encyclopédie,* Kap. 1 und Appendix I;

Robert Shackleton, »The Encyclopédie and Freemasonry« in: *The Age of Enlightenment: Studies Presented to Theodore Besterman,* London 1967, S. 223–237, und *The Encyclopédie and the Clerks,* Oxford 1970.

Frank A. Kafker, »A List of Contributors to Diderot's Encyclopedia« in: *French Historical Studies,* 3 (1963), S. 106–122, und »Les Encyclopédistes et la Terreur« in: *Revue d'histoire moderne et contemporaine,* 14 (1967), S. 284–295; Louis-Philipp May, »Note sur les origines maçonniques de l'Encyclopédie suivie de la liste des Encyclopédistes« in: *Revue de Synthèse,* 17 (1939), S. 181–190; und

Takeo Kubawara, Syunsuke Turumi u. Kiniti Higuti, *Les collaborateurs de l'Encyclopédie, les conditions de leur organisation,* Kyoto 1951.

Die französische Forschung in der Buchgeschichte leitet sich teilweise aus der Arbeit von Daniel Mornet her, besonders seiner statistischen Studie der Bibliotheken im 18. Jahrhundert,

»Les enseignements des bibliothèques privées (1750–1780)« in: *Revue d'histoire littéraire de la France* 17 (1910), S. 449–496. Mornet fand genügend Exemplare der *Encyclopédie* und verwandter Werke wie Bayles *Dictionnaire,* um zu folgern (S. 455): »Das 18. Jahrhundert war ganz gewiß, durch eine tiefe Neigung, ein enzyklopädisches Jahrhundert«. Seither haben jedoch viele statistische Studien – von Inventaren nach dem Tode, Bibliothekskatalogen, Privilegersuchen, schweigenden Genehmigungen und Artikeln in Zeitschriften des 18. Jahrhunderts – das archaische, unaufgeklärte Element in der literarischen Kultur des 18. Jahrhunderts betont. Das wichtigste Beispiel dieser Tendenz:

François Furet et al., *Livre et société dans la France du XVIIIe siècle,* Paris u. Den Haag, 1965 u. 1970, 2 Bde.

Einen Überblick über die Literatur in diesem neuen historischen Zweig geben zwei ihrer vorzüglichen Vertreter:

Roger Chartier u. Daniel Roche, »Le livre. Un changement de perspective« in: *Faire de l'histoire,* Paris 1974, III, S. 115–136. Und weitere Einzelheiten im Sonderheft der *Revue française d'histoire du livre,* n. ser. Nr. 16 (Juli–September 1977). Die quantitative Tendenz französischer Forschung treibt ins Extrem:

Robert Estivals, *La statistique bibliographique de la France sous la monarchie au XVIIIe siècle,* Paris u. Den Haag 1965. Daneben konventionellere Studien, meist regionalen Charakters, z. B.:

Madeleine Ventre, *L'imprimerie et la librairie en Languedoc au dernier siècle de l'ancien régime* 1700–1789, Paris u. Den Haag 1958;

Jean Quéniart, *L'imprimerie et la librairie à Rouen au XVIIIe siècle,* Grenoble 1974.

Zum Hintergrund des Buchhandels im 18. Jahrhundert ist das entscheidende Buch:

Henri-Jean Martin, *Livre, pouvoirs et société à Paris au XVIIe siècle* (1598–1701), Genf 1969.

David T. Pottinger, *The French Book Trade in the Ancien Regime,* Cambridge, Mass. 1958, enthält nur einen, auf gedruckten Quellen basierenden, oberflächlichen Bericht.

Einen knappen allgemeinen Überblick über die reiche Literatur zur Buchproduktion und analytischen Bibliographie:

Philip Gaskell, *A New Introduction to Bibliography,* Oxford 1972, das zur weiteren Lektüre in den Schriften von Sir Walter Greg, Fredson Bowers, R. B. MacKerrow, Graham Pollard und anderen anleitet.

Die wichtigsten Studien bei der Vorbereitung dieses Buches waren:

D. F. McKenzie, »Printers of the Mind« in: *Studies in Bibliography,* 22 (1969), S. 1–75; McKenzie, *The Cambridge University Press,* 1696–1712, Cambridge 1966, 2 Bde. Leon Voet, *The Golden Compasses,* Amsterdam 1969 und 1972, 2 Bde.

Leon Voet, *The Golden Compasses,* Amsterdam 1969 und 1972, 2 Bde.

Raymond de Roover, »The Business Organization of the Plantin Press in the Setting of Sixteenth-Century Antwerp« in: *De gulden Passer,* 24 (1956), S. 104–120.

Noch wichtiger sind Druckhandbücher aus dem 18. Jahrhundert:

A.-F. Momoro, *Traité élémentaire de l'imprimerie ou le manuel de l'imprimeur,* Paris 1793; zahlreiche Artikel der *Encyclopédie* wurden nachgedruckt von:

Giles Barber, *Book Making in Diderot's Encyclopédie,* Westmead, Farnborough 1973, und Nicolas Contat (gen. Le Brun), *Anecdotes typographiques d'un garçon imprimeur,* hg. v. Giles Barber, Oxford Bibliographical Society, 1979.

S. Boulard, *Le manuel de l'imprimeur,* Paris 1791.

Vieles läßt sich über das Leben der reisenden Drucker in Erfahrung bringen bei:

Paul Chauvet, *Les ouvriers du livre en France des origines à la révolution de 1789,* Paris 1959. Eine Darstellung, die auf Quellen unmittelbar aus den Druckereien beruht, gibt:

Jacques Rychner, *Genève et ses typographes vus de Neuchâtel,* Genf 1984.

Vorbereitet in seiner Studie »A l'ombre des Lumières: coup d'œil sur la main d'œuvre de quelques imprimeries du XVIIIe siècle« in: *Studies on Voltaire and the Eighteenth Century,* 155 (1976), S. 1925–1955.

Für den deutschen Leser sei nachgetragen, daß es eine Geschichte des Buches und des Buchhandels im deutschen Sprachbereich gibt, mit eigenen Bibliographien:

Wolfenbütteler Bibliographie zur Geschichte des Buchwesens im deutschen Sprachgebiet 1840–1980 (WBB), bearbeitet von Erdmann Weyrauch unter Mitarb. v. Cornelia Fricke, Bd. 1 ff., München 1990 ff.

Bibliographie der Buch- und Bibliotheksgeschichte (BBB), bearbeitet von Horst Meyer, Bad Iburg 1982 ff.; mit eigenen Periodica, wie dem seit 1835 erscheinenden

Börsenblatt für den deutschen Buchhandel, Leipzig, seit 1945 Frankfurt/Main, dem *Gutenberg-Jahrbuch* seit 1926 und den *Wolfenbütteler Notizen zur Buchgeschichte,* Hamburg 1976 ff. mit einem vielbändigen *Lexikon des gesamten Buchwesens,* hg. v. Severin Corsten, Günther Pflug und F. A. Schmidt-Künsemüller, Zweite Auflage, Stuttgart, seit 1985.

Die klassische Darstellung des Buchhandels im 18. Jahrhundert geben die Bände 3 u. 4 der *Geschichte des deutschen Buchhandels,* hg. im Auftrag des Börsenvereins:

Johann Goldfriedrich, *Geschichte des deutschen Buchhandels vom Westfälischen Frieden bis zum Beginn der klassischen Literaturperiode* (1648–1740, 1908 und Ders., *Geschichte des deutschen Buchhandels vom Beginn der klassischen Literaturperiode bis zum Beginn der Fremdherrschaft* (1740–1804), 1909.

Eine moderne, zusammenfassende Darstellung gibt:

Reinhard Wittmann, *Geschichte des deutschen Buchhandels. Ein Überblick.* München 1991. Dort wird auch die Buchherstellung und die Lesergeschichte behandelt, mit weiterführender Literatur.

Ferner seien empfohlen:

Hans Widmann (Hg.), *Der deutsche Buchhandel in Urkunden und Quellen,* zwei Bände, Hamburg 1965.

Hans Jensen, *Die Schrift,* Berlin 1969.

Jan Tschichold, *Meisterbuch der Schrift,* Ravenburg ²1965.

Harald Haarmann, *Universalgeschichte der Schrift,* Frankfurt/New York 1990.

Fritz Funke, *Buchkunde. Überblick über die Geschichte des Buch- und Schriftwesens,* München, London, New York ⁵1992.

Helmut Hiller, *Wörterbuch des Buches,* Frankfurt ⁴1980.

Register

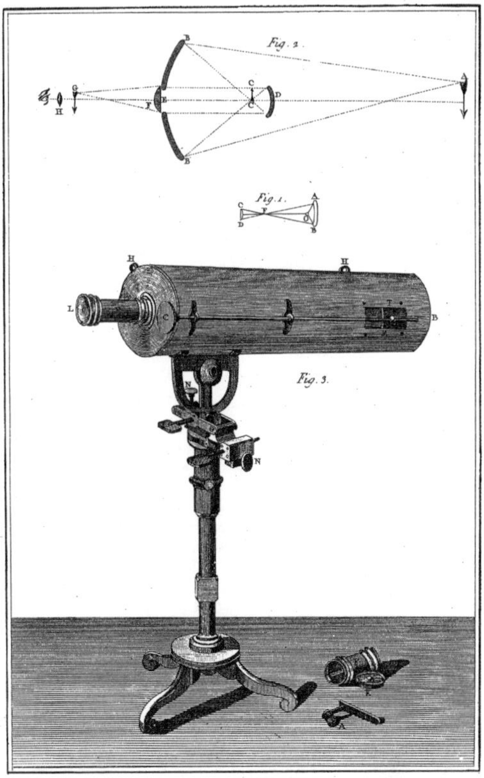

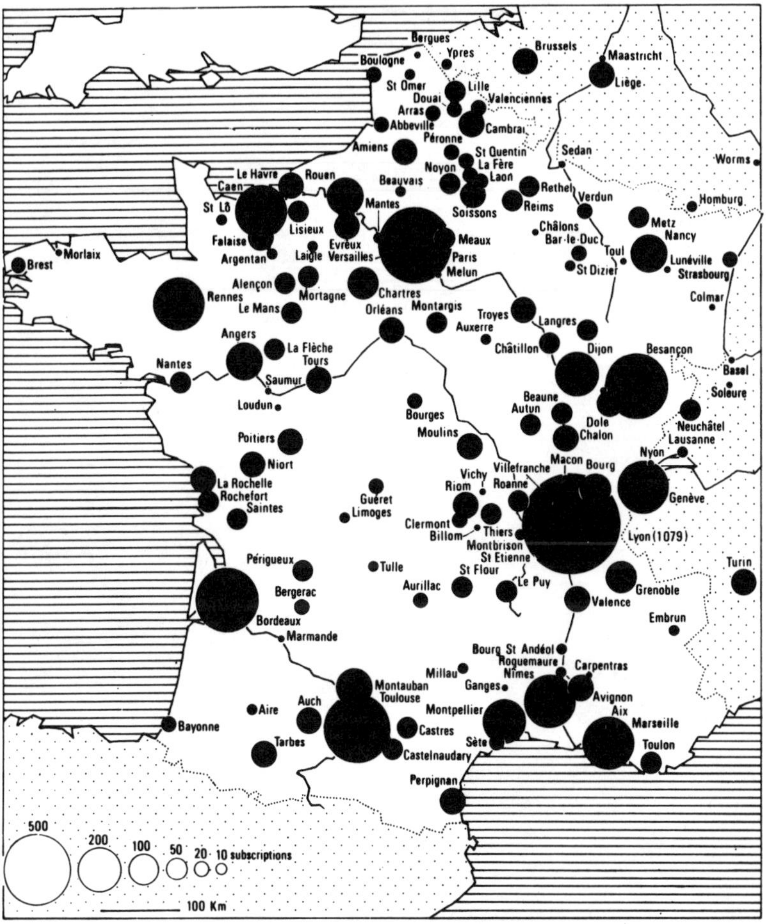

Die Verbreitung der Quartausgabe
in Frankreich und den Nachbarländern

ROBERT DARNTON
geboren 1939 in New York,
ist Spezialist für europäische Geschichte
des 18. Jahrhunderts und lehrt an der
Universität Princeton.

In deutscher Übersetzung erschienen bisher im Hanser Verlag:
»Der Mesmerismus und das Ende der Aufklärung« (1983);
»Literaten im Untergrund. Lesen, Schreiben
und Publizieren im vorrevolutionären Frankreich« (1985);
»Das große Katzenmassaker. Streifzüge durch
die französische Kultur vor der Revolution« (1989).

PETER BURKE

Ludwig XIV.
Die Inszenierung des Sonnenkönigs

Die Propagandamaschinerie des »Sonnenkönigs«: Wie hat sie funktioniert? An wen richtete sie sich, und was tat die Öffentlichkeit, wenn günstige Nachrichten ausblieben?
Peter Burke, einer der international bekanntesten Kulturhistoriker, beschreibt das Innenleben eines Mythos.

Aus dem Englischen von Matthias Fienbork.
Leinen. Großformat. 280 Seiten mit 88 Abbildungen,

Offene Geschichte
Die Schule der »Annales«

»Wer sich schnell und zuverlässig über die Geschichtsschreibung Marc Blochs und Lucien Febvres, aber auch Fernand Braudels, Georges Dubys, Jacques LeGoffs und anderer informieren möchte, wird in diesem Buch die wichtigsten Informationen sowie treffende Resumées und Kommentare finden. Auch die Bibliographie repräsentiert den neuesten Stand.«
Peter Schöttler, ZEIT

Aus dem Englischen von Matthias Fienbork.
Englische Broschur. 160 Seiten.

Die Renaissance

»Es ist auch rein äußerlich vorzüglich ausgestattet, die beste Überblicksgeschichte zur Renaissance, die es gibt.«
Wilhelm Schmid, Süddeutsche Zeitung

Aus dem Englischen von Robin Cackett.
SALTO. Rotes Leinen. 96 Seiten mit Bildern.

Die Renaissance in Italien
Sozialgeschichte einer Kultur zwischen Tradition und Erfindung

»Nicht eine wissenschaftlich-trockene Abhandlung, sondern ein unterhaltsames, oft spannendes Buch. Ein Standardwerk für Renaissanceforscher und -liebhaber!«
ART

Aus dem Englischen von Reinhard Kaiser.
Neuausgabe. Leinen. 320 Seiten mit Abbildungen.

KULTUR UND GESCHICHTE

HORTST GÜNTHER

Das Bücherlesebuch

Vom Lesen, Leihen, Sammeln: von Büchern, die man schon hat, und solchen, die man endlich haben will.

»Wer mehr über die Kunst des Bücherlesens erfahren möchte, greife zu diesem preiswerten Taschenbuch, dessen Nutzen allemal die Kaufsummme aufwiegt, von dem Vergnügen, das es bereitet, ganz zu schweigen.«

Willi Köhler, Süddeutsche Zeitung

Wagenbachs Taschenbuch 200.
168 Seiten, mit Abbildungen.

ANTHONY NORTHEY

Kafkas Mischpoche

Franz Kafkas Verwandte und ihre Karrieren:

»Northeys Arbeit ist eine spannende Spurensicherung. Einer der wichtigsten Schriftsteller dieses Jahrhunderts ist neu zu entdecken.«

Wulf Petzoldt, Abendzeitung

Kleine Kulturwissenschaftliche Bibliothek 6
Englische Broschur. 96 Seiten mit 50 Fotos.

ROBERTO LONGHI

Masolino und Masaccio

Zwei Maler zwischen Spätgotik und Renaissance

Ein Hauptwerk des einflußreichsten italienischen Kunsthistorikers zum erstenmal auf deutsch: Masaccio und seine revolutionäre Veränderung des künstlerischen Blicks.

»Longhi führt uns eine faszinierende Kunstwelt vor: Ein unverzichtbarer Klassiker!« PAN

Aus dem Italienischen von Heinz-Georg Held. Mit einer Einleitung von Andreas Beyer.
Leinen. Großformat. 256 Seiten mit 150 Abbildungen.

LUCIEN FEBVRE

Das Gewissen des Historikers

»Febvre geht von der Beobachtung aus, daß alle geschichtliche Erkenntnis nur von der Erfahrung der Gegenwart bestimmt sein kann. Er engagiert sich mit großem Temperament für diese *nouvelle histoire*«.

Christa Dericum, ZEIT

Herausgegeben und aus dem Französischen übersetzt von Ulrich Raulff.
Allgemeines Programm. Broschur. 256 Seiten.

Die Originalausgabe erschien 1979 unter dem Titel
The Business of Enlightenment.
A Publishing History of the Encyclopédie 1775–1800
bei Harvard University Press, Cambridge, Mass. und London

Für die Abbildungen der Seiten 11 und 45
danken wir Girodon, Paris; alle anderen
wurden der *Enzyklopädie* entnommen

Verlag Klaus Wagenbach, Ahornstraße 4, 1000 Berlin 30
Gesetzt aus der Borgis Bodoni Old Face
von Nagel Fototype, Berlin
Druck und Bindung durch Clausen & Bosse, Leck
Einbandmaterial von Herzog, Beimerstetten
Ausstattung Rainer Groothuis

ISBN 3 8031 3568 0